W0188601

Gewalt gegen Frauen ist kein Problem bestimmter Randgruppen, sondern in unserer Gesellschaft, unabhängig von der sozialen Schicht, Staatsangehörigkeit und Religion, allgegenwärtig. Roswitha Burgard untersucht, warum zunächst harmonisch erscheinende Beziehungen sich ins Gegenteil verkehren und was Frauen daran hindert, einen mißhandelnden Mann zu verlassen. Sie stellt fest, daß sowohl das Frauen diktierte Geschlechtsrollenstereotyp als auch die finanzielle Abhängigkeit vom Mann sowie fehlende juristische Möglichkeiten, sich gegen Gewalt in der Ehe zu wehren, entscheidende Faktoren für das Ausharren in Gewaltbeziehungen sind. Die Folge der unterdrückten Wut, die gegenüber einem fremden Vergewaltiger oder Mißhandler eine ›normale‹ Reaktion wäre, ist, daß mißhandelte Frauen ihre Aggressionen gegen sich selbst statt gegen den Täter richten. Dieses selbstzerstörerische Verhalten äußert sich oft in Alkohol- oder Tablettenabhängigkeit und kann bis zu Selbstverstümmelungen und Suizidversuchen führen.

Die Autorin sieht im Zulassen von Aggressionen – der tabuisierten Wut gegen den Mißhandler – die Voraussetzung zur Wiedergewinnung von Autonomie und zur Befreiung aus Abhängigkeit und Erniedrigung. »Mut zur Wut« lautet daher ihre Aufforderung an die Leserinnen, mit der sie sich auch an Frauen wendet, die sich nicht als mißhandelt bezeichnen.

Im Zentrum des Buches stehen vier Fallgeschichten. Die Gesprächsprotokolle dokumentieren den jeweiligen Therapieprozeß und dienen als exemplarische Darstellungen, in denen sich andere Frauen wiederfinden können.

Roswitha Burgard, Dr. phil., Diplompsychologin, arbeitet als Psychotherapeutin im TUBFF (Therapie und Beratung für Frauen) in Berlin. 1976 initiierte sie mit Kolleginnen das erste Frauenhaus in Berlin, an dem sie vier Jahre lang mitarbeitete. Sie ist u. a. Autorin von »Wie Frauen ›verrückt‹ gemacht werden« und – gemeinsam mit Birgit Rommelspacher – von »Leiden macht keine Lust« (Fischer Taschenbuch, Band 11020).

Roswitha Burgard

Mut zur Wut

Befreiung aus Gewaltbeziehungen

Fischer Taschenbuch Verlag

Die Frau in der Gesellschaft
Herausgegeben von Ingeborg Mues

Das vorliegende Buch basiert auf der Dissertation
»Mißhandelte Frauen – Verstrickung und Befreiung«
von Roswitha Burgard, erschienen 1985
im Beltz-Verlag, Weinheim.

Veröffentlicht im Fischer Taschenbuch Verlag GmbH,
Frankfurt am Main, August 1994

Lizenzausgabe mit freundlicher Genehmigung
des Orlanda Frauenverlages, Berlin
© 1988 Orlanda Frauenverlag GmbH, Berlin
Gesamtherstellung: Clausen & Bosse, Leck
Printed in Germany
ISBN 3-596-12222-8

Gedruckt auf chlor- und säurefreiem Papier

Inhalt

Ich danke allen Frauen, die an dieser Untersuchung beteiligt waren. Ganz besonders danke ich Ulrike Pohl und Adele Meyer für ihre inhaltliche Beratung und emotionale Unterstützung bei der Entstehung des Buches.

Vorwort

Seit meiner intensiven Zusammenarbeit mit mißhandelten Frauen fühle ich mich verstärkt mit Männergewalt konfrontiert: Heute nehme ich im Vorübergehen an vielen Frauen für andere kaum sichtbare Mißhandlungsspuren wahr, sehe Angst und Resignation in ihren Augen, bemerke ihre bedrückte, devote Körperhaltung, spüre ihre Unsicherheit beim Reden und ihre Bereitschaft, sich zu unterwerfen und für alles zu entschuldigen. Vor meiner Tätigkeit im Frauenhaus hätte ich z. B. deutlich sichtbare Blutergüsse, fehlende Zähne oder Narben – falls überhaupt bemerkt – auf irgendwelche harmlosen Unfälle, jedoch nicht unbedingt auf Männergewalt zurückgeführt. Ähnlich ergeht es mir heute als Therapeutin in einem Frauentherapieprojekt. Durch die jahrelange Erfahrung im Frauenhaus habe ich gelernt, Klientinnen direkter auf psychische und physische Mißhandlungen anzusprechen. Dabei habe ich festgestellt: Viele meiner Klientinnen in ganz »normalen« Männerbeziehungen beherrschen das Prinzip der Realitätsleugnung genauso perfekt wie die an meiner Untersuchung beteiligten Frauen. Sie wundern sich, warum sie sich unsicher, ohne Selbstbewußtsein und energielos fühlen, ohne dies in Verbindung mit einer bedrückenden Beziehung zu bringen, in der psychische Quälereien bereits so selbstverständlich sind, daß sie nicht mehr erwähnt werden. Sehr viele Frauen haben etliche psychosomatische Symptome entwickelt, ohne diese jemals auf ihre krankmachende Lebensrealität zurückzuführen.

So prägen meine Erfahrungen, die ich im Frauenhaus gemacht habe, ganz entscheidend mein weiteres Leben, privat wie beruflich. Je sensibler ich auf Gewalt gegen Frauen reagiere, desto stärker erfahre ich die Konzentration dieser Männergewalt, um so entschiedener wehre ich mich!

Die provokative These aus der Frauenbewegung »Alle Männer sind potentielle Mißhandler« soll das Ausmaß von Männergewalt verdeutlichen. Solange diese Feststellung noch die größere Empörung auslöst als die Tatsache , daß alle zwölf Minuten eine Frau vergewaltigt wird, gibt es bei Männern kein Unrechtsbewußtsein, keine Einsicht in die Notwendigkeit, sich selbst mit dem eigenen Gewaltpotential auseinanderzusetzen und sich von dem Mythos zu verabschieden, daß es immer nur die anderen, die Monster, die Triebtäter sind. Das bedeutet auch: Es geht im Zuge der »Neuen Männlichkeit« nicht um die Solidarität zwischen Männern, um ein Nachvollziehen und um eine Betroffenheit, wie das innerhalb der Frauenbewegung der Fall ist, sondern es geht um eine entschiedene Entsolidarisierung unter Männern. Männer müssen Position beziehen, müssen ihre Geschlechtsgenossen als Gewalttäter verurteilen, müssen sich aktiv um Lösungsmöglichkeiten in ihrem jeweiligen Berufs- und auch in ihrem Privatbereich bemühen.

Im Augenblick forsche ich (gefördert durch ein Stipendium des Förderprogramms Frauenforschung in Berlin) über die Aufdeckung möglicher Langzeitfolgen von erfahrener Männergewalt. Dabei interessiert mich besonders die bisher vernachlässigte Verbindung von erlebter Gewalt und der Entstehung psychosomatischer Symptome bei Frauen. Die bisher noch nie untersuchten Langzeitfogen sind erschreckender, als ich vermutet hatte: Alpträume, Atemnot, Weinkrämpfe beim nochmaligen Erinnern der vor mehr als zehn Jahren erlebten Demütigungen und Qualen. Auf der körperlichen Ebene lösen oft sanfteste Berührungen einen unglaublichen Schmerz aus, da der Körper frühere Verletzungen an dieser Stelle gespeichert hat. Die dazu gehörenden Gefühle von Angst, Scham, Trauer, Verzweiflung und oft auch Wut nehmen auch nach vielen Jahren noch so viel Raum ein, daß sie die betroffene Frau extrem in ihrem Körperempfinden und in ihrer Lebensfreude einschränken können. Ganz besonders gravierend sind die Folgen, wenn ein sexueller Mißbrauch in der Kindheit stattgefunden hat, was sehr häufig der Fall ist. Wichtig für die Überwindung der Folgen ist, daß die von Gewalt betroffene Frau ihren Zustand adäquat einordnet und z. B. Probleme im sexuellen Bereich nicht sich selbst anlastet, sondern diese auf die vor Jahren erlebten Übergriffe zurückführt.

Mit meiner Aufforderung, Mut zur Wut zu entwickeln, wende ich mich auch besonders an die Frauen, die sich nicht als mißhandelt bezeichnen. Diese Frauen möchte ich ermutigen, bereits im Vorfeld einer sich anbahnenden Gewaltbeziehung ihr Unbehagen und ihre Wut nicht zu verdrängen, sondern herauszulassen und zur Veränderung zu nutzen. Ich hoffe, daß sich viele Leserinnen durch die vorliegenden Therapieprozesse ermutigt fühlen, ihre aggressiven Gefühle ernst zu nehmen und Eigenverantwortung für ihr Leben und ihren Körper zu übernehmen. Gleichzeitig erwarte ich, daß die Männer, die Gewalt gegen Frauen verurteilen, diese Gewalt auch aktiv bekämpfen.

Berlin, im Februar 1994

Frauen haben aufgrund ihrer Lebensumstände Übung darin, aggressive Gefühle nicht nach außen, sondern nach innen gegen sich selbst zu richten und bezahlen dafür häufig mit Depressionen, Eß- und Magersucht, Alkohol- und Tablettenabhängigkeit und Suizidphantasien. Oft lebensgefährlich hoch ist der Preis in Beziehungen, in denen der Mann seelisch oder körperlich brutal und gewalttätig wird.

Durch meine therapeutische Tätigkeit und meine frühere Mitarbeit im Frauenhaus habe ich immer wieder mit Frauen zu tun, die statt mit Empörung, Wut oder Haß auf einen gewalttätigen Mann mit Anpassung, Angst und Unterwerfung reagieren. Ich war oft fassungslos und empört, wenn sie mir erzählten, was ihnen alles an Quälereien und Demütigungen zugemutet wurde und was sie lange bereit waren zu ertragen.

Ich wollte herausfinden, wie sich eine »harmonische, gewaltfreie« Beziehung ins Gegenteil verkehrt und was Frauen hindert, ihre Wut und Verzweiflung, die gegenüber einem fremden Vergewaltiger oder Mißhandler eine automatische, »normale« Reaktion wären, gegen ihren Freund oder Ehemann zuzulassen.

Ich lernte Frauen im Frauenhaus kennen, die sich schnell und radikal durch die Sicherheit des Hauses, den Zusammenhalt der Bewohnerinnen und durch kontinuierliche Gespräche mit den Mitarbeiterinnen aus ihrer Mißhandlungsbeziehung lösten und ganz häufig an die Demütigungen von einst nicht mehr erinnert werden wollten. Von diesen Frauen hörte ich oft mit wütendem Entsetzen: »Wie konnte ich mir dies so lange gefallen lassen? Warum habe ich mich nicht gewehrt? Ich muß verrückt gewesen sein, auch noch Mitleid mit ihm gehabt zu haben.« Der Beantwortung dieser und weiterer Fragen wollte ich durch kontinuierliche Gespräche und konkrete Hilfsangebote näher kommen. Ich konnte natürlich nicht sicher sein, daß die von mir ausgewählten Frauen nicht wieder zum Mann zurückgehen würden, aber auf dieses Risiko wollte ich bei meiner geplanten Vorgehensweise eingehen. Mir ist im folgenden nicht nur daran gelegen, Veränderungsprozesse sichtbar zu machen, sondern Veränderungsprozesse in ihrer Widersprüchlichkeit darzustellen. So beschreiben Marianne und Martha ausführlich, mit welchen Erwartungen sie noch einmal zurückgingen, um sich dann endgültig zu trennen.

Ich habe mich für die langwierige qualitative Methode von sich wiederholenden Intensivgesprächen und gemeinsamen Aktionen entschieden, weil ich davon ausgehe: Nur durch einen längeren Forschungsprozeß, in dem sich mit der Zeit ein Vertrauensverhältnis zwischen mir und den untersuchten Frauen entwickeln kann, ist es möglich, z. B. lebensgeschichtliche Brüche, Widersprüche, Verletzungen des Selbstwertgefühls und individuelle Kämpfe und Niederlagen anzusprechen. Hierbei kommt es mir nicht auf ein repräsentatives Ergebnis an, sondern ich möchte die Differenziertheit und Vielschichtigkeit der Lebensgeschichten von vier Frauen in den Mittelpunkt stellen. Ich will erreichen, daß nicht pauschal von mißhandelten Frauen die Rede ist, sondern daß die von mir vorgestellten Frauen in ihrer unterschiedlichen Lebensrealität sichtbar werden. Nur so können sich auch andere Frauen in den exemplarisch dargestellten Lebensläufen wiederfinden und Anregung, Mut und Stärke zur Überwindung eigener Gewaltbeziehungen erfahren.

Gleichzeitig sollen die Ergebnisse nicht nur *für* andere gewonnen werden, sondern die Gesprächsteilnehmerinnen selbst könnten durch den Forschungsprozeß die Möglichkeit bekommen, ihre Situation zu verändern und sie anderen zugänglich zu machen. Durch meine jahrelange Mitarbeit in der autonomen Frauenbewegung ist Wissenschaft von und mit Frauen für mich zu einem Kampfmittel geworden mit dem Ziel, unsere individuelle und gesellschaftliche Situation zu analysieren und zu verändern. Dieses Buch soll ein Beitrag dazu sein und zeigt die ganze Spannbreite von minimalen bis zu radikalen Veränderungen.
Meiner Untersuchung liegen die Prinzipien der Frauenforschung

(Mies, 1978)[1] zugrunde, die von Frauen ständig überprüft, korrigiert und weiterentwickelt werden. Dieser feministische Forschungsansatz ist an vielen Stellen identisch mit dem subjektwissenschaftlichen Forschungsansatz, der innerhalb der kritischen Psychologie von Klaus Holzkamp entwickelt wurde (Holzkamp, 1984).[2] Mit meinem Forschungsansatz wende ich mich entschieden gegen die quantitativen Methoden, die in den Sozialwissenschaften immer von »Regelfällen und Ausnahmen« sprechen und dabei das tatsächliche Leben von Frauen bzw. von Männern ignorieren. Indem gemessen und quantifiziert wird, läßt sich nichts Wesentliches ermitteln, sondern vielmehr werden mit wissenschaftlich verbrämten Scheinergebnissen die wirklichen Probleme verschleiert. Mit Hilfe von quantitativen Verfahren wird Gewalt gegen Frauen immer als Resultat verschiedener »unabhängiger Variablen« wie z. B. Alkohol hingestellt und niemals in ihrer ganzen Dimension als von Männern an Frauen verübte Gewalt sichtbar.

Da es sich in meiner Untersuchung um einen Gesprächszyklus bzw. um einen zeitlich begrenzten Therapieprozeß und nicht um einmalige Gespräche handelt, läßt sich z. B. differenziert die Entwicklung von Mitleid und Schuldgefühlen, die aufgrund der »weiblichen« Lebenszusammenhänge für fast alle Frauen ein zentrales Problem sind, darstellen. Gleichzeitig kann als Prozeß das Verarbeiten dieser Schuldgefühle und das gleichzeitige Entwickeln von Wut und Widerstand in unterschiedlicher Ausprägung nachvollzogen werden. Hierbei ist wesentlich, welche ambivalenten Gefühle sich hinter Mitleid und Schuldgefühlen dem mißhandelnden Mann gegenüber verbergen und wie sie mit den gängigen Klischees von »ewiger Treue«, »nicht aufzulösenden Familienbanden« und dem eigenen Selbstbild als Frau zusammenhängen.

In der Analyse der Gespräche möchte ich den Prozeß deutlich machen, wie sich Bewußtsein und Verhalten der Gesprächsteilnehmerinnen entsprechend ihrer jeweiligen Lebensrealität verändert haben. Ich werde die Entwicklung darstellen, wie Frauen Aussagen, die sie am Anfang der Gespräche machten, am Ende des Therapieprozesses nicht nur entschieden zurücknahmen, sondern wie sie mit Entsetzen und Wut darauf reagierten, sich so lange in angepaßter und abhängiger Art und Weise verhalten zu haben. Das Schwergewicht der Auswertung der Gespräche liegt also nicht nur darin, Veränderungsprozesse sichtbar zu machen, sondern Veränderungsprozesse in ihrer Widersprüchlichkeit darzustellen. Insofern ist der Forschungsprozeß gleichzeitig »objektives Moment des Resultats« (Christine Woesler de Panafieu, 1983).[3]

Ich werde zuerst einen theoretischen Überblick vermitteln, was ich unter Gewalt gegen Frauen verstehe; warum Frauenmißhandlung kein individuelles Problem bestimmter Männer bzw. bestimmter Frauen ist, sondern sich nur durch eine systematische Analyse prinzipieller Gewalt gegen Frauen begreifen läßt. Ich gebe das Ausmaß, die Formen und die Folgen von Gewalt gegen Frauen zu bedenken. Da noch immer so gut wie keine geschlechtsspezifisch ausgewiesenen Statistiken existieren, beziehe ich mich überwiegend auf die in den letzten Jahren in den Frauenhäusern durchgeführten wissenschaftlichen Begleituntersuchungen und auf Erfahrungen aus meiner Praxis. Ich gehe auf den Zusammenhang von »weiblichen« Lebensbedingungen und Mißhandlungsbeziehungen ein und untersuche, ob bzw. wie weit die Sozialisation in der Herkunftsfamilie die Gesprächsteilnehmerinnen in ihren späteren Möglichkeiten und Wunschvorstellungen beeinflußte, stelle das Gewaltverhältnis von aufgezwungener Reproduktions- und Produktionsarbeit für Frauen dar und zeige, welche Bedeutung Sexualität als intimste Form der Kontaktaufnahme in einer Beziehung, die sich zu einer Mißhandlungsbeziehung entwickelt, besitzt.

Bis zu diesem Punkt der theoretischen Betrachtung hat sich die individuelle und strukturelle Gewalt gegen Frauen derart zugespitzt, daß keine Steigerung mehr möglich scheint. Als Folge zunehmender Realitätsleugnung sind die einzelnen Frauen weit über ihre Grenzen, fast bis zur Selbstaufgabe gegangen. Ich zeige, wie unterschiedlich die Auslöser sind, die dazu führen, daß Frauen allmählich ihre Hoffnung auf eine Verbesserung der Beziehung, die sie bei dem brutalen Mann ausharren ließ, verlieren. Gleichzeitig reduzieren sich ihre Schuld- und Schamgefühle, scheinbar an der Mißhandlung schuldig zu sein. Indem sie ganz allmählich wieder Zutrauen zu ihrer eigenen Kraft gewinnen, verlieren sie ihre Angst vor dem mißhandelnden Mann. Sie beginnen, sich mit unterschiedlichen Mitteln zu wehren und auch ihre aggressiven Gefühle gegen ihn zuzulassen. Gleichzeitig können sie die Möglichkeiten wahrnehmen, die sie bei einer Trennung unterstützen. Ich stelle die Hindernisse dar, mit denen Frauen vor und nach der Trennung zu kämpfen haben, aber auch die neuen Lebensmöglichkeiten, die sich für jede Frau nach der Trennung aus einer Mißhandlungsbeziehung bieten.

In der Folge versuche ich, die Theorie und Praxis der Frauenforschung mit der von feministischer Therapie zu verbinden. Ich stelle kurz meine Forschungsgrundsätze dar und die Erfahrungen, die ich mit deren Einlösung gemacht habe. Meine theoretische Darstellung konkretisiert sich in unterschiedlicher Weise in den Therapieprozessen der einzelnen Frauen. Zusätzlich gehen die Gesprächsteilnehmerinnen auf die Bedeutung, die das Frauenhaus für sie persönlich hatte, und auf Veränderungen und Perspektiven ein. So ergibt sich ein Überblick über ihr einstiges und ihr augenblickliches Leben.

Die Gesprächsteilnehmerinnen unterscheiden sich in keiner Weise von Frauen, die das Privileg haben, kein Frauenhaus in Anspruch nehmen zu müssen. Das gleiche gilt für die mißhandelnden Männer. Nach Aussagen der Frauen handelt es sich um ganz »normale« Männer mit ganz »normalen« Lebensläufen: sowohl Männer, die Gewalt in der Kindheit erlebt hatten, als auch Männer, die ohne körperliche Gewalt aufgewachsen waren. Gerade diese »Normalität« zeigt die fest verankerte Systematik von Frauenmißhandlung. Da Gewalt gegen Frauen, einschließlich Kontrolle und Bevormundung, eher die Regel als die Ausnahme ist, sind die in der Untersuchung herausanalysierten Bedingungen für die Entstehung und Überwindung von Gewaltbeziehungen punktuell auf die Situation anderer Frauen hin verallgemeinerbar. Insofern könnte jede Frau die vorliegenden Erfahrungen der Gesprächsteilnehmerinnen für sich nutzen!

Was ist eigentlich Mißhandlung?

Ist eine Ohrfeige bereits Mißhandlung? Ein Faustschlag im Boxring, der den Gegner k. o. schlägt, oder ein Tritt gegen das Schienbein auf dem Fußballplatz?

Die einen reden erst dann von Frauenmißhandlung, wenn es um physische Gewaltanwendung geht[4], die also direkt nachweisbar ist, die anderen, wenn der Mann die Gewaltanwendung wiederholt.[5] Was Mißhandlung ist, wird jeweils gesellschaftlich bestimmt durch den erlaubten Gebrauch von Gewalt, der jeweils unterschiedlich definiert und gehandhabt wird. Beispiele sind die vielen Mordversuche oder Morde an Frauen, die im Höchstfall als »Totschlag im Affekt« gering sanktioniert werden.

In der BRD existiert heute kein Züchtigungsrecht mehr[6], sondern der § 223 StGB, der jede körperliche Verletzung unter Strafe stellt:
(1) »Wer einen anderen körperlich mißhandelt oder an der Gesundheit beschädigt, wird mit Freiheitsstrafe bis zu drei Jahren oder mit Geldstrafe bestraft.«
Warum also zeigen Frauen ihre gewalttätigen Männer nicht an? Nach den Erfahrungen meiner Gesprächsteilnehmerinnen findet dieser Paragraph kaum bis gar keine Anwendung in dem Falle, in dem ein Ehemann bzw. Freund seine *eigene* Frau bzw. Lebensgefährtin mißhandelt. Die jeweilige Beziehung, also der soziale Kontext, in dem der Schläger zu seinem Opfer steht, ist juristisch für eine Strafverfolgung bzw. deren Unterbleiben entscheidend. Es sieht so aus, als ob der im Artikel 6 GG verankerte besondere Schutz von Ehe und Familie als Rechtfertigung diente, Straftaten innerhalb der Familie von der Strafverfolgung auszunehmen. Einerseits wird mit Hilfe dieses Artikels verhindert, daß der Staat sich zum Richter von Privatangelegenheiten aufspielt, andererseits läuft diese staatliche Nichteinmischung in der Praxis darauf hinaus, daß Frauen in der Ehe bzw. eheähnlichen Beziehung keinen effektiven Rechtsschutz zugebilligt bekommen. Indem die Familie unter dem besonderen Schutz des Staates steht, scheint es gar, als ob auch die Mißhandlung

von Frauen in der Familie unter diesem Schutz stehe. Der soziale Kontext zwischen demjenigen Mann, der Gewalt anwendet, und derjenigen Frau, die sie erleidet, macht die Gewaltanwendung in dieser alltäglichen Form einerseits erst möglich und leugnet sie andererseits. So existiert juristisch keine Vergewaltigung in der Ehe, und in den Polizeiberichten ist niemals von Frauenmißhandlung, sondern von »Familienstreitigkeiten« die Rede. Realität ist jedoch, daß täglich in der Ehe Frauen vergewaltigt werden und täglich Polizeibeamte mit zusammengeschlagenen Frauen und nicht mit zusammengeschlagenen Männern zu tun haben.

Nach meinen Erfahrungen im Frauenhaus Berlin werden mißhandelte Frauen von Polizeibeamten nicht dazu ermutigt, Strafanzeige zu stellen. Die Beamten wissen aus ihrer Praxis, daß die Staatsanwälte die Strafanzeigen von mißhandelten Frauen einstellen aus »Mangel an öffentlichem Interesse«. Darüber hinaus geschieht es oft, daß Ehefrauen bzw. Verlobte von ihrem Zeugnisverweigerungsrecht Gebrauch machen, weil sie vom Mann unter Drohungen dazu gezwungen werden.[7]

Ich gehe davon aus, daß dann von Mißhandlung gesprochen werden muß, wenn eine Person physisch oder psychisch auf dem Hintergrund einer gesellschaftlich vorgegebenen, relativen Machtposition angegriffen wird.[8] Diese gesellschaftlich vorgeprägte relative Machtposition besitzt prinzipiell jeder Mann gegenüber einer Frau in unserer Gesellschaft. Die Ausnutzung dieser Machtposition mag unterschiedliche Formen annehmen. Die sichtbarste und brutalste ist die Anwendung von physischer Gewalt, die immer mit psychischer Demütigung und Erniedrigung verbunden ist. Die Demütigung verdoppelt sich in dem Fall für die Frau, wenn sie vom Freund oder Ehemann mißhandelt oder vergewaltigt wird. Der Mann, mit dem sie ein Leben geplant, dem sie vertraut, der ihr womöglich Schutz und Sicherheit versprochen hat, wird zum Angreifer. Dieser persönliche Kontext zwischen einem mißhandelnden Mann und einer mißhandelten Frau erschwert bzw. verunmöglicht die Definition einer strafbaren Handlung durch § 6 GG und wird zum Anlaß genommen, keine Strafverfolgung vorzunehmen. Dies trägt dazu bei, daß Frauen in der Ehe bzw. eheähnlichen Beziehungen männlicher Gewalttätigkeit ausgesetzt sind.

Warum bleiben Frauen so lange beim Mißhandler?

Weil sie Masochistinnen sind und Lust am Geschlagenwerden empfinden? Oder weil sie bereits im Elternhaus verprügelt wurden (Gelles) und daran gewöhnt sind? Oder handelt es sich ausschließlich um sozial schwache Frauen aus der sogenannten Unterschicht, die es angeblich nicht anders kennen?

Gewalt gegen Frauen ist kein Randproblem bestimmter Frauen, die ausschließlich von Alkoholikern, beruflichen Versagern, Asozialen oder Psychopathen mißhandelt werden. Rund die Hälfte der mißhandelten Frauen entstammt »wohlhabenden Bevölkerungsschichten«. Als Gewalttäter werden Professoren, Lehrer und Polizisten ebenso oft genannt wie Arbeiter und Angestellte[9]. Gewalt gegen Frauen kann auch nicht damit erklärt werden, daß angeblich bestimmte Frauen einen Lustgewinn beim Geschlagenwerden empfinden. Ich habe während meiner jahrelangen praktischen Arbeit mit mißhandelten Frauen keine Frau kennengelernt, die das Herausschlagen von Zähnen oder das Brechen eines Nasenbeins und eheliche Vergewaltigungen als befriedigend erlebt hat. Frauenmißhandlung mit dem Masochismus der Frau zu erklären, ist angesichts der Situation von Frauen in unserer Gesellschaft und des unbeschreiblichen Ausmaßes von Frauenmißhandlung zynisch[10]. Im Grunde entspringt die Masochismus-Theorie, mit der Frauenmißhandlung erklärt werden soll, der gleichen Wurzel, die dem Provokationsargument zugrunde liegt: Ob die Frau Mißhandlung »provoziert« oder »genießt«, sie trägt in jedem Fall die Verantwortung für das Schlagen des Mannes. Diese Argumentation paßt in das Schema, nach dem Männer frei- und Frauen, die es angeblich nicht anders wollen, schuldig gesprochen werden (Ähnliches geschieht in Vergewaltigungsprozessen).

Gewalt gegen Frauen läßt sich auch nicht mit erfahrener Gewalt in der Kindheit erklären. Es trifft zu, daß Erfahrungen aus der Kindheit das spätere Verhalten des Individuums beeinflussen. Jedoch läuft diese Beeinflussung nicht mechanisch ab und macht aus Kindern, die in gewalttätigen Familien aufwachsen, weibliche Opfer und männliche Täter. Auch das Gegenteil ist nach einer gewalttätigen Kindheit möglich, nämlich die totale Ablehnung von Gewalt. Die amerikanischen Sozialwissenschaftler Dobash und Dobash (1979) haben herausgefunden, daß z. B. Brüder von Männern, die ihre Frauen und Kinder mißhandelten, selbst keine Gewalt gegen ihre Frauen anwandten. Dies, obwohl beide in einem gewalttätigen Elternhaus aufgewachsen waren [11].

Gewalt gegen Frauen läßt sich auch nicht mit Hilfe der Lerntheorie erklären. Sowohl aggressives als auch passives Verhalten sind demnach gesellschaftlich erworbene Verhaltensweisen (Steinmetz, Straus und Gelles). Die Lerntheoretiker erklären jedoch nicht genauer, warum diese Verhaltensweisen streng geschlechtsspezifisch auftreten und geschlechtsspezifisch sanktioniert werden.

Gewalt gegen Frauen kann nur im Gesamtzusammenhang mit der patriarchalischen Unterdrückung, Erniedrigung und Verachtung von Frauen gesehen werden. Das, was Gewalt gegen Frauen in unserer Gesellschaft ermöglicht und tabuisiert, ist gleichzeitig der Grund dafür, daß Frauen in der Mißhandlungsbeziehung oft jahrelang ausharren.

In den folgenden Therapieprozessen der vier Frauen wird deutlich: Frauen haben sich nicht nur gegen den individuellen Mann zu behaupten und zu wehren, sondern gegen ein gesellschaftlich verankertes frauenfeindliches System, das ihre Abhängigkeit vom Mann fordert und u. a. folgendermaßen stabilisiert und weitergibt:

1. Durch bestimmte subalterne Arbeitsverhältnisse, die Frauen sowohl im Haushalt als auch im Erwerbsleben aufgezwungen werden.

2. Durch eine Erziehung zur Weiblichkeit, die gleichbedeutend ist mit einer Erziehung zur Unterwerfung unter den Mann.

3. Durch die spezifische strukturelle Gewalt oder den Sexismus gegen Frauen, der z. B. Gewalt in der Ehe oder eheähnlichen Beziehung als »normal« erscheinen läßt und es Frauen erschwert bzw.

verunmöglicht, sich mit Hilfe juristischer Mittel gegen einen mißhandelnden Mann zu wehren oder sich, ohne ökonomische, soziale
und emotionale Nachteile zu erleiden, von ihm zu trennen.

Was verdrängen Frauen in gewalttätigen Beziehungen?

Viele Frauen geraten bei der zunehmenden Erkenntnis ihrer menschenunwürdigen Situation mit einem gewalttätigen Mann in einen
inneren Widerspruch: Einerseits wünschen sie sich ein Leben ohne
Mißhandlung und mit mehr Selbstbestimmung, andererseits haben
sie Angst, ihren sozialen Rahmen, in gewisser Weise ihre Existenz,
bei einer notwendigen Trennung zu gefährden. Eine Lösungsmög-
lichkeit scheint die *Konfliktabwehr*, die von der Angst der Frau vor
einer generellen Veränderung, d. h. vor dem Zugeben seiner will-
kürlichen Gewalttätigkeiten mit anschließenden Konsequenzen, geprägt ist. Frauen, die in einer Mißhandlungsbeziehung ausharren,
befinden sich in einer schizophrenieähnlichen Situation: Der Mann,
der ihnen emotionale Zuwendung und soziale Sicherheit versprochen hat, wird zum Angreifer. In der Regel halten sie nach außen die
»Normalität« einer menschenwürdigen Beziehung aufrecht, die oft
auch soziale Sicherheit und gesellschaftliche Anerkennung bedeutet, nach innen aber von Angst, Verzweiflung, Erniedrigung und
unterdrückten Aggressionen geprägt ist. Diese Gefühle spaltet die
mißhandelte Frau häufig in dem Augenblick ab, in dem er Reue
zeigt und sich entschuldigt. Indem sie ihm in dieser Situation oft
genug glauben will und ihm verzeiht, muß sie ihre Gefühle von Erniedrigung, Demütigung, Ärger oder Wut verdrängen, um seine
Entschuldigung und häufig auch seinen Trost annehmen zu können.
In diesem Augenblick muß sie verdrängen, sich von dem Verursacher ihrer Schmerzen trösten zu lassen. Durch dieses Verleugnen
ihrer tatsächlichen Gefühle von Schmerz, Wut und Empörung, die
bei einem fremden Mißhandler oder Vergewaltiger eine automatische und »normale« Reaktion wären, entfernt sich die Frau von

ihren eigenen Wünschen und Gefühlen und büßt allmählich ihre Selbstachtung ein. Gleichzeitig lähmt sie ihre Handlungsfähigkeit: durch die Angst sowohl vor dem Mißhandler als auch vor einer ungesicherten Zukunft bei einer Trennung, durch die zeitweilige Verstrickung in Mitleid und Schuldgefühle und häufig durch die Erfahrung, von anderen keine Unterstützung zu bekommen. Da sie irgendwie überleben, d. h. weiterfunktionieren muß, versucht sie oberflächlich ihre Handlungsfähigkeit wiederzugewinnen. Dies geschieht, indem sie die erfahrenen Mißhandlungen und die damit verbundenen Gefühle verfälscht und dadurch die bereits einmal erreichte Erkenntnis über eine notwendige Trennung aktiv (obwohl dieser Vorgang in der Regel unbewußt geschieht) abwehrt. In dieser Situation greifen viele mißhandelte Frauen zu einer *Realitätsleugnung*, die einer *Selbstfeindschaft* gleichkommt (Holzkamp, 1984)[12].

Je häufiger sich die Mißhandlungen wiederholen, desto häufiger muß sie zu diesem Mechanismus der Konfliktabwehr greifen und desto stärker wird der Grad ihrer Abhängigkeit vom mißhandelnden Mann. Dies kann sich im Extremfall so zuspitzen, daß psychosomatische Krankheiten entstehen. Die Symptome treten als emotionale Störungen wie Gleichgültigkeit, Schlaflosigkeit, Angstzustände, Unruhe und Niedergeschlagenheit in Verbindung mit somatischen Beschwerden auf wie Herzschmerzen, Neuralgien, Muskelschmerzen, Störungen im Bereich des Unterleibs und des Kreislaufs.

Diese psychosomatischen Beschwerden können sich verstärken, je länger die Frau in der krankmachenden Situation ausharrt. Das Verhalten mißhandelter Frauen, die entweder beim Mann bleiben oder nach versuchter Trennung noch einmal zurückgehen, als »Liebe« oder »sexuelle Hörigkeit« – wie es häufig versucht wird – zu interpretieren, ist angesichts ihrer ökonomischen, sozialen und emotionalen Auslieferung an den Mann zynisch. Hier werden Ursachen mit Folgen verwechselt: Frauen sind in der Regel nicht immer freiwillig in die vielfältigen Abhängigkeiten geraten, sondern die gesellschaftlichen Bedingungen lassen ihnen häufig wenig Wahlmöglichkeiten.

In der Regel werden Frauen darauf gedrillt, die Verantwortung für das Funktionieren einer Beziehung zu übernehmen. So empfinden viele, die unter einem gewalttätigen Mann leiden, eher Angst, Mitleid und Schuldgefühle als Empörung, Wut und Haß.

Nicht alle Frauen sind sozusagen Heldinnen, die sich gegen das ihnen zudiktierte Geschlechtsrollenstereotyp von Anfang an erfolgreich wehren und als Frauen, die »aus der Rolle fallen«, eventuell soziale Isolation und männliche wie weibliche Aggressionen auf sich ziehen. Diese Situation kann dazu führen, daß sich Frauen u. a. aus Mangel an vorstellbaren Alternativen und aus dem Gefühl der eigenen Wertlosigkeit heraus in ihrer Mißhandlungsbeziehung »arrangieren«. So scheinen Verhalten und Bewußtsein von Frauen zeitweilig dahin gebracht worden zu sein, daß sie sich scheinbar selbst an der Entwicklung einer eigenständigen Persönlichkeit hindern. Realität von Frauen in menschenunwürdigen Beziehungen ist also nicht, daß sie »zu sehr lieben« – weder sich selbst noch ihn – (Norwood, 1986)[13], sondern daß sie allmählich ihr Selbstvertrauen, ihre Selbstachtung und ihre Autonomie einbüßen und sich ohne diesen Mann kein Leben mehr vorstellen können.

Ausmaß, Formen und Folgen
von Frauenmißhandlung

Im folgenden werde ich mit einigen Daten der letzten Jahre, die wegen der großen Dunkelziffer überwiegend auf Schätzungen beruhen, das Ausmaß von Frauenmißhandlung zu verdeutlichen suchen. Obwohl vor der Errichtung von Frauenhäusern Ärzte, Sozialarbeiter und Polizeibeamte fast täglich mit Frauen zu tun hatten, die sichtbare Mißhandlungsspuren trugen, existierten keine statistischen Angaben etwa von Unfallstationen, Polizeiberichten oder Beratungsstellen. Für die einen war Frauenmißhandlung ein Randproblem, das nur wenige sozial schwache Frauen betraf, für die anderen war es normal, daß Frauen, die ihre Männer »provozierten«, dafür bestraft wurden.

Erst seit der Existenz von Frauenhäusern ist das Ausmaß von Gewalt gegen Frauen der breiten Öffentlichkeit und den Betroffenen selbst in ihrer Isolation bekannt geworden. So basieren die meisten von mir genannten Daten auf Forschungsergebnissen der wissenschaftlichen Begleitungen in den autonomen Frauenhäusern [14]. Bei meinen Bemühungen, Angaben über Häufigkeit und Schwere von Körperverletzungen oder Mißhandlungen mit Todesfolge zu erhalten, stellte sich Folgendes heraus: Die Daten des Statistischen Bundesamtes geben zwar an, wie viele Männer wegen Körperverletzung etc. (§ 223, 223 a, 225, 226) verurteilt wurden, unerwähnt bleibt allerdings, ob es sich um Körperverletzungen an Frauen handelt. Die Differenzierung nach Geschlecht ist in diesem Fall besonders wichtig, weil in der Regel Anzeigen von Frauen wegen Körperverletzung und schwerer Körperverletzung »aus Mangel an öffentlichem Interesse« niedergeschlagen werden. Die pauschale Statistik zeigt die Realitätsleugnung unserer Gesellschaft: Über eine geschlechtsspezifische Aufgliederung würde ein Teil des ungeheuren Ausmaßes von Männergewalt an Frauen sichtbar.
Bei Mißhandlungsfolgen ist die Dunkelziffer ebenfalls besonders hoch. Außer der physisch sichtbaren Körperverletzung, die immer

mit psychischer Mißhandlung einhergeht, stellen sich psychische oder psychosomatische Mißhandlungsfolgen häufig erst nach Jahren heraus.

Eine Lawine oder ein Randproblem?

Seit der Existenz von autonomen Frauenhäusern in der BRD und West-Berlin begannen Feministinnen mit der systematischen Dokumentation von Frauenmißhandlung. Inzwischen liegen Untersuchungen vor, die jeweils im Rahmen von wissenschaftlichen Begleitungen in den Frauenhäusern Berlin, Köln und Hamburg erarbeitet wurden. Gleichzeitig wurde der Begriff »Mißhandler« öffentlich eingeführt. Mit diesem Begriff soll Frauenmißhandlung direkt mit Männergewalt assoziiert werden. Der Ehemann oder Freund wird dann zum Mißhandler, wenn er seine Frau oder Freundin psychisch oder physisch demütigt und schlägt. Es kann keinen »objektiven Mißhandlungsbegriff geben, denn es gibt keinen unbeteiligten Dritten, solange das Gewaltverhältnis fortbesteht«[15]. Der mißhandelnde Mann blieb bisher davon verschont, als Mißhandler bezeichnet zu werden. Er war auch selten mit Sozialämtern, Jugendämtern oder Beratungsstellen direkt konfrontiert. (An die wendet sich in der Regel die mißhandelte Frau.) Diese Stellen diskriminieren häufig eher die Frau, »die sich das gefallen läßt«, als den Mann, »dem mal die Hand ausrutscht«[16].

In Anbetracht der systematischen alltäglichen Gewalt gegen Frauen ist es kein Wunder, daß viele Frauen in mehreren Beziehungen mißhandelt wurden[17]. Ein Fünftel der von der wissenschaftlichen Begleitung des Berliner Frauenhauses befragten Frauen hatte schon vor der aktuellen Mißhandlungsbeziehung mit Männern gelebt, die ebenfalls mißhandelten. 18 % der Frauen wußten, daß der Mann andere Frauen mißhandelt hatte und gegen andere Menschen gewalttätig wurde[18]. Das Umfeld von Gewalt, das allein meine Gesprächsteilnehmerinnen im Laufe unserer Gespräche beschrieben, war weitreichend: Da sind sowohl die Mutter, die Schwiegermutter, die Schwägerin, die Kollegin als auch die eigene Freundin und die Freundin seines Freundes oder Bruders entweder beschimpft, bedroht, gedemütigt oder geschlagen worden. Viele Frauen fragen sich nach wiederholten Mißhandlungsbeziehungen verzweifelt, ob etwas mit ihnen nicht stimmt, wenn ausgerechnet sie immer an mißhandelnde Männer geraten. Das unvorstellbare Ausmaß von Gewalt gegen Frauen ist allen Gesprächsteilnehmerinnen erst im Frauenhaus durch die Vielzahl der Mitbewohnerinnen bewußt geworden.

Ich habe in meiner Untersuchung erfahren, daß es keinen Zusammenhang zwischen der Dauer der Beziehung und dem Beginn oder dem Ausmaß der Mißhandlung gibt. Das entspricht auch den Erfahrungen der wissenschaftlichen Begleitung in Berlin.
Alle Frauen meiner Untersuchung berichteten, daß sie am Anfang der Beziehung glaubten, durch angepaßtes Verhalten seinen Mißhandlungen entgehen zu können. Sie bemerkten unterschiedlich schnell bzw. langsam, daß sie keinen Einfluß auf seine Willkür hatten. Marianne sagte sehr deutlich, daß sie vielleicht nicht so häufig geschlagen worden wäre, wenn sie noch mehr auf ihn eingegangen wäre. Jedoch hätte sie trotz übertriebener Anpassung prinzipiell seinen Mißhandlungen nicht entgehen können.

Auf die erste physische Gewaltanwendung reagierten alle Frauen unterschiedlich. Marianne konnte sich z. B. überhaupt nicht an das erste Schlagen ihres Mannes erinnern; für sie war der Übergang von seiner Kontrolle über Bevormundung zum Schlagen fließend. Ich habe festgestellt, daß Frauen in der Erinnerung oft »kleinere« körperliche Angriffe wie Ohrfeigen verdrängen oder herunterspielen, weil inzwischen eine Desensibilisierung stattgefunden hat. Die »unwesentlichen« Mißhandlungen treten hinter denjenigen zurück, bei denen die Frau Angst um ihr Leben haben mußte. Das bedeutet nicht, daß Frauen die Ohrfeigen in der aktuellen Situation nicht als Demütigung wahrnehmen. Allerdings »verblassen« Ohrfeigen im Laufe zunehmender Gewaltanwendung. Gezeigte Empörung ohne Konsequenzen bot den Frauen genausowenig Schutz vor weiterer Mißhandlung wie den Frauen, die die Mißhandlungen von Anfang an herunterspielten und sich noch angepaßter verhielten.

Ich habe nicht feststellen können, daß Frauen – wie es immer wieder behauptet wird – bewußt das Schlagen »provozierten«[19]. Außerdem finde ich es problematisch, in diesem Zusammenhang den Begriff der Provokation zu benutzen, der von den Mißhandlern nach Aussagen der Frauen als Grund für ihr Schlagen angegeben wird. Sie fühlten sich provoziert, wenn die Frau auf ihrer eigenen Meinung bestand; wenn sie »Widerworte« gab; wenn sie sich seinen Wünschen widersetzte; wenn das Essen nicht pünktlich auf dem Tisch stand; wenn sie mit einem anderen Mann sprach usw.

Bei meinen Gesprächen zeigte sich, daß es sich in der Regel dem Einfluß der Frauen entzieht, wann Männer zuschlagen. Viele Männer schlagen willkürlich und suchen sich auch willkürliche Gründe für ihr Tun. Falls sie der Frau überhaupt eine Erklärung geben, ist es die, von ihr provoziert worden zu sein[20]. Das Provokationsargument gilt sowohl in der Literatur als auch in der Praxis als Entschuldigung für die Gewaltanwendung des Mannes. Frauen, die eine Zeitlang von ihrer »Provokation« überzeugt waren, gaben sich der Illusion hin, realen Einfluß auf sein Verhalten zu haben. Sie entwickelten folglich Schuldgefühle wegen ihres »provokanten« Auftretens, wenn sie geschlagen wurden. Hierbei handelt es sich um eine psychische Falle: Die Frau wird für ihre eigene Qual und Demütigung verantwortlich bzw. schuldig gesprochen. Der Zynismus, der dahintersteht, wirkt so weit, daß sich einige Frauen bei ihrem Mißhandler entschuldigten, weil sie ihn zum Schlagen »provoziert« hatten. Das Ausmaß von Mißhandlung wird zusätzlich dadurch verschleiert, daß viele Frauen häufig keine Hilfe nach gefährlichen Verletzungen suchen, weil sie sich schämen, vom eigenen Mann oder Freund oft lebensgefährlich verletzt worden zu sein. Gleichzeitig schämen sie sich, bei ihrem Mißhandler zu bleiben, weil sie keine wirkliche Alternative für ihr Leben wahrnehmen können. Bei ihm auszuharren und auf Änderung zu hoffen, schätzen viele in diesem Augenblick als geringeres Übel ein als ein ökonomisch unsicheres Leben ohne Mann und mit Kindern. Sie schämen sich auch, in seinem Beisein vor Ärzten lügen zu müssen, wie das Marianne erzählte. Sie bekommen dadurch notgedrungen das Gefühl einer Komplizenschaft mit dem Mißhandler und verlieren immer mehr an Selbstachtung. Die Männer begleiten ihre Opfer in die Klinik, um ihre Aussagen über die Verletzungen zu kontrollieren.

Aufgrund meiner Erfahrung meine ich, daß Frauen, die wiederholt mißhandelt wurden und kein Herauskommen aus ihrer Situation sehen, mit der Zeit eine Gleichgültigkeit ihrem Körper gegenüber entwickeln: Es wird unwichtig, wann sie sich heute »zusammenflicken« lassen, da nicht sicher ist, wie schnell sich seine Gewalttätigkeiten wiederholen. Nicht selten verbietet auch der Mann, wie im Falle von Claudia, einen Arztbesuch[21]. Ihm war es unangenehm, daß ihre Verletzungen auf seine Gewalttätigkeit zurückgeführt werden könnten.

Ich sollte dem immer seine Hand streicheln

In der Regel gehen psychische, physische und sexuelle Mißhandlungen ineinander über. In den Lebensgeschichten der Gesprächsteilnehmerinnen wird jedoch teilweise deutlich, welche der von ihnen erlittenen Mißhandlungen überwog.

41 % der Frauen, die im Rahmen der wissenschaftlichen Begleitung in Berlin befragt wurden, sprachen davon, ausschließlich oder zusätzlich seelisch mißhandelt worden zu sein[22]. Das Ausmaß psychischer Mißhandlung ist jedoch weit größer, weil mit jeder körperlichen Mißhandlung auch psychische Mißhandlung einhergeht und weil selbst nach einer einmaligen körperlichen Mißhandlung die Angst vor weiterer Gewaltanwendung zu psychosomatischen Krankheiten führen kann. Psychische Mißhandlungen laufen teilweise subtil ab und werden häufig von den Frauen selbst nicht als solche eingestuft: Wenn z. B. Mariannes Mann das Bedürfnis nach

Zärtlichkeit hatte, sollte sie ihm zum Einschlafen die Hand streicheln, mit der er sie vorher geschlagen hatte.

Über ein Viertel aller Frauen, die vor dem Frauenhausaufenthalt an anderer Stelle Hilfe gesucht hatten, bekamen den Ärger des Mißhandlers in dieser Form zu spüren: Er versuchte, sie für verrückt zu erklären und verbreitete Lügen über sie[23]. Angst, für verrückt gehalten zu werden, äußerten auch meine Gesprächspartnerinnen. Diejenigen, die täglich hörten, daß sie verrückt seien und in die »Klapsmühle« gehörten, entwickelten mit der Zeit eine panische Angst vor einer möglichen Psychiatrie-Einweisung. Zum einen sind Frauen generell stärker gefährdet, mit der Psychiatrie in Berührung zu kommen, da sie für Verhaltensabweichungen grundsätzlich stärker bestraft werden als Männer[24]. Zum anderen sind Frauen aus Mißhandlungsbeziehungen besonders gefährdet, mit einem psychiatrischen Etikett versehen zu werden, wie das die amerikanische Psychoanalytikerin Lenore Walker berichtet[25].

Da sich das Selbstbild von Menschen größtenteils aus der Wechselbeziehung zu anderen Menschen, die einem am nächsten stehen, ableitet, bedeutet das für mißhandelte Frauen in ihrer isolierten Situation: Mit der Zeit könnten sie die Sichtweise ihres Mißhandlers von ihrem Geisteszustand und von ihrer vermeintlichen Unfähigkeit übernehmen, zumindest dann, wenn kein anderer Mensch ihr Selbstwertgefühl stärkt.

Typisch für Mißhandlungsbeziehungen ist, daß der Mann ihr droht, sie irgendwann umzubringen, was auch drei meiner Gesprächsteilnehmerinnen berichteten[26]. Morddrohungen von Männern werden oft realisiert, doch außer von den bedrohten Frauen selten ernst genommen[27]. Neun von zehn ermordete Frauen wurden von Männern getötet[28]. Meine Gesprächsteilnehmerinnen wurden mit Fäusten geschlagen, mit schweren Stiefeln getreten, mit Gürtelschnallen verletzt, ihnen wurde büschelweise Haar ausgerissen, sie wurden mit der Pistole bedroht, bis zur Bewußtlosigkeit gewürgt und dann vergewaltigt. Diese Mißhandlungsformen gelten als »normal« und werden in den meisten Untersuchungen zu diesem Thema erwähnt.

Speziell sexuelle Mißhandlungen unterliegen einer noch größeren Tabuisierung als »normale« Mißhandlungen und werden von den Betroffenen selbst lange verdrängt. Die Erinnerungen an diese Demütigungen sind mit Schamgefühlen verbunden: Scham, dies so lange mitgemacht und sich so lange etwas vorgemacht zu haben. Die Isolation von durch Gewalt eingeschüchterten Frauen wird nirgendwo deutlicher als in der Sexualität: Sie haben während der Beziehung mit dem gewalttätigen Mann weder Vergleichsmöglichkeiten mit anderen Menschen noch eine Möglichkeit, mit anderen über ihre Unsicherheiten in der Sexualität zu reden. Hinzu kommt, daß viele Frauen stärker angepaßt an männlich orientierte Normen und Klischees sind bezüglich einer unerschöpflichen männlichen Potenz und oft auch in einem starken Maße die »Mythen von der Natur des Mannes« übernehmen, die die Willkür der Männer in ihrem sexuellen Verhalten rechtfertigen sollen[29]. Trotz dieser allgemeinen Verunsicherung von Frauen, was sie in der Sexualität fordern oder ablehnen können, haben 50% der durch die wissenschaftliche Begleitung im Frauenhaus Berlin befragten Frauen die Frage, ob sie in der Sexualität zu ungewollten Handlungen gezwungen wurden, bejaht[30]. Ich gehe allerdings aufgrund meiner Erfahrung davon aus, daß sich fast in jeder Beziehung, in der der Mann gewalttätig wird, diese Gewalt auch auf den sexuellen Bereich ausdehnt.

Meine Gesprächspartnerinnen berichteten nicht nur über entwürdigende Sex-Praktiken, sondern auch von Situationen, in denen sie nach einer körperlichen Mißhandlung zur Sexualität gezwungen, also vergewaltigt wurden.

Bezüglich des Verhaltens der Männer habe ich festgestellt, daß es durchaus Mißhandler gab, die nach ihrer Gewaltanwendung Reue zeigten und den Frauen Versprechungen machten. Dieses reuevolle Verhalten zeigten sie immer dann, wenn sie ernsthaft befürchten mußten, von ihr verlassen zu werden. Ich gehe davon aus, daß es von der Erfahrung und der Situation der Frau abhängt, ob sie das reuevolle Verhalten des Mannes als »Zuneigung« oder, wie im Fall von Marianne, später als »Aufdringlichkeit« oder »Erpressung« empfindet.

Es ist ein Wunder, daß mein Schädel nicht kaputtgegangen ist

Alle Gesprächsteilnehmerinnen sind durch die jahrelangen Mißhandlungen auf die unterschiedlichste Art und Weise geschädigt
worden. Die Schäden reichen von sichtbaren Mißhandlungsspuren
wie schlecht verheilte Narben im Gesicht oder am Körper über
schief zusammengewachsene Nasenbeine[31], fehlende Zähne bis zu
unsichtbaren inneren Verletzungen und zu psychosomatischen
Krankheiten wie Magengeschwüren, Herzschmerzen, ständigen
Kopfschmerzen und Kreislaufstörungen.

Die physischen Mißhandlungsfolgen sind am eindeutigsten festzu-
stellen, schwieriger wird es bei den psychosomatischen oder ausschließlich psychischen Beeinträchtigungen. Hierbei ist es für die
Frau schwierig, vor sich selbst bestimmte Reaktionen und Verhaltensweisen direkt mit den vergangenen Mißhandlungen in Verbindung zu bringen. Es ist auch vorstellbar, daß Frauen bestimmte
psychische Folgen ignorieren, um nach der Trennung ihrer bedrük-
kenden Vergangenheit nicht noch mehr Raum in ihrem Leben zuzugestehen. Marianne z. B. berichtete über geringe bis keine direkten
Mißhandlungsfolgen.

Speziell über Unterleibsschmerzen klagen viele Frauen. Sie sind
häufig Folgen von Tritten oder Schlägen in den Unterleib, besonders während der Schwangerschaft[32], oder auch Folgen von direkt
aufeinanderfolgenden Schwangerschaften oder häufigen Abtreibungen. Gravierende Schäden tragen Frauen oft durch aufgezwungene
brutale Sexualpraktiken davon[33]. Martha und Claudia wurden während der Schwangerschaft geschlagen, und Claudia mußte kurz vor
der Entbindung die Penetration über sich ergehen lassen, so daß die
Fruchtblase platzte. Viele Frauen erlitten durch die Gewaltanwendung Fehlgeburten[34].

Die Folgen der sexuellen Mißhandlungen bleiben meistens unerwähnt, weil Sexualität in der Regel tabuisiert wird. Wenn Elke z. B.

lange nach der Trennung daran dachte, mit einem Mann zu schlafen, verspürte sie einen Würgereiz und erbrach sich. Sie konnte ebenfalls lange nicht ertragen, von einem Mann in irgendeiner Form berührt zu werden. Claudia führte ihre extremen Schwierigkeiten in der Sexualität in ihrer neuen Beziehung auf ihre Mißhandlungserfahrung zurück. Sie geht davon aus, daß sie ihre Probleme in der Sexualität ein Leben lang behalten wird.

Die Amerikanerin Elaine Hilbermann vergleicht mißhandelte Frauen mit Vergewaltigungsopfern: Sie haben das gleiche Syndrom, das sie »paralyzing terror« nennt. Hinzu kommt die permanente Angst vor erneuter Mißhandlung. Sie hat festgestellt, daß mißhandelte Frauen unfähig sind, sich zu entspannen und oft auch unfähig, ohne Schlaftabletten zu schlafen. Häufig bringt der Schlaf ihnen keine Entspannung, sondern Alpträume von Gefahr und Gewalt[35]. Ich habe erfahren, daß diese Symptome auch lange nach der Trennung vom Mißhandler auftreten können. Ich traf nach Jahren eine ehemalige Bewohnerin aus dem Frauenhaus, die über zwanzig Jahre mit dem Mißhandler zusammengelebt hatte. Nachdem sie die ersten vier Jahre nach der Trennung mit Hilfe einer Therapie gut überstanden hatte, wacht sie jetzt fast jede Nacht voller Panik auf und fühlt sich in ihren Träumen von ihm bedroht. So können bestimmte Mißhandlungsfolgen zum ersten Mal nach Jahren auftreten, selbst, wenn die Frau glaubt, sie hätte keine direkten Schäden aus der Mißhandlungsbeziehung davongetragen. Hier müßten Langzeituntersuchungen gemacht werden.

In einer Mißhandlungsbeziehung passiert es oft, daß Frauen zu Alkohol oder Tabletten greifen. Damit richten sie ihre Aggressionen, die sie aufgrund seiner Brutalitäten gegen ihn haben müßten, gegen sich selbst. Dies kann bis zu Selbstverstümmelungen und Suizidversuchen[36] führen. Manche Frauen hoffen, durch Alkohol oder Tabletten ihre Erschöpfungszustände aufgrund ihrer alleinigen Verantwortung für Haushalt und Kinder und ihre Ängste dem Mißhandler gegenüber besser bewältigen zu können. Hierbei ist es noch immer ein wesentlicher Unterschied, ob eine Frau oder ein Mann trinkt. Frauen, die trinken, werden in der Regel als »asozial«

bezeichnet. Dies ist u. a. ein Grund, warum Frauen wie Martha eher heimlich trinken und auch eher zu Tabletten greifen[37].

Eine direkte Folge von Männergewalt sind Suizidversuche mißhandelter Frauen, die sich in einem Zustand totaler Ausweglosigkeit und Hoffnungslosigkeit befinden. Während der Mißhandlungsbeziehung unternahm Martha einen Suizidversuch.
Elke hatte noch zwei Jahre nach der Trennung manchmal den Wunsch, sich umzubringen, weil sie mit der Vergangenheit nicht anders fertig zu werden glaubte.

Frauen, die in der Mißhandlungsbeziehung von Alkohol bzw. Tabletten abhängig werden oder einen Suizidversuch unternommen haben, geraten dadurch in noch größere Abhängigkeit vom Mann. Seine Drohungen, sie in eine Klinik einweisen zu lassen, weil sie durch ihren Suizidversuch bewiesen habe, daß sie verrückt sei, können jetzt noch verstärkt werden[38]. Außerdem kann er ihre Suchtproblematik und ihren Suizidversuch beim Jugendamt gegen sie benutzen, falls sie bei einer Trennung das Sorgerecht für die Kinder beansprucht.

Diese Selbstzerstörungsversuche durch Tabletten, Alkohol oder direkte Suizidversuche, die Frauen mit einer Trennung nicht automatisch ablegen können, sind direkte Folgen ihrer Mißhandlungsgeschichte und nicht etwa auf psychische Instabilität zurückzuführen. Erst wenn Frauen ihre Gefühle von Verzweiflung, Wut und Haß nicht mehr gegen sich selbst richten und die Möglichkeit zur Veränderung wahrnehmen, können sie sich aus diesem Teufelskreis befreien. Dies beinhaltet häufig qualvolle, langwierige Tabletten- oder Alkoholentzüge, die auch von »Rückfällen« begleitet sein können.

Dies waren exemplarisch die zerstörerischen Folgen, mit denen Frauen aus Mißhandlungsbeziehungen oft noch lange nach der Trennung, manchmal ein Leben lang, zu kämpfen haben. Es gibt allerdings auch positive Folgen, wie mir Marianne versicherte. Sie fühlt sich heute kritischer und gestärkter als früher, ohne damit eine Mißhandlungsbeziehung zu rechtfertigen.

Ich halte es für wesentlich, nicht nur die Zerstörung der Frauen als Folge ihrer jahrelangen Mißhandlung aufzuzeigen, sondern auch ihre wiedergewonnene und anwachsende Stärke bei zunehmender Bewußtwerdung. Indem Frauen ihre Mißhandlungserfahrung nicht als »individuelles Pech« oder »Einzelfall« interpretieren, wehren sie heute bewußter generelle männliche Übergriffe ab und gehen kritischer mit neuen Männerbeziehungen um. Gleichzeitig haben viele zum ersten Mal die Solidarität unter Frauen schätzen gelernt. Dies sind ebenfalls Folgen ihrer Mißhandlungserfahrungen. Darauf werde ich später im Zusammenhang mit den stattgefundenen Veränderungen eingehen.

Zusammenhang zwischen »weiblichen« Lebensbedingungen und Mißhandlungsbeziehungen

Der Grundstein für die einschränkenden »weiblichen« Lebensbedingungen wird vielfach bereits in der Herkunftsfamilie gelegt. Hier können Frauen den »Drill zur Weiblichkeit« früh erfahren, der in der Beschneidung ihrer Ausbildungsmöglichkeiten und häufig auch im sexuellen Mißbrauch innerhalb des »geschützten« Rahmens der Familie gipfeln kann.

Die Erfüllung ihres Lebens besteht für viele Frauen darin, von einem Mann beachtet, versorgt, geliebt und geheiratet zu werden. Um diesen gesellschaftlich festgelegten Wunschtraum zu erreichen, sind viele Frauen erst einmal bereit, mit der Aufgabe ihres Berufes (besonders wenn Kinder kommen) und der ausschließlichen Unterstützung seiner Karriere bis zur Selbstaufgabe zu zahlen. Der Wunsch nach Liebe, Geborgenheit und ständigem Zusammensein endet oft mit der Kehrseite dieses Traums: Was am Anfang als »übergroße Liebe« interpretiert wurde, stellt sich als »krankhafte Eifersucht« bis zur Bevormundung und Kontrolle ihres Lebens heraus. Das ehemals erhoffte und auch empfundene Interesse an der eigenen Person geht bis zur Forderung der Aufgabe einer eigenen Meinung und eines eigenen Willens, verbunden mit Demütigungen und Erniedrigungen.

Menschen, die sich nicht mehr über den Inhalt ihrer eigenen Tätigkeit, sondern ausschließlich über die Personen, denen sie ihr Leben widmen, definieren, geben damit den Wunsch nach Autonomie, Selbstachtung und Selbstverwirklichung auf. Damit verzichten Frauen auf die Entwicklung und Einlösung eigener Bedürfnisse und machen männliche Bedürfnisse zu ihren. Wenn er sich Sexualität mit ihr wünscht, paßt sie sich in der Regel automatisch seinen Wünschen an, da sie meist nicht mehr in der Lage ist, ihre eigenen zu entwickeln bzw. wahrzunehmen, geschweige denn durchzusetzen.

Im folgenden Kapitel werde ich näher auf diese Aspekte eingehen:

Inwieweit fühlten sich die Frauen durch die Sozialisation in der Herkunftsfamilie in ihren Wunschvorstellungen und Möglichkeiten beeinflußt?

Wie wird Frauen die Hausfrauen- und Mutterrolle und weibliche Erwerbstätigkeit aufgezwungen?

Inwieweit ist die Sexualität von Frauen eine Mischung aus Traum und Wirklichkeit?

Gegenüber meiner Mutter hatte ich es gut getroffen

Nicht alle Gesprächsteilnehmerinnen waren einer extrem geschlechtsspezifischen Sozialisation im Elternhaus ausgesetzt. Das Spektrum reicht von Elke, die früh in die Hausarbeit eingespannt wurde, die kleinere Schwester aufziehen mußte und vom Freund der Mutter »befummelt« wurde, bis zu Marianne, die sich durch die Sozialisation im Elternhaus in ihrem Selbstbewußtsein bestärkt fühlte. Trotz erheblicher Unterschiede in den Sozialisationsbedingungen haben alle drei Frauen, die in einer vollständigen Familie aufwuchsen, in unterschiedlicher Ausprägung früh die väterliche Dominanz und die mütterliche Unterlegenheit zu spüren bekommen. Elke, die erst als Achtjährige einen Stiefvater bekam, erlebte die Mutter als dominant und ungerecht und ihren Stiefvater lange als weich und liebevoll.

Aus der Erfahrung mit männlicher Stärke und weiblicher Schwäche zogen die Frauen unterschiedliche Konsequenzen. Allerdings waren auch alle unterschiedlich stark von den Auswüchsen der väterlichen Dominanz betroffen: Für Marianne stellt der Vater heute noch ein Idealbild dar, Martha rächte sich später für die Gewalttätigkeiten ihres Vaters, indem sie ihn zusammenschlug. Bemerkenswert ist allerdings, daß Marianne, die sich als Mädchen entschieden dagegen wehrte, so abhängig und unterwürfig wie die Mutter zu werden, später in ihrer Ehe die üblichen Dienstleistungen, die von Frauen erwartet wurden, übernahm.

Für alle Frauen – außer für Elke, die ohne leiblichen Vater aufwuchs – war selbstverständlich, daß der Vater Verbote aussprach, daß sie vor Angst zitterten, wenn er die Stimme hob, daß der Vater der Mutter geistig anscheinend überlegen war und daß es eine besondere Gunst war, vom Vater Anerkennung zu erfahren. Die Mutter war in dieser Beziehung unwichtiger [39]. Marianne identifizierte sich mit der Stärke ihres Vaters, um sich von der Schwäche der Mutter zu distanzieren. Diese Autoritätsverhältnisse, die sich in der Kindheit zwischen einem Mann und einer heranwachsenden Frau entwickeln, existieren häufig bis ins Erwachsenenleben.

Bei Marianne und Claudia wird deutlich, daß hier die Väter auch aufgrund ihrer physischen Überlegenheit eine wichtige Rolle in der Mißhandlungsbeziehung spielten. Wenn ihr Vater noch gelebt hätte, hätte Marianne die väterliche Stärke, wie Claudia, als Schutz gegen den Mißhandler empfunden. Claudias Ehemann hatte oft Angst, daß ihr Vater ihn schlagen würde »aus Wut darüber, daß er mich geschlagen hat«. Sie mußte also vor dem Vater die Mißhandlungsspuren verbergen, solange sie immer wieder zu ihrem Mißhandler zurückging, wofür sie sich schämte. Martha verbarg zwar auch die Mißhandlungen vor ihrem Vater, aber aus einem anderen Grund: Sie wollte ihm nicht die Bestätigung geben, recht behalten zu haben. Bei ihrer Heirat hatte der Vater ihrem Mann geraten, zuzuschlagen, falls sie nicht »parieren« sollte. An Marthas Lebensgeschichte kann man ablesen, daß die Armut aufgrund der Schichtzugehörigkeit in ihrer Herkunftsfamilie ihre Situation noch verschärfte. Niemand kümmerte sich um Marthas Ausbildung. Sie ist nicht nur als Kind häufig vom Vater und dem ältesten Bruder geschlagen, sondern über längere Zeit von beiden Brüdern sexuell mißbraucht worden. Damit ist sie bis heute nicht fertig geworden.

Elke machte in ihrer Herkunftsfamilie indirekt ähnliche Erfahrungen wie Martha. Erschreckend ist dabei, wie leichtfertig mit sexuellem Mißbrauch von Mädchen innerhalb der Familie umgegangen wird und welch traurige Rolle Mütter in solchen Fällen aufgrund ihrer eigenen Schwäche und Abhängigkeit von dem Mann, der die Tochter mißbraucht, spielen können. Elke erlebte ihre Mutter in der Weise, daß sie sich intensiv um Männerbekanntschaften bemühte – obwohl sie nichts von Männern hielt – und ihre Tochter dabei vernachlässigte. Auch Elke konnte sich bisher ein Leben ohne Mann nicht vorstellen, obwohl sie ausschließlich schlechte Erfahrungen gemacht hatte. Dieses Verhalten erinnerte sie an ihre Mutter.

Diese geschlechtsspezifische Sozialisation, die häufig einer Übung in weiblicher Unterwerfung gleichkommt, wird sowohl von Claudia, die hinsichtlich ihrer Ausbildung die privilegierteste von allen Gesprächsteilnehmerinnen ist, als auch von Martha, die die schlechtesten »Startbedingungen« in ihrer Herkunftsfamilie hatte, für ihre zeitweilige Selbstaufgabe verantwortlich gemacht. Dies ist das subjektive Erleben beider Frauen. Für sie zählen die späteren Erfahrungen nicht so sehr wie die Erfahrungen, die sie im Elternhaus gemacht bzw. nicht gemacht haben. So empfanden sie wie viele andere Frauen die geschlechtsspezifische Sozialisation als der sich am stärksten auswirkende und am schwierigsten zu bekämpfende gewaltsame Eingriff in ihrem Leben. Dabei ist die Sozialisation nur *ein* Mosaikstein von vielen auf dem Wege der Persönlichkeitsentwicklung.

Der Aneignungsprozeß (re)produziert als das wichtigste ontogenetische Entwicklungsprinzip der Frau und des Mannes die historisch gebildeten geschlechtsspezifischen Eigenschaften und Fähigkeiten, die geschlechtsspezifische Arbeits- und Funktionsteilung und somit auch die geschlechtsspezifischen Herrschaftsverhältnisse. Dies beweisen die hier dargestellten Lebensgeschichten der Gesprächsteilnehmerinnen. Alle Frauen, unabhängig von ihrer Schichtzugehörigkeit, erfuhren in ihrer Herkunftsfamilie die männliche Dominanz – sowohl mit für sie selbst positiven Auswirkungen, wie Marianne und Claudia, als auch mit negativen Auswirkungen, wie Martha und

Elke, und die weibliche Unterlegenheit. Diese Erfahrung des geschlechtsspezifischen Herrschaftsverhältnisses wurde im weiteren Aneignungsprozeß bestätigt und nicht etwa in Frage gestellt. So resümierte Martha bitter nach einer siebzehnjährigen Mißhandlungsbeziehung: »Es war ja alles nicht befriedigend für mich, aber ich war das nicht anders gewöhnt.«

Wesentlich ist, daß die Auswirkungen der Sozialisation im Elternhaus von allen Gesprächsteilnehmerinnen unterschiedlich erlebt, bewertet und verarbeitet wurden. Gemeinsamkeiten über das Bewußtsein der männlichen Dominanz und der weiblichen Unterlegenheit und den damit verbundenen geschlechtsspezifischen Leitbildern hinaus sind bei Martha und Elke durch die Erfahrung des sexuellen Mißbrauchs vorhanden. Grausamkeiten dieser Art lassen sich objektiv nicht messen. Wie dieser sexuelle Mißbrauch in der Kindheit das weitere Leben von Frauen zerstören kann, läßt sich von außen nicht feststellen. Häufig wird er den betroffenen Frauen erst später bewußt, wenn sie Gelegenheit haben, darüber zu reflektieren. Manche werden diese Erfahrungen ein Leben lang verdrängen, wenn sie befürchten, daß die Konsequenzen ihre Angsttoleranz übersteigen würden.[40].

Ob Frauen die Norm, sich einem Mann anzupassen und zu unterwerfen, für sich übernehmen oder sich ihr widersetzen und damit Erfolg haben, hängt von dem jeweiligen gesellschaftspolitischen Hintergrund, von dem individuellen Erleben und dessen Verarbeitung, der jeweiligen Konstitution und den späteren Möglichkeiten ab. Die späteren Möglichkeiten werden oftmals auch durch Zufälligkeiten beeinflußt, z. B. spielt bei Frauen sehr stark ihr körperliches Befinden bzw. ihr äußeres Erscheinungsbild eine Rolle. Bereits kleine Mädchen entwickeln früh ein Bewußtsein darüber, daß sie vielfach nach ihren äußeren Vorzügen bzw. nicht vorhandenen Vorzügen beurteilt werden und verhalten sich dementsprechend.

So ist die Sozialisation in der Herkunftsfamilie ein Faktor von vielen, um die späteren Wunschvorstellungen und Möglichkeiten zu beeinflussen. Hier werden zwar oft ganz entscheidende Weichen für das spätere Leben gestellt, jedoch kommt es auf die subjektiven und objektiven Bedingungen der jeweiligen Frau bzw. des jeweiligen Mannes an, wie diese Erfahrungen in das spätere Leben integriert werden.

Es ist bei vielen eine Tendenz zu beobachten, alle später aufkommenden Probleme und Symptome ausschließlich mit den Erfahrungen in der Kindheit zu erklären; in vielen Fällen läuft dies auf eine Entschuldigung hinaus. Alles, was über das Erklärungsmuster von problematischen Verhaltensweisen und Störungen hinausgeht, kann auch zur Resignation bzw. Lähmung des Individuums führen: Da der unbewußt und bewußt erlebten Kindheit der ausschließliche Einfluß zugestanden wird, lohnt es sich scheinbar nicht mehr, alle späteren Entwicklungseinflüsse als ähnlich gravierend zu betrachten. Mit dieser Haltung ersparen sich viele die Mühe bzw. nehmen sich die Chance, Verhaltensweisen und Bewußtsein aktiv zu ändern.

Automatisch habe ich mich im Haushalt gekümmert

Frauen entwickeln aufgrund des gesellschaftlichen Drucks teilweise selbst sehr früh die Vorstellung von ihrer Verantwortung für die Hausarbeit, an der sich Männer im Höchstfall durch Mithilfe beteiligen. Martha bedauerte ihren Mann noch nach der Trennung, wenn sie daran dachte, daß er »kein Mittag kochen« *konnte*. Obwohl nicht alle Gesprächsteilnehmerinnen alleinverantwortlich für den Haushalt sein wollten, ging *keine* von ihnen die Beziehung mit der Forderung nach Teilung aller anfallenden Hausarbeiten ein. Indem einige Frauen im Laufe der Beziehung die Bitte nach Mithilfe im Haushalt äußerten, bestätigten sie ihre Alleinverantwortlichkeit.

Am Anfang der Beziehung übernahmen alle Frauen ganz selbstverständlich alle im Zusammenhang mit der Reproduktion anfallenden Arbeiten, ohne dies als Zwang oder Zumutung zu empfinden. Dies sagt allerdings nichts darüber aus, ob sie sich dabei besonders glücklich oder zufrieden – wie Helge Pross behauptet[41] – fühlten. Marianne redete davon, daß sie sich am Anfang automatisch um alle Dinge im Haushalt kümmerte und z. B. Essenkochen noch nicht als Dienstleistung betrachtete, sondern damit ihre Zuneigung ausdrükken wollte. Dieses eher positive Gefühl, das alle Frauen am Anfang der Beziehung mit bestimmten Hausarbeiten verbanden, war häufig nicht von langer Dauer.

Am Anfang der Beziehung hatte die Hausarbeit für alle Gesprächsteilnehmerinnen einen scheinbar freiwilligen Charakter. Alle hatten das Gefühl, daß der Haushalt in ihrer Kompetenz lag und sie dadurch einen eigenverantwortlichen Aufgabenbereich besaßen. Im nachhinein sahen die Frauen das Verhalten des Mannes vielfach kritischer und glaubten auch, die damaligen Anzeichen von Bevormundung und Kontrolle verdrängt zu haben. Gerade am Anfang der Beziehung war entscheidend, wie weit Frauen überhaupt eigene Interessen besaßen und sie durchsetzten. Marianne setzte als einzige bis zum Ende der Beziehung durch, zum Frühstückmachen nicht für ihn aufzustehen.

Am Anfang der Beziehung war keiner Frau bewußt, daß der Mann auch dann ein Anrecht auf ihre als Zuwendung gedachten Dienstleistungen entwickeln würde, wenn zusätzlich Kinder zu versorgen waren oder sie erwerbstätig wurde. Nicht nur der später empfundene Zwang, die Monotonie und die körperlichen Anstrengungen verleideten den Frauen die Hausarbeit, sondern auch die Tatsache, daß sich alle als Hausfrauen und Mütter isoliert fühlten. Hinzu kam die Kontrolle der Männer; z. B. mußte Claudia über jeden allein unternommenen Schritt Rechenschaft ablegen.

Mit der Zeit begriff jede Frau, daß sie diesen täglich anfallenden Dienstleistungen nicht mehr entkommen konnte. Selbst, wenn die Frauen ihre Unzufriedenheit und Überlastung äußerten, weigerten sich die Männer, sie wesentlich zu unterstützen. Beim Übergang zu einer körperlichen Mißhandlungsbeziehung stellten die erzwungenen Dienstleistungen eine zusätzliche tägliche Demütigung dar. Sie hatten für den Mann, der sie zusammenschlug, weiterhin einzukaufen, seine Wäsche zu waschen und täglich für ihn zu kochen. Frauen in Gewaltverhältnissen können nicht ohne weiteres diese scheinbar freiwillig übernommenen Dienstleistungen verweigern, ohne Repressalien fürchten zu müssen. Als Claudia ihrem Mann abends einmal das gleiche Essen von mittags vorsetzte, schlug er sie im Beisein seines Freundes.

Alle Gesprächsteilnehmerinnen gaben an, daß sie im Laufe der Mißhandlungsbeziehung nicht mehr mit der gleichen Sorgfalt wie zu Beginn der Beziehung alle anfallenden Hausarbeiten verrichteten, sondern nur noch das Notwendigste taten. Dies war gleichbedeutend damit, daß sie sich durch die täglichen Dienstleistungen geistig unterfordert und körperlich überfordert fühlten und allmählich ihre Selbstachtung einbüßten. Keine Frau konnte sich nach einer gewissen Zeit mehr darüber hinwegtäuschen, daß sie – wie Martha es ausdrückte – zu seiner »Putze und zum Sex-Objekt« degradiert worden waren. Alle Frauen empfanden den Zwang, sich für einen gewalttätigen Mann Gedanken machen zu müssen, was sie ihm mittags kochen, welches Hemd sie ihm täglich bereitlegen, was sie ihm z. B. zum Geburtstag schenken, ohne ihn zu verärgern, besonders demütigend. Solange die Frauen sich nicht gegen seine physischen und psychischen Mißhandlungen zur Wehr setzten, konnten sie zu immer entwürdigenderen Dienstleistungen gezwungen werden. Darunter fiel auch der aufgezwungene sexuelle Kontakt, auf den die Männer ein Recht zu haben glaubten.

Ich wollte das Kind von Anfang an nicht

Bei den drei Frauen mit Kindern in meiner Untersuchung kam es – außer bei Martha[42] – zu ersten bzw. verstärkten körperlichen Mißhandlungen entweder bereits während der Zeit der ersten Schwangerschaft oder unmittelbar nach der Geburt des Kindes. Auch die Kinder, die in Mißhandlungsbeziehungen hineingeboren werden, sind von den bedrückenden und angsteinflößenden Lebensbedingungen der Mütter betroffen. Da Mütter aufgrund der existierenden Arbeits- und Funktionsteilung zwangsläufig mehr als Väter mit ihren Kindern zu tun haben, werde ich auf diese spezielle Beziehung der Mütter zu ihren Kindern in Mißhandlungsbeziehungen kurz eingehen.

Auffallend war, daß keine der Frauen sich durch ihre Fähigkeit, Kinder gebären zu können, dem Mann gegenüber privilegiert fühlte. Ganz im Gegenteil bedeutete der Besitz vieler Kinder für Frauen keine Zunahme an gesellschaftlicher oder politischer Macht, sondern eher die Besiegelung ihrer Unterwerfung. Je mehr Kinder eine Frau hatte, desto abhängiger fühlte sie sich von ihrem Mann. Marianne, Martha und Claudia heirateten, als sie schwanger waren. Alle drei Frauen gaben direkt nach der Geburt der Kinder ihre Erwerbstätigkeit auf. Dieser Zwang zur sozialen Mutterschaft, die ausschließlich von Frauen erwartet wird, kann auch praktisch begründet werden: Bei dem durchweg geringeren Einkommen der Frauen war es selbstverständlich, daß sie und nicht er zu Hause bleiben. Claudia und Martha fanden sich damals mit dieser Regelung ab und waren zufrieden. Mariannes Vorstellung war, das Kind gemeinsam mit dem Mann aufzuziehen und Erwerbstätigkeit und Mutterschaft zu verbinden. Manchen Frauen wie z. B. Elke gelingt es trotz ambivalenter Gefühle, eine Schwangerschaft zu vermeiden, obwohl der Mann sich Kinder wünscht. Heute distanziert sie sich von ihrer damaligen Illusion, die sie mit dem Kinderkriegen verbunden hatte. Sie formuliert am deutlichsten, welche Illusionen besonders lebensunerfahrene Frauen häufig mit dem Wunsch nach einem Kind verbinden: Das Kind soll zur Ersatzbefriedigung werden und die Beziehungslosigkeit zum Mann überspielen.

Ich habe bei allen außer Marianne festgestellt, daß die Vorstellung, Mutter zu werden, zum Leben von Frauen einfach dazugehörte. Obwohl sich Elke und Claudia zu dem Zeitpunkt, als der Freund auf einem Kind bestand, selbst kein Kind wünschten, wurden sie zeitweilig unsicher, sich mit Recht dieser »weiblichen Bestimmung« entziehen zu können. Die Unsicherheit verstärkt sich bei den Frauen, die noch gar keine Kinder haben. Die Schwierigkeit, die Mutterschaft zu verweigern, funktionalisieren viele Frauen in die vermeintliche Tatsache um, daß ein Kind sowieso zum Leben einer Frau dazugehört, so wie Claudia es ausdrückte: »Irgendwann hätte ich sowieso ein Kind bekommen!« Was Frauen tatsächlich zu dem Zeitpunkt ihrer Schwangerschaft wollten, d. h. inwieweit ihre Schwangerschaft mit der Anpassung an seine Wünsche oder an die gesellschaftlich geforderte Mütterlichkeit oder mit ihrer Liebe zu Kindern zusammenhing, war vielen bis zur Geburt des ersten Kindes nicht bewußt. Die Erkenntnis, daß sie außer ihrer ältesten Tochter gar keine Kinder wollte, kam Martha erst, als sie bereits fünf Kinder zu versorgen hatte.

Das Leben aller Frauen änderte sich einschneidend durch die Mutterschaft, dagegen verlief das Leben der Männer in gewohnter Weise: Sie gingen weiterhin aus, hatten wie Mariannes Mann ihre Herrenabende, besuchten spontan alte Freunde und kamen gar nicht erst auf die Idee, Verantwortung für das gemeinsame Kind zu übernehmen. Frauen wie Martha und Claudia kamen damals ebenfalls noch nicht auf die Idee, eine Mitverantwortung des Vaters konsequent zu fordern. Martha und Claudia betrachteten die Kindererziehung damals als ihre alleinige Aufgabe. Sie orientierten sich an den Wertvorstellungen ihrer Herkunftsfamilie und hatten keine anderen Vorbilder oder Anregungen aufnehmen können. Marianne sprach ihre Vorstellungen von gemeinsamer Verantwortlichkeit für das Kind bis zur Geburt des Sohnes nie aus, sondern setzte sie bei ihm voraus. Als sie in ihrer abhängigen Situation zum ersten Mal Forderungen stellte, reagierte er mit Gewalt.

Dieser Zwang, alleinverantwortlich für ein oder mehrere Kinder zu sein, und die Enttäuschung, von einem vertrauten Menschen allein gelassen zu werden, können bei Frauen auch negative Gefühle gegenüber den Kindern hervorrufen. Es gehören viel Kraft und Überwindung dazu, die eigene Verbitterung, Enttäuschung und Wut nicht auf die Kinder als die scheinbaren Verursacher zu übertragen. Dies ist Martha bei der Geburt ihres zweiten Kindes, einem Sohn, nicht mehr gelungen. Nach der Geburt ihres ersten Kindes, einer

Tochter, war sie im Gegensatz zu Marianne, die von Anfang an andere Möglichkeiten und Bedürfnisse hatte, zufrieden mit ihrem Leben als Hausfrau und Mutter.

An Marthas Ablehnung dem zweiten Kind gegenüber zeigt sich deutlich die Absurdität, bei Frauen ausnahmslos von der natürlichen, angeblich angeborenen Mutterliebe auszugehen. Diese Liebe zum Kind hängt vielmehr von den Umständen ab, unter denen Kinder geboren und aufgezogen werden, von den eigenen Bedürfnissen und Möglichkeiten, und kann sich dementsprechend auch bei Männern als Vaterliebe entwickeln. Statt der automatisch erwarteten Mutterliebe, die Frauen aufgrund des gesellschaftlichen Drucks auch meistens von sich selbst erwarten, kann sich, wie bei Martha, auch offene Ablehnung einstellen, die häufig von Schuldgefühlen begleitet wird. Diese Schuldgefühle werden durch das gesellschaftliche Vorurteil der »naturgegebenen« Mutterliebe immer wieder bestätigt. Dementsprechend fühlen sich Frauen, die nicht der Norm entsprechend funktionieren, häufig verurteilt als sogenannte Rabenmütter. Im Frauenhaus habe ich beobachtet, daß mißhandelte Mütter mit ihren Söhnen oder auch Töchtern dann besondere Schwierigkeiten haben, wenn sie im Aussehen und Verhalten dem mißhandelnden Mann ähneln. Dies geht bis zur offenen Ablehnung, wenn der Sohn oder die Tochter ungewollt sind.

Auf meine Frage, ob die Männer eifersüchtig – wie oft behauptet – auf die Kinder reagierten, stellte sich folgendes heraus: Alle Männer warfen ihren Frauen unterschiedlich oft vor, sich zuviel mit dem Kind bzw. den Kindern zu beschäftigen und ihn darüber zu vernachlässigen. Gleichzeitig machten sie durch die Verweigerung ihrer Hilfe diese ausschließliche Zuwendung dem Kind gegenüber erst nötig. Insofern scheint das Gefühl der Eifersucht lediglich die Umkehrung der Medaille zu sein, keine Verantwortung übernehmen zu wollen. Die Väter wünschten zwar gelegentlich das gleiche enge emotionale Verhältnis zum Kind, wollten aber nichts dafür tun. Mariannes Mann benutzte die Eifersucht auf den Sohn unter anderem als Vorwand, sich der Häuslichkeit zu entziehen.

Nicht nur das Leben von Frauen wird durch die Geburt von erwünschten oder unerwünschten Kindern entscheidend verändert bzw. beeinträchtigt. Auch Kinder werden durch die Ängste oder die Ablehnung der Mutter und die häufige Interesselosigkeit und Brutalität des Vaters von klein auf behindert. Selbst wenn sie nicht vom Vater geschlagen werden, haben die Mißhandlungen an der Mutter, die die Kinder entweder direkt miterleben oder atmosphärisch mitbekommen, auf sie psychische Auswirkungen. Nach den Erfahrungen, die in den Frauenhäusern in den letzten Jahren mit Kindern mißhandelter Mütter gemacht wurden, werden auch die Kinder als mißhandelt bezeichnet, die nicht direkt körperlich geschlagen wurden. Die geschlechtsspezifische Zurichtung hat in Familien, in denen der Vater gewalttätig ist, selbst schon Mißhandlungscharakter. Besonders Mädchen werden sehr früh in diesen Familien zur Anspruchslosigkeit und Anpassung erzogen.

Nicht alle Kinder der Frauen meiner Untersuchung wurden vom Vater körperlich mißhandelt. Jedoch bekamen alle Kinder Spannungen und Konflikte zwischen den Eltern deutlich in den unterschiedlich angewandten Erziehungsstilen mit. In einer Mißhandlungsbeziehung wird nicht mehr über Sinn und Zweck von Erziehungspraktiken diskutiert. Der Mann geht davon aus, daß – falls er sich mit dem Kind beschäftigt – sein Verhalten nicht kritisiert werden darf.

Wie Mädchen und Jungen mit der ständigen Herabsetzung der Mutter durch den Vater fertig werden und welche Auswirkungen dies auf ihr eigenes Verhalten der Mutter gegenüber hat, müßte dringend untersucht werden. Claudia fühlte sich nach der Trennung zeitweise durch ihre Tochter so »provoziert«, daß sie an das damalige Verhalten ihres Mannes erinnert wurde. »Manchmal habe ich auch schon gesagt: ›Du bist genauso wie dein Vater.‹«

Alle Frauen fühlten sich nach einer gewissen Zeit durch das Verhalten der Kinder bestärkt, den Mißhandler zu verlassen; obwohl sie zwischendurch der Meinung waren, ihn gerade wegen der Kinder nicht verlassen zu können, wie Martha es ausdrückte, »um den Kindern eine intakte Familie« zu erhalten. In Claudias Fall hat die Existenz der Tochter dazu beigetragen, die Abhängigkeit vom Mißhandler zu verstärken, andererseits haben sowohl die Ängste des Kindes als auch die Ängste um das Kind später dazu geführt, den Mann zu verlassen.

Die Bedeutung, die die Töchter und Söhne nach der Trennung für ihre Mütter besaßen, war unterschiedlich. Für Martha stellten ihre fünf Kinder später immer mehr Einschränkungen und Belastungen dar. Claudia brauchte ihre Tochter, um sich nicht einsam zu fühlen. Die Kinder wurden sowohl von Müttern als auch von Vätern funktionalisiert, jedoch mit unterschiedlichen Konsequenzen: Männer versuchten, Frauen durch die Geburt eines Kindes abhängiger und gefügiger zu machen. Im Prinzip standen sie der Geburt der Kinder eher interesselos gegenüber. Frauen versuchten, durch die Geburt eines Kindes die Beziehung zu retten, sich als »wirkliche Frau« zu fühlen oder eine Ersatzbefriedigung durch das Kind zu bekommen. Ich habe allerdings in den Gesprächen mit mißhandelten Frauen erfahren, daß keine Frau, nachdem sie bereits Kinder hatte, weiterhin der Illusion, daß Kinder wirklich die Beziehung retten könnten, nachhing. Die Verschärfung der Beziehungsschwierigkeiten, die sich durch die Geburt eines Kindes ergab, ging eindeutig zu Lasten der Frauen und ganz besonders zu Lasten der Kinder. Die Kinder waren sowohl verantwortungslosen und gewalttätigen Vätern als auch machtlosen und enttäuschten Müttern ausgeliefert und konnten ihrem Alter und ihrer Hilflosigkeit entsprechend keine Trennung herbeiführen.

Durch die unterschiedliche Verantwortlichkeit und unterschiedliche Motivation, Kinder zu bekommen, stellten sich auch engere Bindungen zwischen Müttern und Kinder her. Manche Mütter versuchten, über den Kontakt zu den Kindern ihr Bedürfnis nach Zuwendung und Anerkennung befriedigt zu bekommen. Durch den emotionalen Kontakt zu den Kindern, der manchmal die einzige Erholung und Entspannung in der Mißhandlungsbeziehung darstellte, konnten sich die Frauen zeitweilig für ihre Alleinverantwortung etwas entschädigt fühlen.

Ich brauchte nur auf der Arbeitsstelle
zu erscheinen, dann war für mich das Zuhause
vergessen

Als die vier Frauen ihren späteren Mißhandler kennenlernten, er-
nährten sie sich durch ihre eigene Erwerbstätigkeit. Martha ist die
einzige Frau ohne abgeschlossene Berufsausbildung. Nach dem Abbruch ihrer Lehre als Krankenschwester verdiente sie als Sechzehn-
jährige in einer Fabrik für ihre gewohnten Verhältnisse »gutes
Geld«. Nach der Geburt ihrer ersten Tochter gab sie ihre Arbeitsstelle auf. Sie bekam ein Kind nach dem anderen und geriet in immer
größere Abhängigkeit. Sie hatte erst eine Rechtfertigung, ihrer häuslichen Monotonie zu entkommen, als sie aus finanziellen Gründen
die Familie unterstützen *mußte*. Einerseits wurde sie jetzt zur Mitarbeit gezwungen, andererseits sehnte sie sich danach, von anderen
akzeptiert zu werden und über eigenes Geld zu verfügen. Ihr Selbstbewußtsein war durch die von ihm abgewertete und von ihr als
Belastung empfundene Hausarbeit und alleinige Kinderversorgung
stark gestört.

Die Ambivalenz der Männer, einerseits den Verdienst der Frau gut
gebrauchen zu können, andererseits Sorge um die eigene Autorität
als Alleinverdiener zu haben, bekamen Marianne und Martha zu
spüren. Die Angst vor der schwindenden Autorität erklärt u. a.,
warum sich Männer in vielen Fällen – wenn nicht eine ökonomische
Notwendigkeit besteht – gegen eine Erwerbstätigkeit ihrer Frauen
wehren. Die Männer von Claudia und Marianne waren nur unter der
Bedingung mit der Erwerbstätigkeit ihrer Frauen einverstanden,
daß sie »ihre« hausfraulichen Pflichten weiterhin erfüllten. Claudias
Mann kaschierte seine Eifersucht und seine Befürchtung, sie könnte
durch den Kontakt mit anderen Menschen zu selbständig werden,
mit dem Vorwurf der Vernachlässigung des Haushalts.

Frauen wie Claudia befinden sich bereits in einer derartigen Abhängigkeit von ihrem Ehemann, daß es ihnen schwerfallen wird, durch
eine Erwerbstätigkeit eine größere Selbstsicherheit zu erlangen. Der

Mann hat die Bestimmungsgewalt, ob sie arbeiten geht, ob sie das Kind in den Kindergarten bringt und ob sie kräftig genug ist, sich der Doppelbelastung auszusetzen. Bei diesen Frauen führt ihre Erwerbstätigkeit also nicht zu einer größeren Selbständigkeit und Selbstbestätigung, sondern bringt eher eine sich zuspitzende psychische und physische Belastung, die bei Claudia in einem Nervenzusammenbruch gipfelte. Sie hatte gar nicht den Wunsch und den Anspruch, erwerbstätig zu werden, weil sie sich mit der Hausarbeit und der Versorgung ihrer Tochter und ihres Ehemannes ausgelastet bzw. häufig überlastet fühlte.

Dagegen arbeitete Marianne damals gern in ihrem Beruf als Verkäuferin und hatte nie den Wunsch, ausschließlich Hausfrau und Mutter zu sein. Zwangsläufig mußte sie nach der Geburt ihres Sohnes ihre Erwerbstätigkeit aufgeben, die sie später auf Kosten ihrer Doppelbelastung wieder durchsetzte. Marthas Erwerbstätigkeit wirkte sich u. a. in der Beziehung positiv aus. Sie weigerte sich, mit einem blauen Auge auf ihrer Arbeitsstelle zu erscheinen. Aufgrund des dann ausfallenden Geldes konnte er sich meistens »beherrschen«.

Es besteht kein Automatismus zwischen der außerhäuslichen Erwerbstätigkeit der Frau und einer Auflösung der geschlechtsspezifischen Herrschaftsverhältnisse innerhalb einer Beziehung. Es ist bekannt, daß Frauen, die erwerbstätig sind, in der Regel keine wesentliche Entlastung von der Hausarbeit und der Kinderaufzucht erfahren, sondern Erwerbstätigkeit bedeutet eher zusätzliche Belastung. Die Zusatzbelastung steigt ins Unermeßliche, wenn es sich um Frauen mit vielen Kindern handelt, die aus ökonomischer Notwendigkeit mitarbeiten müssen. Trotz allem kann eine Erwerbstätigkeit der Frau die Abhängigkeit vom Mann reduzieren. Untersuchungen[43] bestätigen, daß erwerbstätige Frauen über ein wesentlich höheres Selbstbewußtsein verfügen als Hausfrauen. Erwerbstätigkeit kann einhergehen mit einem weiblichen Autoritätszuwachs und einer Abnahme der männlichen Autorität innerhalb der Beziehung[44].

Im Gegensatz zu Claudia orientierte sich Mariannes Ausbildungswunsch an den örtlichen und finanziellen Gegebenheiten ihrer Familie. Darüber hinaus entwickelte sie damals keine Berufswünsche. Alle elf Kinder ihrer Herkunftsfamilie erlernten einen Beruf. Es war 1960 unter den damaligen Umständen selbstverständlich, daß die Jungen ein Handwerk erlernten, Marianne aber wie ihre Schwester Verkäuferin wurde.

Aus den Erfahrungen meiner Gesprächsteilnehmerinnen ist zu ersehen: Mädchen und Frauen haben sowohl während der Ausbildung als auch während der Erwerbstätigkeit schlechtere Bedingungen als Männer. Dies liegt zum einen an dem reduzierten Zugang zu Ausbildungs- und Arbeitsstellen, verbunden mit schlechterer Bezahlung, zum anderen an der Tatsache, daß sie in der Regel wenig bis kaum ideelle wie praktische Unterstützung durch den Mann und oft auch durch Eltern erfahren. Dabei spielt der Inhalt der Tätigkeiten, die sie ausüben, keine Rolle. Elke übernahm während ihrer Ausbildung alle häuslichen Dienstleistungen aus einem schlechten Gewissen heraus: Da sie sich seinen Wünschen nach Abbruch ihrer Ausbildung und nach einem gemeinsamen Kind widersetzte, wollte sie beweisen, daß er nicht unter ihrer Erwerbstätigkeit zu leiden hat. Darüber hinaus glaubte sie, mit sexuellen Dienstleistungen zur Verfügung stehen zu müssen. »Meine Vorstellung war, nur mit Mann bin ich ein Mensch!«

Eine zusätzliche Behinderung stellen sowohl die in der Regel untergeordnete Stellung der Frauen im Erwerbsleben als Verkäuferin, Sekretärin und Arbeiterin dar als auch der Inhalt dieser Tätigkeiten. So besteht der Unterschied zwischen den häuslichen Dienstleistungen und denen, die von Frauen im Erwerbsleben (Kaffee kochen, persönliche Besorgungen machen, weiblich attraktiv gekleidet sein) erwartet werden, lediglich darin: Die Dienstleistungen im Erwerbsleben sind nicht mehr an *einen* Mann gekoppelt, der sie körperlich mißhandelt und sexuell benutzt. Darüber hinaus haben sie Anspruch auf Entlohnung und geregelte Arbeitszeit. Allerdings sind Frauen am Arbeitsplatz und in der Ausbildung auch nicht sicher vor sexuellen Zudringlichkeiten, von denen laut Dunkelziffer bereits jede vierte Frau erzählen könnte[45].
Unter diesen geschilderten konkreten Bedingungen für erwerbstä-

tige Frauen ist es bemerkenswert, daß sich Frauen wie Elke, Marianne und Martha ihre Erwerbstätigkeit regelrecht erkämpften. Dies sagt einerseits etwas darüber aus, welch große Bedeutung für die Entwicklung von Selbstbewußtsein die relative finanzielle Unabhängigkeit und der Kontakt und das Akzeptiertwerden von Arbeitskollegen/innen haben. Andererseits macht es auch die Verzweiflung der Frauen in ihrer häuslichen Abhängigkeit deutlich. Um seiner ausschließlichen Kontrolle und der häuslichen Isolation und Monotonie zu entkommen, nehmen sie die schlechtestbezahlten, ungesichertsten und untergeordnetsten Tätigkeiten in Kauf. Martha wurde erst nach der Trennung vom Mißhandler bewußt, daß ihr die Erwerbstätigkeit das Ausharren in der Mißhandlungsbeziehung wesentlich erleichterte und dadurch indirekt die Dauer der Beziehung verlängerte.

Außer Claudia zogen alle Frauen meiner Untersuchung eine Erwerbstätigkeit der Hausarbeit vor, obwohl sie nie die Alternative zwischen beiden hatten, sondern die damit verbundene Doppelbelastung ertrugen.

Zusammenfassend ist zu sagen: Die Ausbildungsmöglichkeiten der einzelnen Frauen orientierten sich eher an ihrer Geschlechts- und Schichtzugehörigkeit als an ihren tatsächlichen Wünschen. Martha hätte z. B. 1960 als Tochter eines Arbeiters mit zehn Geschwistern nur sehr schwer ein Sportstudium finanziert bekommen, für das sie sich aufgrund ihrer außergewöhnlichen guten sportlichen Leistungen interessierte. Auf dem Hintergrund der Nachkriegsentwicklung wagte sie ihren Wunsch nach einer typisch »männlichen« Tischlerlehre erst überhaupt nicht auszusprechen. Die Ausbildungsplätze waren in den 50er und 60er Jahren noch wesentlich geschlechtsspezifischer aufgeteilt als heute. Trotzdem hat die Tatsache der begrenzten, unterprivilegierten und schlechter bezahlten Ausbildungsmöglichkeiten nicht die Motivation der Frauen beeinflußt, sich selbständig zu ernähren. Martha und Marianne besaßen aufgrund ihrer Ausbildung in Relation zu Claudia geringere Möglichkeiten, sich beruflich relativ zu verwirklichen. Trotzdem erlebten sie im Gegensatz zu Claudia durch ihre jeweiligen Arbeitsstellen eine Zunahme ihres Selbstbewußtseins und ihres Selbstwertgefühls, obwohl sie sich als

Verkäuferinnen in extrem untergeordneten Positionen befanden. So liegt es u. a. auch im Einflußbereich der jeweiligen Frau als Arbeitnehmerin, ob und inwieweit sie ihre ohnehin begrenzten Handlungsspielräume ausschöpft, um sich z. B. gegen Zumutungen von »oben« oder von Kollegen/innen zu wehren oder ein kollegiales Arbeitsklima anzustreben, um auf diese Art und Weise ihr Selbstwertgefühl und ihre Selbstachtung zu stärken.

Zu den Lebensbedingungen von Frauen gehören nicht nur die bisher beschriebenen Erfahrungen als Hausfrauen, Mütter und Erwerbstätige, sondern vor allem ihre Erfahrungen, die sie im intimsten Bereich, in der Sexualität gemacht haben. Der Zusammenhang zwischen »weiblichen« Lebensbedingungen und Mißhandlungsbeziehungen kann erst durch den Einblick in die Sexualität von Frauen in Mißhandlungsbeziehungen begriffen werden.

Als Verlobter hatte er das Recht, mich zu benutzen

Die gesellschaftlich geprägte und geforderte Weiblichkeit und Männlichkeit spiegelt sich deutlich in den sexuellen Verhältnissen zwischen Frauen und Männern wider. So sind Frauen und Männer in unterschiedlicher Ausprägung von den gesellschaftlichen Leitbildern und Klischees betroffen: Weibliche Sexualität ist mit Anpassung, Hingabe und Auslieferung und männliche Sexualität mit Eroberung, unbezähmbaren Trieben[46] und Überwältigung verbunden. Da Männer aufgrund der existierenden Machtverhältnisse in allen Lebensbereichen größere Handlungsspielräume besitzen, ist es nur folgerichtig, daß sich dieses Macht-/Ohnmachtverhältnis prinzipiell auch in der praktizierten Sexualität widerspiegelt. Ich gehe davon aus: Die zur Zeit existierenden geschlechtsspezifischen Unterschiede in der Sexualität – außer der Gebär- und Zeugungsfähigkeit – sind eine Folge der geschlechtsspezifischen Machtverhältnisse. Unter herrschaftsfreien gesellschaftlichen Bedingungen würden die sexuellen Unterschiede nicht mehr zwischen den Geschlechtern, sondern zwischen den einzelnen Individuen verlaufen. Frauen und Männer könnten sich unabhängig von Geschlecht, Schicht und Rasse für eine Sexualität entscheiden, die lustvoll, befriedigend und selbstbestimmt ist, ohne dabei einen anderen Menschen zu unterdrücken bzw. zu erniedrigen.

Aufgrund der gesellschaftlich akzeptierten Sexualitätsform (Penetration) kann theoretisch jeder Sexualakt auf eine Zeugung hinauslaufen. Damit steht die Sexualität von Frauen in einem engen Zusammenhang mit weiblicher Fruchtbarkeit. Männliche Sexualität dagegen wird in der Regel mit Potenz bzw. Omnipotenz[47] in Verbindung gebracht. Noch in den 60er Jahren ruinierten Frauen aufgrund der praktizierten Sexualität in der Regel ihren Körper durch kurz aufeinanderfolgende Schwangerschaften oder illegale Abtreibungen wie z. B. Martha, deren Unterleibsorgane durch fünf Schwangerschaften bei gleichzeitig schwerer körperlicher Arbeit so überdehnt waren, daß sie operiert werden mußte. Heute existiert eine Vielzahl von Verhütungsmitteln, mit denen Frauen sich vor ungewollten Schwangerschaften schützen können. Trotzdem kann von einer sexuellen Befreiung der Frau nicht gesprochen werden, wie das fälschlicherweise versucht wird. Diana Russell warnt, daß eine sexuelle Befreiung ohne die Befreiung von Geschlechterrollen zu einer noch größeren Unterdrückung der Frau führen kann[48]. Zum einen haben sich die gesundheitlichen Risiken lediglich verschoben[49], zum anderen sind Frauen noch bequemere Sex-Objekte geworden, da die sichtbaren Folgen von Geschlechtsverkehr verhindert werden können und dies ausschließlich von Frauen erwartet wird. Frauen haben in vielen Fällen dadurch noch geringere Möglichkeiten, sich sexuell zu verweigern, ohne als »frustriert« oder ›frigide‹ bezeichnet zu werden.

Die praktizierte Heterosexualität steht also immer in einem direkten Zusammenhang mit Verhütungsmitteln. Da Verhütungsmittel sowohl gesundheitliche Schäden zur Folge haben als auch versagen können, kann sich die Angst vor einer eventuellen Schwangerschaft negativ auf das sexuelle Empfinden von Frauen auswirken. Wenn

Frauen an die eigene Sexualität oder an die ihrer heranwachsenden Töchter denken, ist dies meist mit der Angst vor unerwünschten Folgen verbunden.

Alle Gesprächsteilnehmerinnen hatten – außer Marianne, die glaubte, nicht schwanger werden zu können – vor der Ehe bzw. dem Beginn einer sexuellen Beziehung Angst vor ungewollten Schwangerschaften und die entsprechenden Verhütungsprobleme. Alle Frauen gingen mit unterschiedlichen Gefühlen, Vorstellungen und Illusionen eine Beziehung zu dem späteren Mißhandler ein. Dies betraf auch die Sexualität und erstreckte sich von Ekelgefühlen bis zu der Hoffnung, etwas Einmaliges und Abenteuerliches zu erleben. Da Sexualität den intimsten Bereich in einer Beziehung darstellt, ist sie auch mit dem größten Tabu, den meisten Ängsten und Illusionen verbunden. Gleichzeitig herrschen in der Sexualität, wo die intimste physische und psychische Nähe hergestellt werden kann, die größte Sprachlosigkeit und Unwissenheit. Dies bewirkt, daß z. B. Illusionen von Frauen und Forderungen von Männern selten hinterfragt werden und Hoffnungen, Ängste und Bedürfnisse wenig untereinander ausgetauscht werden, um eine gegenseitige Befriedigung möglich zu machen.

Da, wo viel Nähe möglich ist, liegt einerseits die Chance einer großen Übereinstimmung und Befriedigung und andererseits die Gefahr, extrem enttäuscht, verletzt und gedemütigt zu werden. Häufig verschweigen Frauen ihre Wünsche – Wünsche nach Zärtlichkeit, Hautkontakt, Küssen und ihre Vorstellungen von Sinnlichkeit und Leidenschaft – und passen sich widerspruchslos der Sexualität des Mannes an. Damit geben sie allerdings gleichzeitig die Suche nach eigenen Befriedigungsmöglichkeiten auf. Frauen, die sich mit dieser Anpassung unbewußt gegen ihre eigenen Interessen richten, tun dies häufig nicht aus Interesselosig- oder Bedürfnislosigkeit an einer eigenständigen Sexualität und Befriedigung, sondern einerseits aus Mangel an Erfahrung und andererseits, weil sie keine Möglichkeit sehen, ihre Wünsche durchzusetzen. Traditionelle Wertvorstellungen und Verlustängste hindern viele Frauen, eigene Wünsche zu entwickeln und zu artikulieren. So sind die jeweiligen Freunde von

Elke in der Sexualität über sie »hinweggestiegen«, weil sie nicht das Recht zu haben glaubte, sich zu verweigern. Elkes damaliges Bewußtsein ist das Ergebnis einer Anpassung an eine gesellschaftlich geforderte und geprägte Weiblichkeit, die mit gleichzeitiger Desensibilisierung der eigenen Emotionen und Bedürfnisse einhergeht.

Darüber hinaus haben häufig gerade Frauen, die in der Kindheit sexuell mißbraucht wurden, in einer Männerbeziehung extreme Schwierigkeiten und Ängste, darüber zu reden. Martha wagte am Anfang ihrer Ehe nicht, ihre Verletzungen anzusprechen. Für sie bedeutete es aufgrund ihrer Kindheitserfahrung mit ihren beiden ältesten Brüdern große Überwindung, sich Sexualität mit einem Mann überhaupt lustvoll vorstellen zu können. Es ist selbstverständlich, daß mit dieser Belastung keine Befriedigung erlebt werden konnte.

Claudia ging nach eigener Darstellung »sehr spät« eine sexuelle Beziehung ein. Früher sollten Frauen bis zur Ehe auf die Bewahrung ihrer »Jungfräulichkeit« achten, heute haben Frauen wie Claudia Angst, wegen nicht vorhandener sexueller Erfahrungen diskriminiert zu werden. Da sie mit 21 Jahren noch nicht mit einem Mann sexuell zusammen war, fühlte sie sich nicht der Norm ihrer gleichaltrigen Freundinnen entsprechend. Im Gegensatz zu Martha ging Claudia mit vielen Illusionen die sexuelle Beziehung zu ihrem späteren Ehemann ein. Aufgrund ihrer kaum vorhandenen sexuellen Erfahrung hatte sie zwar auch keine konkreten Erwartungen. Sie ging jedoch von der romantischen Vorstellung aus, daß die Beziehung zu einem Afrikaner ihr Erfüllung und Abenteuer in das bis dahin behütete und eher langweilig verlaufene Leben bringen würde. Margit Brückner geht davon aus, daß Frauen aufgrund der gesellschaftlichen Bedingungen dazu verurteilt sind, Abenteuer, die auch ein kreatives und erfülltes Leben bedeuten können, nur aus zweiter Hand – ganz wie Claudia – erleben zu können[50].

Die meisten Frauen berichteten so gut wie nie von einer eigenständig erlebten Sexualität, die sie in der heterosexuellen Beziehung lustvoll, aktiv und ohne Angst vor Folgen genießen konnten. Die Psychoanalytikerin Margarete Mitscherlich geht davon aus, daß aktive, selbständige Sexualität bei Frauen nur dann als »normal« angesehen wird, wenn sie in Form und Ausdrucksweise vom Mann bestimmt bleibt[51]. So sah das sexuelle Beisammensein auch bereits vor dem Beginn der Mißhandlungen bei drei Gesprächspartnerinnen so aus, daß sich der Mann in Form von Penetration befriedigte und diese Form der Sexualität in der Regel einsetzte, wann *er* wollte. Dagegen erwarteten die Frauen, wie Claudia es ausdrückte, in einer harmonischen Atmosphäre psychisch und physisch akzeptiert zu werden. Obwohl diese Bedürfnisse in der Regel nicht explizit formuliert und auch nur selten bei den Frauen befriedigt wurden, fühlten sich fast alle zumindest am Anfang einer Beziehung durch den sexuellen Kontakt mit einem Mann als »wirkliche Frau«. Dies ist in unserer Gesellschaft durch den sozialen und kulturellen Zwang, sich über einen Mann zu identifizieren, begründet. Die gesellschaftlichen Machtverhältnisse haben viele Frauen so verinnerlicht, daß sie einem Mann Sexualität oder sexuelle Verfügbarkeit gegen ökonomische und soziale Gegenleistungen oft unbewußt als Tausch anbieten. Dies kann in einer Ehe geschehen, in der sich Frauen gleichzeitig Achtung und Geborgenheit durch den Mann versprechen, und gipfelt in der Möglichkeit der Prostitution, wo Frauen ihren Körper bewußt als Ware anbieten. Damit beteiligen sie sich an ihrer eigenen Instrumentalisierung und an der Reduzierung ihrer Person auf ihre Körperlichkeit. Da Frauen aufgrund der existierenden Machtverhältnisse prinzipiell instrumentalisiert werden können (§ 218, § 177, Prostitution), ist eine Folge davon, daß sie ihre sexuelle Verfügbarkeit in Männerbeziehungen auch bewußt einsetzen, um dadurch scheinbare Vorteile zu erwerben bzw. Nachteile wie Gewalttätigkeiten abzuwenden.

Alle Frauen meiner Untersuchung gingen am Anfang der Beziehung davon aus, daß es das »gute Recht« eines Mannes ist, seine Frau sexuell zu benutzen. Frauen und Männer entwickeln ein Bewußtsein analog dieser Rechtslage zu seinen Gunsten. So gehen Frauen in vielen Fällen davon aus, daß Sex zu ihren »ehelichen Pflichten« gehört, wie sie auch davon ausgehen, daß sie für alle häuslichen Dienstleistungen verantwortlich sind. Dies sagt nichts darüber aus, daß sie das gerecht finden oder dem freudig zustimmen. Sie sehen nur keine Möglichkeit, sich erfolgreich dagegen zu wehren. Aufgrund dieser Realität legen sich viele Frauen ein Verhalten zu, das aus ihrer juristisch und faktisch rechtlosen Situation erwächst: Indem sie sich sexuell nie verweigern, riskieren sie auch nie, sich als vergewaltigt durch den eigenen Mann oder Freund bezeichnen zu müssen. Nehmen sie ihr Recht auf körperliche Selbstbestimmung nicht in Anspruch, kann es ihnen auch nicht mit Gewalt genommen werden. Bei diesen Frauen ist die spezifische strukturelle Gewalt, die ihnen die körperliche Selbstbestimmung nimmt, schon ein Teil ihres Bewußtseins geworden: Indem sie keine Möglichkeit sehen, sich gegen aufgezwungene Sexualität zu wehren, »arrangieren« sie sich mit einer Realitätsleugnung. Nur so ist zu erklären, daß sich bei vielen Untersuchungen nicht die Mehrzahl der Frauen, die mißhandelt wurden, als vergewaltigt bezeichnet. Erst mit zunehmender Distanz zum Mißhandler wagten meine Gesprächsteilnehmerinnen vor mir und vor sich selber von ehelicher Vergewaltigung zu reden.

So hatte Marianne sich wie viele andere Frauen in ihrer Ehe in dieser Form »arrangiert« und ein feines Gespür dafür entwickelt, ab welchem Zeitpunkt sie sich ihm sexuell nicht länger entziehen durfte. Das bedeutet, sie hatte für sich noch eine Möglichkeit gefunden, minimalen Einfluß auf den Ablauf der ehelichen Sexualität zu behalten. Obwohl ihr Einfluß, gemessen an Claudia, ein großer war, wagte sie es nicht, sich prinzipiell seinen sexuellen Wünschen zu entziehen aus der Angst heraus, daß er noch gewalttätiger werden könnte. Marianne ist es erspart geblieben, nach körperlichen Mißhandlungen von ihrem Mann zur Sexualität gezwungen zu werden, wie das Martha und Claudia erlebt haben. Marianne glaubt, daß ihr Ehemann zu stolz war, sich ihr nach den Mißhandlungen wieder körperlich zuzuwenden. Das bedeutet, daß die Voraussetzung für sexuellen Kontakt in Mariannes Beziehung zumindest eine scheinbar freundliche Atmosphäre war.

Marthas Mann benutzte sie sexuell, nachdem er sie zusammengeschlagen hatte. Die Beweggründe, warum Männer nach schweren körperlichen Mißhandlungen die Frau zur Sexualität zwingen, sind in diesem Zusammenhang unwichtig. Wichtig allein ist, was eine zusammengeschlagene und seelisch zutiefst erniedrigte Frau empfindet, in solch einer Situation sexuell benutzt zu werden. Zu welcher Realitätsflucht und Abspaltung der eigenen Gefühle von Verzweiflung, Wut, Verachtung und Selbstablehnung Frauen in solchen Augenblicken greifen, um die Situation zu überstehen, ist von einigen angedeutet worden.

Frauen, die sich ausschließlich über Männer identifizieren, können durch diese in ihrem Selbstbewußtsein zeitweilig sowohl bestärkt als auch völlig zerstört werden. Die Tragik liegt darin, daß Frauen sich für einen Mann, wie z. B. Elke, um nicht allein zu sein, aufopfern, Männer dies einerseits fordern und andererseits verachten. Selbst wenn Frauen am Anfang der Beziehung in ihrer Aufopferung und Hingabe noch bestärkt werden – weil der Mann sich dadurch aufgewertet und ihrer sicher fühlt –, so erfahren sie kurze Zeit später Kritik und Erniedrigung. Die Selbstaufgabe eines Menschen wird bei dem anderen in der Regel unmäßige Forderungen und Aggressionen hervorrufen – weil das Gegenüber als eigenständige Person verschwindet – und nicht die erhoffte Dankbarkeit und Zuwendung. Auf dem Hintergrund der Selbstaufgabe spielt es keine Rolle, ob Frauen wie z. B. Elke angeblich körperlich unattraktiv geworden sind oder ob sie sich rein äußerlich überhaupt nicht verändert haben. Wesentlich ist, daß die Frau ihre Persönlichkeit so weit aufgegeben hat, daß sie dem Urteil des Mannes glaubt und sich auch dementsprechend abgewertet fühlt.

Ich spürte bei fast allen Frauen eine große Ambivalenz bezüglich der Sexualität mit dem brutalen Mann oder Freund. Einerseits lehnten sie diese vom Mann bestimmte Form der Sexualität mit der Zeit immer mehr ab. Andererseits hatten sie ein Bedürfnis nach Körperkontakt und nach Situationen, sich physisch und psychisch akzeptiert zu fühlen. Frauen wie Martha und Claudia glaubten nicht das Recht zu haben, ihr Bedürfnis nach zärtlicher Zuwendung und Körperkontakt auch ohne ausschließliche Penetration erfüllt zu bekommen. Durch ihren Mangel an Erfahrung und ihre Isolation bekamen sie keine Bestätigung von außen, daß sie auch Anspruch auf andere

Befriedigungsmöglichkeiten haben. Alle suchten zeitweilig die Schuld bei sich selbst und machten ihre vermeintliche Unfähigkeit, sexuelle Lust zu empfinden, dafür verantwortlich. Bei Frauen wie Martha spürte ich eine Art Trotz und unterdrückte ohnmächtige Wut, warum ausgerechnet sie sich immer für Verhütung oder für die Kinder verantwortlich fühlen sollte. Sie redete oft von ihrem Wunsch, daß er die Verantwortung für die Kinder mitübernehmen sollte. Die Angst vor weiteren Schwangerschaften ging so weit, daß sich Martha bei einer Unterleibsoperation die Gebärmutter gleichzeitig entfernen ließ. Auf diese Weise hatte sie eine Sterilisation, die sie sowieso vornehmen lassen wollte, erreicht. Ihr Mann behandelte sie, nachdem ihr die Gebärmutter entfernt worden war, wie einen »Invaliden«.

Viele Frauen, die kein eigenes Bedürfnis nach Sexualität mit dem Mann haben, sehen in dieser Situation auch nicht ein, täglich ein Medikament wie die Pille zu schlucken. Für sie drängt sich mit der Einnahme der Pille das Gefühl auf, damit ihre Bereitschaft zu signalisieren. Auch aus diesem Grund nahmen Frauen wie Martha unbewußt die Pille unregelmäßig oder oft gar nicht. Gleichzeitig verleugnen sie damit ihre Realität: Sie besitzen in dieser Beziehung weder den Mut noch die Macht, sich konsequent zu verweigern.

Im Frauenhaus berichteten einige Frauen nach Unterleibsoperationen, die sie gleichzeitig vor weiteren Schwangerschaften schützten, als »taube Nuß« oder »ausgenommenes Huhn« von ihren Männern bezeichnet worden zu sein. Das zeigt deutlich, daß bei diesen Männern die sexuelle Motivation an die biologische Fortpflanzungsfähigkeit der Frau, die eben oft mit zunehmender Abhängigkeit einhergeht, gekoppelt ist. Mit einer Sterilisation werden Frauen für sie uninteressant, sie sind nicht mehr »vollständig«, sie sind keine »richtigen« Frauen, weil sie keine Kinder bekommen können. Frauen leiden unter dieser Fremdbestimmung ihrer Sexualität und Reduzierung ihres Körpers auf eine Gebärfunktion. Diese Demütigungen verfehlen nicht ihre Wirkung. Selbst Frauen, die bereits Kinder hatten und keine mehr wollten wie Martha, fühlten sich durch diese verächtliche Bemerkung und Haltung der Männer minderwertiger, weil sie ihrer »weiblichen Bestimmung« als fruchtbare Frau nicht mehr entsprechen.

Es wird nicht nur versucht, Frauen eine Sexualität aufzuzwingen, die der Mann in Form, Ausdrucksweise und Häufigkeit bestimmt, sondern viele werden auch noch für diese fremdbestimmte Sexualität als »frigide« beschimpft und in Frage gestellt. Je mehr sich der Ehemann von Claudia als besonders omnipotent darstellte, desto mehr geriet sie unter Leistungsdruck, seinen sexuellen Wünschen nachzukommen. Sie hatte weder die Erfahrung noch die Selbstsicherheit, sich selbst und ihm klarzumachen, daß sein Omnipotenzgebaren ihr sexuelles Erleben erstickte. Gleichzeitig ließ sich Claudia lange Zeit durch seine Größenphantasien beeindrucken. Indem er ihr erzählte, der beste Liebhaber mit der größten sexuellen Erfahrung zu sein, konnte sie sich der Illusion hingeben, einen Mann zu haben, der von vielen Frauen begehrt wird. Gleichzeitig mußte sie ihre eigenen Gefühle von Unzufriedenheit, Schmerz und Angst verleugnen. Aus den Gesprächen habe ich herausgehört, daß Frauen, obwohl sie häufig eher Abneigung als Befriedigung in der Sexualität mit dem Mann empfinden, eher Angst vor weiteren Schwangerschaften haben, als Lustgefühle entwickeln, sich trotzdem gekränkt, körperlich abgelehnt und in Frage gestellt fühlen, wenn der Mann sich einer anderen Frau zuwendet. So war es schwer für mich, nachzuvollziehen, daß eine Frau wie Marianne erst dann das Recht auf völlige sexuelle Verweigerung zu haben glaubte, als sie ihn mit einer anderen Frau überraschte. Frauen in einer Mißhandlungsbeziehung können andere sexuelle Kontakte von ihm häufig nicht als Erleichterung empfinden, sondern eher noch als den letzten Schritt der Ablehnung und Demütigung. Gründe dafür mögen die sozialisationsbedingten und gesellschaftlich verfestigten Leitbilder und Klischees von Treue und sexuellem Alleinbesitz sein, die bei Frauen und Männern unterschiedlich stark vorhanden sind.

Auf meine Frage, ob es meinen Gesprächsteilnehmerinnen tatsächlich möglich war, im sexuellen Beisammensein die erfahrenen Erniedrigungen zu vergessen, läßt sich als Tendenz erkennen: Alle Frauen bemühten sich in der Zeit, als sie noch mit Schuldgefühlen auf die Mißhandlungen reagierten, während des sexuellen Beisammenseins seine Brutalität zu verdrängen. Wenn ich davon ausgehe, daß sexuelle Lustgefühle nicht nur von physiologischen, sondern weitgehend von psychischen Faktoren abhängen, so kann sexuelle Befriedigung in Mißhandlungsbeziehungen nur mit gleichzeitig einhergehender extremer Realitätsleugnung zustande kommen. Je mehr die Frauen die Gewißheit bekamen, daß er sie trotz übertriebener Anpassung und Unterwerfung quälte und schlug, desto seltener gelang es ihnen (bzw. gar nicht mehr), sein Schlagen zu verharmlosen bzw. sich selbst dafür verantwortlich zu machen. Das bedeutete, daß sie vor sich selbst zugeben mußten, überhaupt keinen Einfluß mehr in der Beziehung zu besitzen und von ihm auch jederzeit benutzt werden zu können. Diese Einsicht in die Realität fiel meistens mit dem Zeitpunkt zusammen, zu dem die Frauen sich um eine Trennung aus der Beziehung bemühten.

Die negativen sexuellen Erfahrungen, die meine Gesprächsteilnehmerinnen im Laufe ihrer Männerbeziehungen überwiegend machten, bedeuten nicht, daß es keine Ausnahmen in heterosexuellen Beziehungen gibt. Besonders in den letzten Jahren sind durch den zunehmenden Einfluß der Frauenbewegung bei gleichzeitiger Bewußtwerdung der eigenen sexuellen Bedürfnisse bei Frauen der Wunsch und die Forderung entstanden, daß Sexualität in heterosexuellen Verbindungen nicht immer zwangsläufig auf Kosten von Frauen ablaufen muß. Frauen beginnen, ihre Wünsche und Phantasien zu formulieren und auch zu konkretisieren. Die Frage ist allerdings, wie viele Frauen unter den geschlechtsspezifischen Herrschaftsverhältnissen zumindest subjektiv zu einer selbstbestimmten Sexualität gelangen können. Voraussetzung ist, daß auch Männer sich von dem ihnen zudiktierten Geschlechtsrollen-Stereotyp aktiv befreien – d. h. auch ihre zweifelhafte Machtposition aufgeben – und sich neue Verhaltensweisen, Ausdrucksformen und Bewußtseinsveränderungen aneignen. Dies hätte zur Folge, daß die praktizierte Sexualität in Form von Penetration nicht länger als gesellschaftliche Norm aufgestellt wird und andere Formen, wie z. B. Sexualität ohne Penetration zwischen Frau und Mann oder Homosexualität, nicht länger als »unreif« bzw. als sexuelle Devianz interpretiert und therapiert werden. Zum anderen müssen Frauen sich selbst aus den traditionellen Zwängen befreien, die die Sexualität der Frau mit Mütterlichkeit, Aufopferung und Hingabe in Verbindung bringen, und sich neue Verhaltensweisen aneignen. Wenn wir die uns zugewiesene »Weiblichkeit« zurückweisen, werden wir sowohl unsere Realität als Frau in dieser Gesellschaft als auch unsere Sexualität verändern. An Marianne wird deutlich, wie sich ihr wiedergewonnenes Selbstbewußtsein aufgrund ihrer neuen Lebensrealität auch in ihren sexuellen Verhältnissen widerspiegelt. Marianne ist heute nicht nur in der Lage, ihre sexuellen Bedürfnisse klar zu formulieren, sondern sich auch aktiv für ihre Befriedigung einzusetzen.

Widerstand gegen den Mißhandler und Trennungsversuche

Frauen sind nicht nur Opfer ihrer »weiblichen« Lebensbedingungen, sondern besitzen Eigenverantwortung für ihr Leben, die ihnen in der Regel nicht freiwillig zugestanden wird. Einerseits fühlen sie sich in einer Mißhandlungsbeziehung ohnmächtig und an den Mann ausgeliefert, andererseits besitzen sie ein großes Potential an Mut, Kraft und Stärke. Diese den Frauen in Mißhandlungsbeziehungen oft selbst nicht mehr bewußten Energien wurden lange Zeit ausschließlich für das Wohlergehen des Mannes und der Kinder verbraucht. Gleichzeitig war viel Kraft nötig, um sich eine scheinbare Handlungsfähigkeit durch Realitätsleugnung in einer menschenunwürdigen Beziehung zu erhalten. Anstatt ihre unerschöpflich scheinende Energie (bei fünf Kindern und gleichzeitiger Erwerbstätigkeit) in Widerstand gegen den Mißhandler umzusetzen, richtete z. B. Martha ihre Kraft in Form von übermäßigem Alkoholkonsum gegen sich selbst.

Obwohl sich im Verlauf der Beziehung alle Frauen dem Mißhandler gegenüber in der Regel unterlegen fühlten, empfanden sie oft genug gleichzeitig ein subjektives, nie ausgesprochenes Überlegenheitsgefühl. In diesen Augenblicken empfanden sie, daß er eigentlich von ihnen abhängig war. Bei einer Trennung demonstrierten einige Männer Lebensunfähigkeit: Sie versorgten sich nicht mehr und gaben ihre Erwerbstätigkeit auf. Dabei wurde offensichtlich, daß diese Männer bisher von den Energien der Frauen in Form von Dienstleistungen, auf die sie ein Anrecht zu haben glaubten, profitierten. Die eigene Kraft und Stärke der mißhandelten Frauen brachte ihnen selbst keinen Nutzen, sondern verfestigte unbewußt ihre Mißhandlungsbeziehungen. Ihre Stabilität und Zähigkeit kamen der Dauer der Mißhandlungsbeziehung, aber nicht ihnen selbst zugute. Zu dieser Erkenntnis gelangten die Frauen allerdings erst nach der Trennung.

Erst dann verlassen Frauen ihren Opferstatus in einer Mißhandlungsbeziehung, wenn sie mit dem Abbau ihrer Schuld- und Mitleidsgefühle dem Mann gegenüber die Verantwortung für ihr eigenes Leben übernehmen, anstatt es scheinbar an einen Mann zu delegieren oder sich streitig machen zu lassen. Damit brechen sie aus ihrer hilflosen, verständnisvollen und aufopfernden Haltung aus und stellen radikal die gesellschaftlich geforderte Weiblichkeit in Frage: Aggressive Gefühle werden häufig zum ersten Mal bewußt zugelassen. Gleichzeitig suchen Frauen nach Möglichkeiten, ihre jahrelang unterdrückten Aggressionen nicht mehr selbstzerstörerisch auszuagieren. Ich habe festgestellt, daß aus den ehemaligen Opfern ernstzunehmende Gegnerinnen werden können, die keine Angst mehr zeigen, zurückzuschlagen, keine Skrupel besitzen, sich mit einem Messer zu verteidigen und sogar in einem günstigen Augenblick versuchen, den brutalen Mann zu töten.

Der beginnende Trennungsprozeß ist langwierig, oft schmerzlich, manchmal von »Rückfällen« begleitet, jedoch hat es sich letztendlich für jede Frau gelohnt! Alle Frauen in unbefriedigenden Männerbeziehungen sollten sich durch die Erfahrungen der Gesprächsteilnehmerinnen zum Widerstand und zur Trennung ermutigt fühlen!

Wenn ich mich am Anfang gewehrt hätte, hätte er es nicht getan…

Alle Gesprächsteilnehmerinnen zeigten zu unterschiedlichen Zeiten unterschiedliche Reaktionen auf den Mißhandler: Sie wehrten sich verbal, schlugen zurück oder schrien um Hilfe in der akuten Mißhandlungssituation; sie verweigerten tagelang eine Kommunikation; manche versuchten sich erst nach der vollzogenen Trennung gegen ihn durchzusetzen. Bei einigen spielte sich der Widerstand lange Zeit ausschließlich in der Phantasie ab, bis sie den Mut fanden, ihn zu realisieren. Widerstand gegen den Mißhandler zeigte sich nicht bei allen Frauen parallel zu einer baldigen Trennung aus der Mißhandlungsbeziehung, ist aber in der Regel das Signal dafür. Der erfolgreichste und sichtbarste Widerstand gegen einen gewalttätigen Mann ist der Ausbruch aus einer solchen Beziehung. Alle Frauen resümierten übereinstimmend: Wenn sie sich direkt am Anfang der Beziehung nachdrücklich gewehrt hätten, wären ihnen die Gewalttätigkeiten, die Erniedrigungen und die Selbstverachtung erspart geblieben.

Ebenfalls übereinstimmend war die Erfahrung, die alle Frauen nach der ersten körperlichen Mißhandlung machten: Der Mann entschuldigte sich, um sie wenig später persönlich – manchmal schon im nächsten Satz – für sein unbeherrschtes Verhalten verantwortlich zu machen. Die Frauen reagierten auf seine Behauptung, die Mißhandlung »provoziert« zu haben, erst einmal mit Schuldgefühlen, durch die sie dem Mann gegenüber eingeschüchtert und ängstlich waren. Gleichzeitig konnte das angebliche Eigenverschulden in Hoffnung umfunktioniert werden: Bei angepaßterem Verhalten könnten sie eine Veränderung seines Verhaltens erreichen! Diese trügerische Hoffnung war die Grundlage ihrer Realitätsleugnung. Sie brauchten sich so lange nicht mit den wirklichen Umständen, die sein Schlagen möglich machten, auseinanderzusetzen, solange sie seinen Entschuldigungen, die ihnen selbst die Verantwortung zuschoben, glaubten.

Dieses Einreden von Schuldgefühlen durchschauten die einzelnen Frauen unterschiedlich schnell bzw. langsam. Marianne und Martha wurden durch ihre Schuldgefühle eine Zeitlang daran gehindert, sich zu wehren. Marianne zweifelte sehr schnell die zusätzlichen Begründungen mit seiner »schweren Kindheit« an. Von diesem Zeitpunkt an sah sie ihre hoffnungslose Situation realistischer, es blieb jedoch ein letzter Rest von Unsicherheit, wie sich später bei ihrem Trennungsversuch zeigte. Diese Verunsicherung wächst, wenn Frauen von keinem anderen Menschen in der Sicht ihrer Realität bestätigt werden.

Eng verknüpft mit den Schuldgefühlen ist die Scham der Frauen über die Tatsache der Mißhandlung selbst. Schuld- und Schamgefühle hindern sie daran, z. B. laut um Hilfe zu schreien oder sich offen anderen Menschen mitzuteilen. Solange sie sich selbst für schuldig oder mitschuldig halten, erwarten sie von den Nachbarn nicht Hilfe, sondern die Bestätigung ihrer Schuld, die eine zusätzliche Demütigung darstellt. Solange Frauen aus Schamgefühl nicht schreien oder Mißhandlungsspuren hinter einer Sonnenbrille zu verbergen suchen, ersparen sie dem Mann, als Mißhandler von anderen identifiziert zu werden. So sind ihre Schamgefühle *sein* sicherer Schutz! Wenn Frauen beginnen, diese einem Schuldbekenntnis gleichkommenden Schamgefühle abzubauen, reduzieren sich automatisch ihre Schuldgefühle, die die Funktion haben, andere Gefühle wie Empörung, Ärger oder Wut zu verdecken.

Solange die Frauen mit Schweigen, Schamgefühlen und verstärkter Anpassung aus Schuldgefühlen auf Gewaltanwendungen reagierten, waren sie subjektiv nicht in der Lage, sich gegen den Mann zu wehren. Dabei spielte es keine Rolle, ob sie körperlich genauso stark oder vielleicht sogar kräftiger waren als er, es spielte keine Rolle, ob sie ökonomisch unabhängig waren oder sich durch Kinder am Weggehen gehindert fühlten. Martha schätzte ihre Körperkraft, die sie lange Zeit nicht gegen ihn einsetzte, erst im nachhinein gleichwertig ein. Der Widerstand gegen den gewalttätigen Mann hing sowohl von den subjektiven als auch von den objektiven Bedingungen der Frauen ab. Frauen können die objektiv existierenden Möglichkeiten, sich aus einer Mißhandlungsbeziehung zu befreien, nicht wahrnehmen, solange ihre Realitätsleugnung funktioniert. Indem sie noch die minimalste Hoffnung auf Veränderung haben, können sie sich keine Perspektive ohne diesen Mann vorstellen. Je bereitwilliger Frauen auf männliche Überredungskünste reagieren und die Helferinnenrolle übernehmen, desto mehr haben sie das weibliche Rollenstereotyp, das von Anpassung, Mitleid bis zur Selbstaufopferung geht, verinnerlicht. Das bedeutet: Je weiblicher Frauen sich im Sinne von Anpassung an die gesellschaftlich geprägte Weiblichkeit verhalten, desto geringere Chancen besitzen sie, sich gegenüber einem Mann zu wehren. »Weiblichkeit« bedeutet auch ständige unhinterfragte Bereitschaft zum Verzeihen, so wie Martha das lange praktizierte. Am Anfang ihrer Ehe hatte er sich nach jedem »Ausrutscher« scheinbar überzeugend entschuldigt, so daß sie die ersten Brutalitäten nicht in die Kette der späteren Mißhandlungen einreihte. Sein Schlagen registrierte sie in unseren Gesprächen erst als

Mißhandlung, als er sich nicht mehr entschuldigte, sondern ihr allein die Schuld für sein brutales Verhalten einredete.

Frauen wie Elke und Claudia sprachen von einer unbeschreiblichen Angst, die sie überfiel, wenn sie geschlagen wurden. Diese Angst ließ lange Zeit keine anderen Gefühle wie z. B. Empörung oder Wut über sein feindliches Verhalten aufkommen, sondern lähmte sowohl ihr Bewußtsein wie ihre Handlungsfähigkeit. Es war ein unendlich langwieriger Prozeß notwendig, bis die Frauen sich zugestanden, einem ehemals geschätzten Menschen auch negative Gefühle wie Aggressionen entgegenbringen zu dürfen. Je mehr sie später ihre aggressiven Gefühle, die von Angst, Scham- und Schuldgefühlen verdeckt waren, zuließen, desto mehr konnten sie ihre Angst vor dem brutalen Mann abbauen und ihre Handlungsfähigkeit wiederfinden.

Frauen wie Claudia wehrten sich am Anfang hin und wieder ohne Überzeugungskraft. Sie konnten sich nicht vorstellen, einen Menschen, an den sie sich gebunden fühlten, ernsthaft in Notwehr zu verletzen. Dies galt für fast alle Gesprächsteilnehmerinnen. Solange sie sich verstrickt in Schuldgefühle und Hoffnung auf Veränderung von ihm abhängig fühlten, hatten sie auch eine Hemmschwelle, ihn ernsthaft zu verletzen. Das bedeutet: Frauen gehen in der akuten Mißhandlungssituation nicht davon aus, den Mann eventuell kampfunfähig zu machen, sondern wollen sich notdürftig schützen. Sie haben Angst, ihm bei entschlossenem Wehren weh zu tun. Hinzu kommt die Hemmung, ihr Selbstbild als liebevolle, unaggressive Frau in Frage zu stellen. Da sie von ihrem Recht, sich zu wehren, nicht überzeugt sind, fehlt ihnen die nötige Durchsetzungskraft. Die Hemmung vieler Frauen, ihre Männer ernsthaft abzuwehren und dabei eventuell zu verletzen, war bei den Männern nicht zu beobachten. Claudias Mann z. B. war nach schweren Mißhandlungen jedesmal erleichtert, ihr nicht die Zähne ausgeschlagen zu haben. Insofern stellten die Mißhandler eine lebensgefährliche Bedrohung in jeder akuten Mißhandlungssituation dar.

Martha verlor die Hemmung, zurückzuschlagen, nachdem sie eingesehen hatte, daß er sich gar nicht verändern wollte. Von jetzt an reagierte sie auf sein brutales Verhalten nicht mehr mit Schuldgefühlen, sondern mit Empörung. In ihrer Wut, zu der sie jetzt eine Berechtigung empfand, stieß sie ihm ein Messer in den Körper. Ihr Haß gegen ihn hatte sich im Laufe der Jahre derart aufgestaut, daß sie ihn in einer Notwehrsituation kampfunfähig machen *wollte*. Dies schaffte andere Realitäten in der Beziehung. Sie entwickelte Wut, der sie freien Lauf ließ, und vertraute wieder ihrer Körperkraft. Die Berechtigung zu dieser Wut scheint für die Gegenwehr von Frauen ganz wesentlich zu sein. Martha war in ihrer Wut so überzeugend, daß sie ihn situativ so beeindrucken konnte, wie alle Gesprächsteilnehmerinnen vorher von den Wutausbrüchen ihrer Männer eingeschüchtert wurden. Zurückschlagen ändert prinzipiell nichts an der menschenunwürdigen Situation in einer gewalttätigen Beziehung. Entscheidend ist jedoch, daß sich Frauen nicht mehr mißhandeln lassen und dadurch allmählich ihre Selbstachtung wiederfinden können.

Kommen mißhandelte Frauen an die Grenzen des Erträglichen und sind ihre Trennungsversuche an den äußeren Umständen gescheitert, scheint ihnen ihr eigener oder der Tod des Mißhandlers oft als der letzte Ausweg, sich aus einem jahrelangen Martyrium zu befreien. Die Tatsache, aktiv einen Mann umzubringen, bedeutet für eine Frau den größten Verstoß gegen die ihr zudiktierte Weiblichkeit und die größte Herausforderung für eine männerdominierte Gesellschaft, in der Frauenmißhandlung an der Tagesordnung ist. Amerikanische Untersuchungen belegen: »Frauen, die ihren Mann in Notwehr oder bei einem Unfall töteten, bekommen den ganzen Haß dieser Gesellschaft mit, die sagt – eine Frau kann keinen Mann töten, gleichgültig, was er ihr angetan hat. Sie kann nur gehen.«[52]

Drei meiner Gesprächsteilnehmerinnen hatten die Erfahrung gemacht, daß sie aufgrund ihrer körperlichen Unterlegenheit und seiner Skrupellosigkeit geringe Chancen hatten, seine Gewalttätigkeiten erfolgreich abzuwehren. Aufgrund dieser objektiven Benachteiligungen fühlen sich Frauen, die nur noch die Möglichkeit einer gewaltsamen Befreiung vom Mißhandler sehen, gezwungen, eine Situation aufzugreifen, in der sie bestimmte Vorteile dem körperlich und gesellschaftlich überlegenen Mann gegenüber haben. Dadurch erst kommt eine fast gleichwertige Ausgangsbasis zustande. In der Rechtsprechung wird dieses Verhalten von Frauen jedoch als »besonders heimtückischer Mord« und dementsprechend strafverschärfend ausgelegt. Aufgrund der ungleichen Voraussetzungen ist bei Frauen so gut wie nie von »Totschlag im Affekt« oder von »Notwehr mit Todesfolge« die Rede, sondern vielmehr von einem besonders heimtückisch geplanten Mord. So verfestigt unsere sexistische Rechtsprechung die gesellschaftliche Ungleichheit der Geschlechter und sichert letztlich damit auch mißhandelnde Männer vor etwaigen Folgen. Fast alle Gesprächsteilnehmerinnen wurden von ihrem Mißhandler bedroht, sie im Affekt umzubringen und dann selbstverständlich auf mildernde Umstände oder gar auf Freispruch zu hoffen.[53]

Marianne ist die einzige der Gesprächsteilnehmerinnen, die spontan in einer günstigen Situation versuchte, sich von ihrem Mißhandler gewaltsam zu befreien. Sie steht damit im krassen Gegensatz zu allen anderen Frauen, die ihre jahrelang unterdrückten aggressiven Gefühle gegen sich selbst richten (Alkohol, Tabletten, Suizid). Marianne ist, wie vielen anderen Frauen, die Mordphantasien ihrem Mißhandler gegenüber haben, heute bewußt: Falls sie ihn getötet hätte, säße sie lebenslänglich im Gefängnis. Die jahrelangen Qualen mißhandelter Frauen verändern in der Regel vor Gericht nichts an der vermeintlichen Tatsache, »heimtückisch einen friedlich schlafenden Mann zu ermorden«.

So hatten einige der Gesprächsteilnehmerinnen überwiegend in der Phantasie die Vorstellung, sich des Mißhandlers gewaltsam zu entledigen. Jedoch ging keine der Frauen davon aus, die jahrelang erlebten Mißhandlungen als strafmildernd und ihre Handlung als Notwehr anerkannt zu bekommen. In dem Maße, wie gewalttätige Männer ein Bewußtsein von einer Rechtsprechung zu ihren Gunsten entwickeln, ist Frauen die Aussichtslosigkeit bewußt, bei einer gewaltsamen Befreiung vom Mißhandler mildernde Umstände zuerkannt zu bekommen.

Ich habe gezeigt, wie subjektiv verschieden Frauen in der jeweiligen Mißhandlungssituation reagierten, obwohl sie objektiv ähnliche Möglichkeiten zur Gegenwehr besaßen. Wesentlich ist, daß ihre Reaktionen nicht statisch waren, sondern sich entwickelten und veränderten, wie es in den Lebensgeschichten deutlich wird. Die Konsequenz, die Claudia und Marianne nach ihrem ersten erfolglosen Versuch des körperlichen Widerstands ziehen, hat ihnen keine weiteren Mißhandlungen erspart. Die Frage, wie sie sich gefühlt, falls sie sich entschiedener gewehrt und was sie auf Dauer damit erreicht hätten, beantworteten die Frauen selbst: Sie wären ihrer zunehmenden Selbstverachtung entgangen. Martha erlebte, daß ihr entschlossenes Zurückschlagen andere Realitäten in der Beziehung setzte: Von diesem Zeitpunkt an hatte er Respekt vor ihr.

Alle Frauen gingen davon aus, daß ein entschiedenes Wehren die Länge der Mißhandlungen verkürzt und den Angriff auf ihr Selbstwertgefühl verringert hätte. Diese Erfahrungen von Betroffenen, also von Expertinnen, sollten an alle Frauen weitergegeben werden: Jede Frau sollte ihr Recht erkennen, sich entschieden und mit allen Mitteln gegen Männergewalt zu verteidigen.

Er hat sich damals unheimlich bemüht

Welcher Anlaß letztendlich bei den einzelnen Frauen zur endgültigen Trennung führte, ließ sich nicht exakt feststellen. Die Auslöser waren unterschiedlich: Entscheidend war die Summe der erlittenen Mißhandlungen und Demütigungen und die Erkenntnis, daß sich in der Beziehung nichts mehr positiv verändern würde.

Bei den Trennungen wurden häufig ambivalente Gefühle aktualisiert: Sowohl alte Verlustängste, bereits überwunden geglaubte Schuldgefühle, Mitleid mit dem zurückgelassenen Mann und Angst vor einer ungewissen Zukunft als auch Aufatmen über die wiedergewonnene Freiheit, zunehmendes Vertrauen in die eigene Stärke, Nachlassen der psychischen Anspannung, äußerliche Sicherheit durch das Frauenhaus, Aufbrechen der Isolation etc. Der Zustand der Frauen während und nach der Trennung spiegelte ihre Einsicht in die hoffnungslose Realität, ihr allmählich wachsendes Zutrauen in die eigenen Fähigkeiten und ihre noch nicht ganz verarbeiteten ehemaligen Hoffnungen und Wünsche wider. Bei einer endgültigen Trennung müssen sich Frauen von den letzten Wünschen und Hoffnungen, die sie mit dem Mann verbanden, verabschieden. Gleichzeitig bedeutet Trennung für viele einen Bruch mit traditionell verhafteten Wertvorstellungen bezüglich einer intakten Familie oder sich erst mit einem Mann gesellschaftlich akzeptiert zu fühlen.

Alle Frauen außer Elke schafften die Trennung aus der Mißhandlungsbeziehung nicht beim ersten Versuch, einige unternahmen mehrmalige Trennungsversuche und gaben unterschiedliche Gründe an, warum sie sich zum Zurückkommen überreden ließen: wegen der Kinder; aus Mitleid, weil er auf sie angewiesen war; aus Angst, keinen anderen Mann zu finden und alleine zu bleiben etc. Ausschlaggebend für ihre Rückkehr waren sowohl äußere Schwierigkeiten, wie Wohnungs-, Arbeits- und häufig auch Kindergartenplatz-Suche, als auch innere Unsicherheiten, eventuell die Beziehung doch noch positiv verändern zu können. Hierbei gab es Unterschiede, ob Frauen überwiegend aufgrund der äußeren Schwierigkeiten, deren Bewältigung sie sich nicht zutrauten, oder aufgrund ihrer inneren Bindung zurückgingen.

Bei den mißglückten Trennungsversuchen stellte sich folgendes heraus: Es bestand ein Unterschied im prinzipiellen Durchsetzungsvermögen bei den Frauen, die nach einem Frauenhaus-Aufenthalt zum Mann zurückgingen, und den Frauen, die zurückgingen, nachdem sie bei Freunden oder Verwandten Hilfe gesucht hatten. Allerdings wirkte sich der Frauenhaus-Aufenthalt bei einer Rückkehr zum Mißhandler nur dann bestärkend auf das Selbstbewußtsein von Frauen aus, wenn sie sich wirklich auf die Gespräche und die Atmosphäre im Haus eingelassen hatten und dies nicht nur als Unterkunft benutzten. Wie schwierig die Durchsetzung einer Trennung vor der Existenz von Frauenhäusern war, wird an Mariannes Lebensgeschichte deutlich.

Es gibt immer wieder Frauen, die es nach einem Frauenhaus-Aufenthalt noch einmal mit dem Mißhandler versuchen möchten, wie z. B. Martha und Marianne. Die Erfahrungen, die sie in dieser Zeit mit dem gewalttätigen Mann machten, waren aus mehreren Gründen für sie wichtig:

- Frauen können sich in der Auseinandersetzung mit ihm selbstsicherer erleben, weil sie die Sicherheit des Frauenhauses in Aussicht und hier Selbstbestätigung erfahren hatten. Ihr Selbstvertrauen wuchs, weil sie sich nicht mehr isoliert und an ihn ausgeliefert fühlten. Sie konnten zum ersten Mal Forderungen stellen und Konsequenzen ankündigen.
- In der Regel bemühten sich die Männer am Anfang, auf die Forderungen der Frauen einzugehen. So konnten Frauen oft den bisher übermächtigen Mißhandler in einer eher unterlegenen, angepaßten Rolle, die sie selbst sehr gut kannten, erleben. Gleichzeitig spürten sie, daß es ihm nicht ernst war mit seiner »Wandlung«, sondern daß er sich vielmehr durch die Existenz des Frauenhauses zu Konzessionen gezwungen fühlte.
- Beide Frauen wollten für sich die letzte Gewißheit, ob es wirklich keine Hoffnung, an der besonders Martha lange festgehalten hatte, mehr gab. Martha quälte sich später oft mit der Vorstellung, den Mißhandler als ihr sechstes Kind zurückgelassen zu haben. Indem sie ihn häufig als ihr sechstes Kind betrachtete, war es ihr möglich, seine Mißhandlungen als die eines Kindes, das es nicht so meint und nicht verantwortlich für sein Tun ist, herunterzuspielen. Während der Beziehung trug diese Sichtweise zu ihrer Realitätsleugnung bei.
- Beide Frauen kosteten das Gefühl, ihm endlich einmal »die Zähne zeigen« und ihn »verletzen« zu können, wie eine Genugtuung aus und erlangten somit einen Teil ihrer Stärke und ihres Selbstbewußtseins zurück. Für beide Frauen war das Herauslassen ihrer jahrelang aufgestauten Wut auf den Mißhandler wichtig, weil sie damit auch ihre Angst überwanden.

Der Widerstand gegen den Mißhandler setzte sich bei allen Frauen in unterschiedlicher Stärke nach der Trennung fort. Alle Frauen, außer Elke, die sich versteckt hielt, wurden von ihm nach der Trennung belästigt, bedroht und teilweise körperlich angegriffen. Mit der Trennung war die Angst vor seinen Drohungen bei Elke und Claudia nicht verflogen. Belästigungen stellten auch ständige Anrufe, »Liebesbriefe« oder die roten Rosen, die Marianne im Frauenhaus zum Muttertag aufgedrängt bekam, dar.

Häufig versuchten Mißhandler, Frauen mit Selbstmorddrohungen zur Rückkehr zu zwingen, wie z. B. die Männer von Claudia und Marianne. Mariannes Mann beschränkte sich nicht nur auf die Drohung, sondern realisierte sie. Sein Selbstmord änderte nichts an Mariannes Gefühlen ihm gegenüber. Sie war die einzige Frau, die seit Beginn unserer Gespräche von ihrer Wut und ihrem Haß auf ihn sprach. Damit setzte sich Marianne von den gesellschaftlichen Erwartungen ab, die davon ausgehen: Gleichgültig, was ein Mann einer Frau angetan hat, mit seinem Tod hat er automatisch Anspruch auf Mitleid und Vergebung.

Trennung kann nur im Kontext mit Widerstand in Mißhandlungsbeziehungen betrachtet werden. Da, wo Frauen sich zu wehren beginnen, ziehen sie auch eine Trennung in Betracht. Andererseits konnten sich einige Frauen erst dann entschieden wehren, als sie sich nicht mehr gezwungen fühlten, mit ihm zusammenzuleben. Marianne, die nie glaubte, daß sie sich körperlich gegen ihn durchsetzen könnte, machte nach der Trennung eine andere Erfahrung. Aus Scham vor den Nachbarn hatte sie in der Mißhandlungsbeziehung nie gewagt, laut um Hilfe zu schreien oder die Polizei zu rufen. Nachdem sie seinem Einflußbereich entkommen war, hatte sie keine Skrupel, zurückzuschlagen und ihn wegen Körperverletzung anzuzeigen. An Mariannes Entwicklung wird noch einmal deutlich: Die physische Überlegenheit des Mannes ist nicht der entscheidende Hinderungsgrund, sich zu wehren. Für sie war die Tatsache entscheidend, ihm nie mehr allein in der gemeinsamen Wohnung ausgeliefert zu sein.

Wesentlich scheint mir, wie Frauen nach der Trennung mit ihren Gefühlen dem Mißhandler gegenüber und mit ihren Mißhandlungserfahrungen umgehen. Ob sie versuchen, diese zu verarbeiten oder aus Angst vor den damit verbundenen qualvollen Erinnerungen erst einmal von allem »abschalten« wollen. Dieses Verdrängen der Mißhandlungserfahrungen scheint wiederum einer Selbsttäuschung gleichzukommen und könnte die nächste Realitätsleugnung vorbereiten.

Bei meinen Gesprächen habe ich bemerkt: Auch Frauen, die es gar nicht wollten, wurden fast täglich durch Bemerkungen der Kinder, in ihren Träumen oder in ihrer Phantasie an damals erinnert. Dies sind die psychischen Folgeerscheinungen der Mißhandlung, die in Untersuchungen bisher kaum erwähnt wurden.

Erinnerungen an Menschen und Begebenheiten, die das Leben so gravierend beeinflußten, lassen sich mit dem Akt der Trennung nicht automatisch abschalten. Von daher unterstützten unsere Gespräche den Prozeß einer Verarbeitung.

Einige Gesprächsteilnehmerinnen sprachen zeitweilig davon, Mitleid mit dem verlassenen Mann zu empfinden. Sie hatten sich selbst in der Phantasie lange Zeit aggressive Gefühle von Wut und Haß nicht zugestanden, weil sie dadurch mit ihrem Selbstbild als sanfte, verständnisvolle Frau in Konflikt geraten wären. Mit dem Gefühl von Mitleid konnten sie sich der Illusion hingeben, bereits so weit zu sein, daß sie ihn bedauerten. Dieser Selbsttäuschung unterlagen viele Frauen. Alle hatten dabei einen notwendigen Schritt ausgelassen: das Bedauern für sich selbst und sich das Recht zu nehmen, wütend über das ihnen angetane Unrecht zu werden. Vermutlich hofften sie auch, ihn mit ihren Mitleidsgefühlen zu beschämen oder zu beeindrucken. Später betonten einige, der Mißhandler sei ihnen gleichgültig geworden. Da sie sich keine aggressiven Gefühle zugestanden, zogen sie »neutrale« Gefühle vor, die ihnen eine scheinbare Souveränität verliehen. Dagegen sprach allerdings, daß sich die meisten Frauen einer direkten Konfrontation mit ihm nicht gewachsen fühlten. Später konnten einige Frauen Haßgefühle zulassen und waren sicher, sich in Zukunft entschieden gegen ihn zu wehren. Frauen, die entgegen der gesellschaftlichen Erwartung ihre aggressiven Gefühle äußern, können damit auch ihrer Opferrolle entkommen. Dies ist häufig ein langwieriger Prozeß, weil Frauen in diesen Situationen auch von extremen Gefühlsschwankungen betroffen sein können.

Es ist nicht nur wichtig zu handeln, sich also aktiv aus der Mißhandlungsbeziehung zu befreien, sondern es ist dabei wesentlich, in diesem Handeln nicht verunsichert, sondern ernst genommen und bestätigt zu werden. Dies erleben Frauen fast nur in den Frauenhäusern.

Alle Frauen waren nach der endgültigen Trennung davon überzeugt, richtig gehandelt zu haben. Häufig setzten Selbstvorwürfe ein, diesen Schritt nicht früher vollzogen zu haben. Je früher sie sich getrennt hätten, um so eher hätten sie und ihre Kinder ein menschenwürdiges Leben führen können. Alle Gesprächsteilnehmerinnen betonten, daß sie Frauen in ähnlichen Situationen sofort unterstützen und ihnen zur schnellen Trennung raten würden. Im Frauenhaus hatten sie erfahren, wie wichtig solidarisches Verhalten von Frauen ist. Das neue Lebensgefühl, von dem alle Frauen nach der Trennung berichteten, und ihre heutige Perspektive stehen im direkten Zusammenhang mit dem Aufenthalt im Frauenhaus. In den folgenden Therapieprozessen gehen die Gesprächsteilnehmerinnen u. a. auch ausführlich darauf ein.

Verbindung von feministischer Therapie und Frauenforschung

Im folgenden Teil stelle ich vier von insgesamt sechs Gesprächsteilnehmerinnen vor. Alle an der Untersuchung beteiligten Frauen lernte ich über das Erste Berliner Frauenhaus kennen. Insgesamt interessierten sich mehr Frauen für mein Gesprächsangebot, als ich aufgrund meiner eigenen Kapazität eingeplant hatte. Ich entschied mich bewußt für sechs Frauen mit unterschiedlichen Lebensrealitäten, weil ich davon ausgehe: Von Männergewalt betroffen können alle Frauen, unabhängig von Herkunft, Ausbildung und aktueller Lebenssituation, sein. Die Grenzen zwischen wiederholt frauenfeindlichen Bemerkungen, die das Selbstbewußtsein vernichten, über Androhung von Gewalt bis zur ausgeübten körperlichen Gewalt sind oft fließend. Einige Frauen berichteten, daß sich ihre Männer gar nicht »die Finger schmutzig« zu machen brauchten, diese Frauen unterwarfen sich bis zur Selbstaufgabe allein durch eine nie ausgesprochene Androhung von Gewalt. Mir kommt es in diesem Buch darauf an, ab wann sich eine Frau selbst von Männergewalt bedroht und beeinträchtigt erlebt und ihre Situation verändern möchte.

Alle Frauen wurden von mir genauestens über den Schwerpunkt und den Ablauf der Untersuchung in einem Vorgespräch informiert und hatten genügend Bedenkzeit, sich für oder gegen diesen Therapieprozeß zu entscheiden. Die Gespräche fanden in der Regel einmal wöchentlich statt, jedes Gespräch habe ich auf Band aufgenommen und transkribiert. Die jeweiligen Therapieprozesse wurden von mir aus ca. zehn Sitzungen von jeweils 1½–2 Stunden gekürzt und sollen zur Konkretisierung des vorangegangenen theoretischen Teils dienen.

Zentral sind in allen Gesprächen die oft jahrelang praktizierte Realitätsleugnung und die allmähliche Entwicklung von Wut und Widerstand. Darüber hinaus arbeite ich bei jeder Frau besondere Schwerpunkte aus ihrer Lebensgeschichte heraus, die ich für wesentlich halte. Das Zeichen *** zwischen zwei Absätzen verdeutlicht den zeitlichen Abstand.

Ich habe mich bemüht, Wiedererkennungsmöglichkeiten der einzelnen Frauen zu vermeiden. Aus diesem Grund änderte ich Daten, Namen sowie Berufs- und Ortsangaben. Außer Elke ängstigte keine Frau die Vorstellung, möglicherweise von ihrem früheren Mißhandler identifiziert werden zu können. Ich lasse überwiegend die Frauen selbst zu Wort kommen und beschränke mich auf vertiefende Interpretationen. Ich hoffe, allen Gesprächsteilnehmerinnen mit dieser Form der Darstellung gerecht zu werden.

Ich hatte den Anspruch, bestimmte Forschungsgrundsätze in meiner Untersuchung zu verwirklichen. Einige dieser Forschungsgrundsätze wurden zum ersten Mal von Maria Mies 1978 vorgestellt.

Einbeziehung der Frauen in den Forschungsprozeß

Ich erwartete von meinen Gesprächsteilnehmerinnen, daß sie die von mir aufgezeichneten Gesprächsprotokolle noch einmal durcharbeiteten. Sie hatten die Möglichkeit, Ergänzungen bzw. Streichungen in Absprache mit mir vorzunehmen. Schriftliche Bemerkungen machten Elke und Claudia gelegentlich an dem Rand ihrer Protokolle. Sie gaben entweder Zusatzinformationen oder verstärkten ihre Aussagen durch weitere Beispiele oder aber revidierten das einmal Gesagte. Es kam vor, daß Claudia eine erhebliche Kritik, die sie an ihrem neuen Freund geäußert hatte, mit der Bemerkung »er hat sich geändert« nach einer Woche zurücknehmen wollte. Hierbei war der Hintergrund interessant: Der Freund hatte »zufällig« das Protokoll gelesen und sich geärgert.

Beim Lesen der eigenen Geschichte kam es zu unterschiedlichen Reaktionen: Marianne zitterte vor Wut, als sie ihre Mißhandlungsgeschichte in aller Deutlichkeit vor sich sah. Elke weigerte sich, die Gespräche über ihre Mißhandlungsgeschichte nachzulesen. Sie geriet in Panik, sich ohne meine Anwesenheit mit ihrer Erniedrigung und Angst vor dem Mißhandler zu konfrontieren.

Alle Frauen reagierten je nach ihrem augenblicklichen Befinden: Fühlten sie sich nicht sehr stabil, verstärkte die Erinnerung ihren eher resignativen Zustand. Fühlten sie sich zuversichtlich, so hatte das Durcharbeiten ihrer Mißhandlungsgeschichte zusätzlich eine »heilende Wirkung«. Sie konnten durch den Blick in die Vergangenheit deutlicher den Prozeß ihrer Weiterentwicklung einschätzen. Ihr Entschluß, sich vor ähnlichen Situationen zu schützen und das Erlebte intensiver zu verarbeiten, wurde bestärkt. In kritischen Situationen, in denen z. B. Martha Angst hatte, mit Mitleid auf die Kontaktversuche ihres Mannes zu reagieren, las sie zur Erinnerung ihre Gesprächsaufzeichnungen.

Dokumentation von Lebensgeschichten

Indem ich die persönliche Geschichte der Frauen nicht getrennt von der gesellschaftlichen dokumentiere, erfahren wir nicht nur individuelle Schicksale, sondern wie die jeweiligen Frauen mit den gesellschaftlichen Bedingungen, z. B. mit ihrer Rolle als Frau, mit ihrer Klassenlage, mit ihrem Beruf und ihrer Beziehung fertig geworden sind und welche Auswirkungen dies auf ihr Bewußtsein hatte. Die Möglichkeiten zur Veränderung, tatsächliche Veränderungen und Bewußtseinsschritte werden dokumentiert und sind nicht nur der einzelnen Frau von Nutzen, sondern sollen auch andere Frauen in ihrem Bewußtsein stärken, daß Veränderung möglich und notwendig ist.

Erzählte Lebensgeschichte hat für ehemals mißhandelte Frauen einen unmittelbaren Effekt: Frauen reden oft zum ersten Mal mit anderen über die erfahrenen Erniedrigungen und Quälereien und bekommen das Gefühl, daß ihre Erfahrungen ernst genommen und sie nicht als unfähig oder schuldig abgeurteilt werden. Dokumentierte Lebensgeschichte hat einen zusätzlichen Effekt: Jede Frau kann jederzeit das einmal Erlebte erneut beurteilen oder daraus Erkenntnisse ziehen, indem sie auf ihre Aufzeichnungen zurückgreift oder sie offensiv anderen Frauen zur Verfügung stellt, wie dies z. B. mit einer Veröffentlichung geschieht.

Bewußte Parteilichkeit

Dieser Punkt besitzt zentrale Bedeutung. Ich identifiziere mich teilweise mit den mißhandelten Frauen meiner Untersuchung und gelange so zu einer bewußten parteilichen Haltung. Es geht hier nicht darum, die absolute Identifikation mit der mißhandelten Frau anzustreben, sondern darum, die Unterschiede, die zwischen mir als Forscherin und ihr als Beforschten bestehen, aufzudecken und doch unsere Gemeinsamkeiten als Frauen in dieser Gesellschaft zu erkennen. Die unterschiedliche Betroffenheit schafft mir die Möglichkeit, diese Forschungsarbeit zu leisten. Würde Parteilichkeit auf einfache »Gleichmacherei« hinauslaufen, wäre ich lediglich eine »Betroffene« mehr. Ich gehe davon aus, daß Frauen untereinander eine bewußte Parteilichkeit aufgrund der gleichen Geschlechtszugehörigkeit und dem gleichen Interesse an der Überwindung der daraus resultierenden Benachteiligung erreichen können. So ist es mir als Frau mit den Frauen meiner Untersuchung möglich und gleichzeitig notwendige Voraussetzung für den Aufbau eines Vertrauensverhältnisses, persönliche Erfahrungen auf der Basis gemeinsamer bzw. vergleichbarer gesellschaftlicher Lebensbedingungen auszutauschen.

Betroffenheit ist für mich u. a. mit Sympathie und Interesse an der anderen Person verbunden und drückt sich nicht nur in Mitgefühl und Verständnis aus, sondern zeigt sich auch in Fassungslosigkeit und Ärger über die scheinbare Unterwerfungsbereitschaft der Gesprächsteilnehmerin (siehe dazu Thürmer-Rohr S. 124ff.)[54] Ich spreche bewußt von »scheinbarer Unterwerfungsbereitschaft«, weil diese immer im Gesamtkontext der Mißhandlungsbeziehung gesehen werden muß. Das bedeutet, daß die Forscherin bzw. Therapeutin ihr Empfinden von Betroffenheit und ganz besonders das Formulieren kritisch hinterfragen sollte. Hierbei spielt der Grad des zustande gekommenen Vertrauensverhältnisses eine wesentliche Rolle. Z. B. wurde die von mir gezeigte Empörung über die den Frauen zugefügte Gewalt im Laufe der Gespräche auch von den Gesprächsteilnehmerinnen unterschiedlich stark empfunden und formuliert. In diesem Fall war das Zeigen meiner Betroffenheit Anregung und Ermutigung, um Kontakt zu ihrer verdrängten Wut zu bekommen.

Forschung als Bewußtwerdungs- und Veränderungsprozeß durch gemeinsames Handeln

Wissenschaft ist nur da kreativ, wo sie in lebendige Lebenszusammenhänge eingeschlossen ist. Ich begebe mich in die Lebenszusammenhänge und Erfahrungen der Gesprächsteilnehmerinnen und beschränke mich nicht auf abstrakte Ratschläge, sondern unterstütze sie konkret über den Therapieprozeß hinaus bei für sie notwendigen Alltäglichkeiten. Dadurch erlebe ich mit den jeweiligen Frauen gemeinsam, wie sie z. B. bei Ämtern und Institutionen behandelt werden. Die Frauen gewinnen durch mein parteiliches Auftreten die Sicherheit, daß ich auf ihrer Seite stehe. Durch den Forschungsprozeß entsteht ein Austausch an Erfahrung, der sowohl bei meinen Gesprächsteilnehmerinnen als auch bei mir bewußtseinsverändernde Prozesse initiieren *kann*. Der Bewußtwerdungsprozeß über den komplizierten Mechanismus von physischer und psychischer Abhängigkeit ist Vorbedingung, um wirksame Schritte zur Veränderung unternehmen zu können. Gleichzeitig werde ich mich bei der vorliegenden Thematik mit meiner eigenen Biographie auseinandersetzen und mir die umgekehrte Frage meiner Gesprächsteilnehmerinnen stellen: Welche Umstände haben mich vor einer Mißhandlungsbeziehung bewahrt? Ich gehe davon aus, daß zum einen die Auswirkungen des Frauenhausaufenthaltes verändernde Wirkungen auf meine Gesprächsteilnehmerinnen haben und zum anderen die Intensivgespräche Frauen in ihrem Bewußtwerdungs- und Veränderungsprozeß unterstützen. Durch die Kontinuität der Gespräche mit anschließender Dokumentation und gemeinsamen Aktionen *kann* ansatzweise eine intensivere und beschleunigte Aufarbeitung der Mißhandlungserfahrungen, eine kritische Auseinandersetzung mit dem mißhandelnden Mann und der augenblicklichen Situation und eine Neuorientierung für das weitere Leben erfolgen.[55]

Die gemeinsam durchgeführten Aktionen reichten von meiner Begleitung zur Alkoholiker-Beratungsstelle über gemeinsame Pressekonferenzen im Frauenhaus bis zu einem gemeinsam durchgeführten Referat an der Sommer-Universität in Berlin. Mein Wunsch war, die Frauen nicht nur in den Forschungsprozeß miteinzubeziehen, sondern auch in die Vermittlung der Forschungsergebnisse, die mit ihrer Hilfe zustande gekommen sind. Hierbei mußte ich oft »umdenken«. Ich konnte nicht von dem heutigen oft souveränen Auftreten vieler Gesprächsteilnehmerinnen ausgehen und mich wundern, warum sie sich in der Mißhandlungssituation so hilflos und ängstlich verhalten hatten. Ich mußte berücksichtigen: Die Androhung von Gewalt und erlebte Gewalt, aus der es scheinbar kein Entkommen gibt, schafft veränderte Realitäten, die sich direkt auf Bewußtsein und Verhalten auswirken.

Die Aufrechterhaltung menschlicher Beziehungen

Ohne die Interessen meiner Gesprächsteilnehmerinnen berücksichtigen zu können, habe ich die Konzipierung der Gespräche nach meinen Wünschen zeitlich eingegrenzt. Aus diesem Grund biete ich nach Beendigung des Gesprächszyklus bei Bedarf weiterhin meine Unterstützung und Beratung an; schließlich könnten sich die

Frauen an einem Punkt befinden, wo eine Weiterführung der Gespräche dringend gewünscht wird, das notwendige Geld aber fehlt, um eine Therapie zu beginnen bzw. fortzuführen.

Ich wollte auf keinen Fall die Vertrauensverhältnisse, die sich unterschiedlich intensiv aufgrund des Forschungsprozesses ergaben, nach Beendigung meiner Untersuchung als aufgelöst betrachten. Hierbei finde ich wesentlich, daß besonders Frauen, die in ihren bisherigen Lebenszusammenhängen überwiegend ausgebeutet und nicht ernstgenommen wurden, diese positive Erfahrung mit anderen Frauen machen, um ihr Selbstbewußtsein zu stärken. Dieser Vorsatz ist allerdings nur bei einer qualitativen Untersuchung einlösbar. Gleichzeitig besteht eine Wechselwirkung zwischen quantitativer Beteiligung und der sich daraus ergebenden Qualität menschlicher Beziehungen. (Innerhalb der traditionellen Variablen-Psychologie dürfen diese Beziehungen zwischen Forscher/in und Beforschten nicht existieren, da sie einer »objektiven« Wissenschaft im Wege stehen.)

Ob Betroffene das Herstellen von zwischenmenschlichen Kontakten später negativ als »Konsumieren von Vertrauensverhältnissen« oder positiv als »Bereicherung in ihrem Leben« beurteilen, hängt mit Sicherheit auch von der Form der Beendigung des Forschungsprozesses und von dem weiteren Verlauf des entstandenen Vertrauensverhältnisses ab. Dies müßte dringend untersucht werden, besonders unter dem Aspekt, inwieweit eine Enttäuschung der Betroffenen die angestrebten Veränderungs- und Bewußtwerdungsprozesse blockieren könnte. Allerdings habe ich erfahren, daß die Verwirklichung dieses Grundsatzes am schwierigsten war. Z. B. besuchte mich Martha auch nach Beendigung der Gespräche unangemeldet unter Alkoholeinfluß. Nachdem ich die Erfahrung gemacht hatte, daß Gespräche in diesem Zustand sinnlos waren und mich ihre Weinerlichkeit und Hoffnungslosigkeit überwiegend negativ berührten, bestand ich darauf, daß sie sich ausschließlich nüchtern an mich wendet. Meine Forderung hat unserem Vertrauensverhältnis nicht geschadet, obwohl ich dies nicht voraussehen konnte. Martha erlebte mein Verhalten nicht als unsolidarisch oder abweisend.

Verbindung meiner Funktion als Therapeutin und Forscherin

Ich wollte sowohl mein Wissen und meine Erfahrung als feministische Therapeutin als auch als feministische Forscherin in die Untersuchung einbringen. Einerseits hat meine Doppelqualifikation die Qualität dieser Arbeit verbessert und mir persönlich diese Vorgehensweise erst ermöglicht, andererseits bin ich dadurch manchmal in Grenzsituationen geraten: Es entstanden Situationen, in denen ich unsicher war, ob ich meinen therapeutischen Anspruch oder meine wissenschaftliche Fragestellung in den Vordergrund stellen sollte.

Ich ging folgendermaßen vor: Von mir erarbeitete Leitfäden mit unterschiedlichen Schwerpunkten benutzte ich während der Gespräche als grobe Orientierungshilfe. Gleichzeitig bemühte ich mich, den speziellen Bedürfnissen und Problemen der Frauen innerhalb eines von mir gestellten Themas gerecht zu werden. Die thematische Aufteilung der jeweiligen Sitzung kam meiner Doppelfunktion zugute: Jeweils die Hälfte der Sitzung fühlte ich mich schwerpunktmäßig als Therapeutin. Das bedeutete, daß ich meiner Gesprächspartnerin zu Beginn des jeweiligen Gesprächs die Auswahl des Themas überließ und ihr u. a. ihre Situation widerspiegelte. Im zweiten Teil des Gesprächs war ich überwiegend als Forscherin mit der von mir erarbeiteten Thematik beschäftigt. Es ist selbstverständlich, daß sich beide Funktionen nicht fein säuberlich trennen ließen, sondern ineinander übergingen. Der eigene Anspruch läßt sich jedoch in bestimmten Situationen differenzieren. Aufgrund meiner therapeutischen Ausbildung konnte ich einschätzen, inwieweit ich es meiner Gesprächsteilnehmerin »zumuten« konnte, ihre aktuellen Probleme nach einer bestimmten Zeit zu verlassen und sich meinem Interesse, das in direktem Zusammenhang mit ihrer Person stand, zuzuwenden. Durch meine Fähigkeit, mich abgrenzen zu können, war ich nicht hilflos dem verständlicherweise starken Mitteilungsbedürfnis einiger Frauen ausgeliefert, sondern bemühte mich durch intensives Eingreifen um eine sinnvolle zeitliche Begrenzung.

Bei der Benennung der Gespräche geriet ich anfänglich in Schwierigkeiten: Waren es Intensivgespräche, Kriseninterventionen, Kurztherapien oder Therapieprozesse. Die Festlegung auf maximal zehn Sitzungen machte mein Gesprächsangebot eher zu einer Krisenintervention, da das Ende von Therapien in der Regel nicht festgelegt wird. Wesentlich war, in welcher Funktion die Gesprächsteilnehmerinnen mich wahrnahmen: Für Claudia, Martha und Elke war es explizit ein Therapieangebot. Sie sprachen davon, wie wichtig ihnen diese Therapie sei. Für Marianne waren es eher intensive Gespräche über den Zusammenhang von Mißhandlungserfahrungen und Verarbeitungsmöglichkeiten. Ich entschied mich für die Definition »Therapieprozeß«, weil in diesem Begriff das Moment der Veränderung am deutlichsten wird.

Bei meinem mißglückten Versuch, die Frauen nach Abschluß der Therapieprozesse aktiv am Interpretationsprozeß zu beteiligen (siehe Originalausgabe)[56], wurde mir die Widersprüchlichkeit meiner Rolle im Forschungsprozeß deutlich: Ich hatte vor mir und den Frauen häufig meine Rolle als Forscherin der Therapeutinnenrolle, die mir vertrauter war, untergeordnet. Bei dem Versuch meiner methodischen Erweiterung spürte ich zum ersten Mal deutlich die Verpflichtung – andernfalls käme es zu keinem Ergebnis –, die Rolle der Forscherin voranzustellen, was mir emotional aufgrund der vorherigen Gesprächssituation nicht möglich war. Da ich gleichzeitig die Überforderung meiner Gesprächsteilnehmerinnen wahrnahm und akzeptierte, war es selbstverständlich, daß ich nicht gegen ihren Willen meine Ziele durchzusetzen versuchte. Hierbei bin ich der Überzeugung, daß auf diesem Hintergrund auch keine authentischen Ergebnisse zustande gekommen wären. Z. B. hatte Martha die Haltung, mir nach allem, was ich »für sie« getan hatte, »einen Gefallen« tun zu wollen. Für den Interpretationsprozeß konnte sie sich zum damaligen Zeitpunkt nicht interessieren, da sie sich von ihren eigenen Problemen absorbiert fühlte.

In anderen Situationen entschied ich mich eher für die Einhaltung meiner Konzeption: Im Fall von Elke habe ich mich nur bedingt nach ihren Bedürfnissen gerichtet. Sie wurde am Anfang wie alle

Frauen von mir darüber informiert, daß zwei Sitzungen über die jeweilige Mißhandlungsgeschichte vorgesehen waren. Als sie sich auf die Gespräche einließ, war es selbstverständlich, daß wir ihre Mißhandlungsgeschichte nicht ausklammern würden. So kam es zu dieser widersprüchlichen Situation, daß ich sie mit Fragen über ihre damaligen Erlebnisse »bedrängte«, obwohl ich sah, daß sie quälend für sie waren. Gleichzeitig schätzte ich auch hier die Grenzen des Zumutbaren ein. Durch die Gespräche erhielt sie die Möglichkeit der Selbstreflexion, ich stabilisierte sie nicht in der Haltung, das einmal Erlebte zu verdrängen. Allerdings habe ich sie nicht darin bestärkt, ihre Gespräche zur Mißhandlungsgeschichte noch einmal durchzuarbeiten. Obwohl dies zu meinen Forschungsgrundsätzen gehörte, hielt ich diese Ausnahme aufgrund der großen Panik, die Elke mit ihrer Vergangenheit allein in ihrer Wohnung entwickelte, für angemessen.

Ich geriet am Anfang der Untersuchung manchmal in Konflikte bezüglich der Wiedergabe der Kommunikation mit den Frauen. Aufgrund der hergestellten Vertrauensverhältnisse war für mich nie klar bestimmbar, was zur Untersuchung, was in den Privatbereich gehörte. Wenn ich Telefongespräche, die eher Privatcharakter hatten, im Anschluß notierte, bekam ich einen Anflug von Skrupel, Privatkontakte wissenschaftlich auszuwerten. Ich beruhigte mich damit, daß ich mir immer wieder vergegenwärtigte, keine Forschung im traditionellen Sinne zu machen, die abgegrenzt von persönlichen Inhalten und Kontakten verläuft. Das Wesentlichste war jedoch, daß ich nichts gegen den Willen meiner Gesprächsteilnehmerinnen veröffentlichte.

Ich geriet manchmal in die Situation, Anrufe einer Gesprächsteilnehmerin nach wenigen Minuten beenden zu müssen, weil ich zu beschäftigt war oder nicht das Bedürfnis hatte, mich in diesem Augenblick auf ihre Probleme zu konzentrieren. Dies war für einige Frauen enttäuschend, für mich allerdings eine notwendige Abgrenzung, um nicht in den Ansprüchen anderer unterzugehen. In meinem Forschungsprozeß habe ich zwar die wiederentdeckten Stärken von Frauen erfahren, wurde aber gleichzeitig eindringlich mit konzentrierter Männergewalt konfrontiert. Dies war eine Belastung, die ich aus der Zeit meiner Tätigkeit im Frauenhaus in Erinnerung hatte.

Nach meinen Erfahrungen halte ich es heute für angemessen, eine derartige Untersuchung mit mindestens zwei Wissenschaftlerinnen durchzuführen und die Gespräche teilweise supervidieren zu lassen. Dies würde den Forschenden bzw. Therapeutinnen eine größere Sicherheit über Inhalt und Ablauf der Therapieprozesse geben und eventuell zu große Identifikationen oder Projektionen aufdecken. Darüber hinaus ist es persönlich wichtig und notwendig, sich in kontinuierlichen Gesprächen von den über die Gesprächsteilnehmerinnen erfahrenen Brutalitäten und Erniedrigungen zu entlasten.

Ich bin der Überzeugung, daß mir die Einlösung der aufgeführten Forschungsprinzipien ausschließlich auf dem Hintergrund meiner jahrelangen theoretischen und praktischen Erfahrungen als Therapeutin und ehemalige Frauenhaus-Mitarbeiterin gelungen ist. Ohne dieses »Handwerkszeug« wäre ich vermutlich an den Ansprüchen der Frauen und auch an meinen eigenen gescheitert und hätte dieses Scheitern eventuell als persönliches Versagen interpretiert. Trotzdem möchte ich meine Vorgehensweise nicht zum Paradigma erheben, aber zu bedenken geben, daß in der Regel Engagement, Betroffenheit und Parteilichkeit nicht ausreichen, Forschung von, mit und für Frauen zu betreiben (siehe dazu Thürmer-Rohr)[57].

Vier Therapieprozesse

Martha A.

Martha wurde 1946 in Berlin geboren und wuchs mit zehn Geschwistern in äußerst ärmlichen Verhältnissen auf. Nach der Volksschule begann sie eine Krankenschwestern-Ausbildung, die sie nach 1½ Jahren abbrach, weil sie sich nicht ihrer Ausbildung entsprechend kleiden konnte. Danach arbeitete sie in einer Fabrik. Während ihrer Ehe war sie teilweise erwerbstätig als Verkäuferin. Martha war neunzehn Jahre mit dem Mißhandler verheiratet. Drei Jahre nach der Eheschließung begannen die Mißhandlungen. Sie haben fünf gemeinsame Kinder (geb. 1965, 66, 69, 72, 74). Zur Zeit der Gespräche hatte Martha die Scheidung eingereicht und für drei Kinder das Sorgerecht beantragt, zwei Söhne blieben beim Vater. Ein ¾ Jahr wohnte sie im Frauenhaus. Während dieser Zeit ging sie nach einer Woche Aufenthalt für einige Tage zu ihm zurück. Inzwischen ist Martha geschieden und hat ihren Geburtsnamen wieder angenommen. Sie lebt allein, hat sich für Frauenbeziehungen entschieden und arbeitet z. Zt. als Verkäuferin.

Martha ist die mir am längsten bekannte Frau meiner Untersuchung. Zwischen uns entwickelte sich ein dauerhaftes freundschaftliches Verhältnis. Ich lernte sie während meiner Tätigkeit im Frauenhaus kennen und führte mit ihr das Aufnahmegespräch, an das ich mich sehr gut erinnere. Sie saß müde und resigniert vor mir, umringt von ihren drei bedrückten Kindern. Sie wirkte körperlich aufgedunsen, ohne dick zu sein. Mit einer herausgewachsenen Dauerwelle und fehlenden Vorderzähnen sah sie viel älter als 36 Jahre aus, die sie zu diesem Zeitpunkt war. Die Diskrepanz zwischen ihrem Alter und ihrem abgespannten und kranken Aussehen war auffallend und erschütternd. Ich war beeindruckt, mit welcher Offenheit Martha beim Erstgespräch über ihre Alkoholabhängigkeit redete.[58] Sie hatte bereits zwei stationäre Entzüge hinter sich. Ihre Rückfälle waren vorprogrammiert, da sich an ihrer häuslichen Situation prinzipiell nichts veränderte. Sie sah nach neunzehnjähriger Ehe für sich kaum noch eine Perspektive.

Folgende Schwerpunkte möchte ich aus Marthas Lebensgeschichte näher herausgreifen: Ihre Kindheit, die eine Kette von Ausbeutung und Gewalttätigkeit war und im sexuellen Mißbrauch gipfelte; die Entwicklung von Widerstand gegen den Mißhandler, der bis zur offenen körperlichen Auseinandersetzung zu ihren Gunsten ging; Mutterschaft als unausweichliches Schicksal und ihre Entscheidung, sich von der alleinigen Verantwortung für ihre fünf Kinder zu befreien; die allmähliche Entwicklung von Selbstachtung und ihre veränderte Haltung zu Liebesbeziehungen zu Frauen. An Marthas Entwicklung können Bewußtseins- und Verhaltensänderungen bis in die letzte Konsequenz nachvollzogen werden.

Ich hatte niemanden, zu dem ich gehen konnte

»Ich glaube, daß ich die bedrückende Atmosphäre zu Hause nur aufgenommen und dann gleich wieder weggeschmissen habe. Mein Vater kam aus dem Krieg, da war ich mit einer Freundin spazieren; es kam ein Typ über die Straße. Ich sagte: ›Das ist mein Vater‹, ich kam nach Hause, das war mein Vater. Ich hatte ihn vorher nie bewußt gesehen. Er kam um 1949 zu uns. Ab da ging der Terror los. Vater hatte keine Arbeit gekriegt und immer Malaria-Anfälle. Meine Mutter und er sind Arbeitslosenunterstützung holen gegangen.

Bis er zurückkam, hatte mein fünfzehn Jahre älterer Bruder mich eigentlich genauso verprügelt wie dann mein Vater.

Mit meiner Mutter konnte ich anders reden, das habe ich später auch gemacht. Ich kann mir vorstellen, daß das immer so war. Ihr konnte man auch mal widersprechen. Mein Vater hat nur befohlen, vom 25jährigen bis zum Jüngsten mußten alle antreten. Meine Mutter schlug nie ein Kind. Die hat uns in Schutz genommen, wenn er anfing zu prügeln. Sie hat sich vor uns gestellt. Wenn ihm danach war, hat sie dann die Dresche gekriegt. Sie hat uns vorgewarnt, wenn sie konnte, und gesagt: ›Geht mal heute ins Bett, der hat heute wieder dies und das.‹ Und meistens ließ er einen dann schlafen. Erst in den letzten Jahren hatte er uns auch aus den Betten geholt. Er war von Beruf Hilfsarbeiter, und meine Mutter war Putzmacherin. Aber eine Frau hat bei uns ins Haus gehört und eine mit Kindern schon lange.

Meine Mutter hat überhaupt nichts vom Leben gehabt, immer nur Prügel und Kinder. Ich hab nie gehört, daß die sich jemals beklagt hat. Das ist eben das Schlimme. Die hat ohne zu meckern gekocht, gewaschen, genäht. Nachdem ich durch meinen eigenen Haushalt mitbekommen habe, was meine Mutter alles machte, tat sie mir ganz schön leid.

Mein Vater fing dann an, durch die Exmittierung mit dem Osten zu sympathisieren. Dann bin ich im Osten zur Schule gegangen. Ich habe mir damals sagen lassen, im Osten die haben keine Vorurteile, sondern nehmen dich so, wie du bist. Ich war die einzige der Familie, die drüben zur Schule ging. Da habe ich mich schnell wohl gefühlt. Ich hab zwar die 7. Klasse nachmachen müssen, aber das ist mir wieder beim Sport zugute gekommen. So konnte ich ein Jahr länger Sport machen. Im Westen hatte ich bis dahin immer schon die Wettkämpfe mitgemacht, aber drüben hatte ich bessere Förderung. Ich hab Leichtathletik getrieben und Handball gespielt, das hätte ich hier nie gekonnt. Bis zur 8. Klasse war ich drüben, danach habe ich den Abschluß gemacht und hab drüben 1½ Jahre Krankenschwester gelernt. Ich wollte einfach keine Schule mehr, mich kotzte alles an. Zu Hause war es damals auch schlimm, weil ich morgens vor der Schule noch Zeitungen ausgefahren habe für meine Mutter. Kassiert wurde einmal im Monat, da ist der Alte dann gefahren.

Bei meinem Vater habe ich nichts getaugt, aber ich habe so einen Packen Urkunden gehabt vom Sport und Goldmedaillen und Bronzemedaillen von den Schülerolympiaden von drüben. Ich bin sogar den ganzen Jungs im Fahrradfahren davongefahren, hab den 1. Platz gemacht als einziges Mädchen. Wenn der Alte mit seinen Saufkumpanen zu Hause ankam, hat er mich mitten in der Nacht rausgeholt.

Da mußte ich denen das alles zeigen. Und eines Tages habe ich die Sachen verbrannt, da war er stocksauer, weil er mit mir angeben wollte. ›Guck mal, was ich alles fördere‹, hat er immer gesagt. Wenn es hieß: ›Martha, hol mal deinen ganzen Kram‹, ist mir schon schlecht geworden. Er war wirklich ein Schwein. Manchmal, wenn er besoffen war, hat er uns morgens um vier aus den Betten geholt, dann sollten wir unsere Schularbeiten zeigen.

In der Zeit, als ich zur Schule ging, trank er nicht so viel. Aber ich weiß noch, daß meine Mutter schon deswegen Ohrfeigen bekam, weil irgend etwas mit dem Geld war. Es war ja nie welches da. Und zu der Zeit verbot er ihr das Rauchen, wenn das Geld nicht reichte. Aber eigentlich hat meine Mutter immer Dresche gekriegt, immer. Der stand auf dem Standpunkt, so was macht ja nischt. Damit hat er auch noch Reklame geschoben. Er hat zu seinen Saufkumpanen gesagt: ›Da sollste mal sehen, wie meine spurt, dann kriegt se mal wieder was hinter die Ohren, wenn sie nicht spurt.‹
Meine Mutter hat sich nie gewehrt, sie hat nur geweint. Damals hab ich auch nicht ans Wehren gedacht, ich hab mitgeweint. Die größeren Söhne haben ihr auch nicht beigestanden. Im Gegenteil, als ich fünfzehn war, wohnten noch zwei meiner größeren Geschwister zu Hause. Die haben in ihren Zimmern in den Betten gelegen und die Ohren zugemacht.

Wenn ich mich hingesetzt und geweint habe, weil meine Mutter verdroschen wurde, dann konnten die anderen spielen gehen. Hauptsache, sie waren nicht selber dran. Ich hatte ein besonders zärtliches Verhältnis zu meiner Mutter, aber sie war vollkommen unpersönlich. Sie hat mich nie gestreichelt. Aber ich hatte auch von mir aus ein Verhältnis zu meinem Vater, ich wollte den immer haben. Ich hab mir immer gewünscht, daß er anders ist. Den jüngsten Bruder haben wir alle wegen seines guten Verhältnisses zum Vater beneidet. Die anderen sind fast alle nur benutzt worden. Alle waren nur so lange gut für meinen Vater, solange sie Geld gebracht haben. Den Alten hab ich erst zum Schluß richtig gehaßt, nachdem ich geheiratet hatte. Weil ich mir da die Freiheit nehmen konnte, ihn zu hassen.«

»Was wolltest du denn von deinem Vater?«

»Kann ich nicht sagen. Er war für mich riesengroß und stark, und seine Meinung, die hat er vertreten – bis ich ihn halbwegs kennenlernte. Wir sind eines Tages exmittiert worden, da hat er mit dem damaligen Polizeichef einen unheimlichen Terror gemacht. Er würde das überhaupt nicht einsehen, daß er aus der Wohnung muß. Und es stand auch in der Zeitung, das hat mir unheimlich imponiert. Dann seine Kraft. Er war ein Riesenmensch, ein Bulle. Und wenn er nüchtern war, dann hab ich auch gemerkt, er hat irgendwo ein Herz. Nur kamst du nicht an ihn ran. Die Kinder mußten z. B. in der Küche essen, und er saß in der Stube wie ein Prinz. Er hat sich bedienen lassen. Das hat mir alles imponiert.«

»Ja, du warst also beeindruckt von seiner Macht und seiner Stärke und von dem Rahmen, den er sich in der Familie gegeben hat. Trotzdem hat er dich ein Leben lang schlecht behandelt.«

»Eigentlich wollte ich den immer haben, immer. Wenn er zur Gartentüre reinkam und war angetrunken, da ist bei mir schon unten das Wasser gelaufen vor Angst. Ja, er war mehr als eine Autorität für mich.

Er hat mich rund um die Uhr geschlagen. Meiner Mutter hat er mal eine geknallt mitten in der Nacht und sie in den Garten gezerrt. Da bin ich von hinten 'ran, hab ihn angequatscht. Als er sich umdrehte, hab ich ihm eine mit der Faust gegeben. Fünfzehn war ich, und da er mich schon mit dreizehn darauf trainiert hatte, daß ich einen Zentner Kohlen zu holen hatte, war das für mich kein Problem, zumal er betrunken war. Und ich bin vorne durch die Gartentür raus, bin geflitzt, hab auf Stroh geschlafen.

Mit meinem Vater hab ich mich übrigens während meiner Saufzeit mindestens dreimal geprügelt. Ich hab ihn in die Fresse gehauen, und das hat mir gut getan. Er hat dann wutentbrannt meinen Mann angerufen (sie imitiert ihn) und gesagt: ›Hol deine Frau ab, sonst schlag ich sie tot.‹ Er war ein Telefongegner, und nun mußte er jedesmal in die Telefonzelle.« (Sie lacht ganz zufrieden.)

»Aber dein Vater war doch so stark.«

»Aber er wurde immer älter. Und das Herz machte nicht mehr so mit. Da hat er gesagt: ›Ich darf mich nicht aufregen, mein Herz.‹ Darauf hab ich gesagt: ›Das interessiert mich doch nicht, wenn du krepierst.‹«

»Da hast du ihn nur noch gehaßt?«

»Ja, ich glaube, daß ich ihn immer haben wollte, damit er mich nicht schlägt, und endlich anerkennt, was ich eigentlich leiste, im Gegensatz zu den anderen.«

»Dann gerätst du wieder an so einen brutalen Mann.«

»Als ich mich später mit meinem Vater prügelte, hab ich ihm gesagt, was er für Säue von Söhnen großgezogen hat und daß er sich die alle sonstwo hin nageln kann, daß ich die Dresche gekriegt habe und daß sie die Schweine waren. Und er antwortete mir: ›Warum hast du mir früher nichts davon gesagt?‹ Ich darauf: ›Ja, wer konnte denn früher mit dir schon reden.‹«

* * *

»Wie ist es zu dem sexuellen Mißbrauch gekommen?«

»Wir hatten einen Keller, in dem mußte das Holz gehackt werden. Und der (Bruder) hat mich immer mit 'runtergeschleppt. Ich hab nicht verstanden, was er von mir wollte. Ich weiß bloß, daß ich wahnsinnig geblutet habe. Da hat er mir erzählt, das sei von ihm. Ich hab aber niemanden gehabt, zu dem ich hingehen konnte. Hinterher ist mir das nach und nach klar geworden.

Ich hatte damals hin und wieder eine geraucht, als ich zehn war, und da fing das Bettnässen an. Wir schliefen zu zehn Personen in zwei Räumen. Meine Schwester sagte mir immer: ›Also wenn du abwäschst für mich am Sonntag, dann sag ich Papa nicht, daß du wieder ins Bett gemacht hast.‹ Denn dafür gab's Dresche. Und mein Bruder hat eine ähnliche Schau abgezogen. Ich mußte mit 'runter in den Keller ... damit er Papa nicht erzählte, daß ich rauchte und ins Bett machte. Obwohl ich mir heute sicher bin, daß mein Vater das gewußt haben muß.

Einmal kam mein anderer Bruder dazu in den Keller, da war das alte Schwein gerade fertig. Ich hab damals immer gebrüllt vor Schmerzen. Später habe ich mich geweigert, meinem Mann was davon zu erzählen. So habe ich das jahrelang mit mir rumgeschleppt. Nur beim Trinken kam es immer wieder hoch...«

»Das muß schrecklich für dich gewesen sein. Was war mit dem zweiten Bruder? Hat er dich auch mißbraucht?«
»Der war nur zweieinhalb Jahre älter als ich, mit ihm und Bernd mußte ich zusammen in einem Bett schlafen. Wir haben immer zu dritt geschlafen, in einem umgebauten Schweinestall. Mir fällt das nach und nach erst wieder ein, ich war etwa elf. Als wir zu dritt geschlafen haben, hat den eigentlich nur abgehalten, sich ständig an mir zu vergehen, daß mein Vater diese Luke im Zimmer und ihn sowieso auf dem Kieker hatte. Aber er hätte es gern gemacht.

Wenn ich ins Bett gepinkelt hatte, gab's Dresche, weil die Matratzen und die Bettwäsche hin waren. Das war so schlimm für mich, daß ich mich manchmal gar nicht mehr traute, schlafen zu gehen. Ich hatte immer Angst vor dem Einschlafen. Das ist die Zeit, als es ganz schlimm mit mir wurde. Das geht mir heute noch so. Wenn ich in einem großen Zimmer schlafen soll, habe ich Angst vor dem Einschlafen. So wie damals im Frauenhaus beim ersten Mal.

Als ich geheiratet hatte, hatte mein Mann das voll und ganz akzeptiert. Am Anfang ist er gut damit umgegangen. Erst im Laufe der Zeit, ein paar Jahre später, wurde er gemein. Dann hat mir das eigentlich nichts mehr ausgemacht, ich bin in einem anderen Raum schlafen gegangen. Ich fand das nicht fair von ihm. Ich hab mir damals immer gesagt, je mehr Selbstbewußtsein ich kriege, desto schwächer wird das, bis es ganz verschwindet. Ich habe auch immer den Ablauf mit dem Alex (Sohn) verfolgt. Der hat ja bis zum zwölften Lebensjahr eingenäßt. Auf einmal war das weg bei ihm. Und zwar ist das beim Alex weggegangen, als ich nicht mehr mit ihm schimpfte, das wirklich unter den Tisch fallen ließ. Er kam dann und konnte über alles mit mir reden, hat mir seine Sorgen erzählt, und ich habe gemerkt, es tut ihm gut. Da war das auf einmal weg. Aber mit mir hat das niemand gemacht. Ich weiß auch erst seit der Klinik, woher es kommt. Trotzdem waren da noch immer Schuldgefühle, weil ich das Scheiße fand meinen Kindern gegenüber. Ich konnte z. B. nicht verreisen und so vieles nicht machen, was für andere selbstverständlich ist. Keines der anderen Geschwister hat ins Bett gemacht, nur ich.

* * *

Meine Erlebnisse mit elf Jahren sind wahrscheinlich eine nie vergessene Geschichte. Ich denk jetzt oft dran. Ich hab einmal meiner Schwägerin erzählt, daß ihr Mann mich als Kind mißbraucht hat. Da hat die nur gesagt: ›Mein Gott, das muß doch mal vergessen sein, das ist schon so lange her.‹ Dem Bruder bin ich möglichst aus dem Wege gegangen. Meinem Mann habe ich es viel später auch erzählt. Aber er hat wie immer gar nichts gesagt. Er hat sich seinen Teil gedacht, er war doch ein Feigling. Aber wem sollst du es sonst sagen, wenn nicht ihm? Und das war das erste, was ich dem A. gesagt habe: ›Wenn du dich an der Marina vergreifst, dann bring ich dich um.‹ Also, wenn er irgendwie auf die Idee gekommen wäre, ich hätte ihn abgeschlachtet. Und zwar kam das Gefühl aus der Sache heraus, weil mein Schwiegervater sich mal so ein Ding mit mir erlaubt hat...«

»*Schrecklich, wie viele Männer versucht haben, dich zu benutzen; fürchterlich, wie sich deine Schwägerin verhalten hat.*«

Ich fing an, meine Wut auf die Kinder abzulassen

»Ich war schwanger und mußte heiraten. Als Marina da war, blieb ich zu Hause. Damals hatten wir eine Hauswartstelle, und tagsüber war ich allein mit Marina. Mit Marina hab ich eigentlich alles gemacht. Ich bin pfeifend und singend aufgestanden, egal zu welcher Tages- und Nachtzeit, am Anfang der Ehe. Daß ich damals glücklich war, kann ich nicht sagen. Ich glaub', ich war fröhlich; zu der Zeit hat mir das Leben noch Spaß gemacht. Marina hat damals pausenlos gesungen, ob wir Bus gefahren oder spazierengegangen sind.

Die Marina ist das einzige Kind, das ich haben wollte. Ich wollte eigentlich keinen Mann, ich wollte ein Kind haben. Damals bin ich wegen dem Bettnässen von Arzt zu Arzt gerannt. Das hat alles nicht geholfen. Ich bin unter anderem auch zu unserem Hausarzt gegangen, als ich fünfzehn war. Er hat zu mir gesagt: ›Na Mädchen, mach dich mal nicht verrückt. Krieg mal erst 'n Kind, dann wird das schon anders werden.‹ Und darum wollte ich ganz bewußt ein Kind haben. Mir hat bloß der Mann dazu gefehlt... Aber ich konnte mich nicht mit Jungen abgeben, ich hab mich geekelt. Bis auf meine Brüder, die Schweine, war das mein erster Mann, mit dem ich geschlafen habe.

Dann hab ich elf Monate später schon den Alex bekommen. Auf den hat sich mein Mann konzentriert, weil ich die Marina hatte. Damals war er auf Marina eifersüchtig, weil ich mich nicht mehr so viel mit ihm beschäftigte.«

»Hattest du keine Ahnung von Verhütungsmitteln?«
»Aufgeklärt worden bin ich nie über Sexualität oder Verhütung. Ich wußte ja noch nicht mal in den ersten Ehejahren, daß es eine Pille gibt. Das wußte ich erst sehr viel später. Ich war noch nie beim Frauenarzt. Die Kinder hab ich immer im Krankenhaus bekommen. Dort wurde nie mit mir darüber geredet. Ich hab mich auch nicht drum gekümmert, muß ich ehrlich sagen.«

»So hast du also ein Kind nach dem anderen bekommen, ohne es zu wollen.«
»Ja, während ich mit dem Alexander schwanger war, hab ich mich nicht auf das Kind gefreut. Ich wollte nicht. Aber auf die Idee mit 'ner Abtreibung wäre ich nicht gekommen, wär ich heute noch nicht so weit. Da gäb ich ja einen Teil von mir ab, und dazu wär ich nicht bereit. Wo ich sieben oder acht Kinder großkriege, da krieg' ich auch noch mehr groß. Eine Abtreibung käme für mich nicht in Frage. Wenn du mal so viele Kinder hast, dann fragst du auch nicht mehr nach der Zeit, die dir selbst bleibt, dann ist das Leben sowieso vorbei. Bis du sie volljährig hast... Ich habe mir damals bei Marina überlegt, jetzt bist du neunzehn, wenn du vierzig bist, ist sie zwanzig, dann gehen wir zusammen tanzen. So hab ich mir das damals

ausgerechnet, und als die anderen alle hinterher kamen, hab ich gesagt, dann hängst du eben noch ein Jahr dran, und noch ein Jahr und noch ein Jahr.

Damals, als ich sofort wieder mit dem Alex schwanger war, wurde nie darüber gesprochen. Das war einfach so, Schicksal. Gefreut hatte sich mein Mann auch nicht, es war einfach keine Reaktion.

Alexander war ein Achtmonatskind, zu klein und zu dünn, und mußte in den Inkubator. Die Geburt war schwierig, ich war hinterher vollkommen geschafft. Ich würde sagen, das war die schlimmste Geburt. Ich wollte das Kind von Anfang an nicht, ich hatte mich dagegen gesträubt. Jeden Tag mußte ich damals meine Brust abpumpen und Milch ins Krankenhaus bringen. Ich hab das in der Milchküche abgegeben und ihn mir nicht jeden Tag angesehen. Als ich ihn nach sechs Wochen aus dem Krankenhaus holen konnte, war ich gar nicht begeistert. Damals hab ich das Notwendigste für ihn getan. Marina war lieb zu ihm und hat ihn gestreichelt. Sie war anders als ich. Sie hat auch zeitweise mit ihm gespielt. Aber meine Pflicht hab ich schon getan. Wir waren jeden Tag im Goethepark.

Die Ähnlichkeit war für mich zum Kotzen. Damals ist er nachts aufgestanden, wenn Alex schrie, und hat sich um ihn gekümmert. Das hat er eigentlich immer gemacht, auch wenn die anderen nachts schrien und ich wenigstens nachts meine Ruhe haben wollte. Ich würde heute sagen, daß ich von Anfang an besonders streng mit dem Alex war, weil ich ihn nicht wollte. Ich hab auch, solange ich denken kann, nur Schwierigkeiten mit ihm gehabt. Das fing damals schon mit dem Tag- und Nacht-Gebrülle an. Alex war schon drei Jahre alt, da hat er noch immer gebrüllt. Er war zu faul zum Reden, damit hat er schwer angefangen. Heute weiß ich auch, daß ich damals wenig mit ihm gesprochen habe. Nie so viel wie mit Marina. Damals wußte ich das nicht, damals hab ich einfach kein Interesse gehabt. Tagsüber blieb er sich mehr oder weniger selbst überlassen, und der Vater hat abends auch nicht viel mit ihm geredet. Der hat sowieso nicht viel geredet.

Als das dritte Kind, der Jan, unterwegs war, änderte sich die Ehe, weil das Geld vorne und hinten nicht reichte und weil ich unzufrieden war, daß ich eben nur Kinder kriegte und Wohnung machte. Das befriedigte mich nicht. Ich wollte immer ein paar Stunden arbeiten gehen, aber das wollte er nicht. Er sagte immer: ›Nee, du brauchst nicht zu arbeiten, du bleibst zu Hause.‹ Früher hab ich mich damit zufriedengegeben. Ich war aber nicht zufrieden. Die Arbeit im Haushalt hat mir keinen Spaß mehr gemacht. Am Anfang fand ich es schön, daß alles mein Eigentum war und daß ich machen konnte, wie ich es wollte. Mit den Kindern wurde alles anders, ich fühlte mich eingesperrt. Ich kam nicht mehr raus. Zum Einkaufen und überall hin war ich gezwungen, die Kinder mitzunehmen.

Er hatte keine Freunde, und meine Freundinnen waren alle im Osten geblieben. Wir waren isoliert. Am Anfang ist mir aber noch nicht aufgefallen, was er mit mir machte. Vor allen Dingen war auch alles noch so drin von zu Hause – du gehörst an den Kochtopf und machst die Kinder. Er kam nach Hause, hat die Beine unter den Tisch gestellt und dann nichts mehr getan. Am Anfang hab ich gar nicht versucht, ihn am Haushalt zu beteiligen, da war ich ja den ganzen Tag zu Hause. Diese Einstellung hat meine Schwester heute noch, und so war ich früher auch...
Ich hab mich damals zu Tode geschuftet, hab zehn Jahre mit der Hand waschen müssen, egal, ob dicker Bauch oder nicht. Ich hatte einen Kübel und zehn Jahre so die Windeln gewaschen.

Mir fällt ein, obwohl ich den Alex damals ablehnte, bekam er aber dasselbe wie die anderen auch. Ich hatte damals nicht die Nerven, meine Kinder oft in den Arm zu nehmen. Ich hab zwar mal mit ihnen gespielt, aber ohne große Lust, das war alles nur gezwungenermaßen. Danach hab ich angefangen, richtig zu trinken. In der ersten Zeit hat er nur gemeckert und versucht, das abzuschalten. Bis ich ihm dann gesagt habe: ›Was hab ich denn sonst noch vom Leben? Gehen wir etwa mal ins Theater, oder gehen wir sonstwohin?‹ Nur ins Kino konnte ich gehen.

Zu den Kindern hatte er keine richtige Beziehung. Die einzige spezielle Beziehung war zu Alexander, als er klein war. Ich weiß, daß meine beiden Kleinen, die jetzt zu Hause sind, sehr an ihm und an mir hängen. Das Schlimme ist bloß, daß ich auch weiß, sie sind bei mir besser aufgehoben. Das war schon immer mein Reden, ich würde meine Fünfe nie missen wollen, ich will bloß den Mann nicht dazu. Das hab ich ihm auch im letzten Jahr oft gesagt. Er soll seinen Koffer packen und gehen. Dazu ist er nicht bereit. Und ich finde es furchtbar schade, das macht mir auch große Schwierigkeiten, wenn ich die beiden Jungs nicht bekomme. Ich habe mir schon überlegt, wenn die bei ihm bleiben sollen, werd' ich kämpfen, daß sie wenigstens ins Heim kommen. Bei ihm gehen sie kaputt. Ja, ich hab einen Fehler gemacht, vielleicht hätte ich sie einfach mitnehmen sollen, ob sie wollten oder nicht. Jetzt haben die beiden niemanden, an den sie sich anlehnen können. Das war schon früher so. Wenn ich ferngesehen habe, hatte ich den Jan auf der Seite, mußte seinen Kopf kraulen, den Torsten auf der anderen Seite und mußte den Kopf kraulen, dann hat der Sebastian noch geguckt, und der Hund hat auch noch nach einem Platz gesucht. Das war ganz wahnsinnig. Und weil der Torsten nie stillsitzen konnte, hat der Sebastian den Platz eingenommen; der war immer anlehnungsbedürftig. Und er hat doch nie Zeit, um so was zu machen.

Trotzdem fing ich damals an, meine Wut auch auf die Kinder abzulassen. Weil ich nicht mehr wußte, wohin damit. Das ist ja, was mir Marina immer vorhält. Daß sie keine schöne Kindheit gehabt hat. Ich kann das verstehen, aber... das waren für mich doch alles Notlagen. Ich weiß nicht, wo ich gelandet wäre, wenn ich nicht gesoffen hätte. Ich denke, daß das Saufen mein Überleben war.«

»Was glaubst du, wo du gelandet wärst?«
»In der Klapse, oder ich wär wirklich schon tot.«

»Kam dir damals nie die Überlegung, daß du ihm die Kinder läßt und zuerst einmal an dich denkst?«
»Nie wäre ich darauf gekommen. Ich wär ja auch nie auf ne Abtreibung gekommen...«

»Obwohl du die Kinder nicht wolltest und nicht auf sie eingehen konntest?«
»Hab ich nie drüber nachgedacht, hat keine Rolle gespielt. Die waren unterwegs, und dann war es klar, daß sie ausgetragen werden. Außer nach dem fünften...«

»Hat es Probleme wegen deines Alkohols mit den Kindern gegeben?«
»Jan und Sebastian war das unangenehm, die hatten dann auch Angst vor mir, wenn ich betrunken war. Das sind die zwei, die nicht so aggressiv reagieren konnten wie die anderen drei. Die sich dann zurückgezogen oder gekniffen haben und verschwunden sind. Und da ich wußte, ich kriege Ärger mit dem Alten, und sie wußten das auch, haben sie sich gleich verzogen. Sie wußten genau, wenn Mutter einen drin hat, gibt's Ärger.«

»Du sagtest einmal, daß sie dich bei ihm auch angeschwärzt haben.«
»Tja, das hat der Alex auch getan. Ich denke, daß sie gar nicht überlegt haben. Einfach so.«

»Es kann doch auch sein, daß sie enttäuscht und wütend auf dich waren.«
»Das kann auch sein.«

»Vielleicht wollten sie dich dafür bestrafen?«
»Das weiß ich nicht, ob das unbedingt Bestrafen war. Ich weiß hundertprozentig, daß die beiden Jungen dageblieben sind wegen meines Trinkens.«

Wenn ich nüchtern war, hat er sich nicht an mich rangetraut

»Wie kam es zu der ersten Mißhandlung?«
»Solange ich funktionierte, also ohne Alkohol war, war der A. lieb und nett zu mir.«

»Moment mal, ich erinnere mich, er hat doch auch schon früher geschlagen, als du noch nichts getrunken hattest.«

»Ja, aber damals hat er sich auch immer wieder entschuldigt. Als ich drei Jahre verheiratet war, bekam ich zum ersten Mal einfach 'ne Ohrfeige. Damals, muß ich sagen, war ich einfach provozierend, weil mir vieles nicht gepaßt hat. Ich hab mich nur nicht durchsetzen können. Ich hab versucht zu sagen, was mich stört, und das war für ihn provozierend. Nach den ersten Ohrfeigen hat er dann gesagt: ›Es kommt nicht wieder vor‹, und hat sich entschuldigt.«

»Selbst, wenn er sich durch deine Klagen provoziert gefühlt haben sollte, ist das kein Grund, zuzuschlagen.«
»Ja, damals, als wir heirateten, habe ich alles in mich reingefressen. Da war ich nicht mal auf die Idee gekommen, daß man ihm sagen muß, was man überhaupt will. Er war ein Geizkragen zu der Zeit. Und wenn ich mir überlege, wie groß mein Einfluß am Anfang war... gar nicht groß. Er hat mich von Anfang an bewacht wie ein Wachhund, und ich habe nicht mal gewagt, mir ein Taxi zu nehmen, als ich zur ersten Entbindung ins Krankenhaus fuhr. Damals habe ich alles so hingenommen und war damit auch noch zufrieden.«

»Hast du seinen Entschuldigungen am Anfang geglaubt, daß er nicht wieder schlagen wird?«
»Auf alle Fälle hat er sich so benommen, daß es nicht wieder passieren würde. Und ich denke, irgendwann war ich in seinen Klauen, ich war abhängig.«

»So daß er sich nicht mehr zu entschuldigen brauchte?«
»Ja, aber das weiß ich heute. Wenn ich das damals gewußt hätte, dann wäre mir wohler. (Sie wird immer leiser.) Ach, irgendwie hab ich's schon gewußt, aber... ich konnte mich eben nicht trennen, und ich wollte es wahrscheinlich auch nicht... Außerdem, ich wußte auch nicht, wohin.«

»Damals hast du dir bestimmt auch gesagt, ich will ihn nicht allein zu Hause sitzen lassen...«

* * *

»Bevor ich abhängig wurde, hab ich hin und wieder ein Viertel Wein getrunken. Aber er hat ja auch schon vorher geschlagen. Es hat ganz schön lange gedauert, bis ich rausgefunden habe, daß mir das Arbeiten mehr Spaß macht, wenn ich ein bißchen Alkohol getrunken habe. Dann ging mir das leichter von der Hand. Damals war das ein altes Wechselspiel: ›Wenn du trinkst, kriegst du Dresche.‹ Und ich habe gesagt: ›Wenn du drischst, trink ich erst recht.‹ Wenn er vorher geschlagen hatte, war ihm ›die Hand ausgerutscht‹; dafür hat er sich immer entschuldigt.«

»Was würdest du sagen, warum du dich lange Zeit nicht gewehrt hast?«
»Teilweise weil ich Schiß hatte, er verpfeift mich bei meinem Vater. Mein Vater hatte zu ihm gesagt, wenn sie nicht pariert, hau ihr ein paar hinter die Ohren. Ich wollte nicht, daß mein Vater davon erfährt, daß er mich prügelt. Nach den ersten Ohrfeigen war ich mißtrauisch geworden. Ich meine, richtige Liebe war sowieso nie da. Aber das, was ich damals für Liebe gehalten habe, war dadurch abgeschwächt. Ich habe mich mehr auf die Kinder konzentriert. Heimlich getrunken habe ich erst, nachdem er es verboten hatte.

In dieser Zeit war ich so unglücklich, daß ich mich umbringen wollte. Ich hab mich aufs Fenster gesetzt und wollte mit dem Kopf zuerst. Das klappte aber nicht, es waren nur die Knie kaputt und einige Platzwunden. Danach war ein bißchen Ruhe, wenigstens eine Zeitlang.

Ja, ich hatte ihn von Anfang an gewarnt und gesagt: ›Ich bin mein Leben lang verprügelt worden. Du kannst machen, was du willst, nur anfassen darfst du mich nicht.‹ Und das war ein Schock für mich. Darauf hab ich stark reagiert und gesagt: ›Das wagst du nie wieder!‹ Er hat sich dann auch entschuldigt; ich konnte tagelang nicht reden, weil ich das ja sowieso gewöhnt war, nicht reden zu müssen. Schlimmer wurde es nachher, als er merkte, daß ich im Innern ganz klein bin und eigentlich nur ein großes Maul habe. Klar, ich hatte die Kinder, ich habe mich nicht getraut, vorwärts oder zurück zu sehen. Er hätte mich vor die Tür gesetzt. Die Kinder hätte er zu seiner Mutter gebracht, und ich hätte dagestanden. Auf der anderen Seite wußte er genau, daß ich die Kinder nicht allein lasse. Und ich wußte nicht, wohin mit den Kindern.

Dabei wollte ich nie eine Frau sein. Ich hatte auch überhaupt kein gutes Körpergefühl. Ich wollte nicht Frau sein; meiner Meinung nach hatten die Jungs früher mehr Chancen. Ich habe sowieso die Männerarbeit gemacht, und ich hatte auch ein Bedürfnis, Mann zu sein. Ich bin ja auch nicht in Röcken gegangen. Selbst während der Ehe nicht, nur ganz selten. Ich habe Frausein immer mit diesem ganzen Scheiß Haushalt verbunden, mit Kinderkriegen und Saubermachen. Hab ich ja dann auch gemacht. Das hat mir überhaupt nicht gelegen. Einmal hatte ich aber so ein Gefühl, als ich ihn kennenlernte. Da wollte ich doch ein bißchen Frau sein. Aber das hat gar nicht lange angehalten, dann bin ich wieder rückfällig geworden. Das habe ich konsequent durchgehalten bis auf meine Hosenform, die hat sich geändert. Ich hab mich von ihm nicht beeinflussen lassen in meiner Kleidung und habe mich immer sportlich gekleidet. Er hat früher immer gedacht, er heiratet mal 'ne Püppi, die dann jeden Abend sitzt und sich die Nägel lackiert. Das fand er gut. Ich habe ihm gesagt: ›Da mußt du dir schnell 'ne Amme für deine Kinder anschaffen, dann habe ich auch Zeit dafür. Und wenn du noch dazu nachts arbeiten gehst, kann ich mir das sogar kaufen.‹ Dabei habe ich schon seinetwegen das Häkeln und Stricken gelernt. Wenn du keine Vorstellungen hast, denkst du, du könntest mit Häkeln und Stricken zum Familienleben beitragen, warum denn nicht?«

»Wie ist es dazu gekommen, daß du einen Entzug gemacht hast?«
»Das muß schlimm mit meinem Alkohol gewesen sein, ich habe es nur nicht so empfunden. Ich war körperlich sehr fertig, aufgeschwemmt und kein Gewicht auf dem Körper. Übermüdet und vollkommen kaputt. Damals, als die Feuerwehr kam – ich hatte getrunken und die Wohnung abgeschlossen –, war auch meine Schwester dabei. Sie wollte zum Geburtstag gratulieren. Sie hat zu der Frau von der Fürsorge gesagt: ›Wissen Sie, es geht mich ja nichts an, aber was der alles so gemacht hat mit der Martha, und was die sich alles gefallen lassen muß!‹ Sie hat erstmals den Mund

aufgemacht. Ich hätte nie was gesagt. Ich habe mich damals geschämt, weil ich getrunken habe, und mir war der Zusammenhang überhaupt noch nicht klar.

Das Krankenhaus hat mir einreden wollen, Alkoholiker dürfen nie mehr was trinken. Ich habe nicht eingesehen, warum, weil ich wußte, daß ich wieder in denselben Scheiß zurückgehen mußte. Ich habe das damals als Urlaub empfunden. Immer, wenn ich mal zur Ruhe gekommen war, habe ich erst empfunden, daß ich noch ein Mensch war. Aber ich wußte genau, du mußt in denselben Scheiß zurück, und dann geht das alles wieder von vorne los. Ich bin gar nicht mal mit der Absicht zu trinken nach Hause gegangen, sondern das hat sich ja immer wieder erst aufgebaut. Ich hatte zu Hause nichts als Arbeit und Sorgen.

Er wollte mich ja entzogen. Er wußte, wenn ich nüchtern bin, dann funktioniere ich. Wenn ich betrunken war, habe ich aufgemuckt, dann habe ich gesagt, was mir nicht paßt. Er hat darauf mit Zusammenschlagen reagiert. Manchmal war er so wütend, daß er mich nur zu sehen brauchte, und es gab Prügel.

* * *

Damals ging's mir nur um die Kinder. Ich hätte nie einen Entzug gemacht, wenn die Kinder nicht gewesen wären; ich hätte mich totgesoffen. Mit ihm war mir das völlig egal. Wenn ich mit ihm schlief, hätte ich Zeitung lesen können. Ich habe aber immer geglaubt, es gehört dazu. Manchmal habe ich gesagt, er soll mich in Ruhe lassen. Das hat aber meist nichts genutzt. Ich hab nicht drauf bestanden, weil er mir mal erzählte, das sei ein Scheidungsgrund, wenn ich mich ihm verweigere, weil das eheliche Pflichten sind. Wahrscheinlich hab ich irgendwie daran geglaubt. Über Sexualität wurde sowieso nie gesprochen, das ist einfach so abgelaufen.

Nach der Klinik hatte ich andere Vorstellungen von Sexualität, da muß vorher ein bißchen Zärtlichkeit und so ablaufen. Außerdem sollte es sich nicht nur bei einer Person abspielen. Sexualität sollte sich als Partnerschaft abspielen. Wenn ich mit ihm zusammen war, hat er seinen Orgasmus bekommen. Das hab ich im letzten Jahr angesprochen und dann nicht mehr mitgemacht. Ich hab ihm gesagt: ›Nee, laß mal gut sein.‹ Jetzt bin ich ungefähr drei Jahre operiert, und in der ersten Zeit hat er mich wie einen Invaliden behandelt. Das war ihm komisch gewesen. Da biste noch weniger gestreichelt worden als vorher – wenn überhaupt. Dann hab ich ihn mal darauf angesprochen. Er hat gesagt, das ist ihm komisch, das kann er nicht mehr. Er wußte, daß mir ein Teil da unten rausgenommen wurde. Ich hab mich dann auch nicht mehr vollwertig gefühlt. Aber das war ich schon gewohnt, er wollte mich immer irgendwie unter den Knüppel kriegen, er wollte mich immer erniedrigen.

Eigentlich war mir die ganze Sexualität zuwider, ich hab sie über mich ergehen lassen. Er war aktiv dabei. Ich wollte mich in der Zeit, als ich in der Klinik war, von ihm trennen. Das waren nur erduldete Sachen, die einfach zur Ehe dazugehörten. Zwischendurch war auch immer mal das Gefühl da, vielleicht liegt das doch an dir, vielleicht solltest du dich doch mehr bemühen. Ich hab mich nach der Operation viel freier gefühlt, weil ich keine Kinder mehr kriegen konnte. Ich hab mich dann bemüht, und es hat nichts genutzt. Das ganze Familienleben hat sich nur noch im Schlafzimmer abgespielt, wo ich nichts von hatte. Denn sobald ich die Schlafzimmertür aufgemacht hatte und draußen war, war er ganz anders. Und schon war ich wieder über Tage auf Ablehnung.«

»*Wie du das beschreibst, bist du von ihm nie ernst genommen und nie akzeptiert worden.*«

»Diese Erwartung hatte ich lange genug, und sie ist nicht erfüllt worden. Jedesmal, wenn ich gearbeitet habe, bin ich für vollgenommen worden. Ich wußte, daß meine Arbeitskraft für vollgenommen wird. Und ich habe meinen Mann gestanden. Da gab es gar keine Schwierigkeiten. Ich hätte z. B. Filialleiterin werden können. Ich meine, das war nicht die Erfüllung. Ich bin von der Familie dabei behindert worden. Wegen der fünf Kinder konnte ich nicht Filialleiterin werden. Alles wegen der Familie. Aber da bin ich für vollgenommen worden. Wenn irgend etwas nicht stimmte, wurde ich gerufen. Das war schon ein gutes Gefühl. Aber dann biste wieder von zu Hause gedrückt worden, und schließlich haste nicht mehr so viele Erwartungen. Es war eigentlich so, ich brauchte nur aus dem Haus zu gehen und auf der Arbeitsstelle erscheinen, dann war für mich das Zuhause vergessen. Dann war ich wer. Jedenfalls nachdem ich da warm geworden war.

* * *

Es ging mir superschlecht in der Familie.«

»*Und trotzdem wolltest du dir das erhalten. Du hast ja damals immer noch gesagt, du kämpfst um seine Zuneigung. Wie würdest du das heute empfinden?*«
»Ja, ich denke, daß ich gar nicht so sehr um seine Zuneigung, sondern um die Zuneigung von meinem Vater gekämpft habe. Er war ja auch wie mein Vater. Na klar, es hat mir was daran gelegen, daß er mir sagt, das machste dufte, statt daß er motzt oder anfängt zu prügeln oder seine Wut, die er auf mich hat, an den Kindern abläßt.«

»*Ich verstehe nicht ganz. Du hast doch immer gesagt, du fühlst dich ihm überlegen, er war Hilfsschüler und konnte dies und das nicht, er hat alles nur durch dich geschafft. Trotzdem lag dir was an seiner Anerkennung, obwohl du ihn für dumm gehalten hast?*«
»Ja, ich habe ihn anders kennengelernt. Blöd war er schon immer. Ich wollte es nicht sehen. Er war der erste Mensch, der mich in den Arm nahm und der gesagt hat, ich bin für dich da. Und das war er die erste Zeit auch. Bis ich gemerkt habe, er lebt nur für seine Arbeit. Das Geld war dann alles.
Damals, als ich zum ersten Mal in der Klinik zum Entzug war, hätte ich mich von ihm trennen sollen. Ich habe jedesmal ein Affentheater gemacht mit dem Arzt da, daß ich nicht nach Hause will. Er sagte dann: ›Es ist Realität, daß Sie die Kinder haben, Sie müssen nach Hause.‹ Bevor ich entlassen wurde, habe ich zu dem Arzt gesagt: ›Ich muß in dieselbe Scheiße zurück, und ich saufe weiter.‹ Von dem Zeitpunkt an war mir das klar. Ich hatte andere Menschen kennengelernt; wir waren schwimmen, es war Sommer, wir waren spazie-

ren. Und ich hab 'ne ganz andere Welt kennengelernt (schreit ganz verzweifelt). Und da war mir erst mal aufgefallen, wohin ich zurückgehe, und ich hab mich wieder breitschlagen lassen. Das sind also die vier Monate Klinik, die mich aufgebaut haben. Und danach fing ich an, alleine zu denken und hab beobachtet. So nach und nach fing ich dann auch an, abends vor dem Einschlafen zu Hause zu lesen. Nach der Klinik war ich im Wesen und im Denken ganz anders, auch meinen Kindern gegenüber. Daraufhin hab ich mich dann zurückgezogen von ihm, richtig zurückgezogen. Also, wenn ich mich mit ihm gezankt hatte, hat mir das nicht mehr so viel ausgemacht. Ich hatte dann nicht mehr das Bedürfnis, mit ihm ins Bett zu gehen und was gutzumachen. Ich bin genau in die andere Richtung gegangen, ich hab mich meinen Kindern zugewandt. Und in der Zeit ist er neidisch auf die Kinder geworden. Da hat es mir nicht mehr so viel ausgemacht, ob er was mit den Kindern unternimmt oder nicht. Ich hatte selber das Bedürfnis, mit den Kindern was zu unternehmen. Ich hatte einen ganz anderen Schwung, es hat mir auch Spaß gemacht, überhaupt etwas zu unternehmen. Nachdem er gemerkt hatte, er kann bei mir nichts mehr machen, hat er es über die Kinder versucht. Wenn ich von der Arbeit kam, hat er sie z. B. verpetzt. Dann habe ich ihm gesagt: ›Früher hast du über so was gelacht, heute lach' ich.‹ Er war dann unheimlich sauer, aber er hat sich nicht getraut, mir was zu tun. Wenn ich nicht getrunken hatte, ist er nicht an mich rangekommen.

Er hatte mich in der Klinik weichgeklopft: ›Ach sei nicht so, denk mal an die Kinder, wie sollen wir das denn alles schaffen.‹ Zu der Zeit war ich auch noch gar nicht bereit, mich zu trennen. Ich wollte zwar, aber als ich zu Hause wieder alles gesehen hatte, dachte ich, na ja, du bist doch anders geworden, du kannst dich jetzt durchsetzen. Von dem Tage an habe ich versucht, alles das durchzusetzen, was ich gern wollte. Z. B. hatte ich bis auf das bißchen Kostgeld nie Geld in die Finger bekommen. Das war nach der Klinik anders. Ich habe seitdem das ganze Geld verwaltet.

Seitdem sind wir auch zu was gekommen. Dann durfte ich auch arbeiten gehen. Seitdem hatte ich ihn eigentlich unterm Pantoffel.

Vorher hat er immer alles vom Preis abhängig gemacht, und ich konnte mich nicht durchsetzen. Ich war also immer auf sein Portemonnaie angewiesen, ob für die Kinder oder für mich. Nach der Klinik sagte ich, ich kauf das jetzt, und dann habe ich das gekauft, selbst wenn er hinter mir gestanden und gemeckert hat. Das machte mir nichts mehr aus. Damals habe ich es aber nicht als mein gutes Recht empfunden. Heute seh' ich das. Damals habe ich das als ›unterm Pantoffel‹ empfunden.

Vorher war er eine Autorität für mich, und ich hatte Angst vor ihm. Das hatte sich danach gelegt. Danach hatte ich nicht mehr in dem Maße Angst vor ihm. Als ich dann wieder anfing zu trinken, hatte ich wieder Angst, das ist klar. Aber ich bin immer arbeiten gegangen ab da. Es begann wieder die übliche Tour. Erst wurde nur gemeckert, dann gab es wieder Keile. Er hat mich aber nicht mehr so zusammengeschlagen wie vor der Klinik. Denn mittlerweile hatte ich ihm auch klargemacht, wenn ich ein blaues Auge habe, gehe ich nicht mehr arbeiten. Und da hat er mich nicht mehr gehauen, sondern hat mich einfach liegen lassen. Er war ganz schön erstaunt, daß ich morgens trotzdem aufgestanden bin, den Kindern ihre Suppe gekocht habe und trotzdem arbeiten gegangen bin.

Damals habe ich mich zwischendurch gewehrt. Nicht immer, weil ich dachte, ich hätte es eigentlich verdient wegen des Scheiß Alkohols. Ich war sauer, daß er sich nicht anders wehren konnte, als mit Schlagen. Ich habe zu ihm gesagt: ›Du bist doch kein Mann, du kannst nichts anderes, als eine wehrlose Frau zusammenschlagen.‹ Meist am nächsten Tag erst. Entweder hat er dann gelacht oder gesagt: ›Du hast ja nichts anderes verdient.‹ Wenn ich mich direkt gewehrt habe, hat er noch mehr geschlagen, so lange, bis ich aufgehört habe. Der hat überall hin geschlagen; da haste schon auf dem Boden gelegen, da hat er mit den Füßen getreten. Selbst, wenn du nüchtern warst, kam er nach Hause und sagte ironisch: ›Oh, heute nüchtern, heute nichts getrunken?‹ Er hat richtig darauf gewartet, sich an mir abzureagieren. Denn wenn ich 'ne Zeitlang nicht getrunken habe, hat er mit Marina verrückt gespielt. Einen Grund hat er immer gesucht.

Als ich vom zweiten Entzug kam, war er anders. Nachdem ich ungefähr zwei Wochen zu Hause war, hat er mir gesagt: ›Du hast dich um hundertachtzig Grad gewandelt.‹ Und von dem Zeitpunkt an wußte er auch genau, daß er nicht mehr handgreiflich mir gegenüber werden darf, sonst bin ich weg. Weil ich mich da scheiden lassen wollte. Und dann fing der an, wie in Anfangszeiten um mich zu werben.«

»*Hat dir das gefallen?*«
»Das hat mir nicht mehr gefallen, aber er hat mir so zugesetzt. Ich hab einfach zu viel Gewissen. Er hat gesagt, er will sich ändern und so weiter. Er wird sich mit den Kindern beschäftigen, er macht ein bißchen mehr.«

»*Und dann hast du es wieder mit ihm versucht.*«
»Ja, ich bin wieder nach Hause, und dann ging's auch ein paar Wochen.«

»*War er dann auch aufmerksam zu dir, wenn ihr miteinander geschlafen habt?*«
»Du, es ging mir gar nicht ums Schlafen. Ich hatte mit ihm keine sexuellen Gelüste mehr. Das war mir alles zuwider. Ich wußte, dann marschier' ich wieder ins Krankenhaus und kriege ein Kind. Das wollte ich nicht mehr. Ich weiß noch, wieviel Haß sich jedesmal bei den Schwangerschaften auf ihn aufgestaut hatte. Auf alle Fälle wollte ich kein Kind mehr. Zwischendurch hatte ich die Pille genommen, aber ganz oft durch den Suff vergessen. Jedenfalls, er war über Wochen anders. Es ging da nicht so sehr ums Bett. Er bemühte sich wirklich, mit den Kindern anders umzugehen, fing dann auch an, sich einen Staubsauger zu greifen und auch mal abzuwaschen.«

»*Wie hast du dich nach deiner Unterleibsoperation gefühlt?*«
»Du, da lief nicht mehr so viel. Erst mal hat er mich wie einen Invaliden behandelt. Dann habe ich mir gesagt, so, ich kann wenigstens keine Kinder mehr kriegen. Von Liebe war da sowieso nichts mehr. Und als ich keine Kinder mehr zu kriegen brauchte, ging es mit mir halbwegs bergauf. Ich fühlte mich unheimlich befreit dadurch. Ich

sag dir, mir wurde von Kind zu Kind klarer, wer eigentlich meine Mutter war (sie schreit), und wie sie geackert haben muß mit ihren elf Kindern. Ich hatte nichts von der Sexualität mit ihm. Für mich wurde die Sexualität mit ihm noch gleichgültiger, weil ich wußte, wenn ich mir jetzt andere Männer angele, die mir gefallen, ich krieg keine Kinder mehr. Ich brauche keine Angst mehr zu haben. Also war ich an diesem Punkt nicht mehr auf ihn angewiesen. Das habe ich ihm auch über Jahre erzählt: ›Ich brauche überhaupt keinen Mann (schreit lauter), und am wenigsten in der Sexualität!‹ Verdammt und zugenäht! Kinder hatte ich wirklich genug. Und er wußte, daß er wirklich entbehrlich war in allen Punkten.

Als ich nicht mehr wollte, hat sich der Krach so richtig aufgebaut. Dann habe ich absichtlich getrunken, weil ich genau wußte, er sagt zu mir, eine besoffene Frau will er nicht. Ich laß mich nicht den ganzen Tag zur Sau machen, um dann abends mit ihm ins Bett zu gehen. Früher hatte er mich immer verkloppt, was er angeblich nicht wollte, und dann mit mir geschlafen, aus Schuldgefühlen. Er meinte, es sei dann alles erledigt und entschuldigt.

Nachdem ich ihm das erste Mal ein Messer ins Kreuz gejagt hatte, ist er unheimlich vorsichtig geworden. Denn meine Wut wurde immer mehr. Also ich habe mit der Wand besser reden können als mit dem. Und vor allem die Kinder immer dazwischen, die dann immer gesagt haben: ›Mutti, sag deinem Mann, der soll mich in Ruhe lassen!‹

Spontan fällt mir überhaupt keine gute Erinnerung an die siebzehn Jahre ein. Das bestand alles doch nur aus Pflicht.

Kurz bevor ich ging, habe ich mir nichts mehr bieten lassen. Roswitha (sehr erregt), ich habe ihn vom Bad bis zur Korridortür geschoben, ihm die Unterhose vom Leib gerissen, die Tür aufgemacht – er war schon halb draußen, da hat's bei dem erst geklingelt, daß ich ihn nackend aussperre, wenn er nicht aufpaßt. Und dann hat er zurückgeschlagen. Wir haben uns gerollt. Er hat einiges abgekriegt. Aber das war erst nach dem zweiten Entzug. Da habe ich mitgekriegt, daß ich noch ein Mensch bin.«

»*Dann hast du keine Angst mehr gehabt, dich zu wehren?*«
»Überhaupt keine.«

»*Stark warst du ja immer.*«

»Ja, aber ich hab's nicht richtig genutzt. Ich habe diesen ganzen Haufen zusammengehalten, habe mit ihm für den Führerschein gelernt, habe mit ihm für den P-Schein gelernt, den Taxischein hab ich mit ihm... (schreit empört) Das ist mein Werk! *Ich* müßte da sitzen, wirklich. Und alle Kinder durch die Schule gebracht trotz dieses Stresses!

Und trotzdem sagt meine Tochter: ›Du hast viele Fehler gemacht.‹ (Sie imitiert sie.) Na klar, habe ich Fehler gemacht. Wer ist denn vollkommen? Aber ich denke, in dieser Situation, wo ich die ganze Wohnung hatte mit diesen vielen Kindern und diesem bekloppten Mann (schreit verzweifelt) – das soll mir erst mal einer nachmachen! Ich habe zu Marina gesagt: ›Du wirst dich wundern, wenn du erst mal dein Kind hast, und die sagt dann auch, was du für eine blöde Kuh warst.‹

Auf jeden Fall ist es für mich eine Genugtuung, daß er später Angst vor mir hatte. Er wußte, wenn ich die Küche betrete und bin wütend, muß er zusehen, daß er Land gewinnt. Ich habe einmal das Messer genommen, ich weiß nicht, wie das geendet hätte.«

Es tut mir leid, ihn zu Hause alleine hängen zu lassen

»*Ich habe das Gefühl, daß dir die Trennung nicht so leichtfällt, wie du das manchmal darstellst?*«

»Ja, das ist Mitleid, weil ich es schade finde, daß die ganze Familie auseinandergerissen wird.«

»*Wie du mir erzählt hast, warst du allein mit den Kindern der positive Zusammenhalt der Familie.*«

»Trotzdem, mir fehlen ja noch zwei Kinder. Noch habe ich keine Familie. Aber das Mitleid betrifft ihn voll und ganz, weil ich weiß, daß er vollkommen unselbständig war. Ich mußte ihm jeden Brief aufsetzen. Ich mußte ihm 'ne Tabelle mitgeben, damit er sein Zeug ausrechnen konnte bei der Arbeit, weil er ja das Einmaleins nicht konnte. Er war vollkommen unselbständig, er konnte kein Mittag kochen.«

»*Das hat er auch nicht gebraucht. Es ist ja bequem, sich bekochen zu lassen.*«

»Über so was habe ich noch nie nachgedacht. Sicher habe ich schon mal gesagt: ›Ihr könnt auch mal kochen. Ich möchte einmal freihaben.‹ Aber ich wußte genau, daß das nicht durchführbar ist. Also habe ich mich wieder in die Küche gestellt.«

»*Du hast nicht darauf bestanden, daß sie dir Arbeit abnehmen?*«

»Dabei wär' nichts rausgekommen, weil sie es einfach nicht konnten.«

»*Sie hätten es doch lernen können. Du hast ja auch nicht kochen können, als du geheiratet hast.*«

»Ja, der Meinung bin ich auch. Das habe ich im letzten Jahr auch vertreten. Das hat mir aber nichts gebracht.«

»*Ich will noch einmal auf das Mitleid zurückkommen. Ich höre das immer von Frauen, obwohl sie schon etliche Male das Nasenbein gebrochen hatten, Zähne raus, wie du, Rippen gebrochen oder Ähnliches. Die haben alle noch Mitleid mit dem Schläger. Du hast doch auch ziemlich viel mitgemacht, oder?*«

»Ich muß ganz ehrlich sagen, ich denke nicht an mich bei dem, was passiert ist. Ich bin weg davon. Die Sache ist für mich erledigt. Ich weiß nicht, das ist einfach so! Es tut mir einfach leid, den da zu Hause alleine hängen zu lassen.«

»*Du nimmst ihn jetzt mal wieder wichtiger als dich und bist bereit, alles andere zu verzeihen...*«

»Ich wär' schon lange wieder zurückgegangen, wenn du nicht da wärst. Weil du im Moment mein Halt bist. Du bist im Augenblick meine Bezugsperson, und wenn die mich durchhängen läßt, häng ich durch. Ich brauche diese Person, bis ich raus bin aus dem Schlamassel. Danach brauche ich meine Zeit, um mich von dem Menschen wieder zu lösen. Gestern abend hat er im Haus angerufen und gesagt, ich solle mich bei der Familie melden. Ich hab geantwortet: ›Ich tu das nicht‹, und zu Marina: ›Dann mußt du das schon machen.‹ Sie hat ihm gesagt, daß ich nicht nach Hause komme. Dann hat er wohl geweint. Sie kam vollkommen aufgelöst nach oben und meinte, ich soll das nie wieder von ihr verlangen, sie ruft da nie wieder an. Ich habe nicht anrufen können, weil ich einfach Mitleid habe. Das wird wahrscheinlich eine Weile dauern, bis ich darüber weg bin. Es gab schon mal 'ne Zeit im Frauenhaus, da glaubte ich, kein Mitleid mehr zu haben. Jetzt ist das wieder aufgekommen, dadurch, daß er sich da stundenlang hinstellt. Ich will aber nicht nach Hause. Wirklich nicht.

Er hat wieder zu mir gesagt, dann müßte ich alles zurücknehmen. Ich hab geantwortet, ich würde gar nichts zurücknehmen, selbst, wenn ich nach Hause käme. ›Doch, das müßtest du‹, sagt er. Das würd' ich aber nicht tun. Ich hab einfach nur Mitleid mit ihm. Früher habe ich immer gesagt: ›Was haste davon, einen Tag haste Mitleid, zwei Tage geht alles gut und nach 'ner Woche geht das ganze Spiel von vorne los.‹

Ich bin jetzt einmal zu ihm nach Hause gegangen aus Neugierde, um zu sehen, wie weit er ist. Es ist ja nie vorgekommen, daß er mal was für mich getan hat. Jetzt kommt er einfach mit mir nach dem Wedding. Und er weiß ganz genau, ich laß ihn da stehen. So viel Zeit hätte er normalerweise nie geopfert. Wobei ich diesmal wieder was gelernt habe, nämlich daß das nicht weitergeht. Denn ich soll alles zurücknehmen, und ich denk nicht daran.

Ich komme mir vor, als ob ich mich immer verrate! Wenn ich von ihm weggehe und sein Gerede und Gelaber gehört habe, bestätige ich mir, daß ich recht tue. Zwischendurch muß ich aber immer wieder unsere Gespräche lesen, damit ich mich an all das erinnere. Denn wenn ich Mitleid mit ihm habe, habe ich alles vergessen.

Ich wäre lieber im Guten mit ihm auseinandergegangen, um hinterher meine Ruhe zu haben. Ich hätte das Finanzielle geregelt, ich hätte es mit den Möbeln und mit den Kindern geregelt. Ich hätte mir die Quälereien erspart, noch mal hinzufahren oder in so einem Saustall zu leben, statt anständig eine Wohnung zu suchen. Das wundert mich ja auch bei den Frauen, die zusammengeschlagen ins Frauenhaus kommen. Sie sind 'ne Woche da, und dann fangen sie an zu jammern: ›Jetzt sitzt der da allein und droht mit Selbstmord...‹

* * *

Im nachhinein bin ich stinksauer über mich, daß ich den ganzen Scheiß so lange mitgemacht habe.«

»Die Wut, die ich verstehe, die solltest du nicht gegen dich richten, das ist doch zerstörerisch. Die solltest du gegen ihn richten. Warum bist du denn ausschließlich auf dich sauer?«
»Ja, aber ich hab doch den Scheiß mitgemacht. Ich hätte ihn doch nicht mitzumachen brauchen.«

»Wieso hättest du nicht mitzumachen brauchen? Du hast eben selbst ge-sagt, du hattest keine Informationen, keine Möglichkeiten. Du bist in dem Glauben erzogen worden, daß du nichts zu sagen hast . . .«
»Aber meinst du denn, er hat gewußt, was er mit mir gemacht hat? Wegen all dem bin ich da jetzt weg von ihm.«

»Ist es wichtig, ob er gewußt hat, daß er dich willkürlich schlägt? Und die siebzehn Jahre, in denen er dir dein Leben kaputtgemacht hat – und du hast es mitgemacht –, dich ausgebeutet und von dir profitiert hat?«
»Nicht nur mein Leben hat er mir kaputtgemacht, auch die Ge-sundheit hat er mir genommen. Wer hat denn dazu beigetragen, daß man heute so aussieht, wie man aussieht? Na ja, sauer war ich lange Jahre. Und ich bin mit der Zeit gleichgültig geworden. Das war schlimm damals. Ich konnte nicht mehr lachen, ich konnte nicht weinen, ich war zu keiner Gefühlsregung mehr fähig. Mir hat es nichts ausgemacht, wenn die Kinder geschrien haben oder wenn er gemeckert hat, ich hab überhaupt nichts mehr aufgenommen. Nach der Klinik habe ich erst wieder heulen gelernt und etwas la-chen. Bis dahin war alles verschüttet gewesen. Ich bin so ruhig ge-worden. Ich hatte früher ein Maul, vor dem hat der ganze Wedding gezittert. Ich bin sicher, daß das nach und nach alles hochkommt, zurückkommt.«

»Ich glaube, es ist gut für dich, daß jetzt alles rauskommt und du das nicht länger verdrängst. Jetzt könntest du das aufarbeiten und nicht zu verges-sen versuchen. Dann bist du viel sicherer davor, daß dich nicht wieder Mitleid mit ihm überkommt, das ist nichts als Verschwendung. Mitleid bewahrt dich davor, hinzugucken, wie brutal er mit dir umgegangen ist.«

»Da fällt mir automatisch meine Mutter ein. Wie ich sie in die Ecken hab fliegen sehen, wie sie geweint hat und wie sie ihm selbstverständlich am anderen Morgen oder noch am selben Abend was zu essen gemacht hat. Und ich muß sagen, nach dem Leben meiner Mutter, so wie ich das mitgekriegt habe, habe ich eigentlich noch gut gelebt.

Wenn ich daran denke, was der mir angetan hat, möchte ich dies Scheißgefühl von Mitleid einfach abschütteln. Ich frag dich, warum das nicht einfach geht? Wenn ich das höre, wie die anderen Frauen bei uns so reden: ›Der kann mich mal‹, na ja, die gehen ja sowieso wieder zurück. Ich will das Gefühl aber verarbeiten. Ich weiß, wie gefährlich das für mich ist, wenn ich das nicht verarbeite. Aber wie? Ich fühle mich vollkommen sicher, wenn ich im Frauenhaus bin. Da verschwende ich nicht einen Gedanken an den.
Ich bin froh, daß ich von ihm nichts höre. Aber ich bin diese Beziehung eingegangen, und da kann man nichts gegen tun, das verankert sich bei mir, daß ich mit ihm zusammen alt werden wollte. Wir wollten zusammen unser Leben verbringen, das stand fest.«

»Hast du dir nie zugestanden, daß du irgendwann eine andere Entwicklung machen könntest?«
»Nie, darauf bin ich nicht gekommen. Überhaupt nicht. Ich kannte nichts anderes.«

»Es kommt mir vor, als ob du noch immer einen Rest von Trauer in dir hast, daß ihr nicht zusammen alt werdet, und dabei vergißt, daß es lebensbedrohlich für dich gewesen wäre.«
»Da spielt die Einsamkeit hinein, in der ich heute lebe. Ich merke, ich muß mich ausfüllen, damit ich für mich existent bin. Das war früher einfacher. Das ist auch quälend. Ich stehe materiell vor dem Nichts. Ich fange alles noch mal von vorne an. Das hängt auch damit zusammen, daß ich einfach nicht vorwärtskomme. Das ist kein Bedauern wegen damals, das ist einfach auch 'ne Wut, je länger ich darüber nachdenke, 'ne Wut, daß ich Alkoholikerin geworden bin und aufgrund dessen nur schwer Arbeit finde. Wenn ich mir erlaube, einen Rückfall zu bauen, bin ich selbst diese Arbeitsstelle wieder los. Ich bin

wütend auf den, daß er zu Hause sitzt und ganz viel hat und... das
ist aber kein Bedauern mehr, das ist Wut, die mir auch nicht weiter-
hilft (schreit dabei).«

*»Doch, ich finde die Wut besser als Bedauern. Solange du noch etwas
bedauerst, glaubst du, etwas Erstrebenswertes verloren zu haben.«*
»Es wechselt sich ab bei mir, daß ich manchmal Wut habe, und
manchmal bedaure ich, daß ich überhaupt gegangen bin. Jetzt hat er
die Freiheit, frei leben zu können, wieder auf meine Kosten. Denn
ich bin mit diesem Scheiß Alkohol belastet, nicht er. Er hat ja seinen
festen Job und sein Auskommen.«

»Wenn du bei ihm geblieben wärst, wärst du noch mehr belastet.«
»Ja, sag ich mir auch. Ich hätte absolut weiter gesoffen. Ich wär mit
dem Trinken nie auf dem Stand, auf dem ich heute bin.«

*»Vielleicht willst du auch manchmal vergessen, was er dir angetan
hat...«*
»Ich sträube mich dagegen, ewig die Vergangenheit in mir aufzunehmen. Ich möchte vorwärts sehen. Ich möchte nicht immer an diese
Kisten erinnert werden. Die sind wirklich nur zerstörerisch. Ich
habe von meinen Jahren wirklich noch nichts Gutes gehabt. Und ich
will mit diesem ganzen Müll nicht mehr leben. Ich merke, daß ich
damit nicht leben kann...

* * *

Ich würde schon aus dem Grund nicht zurückgehen, weil ich nie
mehr meine Freiheit aufgeben werde. Ich werde mich nie mehr unter irgendeinen Pantoffel stellen. Wenn ich zu Geld komme, mache
ich den Führerschein. Erst mal werde ich jobben müssen. Und
wenn es sich ergibt, daß ich zu Geld komme, also sparen kann –
denn ich habe eine teure Tochter –, ich weiß noch nicht, was ich
mache, ich möchte nur mit Menschen zu tun haben. Die Ausbildung zur Sozialarbeiterin ist mir zu langwierig. Vielleicht werde ich
auch Reiseleiterin. Das mit den Sprachen kann ich lernen, das ist
kein Problem.

Heute bindet mich überhaupt nichts mehr an ihn. Das gehört der Vergangenheit an. Es hat sich für mich eine Sache geändert, so daß ich richtig wütend auf den A. bin und alles andere weg ist.«

Ich bin nicht gewillt, mich wegen der Kinder kaputtzumachen

»Alex hat heute seine Sachen gepackt und ist aus dem Frauenhaus abgehauen. Ich bin nicht traurig darüber, sondern denk mir ›einer weniger‹. Mittwoch werde ich ihn zum ersten Mal in seiner Wohngemeinschaft besuchen. Ich finde das eine gute Lösung. Wenn er da wohnen bleiben kann, nehm ich ihn nicht mit in die neue Wohnung. Ich habe das Gefühl, er redet jetzt mehr. Marina, glaub ich, wird auch nicht mehr sehr alt bei mir. Oder sie nistet sich ein. Ich hoffe, daß sie sich irgendwann eine Bude sucht. Wir sind ja nicht aus der Welt. Der eine reicht mir. Ich komme mir manchmal vor, als ob ich solo wäre. Ich genieß' das auch. Es ist allein schon ein Erlebnis, wenn man nicht den ganzen Tag die Kinder um sich hat. Torsten spür' ich kaum, der holt sich, was er will. Es ist ganz schön komisch, jetzt nur noch zwei Kinder zu haben. Man weiß nicht, was man vor Langeweile tun soll. Ich weiß jetzt noch nicht, was ich beruflich machen will.

Kürzlich war ich auf dem Sozialamt und habe zum Sozialarbeiter gesagt: ›Wenn Sie meine beiden Jungens gesehen haben und den Vater dazu gehört, und Sie sind trotzdem der Meinung, daß die da gut aufgehoben sind, dann kann ich das eben nicht ändern.‹ Trotz Wechseldienst und trotzdem er sich um nichts kümmert. Jan bringt Marina Sachen mit zur Schule, sie möchte sie nähen. Und an die eine Hose sollte sie einen Buchstaben nähen. Ich hab gesagt, sie soll bloß nicht wagen, das mit ins Frauenhaus zu bringen. Das mach ich nicht, so leid mir die Jungens tun. Ich bin nicht gewillt, mich wegen der beiden Jungs kaputtzumachen. Mach ich nicht, dann laß ich sie eben bei ihm. Besuchsrecht gibt es sowieso. Er hat sich jahrelang nicht um sie gekümmert. Jetzt geht's eben mal umgedreht. Ich denke, wenn die beiden Mädchen wären, dann wären sie mit mir gegangen.

Die beiden Jungens kriegen bei ihm ihren Willen. Im Grunde interessiert mich das schon gar nicht mehr. Aufgrund des Jugendamtes hab ich mich damit abgefunden, daß sie bei ihm bleiben.

Damals stand für mich fest, daß ich die zwei nachhole, auch ohne sie zu fragen. Im Laufe der Zeit hab ich Abstand genommen und mir gesagt, warum soll er eigentlich nicht auch mal was für die Kinder tun? Der hat ja nie was getan.«

»Weißt du noch, daß du mir vor einiger Zeit sagtest, eher nehme ich alle fünfe, als daß ich ihm ein Kind lasse?«
»Ja. Wie bin ich zu einer anderen Einstellung gekommen? Eigentlich durch Wut. Die Wut, daß wir gar nicht vorwärts gekommen sind. Wir hatten unseren Wohnberechtigungsschein, wir haben aber keine Wohnung gekriegt, weil wir Sozialhilfe bezogen haben. Dann hat er nichts rausgerückt von zu Hause, so daß ich wieder ganz von vorne anfangen muß. Darum zu kämpfen, hatte ich irgendwie keine Lust, weil ich wußte, wie der reagiert, wie doof der ist. Und dann habe ich den Streß mit Marina mitgekriegt, daß sie ausgeflippt war. Ich war selber ausgeflippt. Alex mußte aus dem Haus. Von Torsten wußte ich, er muß irgendwann ins Heim, damit sich bei ihm was ändert.«

»Hast du das damals schon gewußt?«
»Ach, das weiß ich schon lange, und was das immer für innere Kämpfe sind. Ich kam mir vor, als ob mir was rausgerissen wurde. Weil das ja meine Jugend ist. Heim ist für mich so ziemlich das Schlimmste, was es überhaupt gibt. Das seh' ich heute nicht mehr so. Dann habe ich gesagt, er soll gefälligst auch was tun. Ich kam mir mittlerweile wieder vor, als würde ich mich selber strafen. Ich quälte mich mit den fünf Kindern ab, noch zehn Jahre, wenn nicht länger. Und er hat seine Mackerallüren, hat diese Neubauwohnung und drückt sich vor Unterhaltszahlungen. Er reicht die kleinsten Quittungen ein, die er überhaupt hat, damit er nicht so viel Unterhalt zahlen muß. Ich wäre mein Leben lang wahrscheinlich aufs Sozialamt angewiesen, und das wär' wieder auf meine Gesundheit gegangen. Also was hätte ich dann geändert? Ich hätte doch den A. mitge-

nommen in die neue Wohnung und wär' nur wütend gewesen auf den, wenn ich alle fünf Kinder gehabt hätte und die finanziellen Schwierigkeiten.«

»Das heißt, du hast ganz sachlich überlegt und dich dann eher zu deinen Gunsten entschieden, weniger dabei an die Kinder gedacht?«
»Das hab ich auch. Ich hab gesagt, wenn die Kinder das möchten, dann sollen sie zu mir kommen. Also, ich glaube nicht, daß es bei dem Jan noch so sehr lange dauert, aber ich wollte ihm genau wie den anderen dreien die Entscheidung überlassen. Ich denke, daß der Sebastian für mich verloren ist; er war einfach zu klein, und vom Vater kriegt er alles, was er will.

* * *

Nach wie vor macht mir alles Schwierigkeiten, besonders, wenn es mir selber dreckig geht. Dann kann ich das nicht begreifen und will es gar nicht erfassen. Am meisten merke ich es an Torsten, wenn er da drüben alleine 'rumhängt, wenn ich merke, daß ich einsam bin und mir dann kalt ist, ja dann denk ich an Torsten. Wie einsam muß er sich fühlen, der hat ja nicht mal Marina oder die anderen. Und dann hab ich ganz oft das Bedürfnis zu sagen, ich hole den jetzt nach Hause.«

»Du sagtest ja auch, daß du Mitleid und Bedauern hattest, weil die ganze Familie auseinandergerissen wurde, weil du dich getrennt hast?«
»Ja. Aber dazu hab' ich schon Abstand gekriegt. Ich habe den Zusammenhalt, den ich und die Kinder hatten, ja eigentlich geschürt; und der ist nach wie vor da. Und ich finde es schon schade, daß die Geschwister oder ich auch nicht alles untereinander mitkriegen, bis sie soweit sind, sich absolut abzuseilen. Die werden jetzt zwanzig und neunzehn Jahre alt und finden immer wieder zurück zu mir. Und ich kann mir vorstellen, daß es bei den Kleinen noch viel schlimmer ist.«

»Aber du hast doch erzählt, daß die Kinder untereinander gar nicht so einen guten Kontakt hatten?«

»Nein, die Spaltung war dadurch entstanden, daß wir vier eben im Frauenhaus waren und drei zu Hause. Das waren zwei Parteien. Die einen beeinflußt von ihm, und die drei sowieso zusammenhaltend, weil sie eben mit mir mitgekommen waren.«

»*War denn die Spaltung nicht schon vorher da? Das ist doch kein Zufall, daß gerade die zwei zu Hause geblieben sind?*«
»Nein, das ist kein Zufall, das hat schon mit meinem Trinken zu tun.«

»*Wieso sagtest du, du mußtest dich von Torsten trennen?*«
»Das war eine Notwendigkeit; er hat einfach zu viele Macken gehabt. Der wäre kriminell geworden. Er ist doch schon klauen gegangen. Ich habe gemerkt, er wird älter und ich habe keinen Einfluß mehr auf ihn. Er hat eingekotet, er hat eingenäßt, in der Schule – Versager kann ich gar nicht sagen, er ist ja eigentlich ein pfiffiges Kerlchen – hat er einfach nicht die Förderung gehabt. Erstens kam er im größten Streß zur Welt, zweitens lief der Streß weiter. Dann war schon fast der nächste unterwegs, und der hat unheimlich viel abgekriegt.«

»*Die anderen vermutlich doch auch, oder?*«
»Danach kam nur noch der Sebastian. Und Sebastian war von Anfang an A.'s Lieblingskind. Der war ruhig und artig, genau wie Jan. Jan war in der Mitte und ist nie aufgefallen. Ich wußte, daß es notwendig ist, daß Torsten wegkommt. Nicht, weil ich ihn loswerden wollte, sondern weil ich mit meinem Alkohol so beschäftigt war und er schon deshalb nicht klarkommen konnte. In der Schule ist es überhaupt nichts geworden. Wie ich ihn bearbeitet habe, ihm gesagt habe: ›Komm, du tust was für dich, ich tu was für mich. Und in ein, zwei Jahren sind wir wieder zusammen, aber dann können wir leben.‹ Was wir jetzt machen würden?... Ich würde ihn wahrscheinlich nur verprügeln, weil ich nicht will, daß er kriminell wird und die Schule schwänzt. Und ich würde noch mehr saufen, weil ich es einfach nicht ertragen könnte. Das ist ja gar nicht, was ich wollte, ich wollte ja endlich leben mit meinen Kindern.«

»*Wie geht es dir jetzt mit deiner Entscheidung?*«

»Ich bin davon überzeugt, ich finde das notwendig. Da bin ich ganz zufrieden. Den Torsten zu holen, ja, das sind so Wunschgedanken, an denen ich arbeiten muß. Ganz oft habe ich den Wunsch, aber davon komme ich auch wieder runter, weil ich merke, daß ich da eigentlich nur an mich denke. Ich will verdammt und zugenäht, daß ihm das besser geht. Er hat ja alles vor sich. Bei mir ist schon eine Menge gelaufen, so daß ich sagen kann, das hast du erlebt, und dem gehst du aus dem Wege. Das kann aber der Kleine noch nicht. Seit wann denke ich denn? Ich denke vielleicht seit zweieinhalb Jahren. Vorher hab ich alles so laufen lassen.«

Ich habe keine Empfindungen, wenn mich eine Frau küßt

»Es passiert jeden Tag was Neues. Ich merke selber, wie ich mich verändere. Ich habe heute mit dem Alex geredet, der hat bestimmt gedacht, er hat 'ne bekloppte Mutter. So habe ich mit dem noch nie geredet. Ich habe mit dem über Wohngemeinschaften gesprochen und was ich vorhabe. Der kannte ja bisher nur Befehlston. Ich merke, daß ich im Wesen anders werde. Äußerlich habe ich mich auch verändert, ich bin dünner geworden.

Ich glaube, daß ich mich jetzt nicht mehr für Männer interessiere, ist dauerhaft. Wenn ich die Typen schon auf der Straße sehe, mit Bart und Tarnmaske. Ich hatte schon immer Schwierigkeiten, überhaupt Männerbekanntschaften zu machen. Die ersten fünfzehn Jahre hat mich überhaupt kein Mann interessiert außer meinem, und nachher habe ich das eigentlich nur dem Trinken zuzuschreiben, daß ich zwischendurch Männer gehabt habe, so im letzten Jahr. Das war genauso beschissen. Die waren in meinem Alter und hatten meistens auch getrunken. Manchmal habe ich die mit zu mir nach Hause genommen, wenn er arbeiten war. Die Kinder haben nie was mitgekriegt, das hätte ich denen nicht zugemutet. Und wenn er zufällig gekommen wäre, hätte ich auch keine Angst gehabt, weil wir uns beide sowieso angeödet hatten. Ich weiß nicht, warum ich mit denen geschlafen habe, vielleicht um den Alten zu ärgern oder um mir zu sagen, ich bin noch eine Frau. Das war ein Durcheinander im letzten Jahr. Ich wußte selbst nicht mehr, was ich wollte. Die hatten mich immer angesprochen, wenn ich einen getrunken hatte, und da hatte ich keine Schwierigkeiten.

Jetzt ist es mir zum ersten Mal passiert, daß sich eine Frau für mich interessiert (Martha ist verwirrt). Bis dahin hat sich ja noch nie 'ne Frau für mich interessiert. Deshalb ist das für mich ganz schön beängstigend. Bei *der* Frau bestimmt. Bei anderen weiß ich nicht, habe ich mir noch nie überlegt. Seitdem ich weiß, daß die Ansprüche an mich stellt, ist es aus, das ist mir unheimlich.

Sie hat gesagt, ich habe ihr von Anfang an gefallen. Mein Aussehen, meine Aufmachung, mein Tun und mein Gerede. Die kann jetzt überhaupt nicht mehr lachen, die macht keine Witze mehr und gar nichts. Ich lehne nur diese Frau prinzipiell ab. Ich könnte mit dieser Frau keinen Körperkontakt haben, der könnte ich noch nicht mal die Hand geben. Ich habe wachgelegen und darüber nachgedacht, warum mir das so geht mit dieser Frau. Ich hatte mich noch nie in eine Frau verliebt. Ich hatte auch noch nie die Gelegenheit gehabt. Vielleicht ist diese Frau auch einfach nicht mein Typ. Wenn die Marina eine Freundin finden würde, wäre mir das nicht komisch. Vielleicht würde sie mir sogar was vorleben. Auch für mich schließ' ich das nicht prinzipiell aus, ich weiß nur nicht, wie sich das entwickelt.
Prinzipiell habe ich nichts gegen Frauen. Es sind so viele Frauen im Haus, von denen man mal 'nen Kuß kriegt, auch auf den Mund. Das macht mir nichts aus, das ertrag' ich. Was heißt, ertrag' ich. Ich habe dabei keine Empfindung. Ich habe auch keine Männer geküßt. Ich habe noch nicht mal meinen Mann geküßt. Ich habe mich geekelt. In der ersten Zeit hatte ich schon das Bedürfnis zu küssen. Aber der hatte sich nie die Zähne geputzt.«

* * *

»Was hast du denn bisher für eine Haltung Homosexuellen gegenüber gehabt?«

»Sexualität zwischen zwei Männern hatte für mich immer was Abwertendes. Mich hat das nicht besonders interessiert. Vielleicht mal die Frage, wie die das machen. Aber ich hatte überhaupt keine sexuellen Phantasien. Das war nicht wichtig für mich. Als ich Silvester zum ersten Mal erlebt habe im Frauenhaus, wie die sich heiß und innig geküßt haben und irgendwann im Nebenzimmer verschwunden sind, dachte ich, das gibt's doch gar nicht. Ich kann nicht sagen, daß es mich unangenehm berührt hat. Das hat mich erschreckt, weil ich so was nicht kannte. Nicht mal vom Hörensagen. Na ja, ich wußte, daß es Lesbische gibt, aber wie das nun abläuft, das war für mich erschreckend, als ich das gesehen habe.

Inzwischen komme ich gut mit dieser Frau aus. Ich habe zu ihr gesagt, wenn sie keine Ansprüche an mich stellt, können wir sogar Kumpels werden. Aber komisch ist mir das immer noch, weil sie mir einfach leid tut. Das ist wieder das gleiche Mitleid, menschliches Mitleid, weiter nichts. Wie bei dem Alten. Ich kann mich genau in seine Situation versetzen...

* * *

Inzwischen hat sich noch mehr verändert, heute möchte ich kein Mann mehr sein, damals ja. Aber in den letzten zwei Monaten fühle ich mich so ganz wohl. Warum, darüber habe ich noch nicht nachgedacht. Entscheidend ist daran, daß ich jetzt Frauenkontakte habe. Wenn ich jetzt die Männer auf der Straße ansehe, nee, sind die häßlich (Lachen). Ich glaube, das ist jetzt alles im Frauenhaus passiert. Was daraus wird, weiß ich noch nicht. Als ich noch mit dem zusammen war, hatte ich andere Wünsche als jetzt. Ich wäre gerne mal mit den Kindern in den Süden gefahren, ans Meer. Aber das hätte ich in fünfzehn Jahren noch nicht gekonnt.

Ich weiß nicht, wie ich geworden wäre, wenn ich nicht ins Frauenhaus gegangen wäre. Wenn ich nicht Leute wie euch kennengelernt hätte. Wenn ich also nur die kaputten Frauen im Haus kennengelernt hätte. Dann hätte ich gesagt: ›Mir geht's supergut.‹ Wenn ich nur die Frauen kennengelernt hätte, glaube ich nicht, daß ich das Mitleid gehabt hätte zu sagen: ›O Gott, hat die ein blaues

Auge. Das habe ich auch schon alles hinter mir. Mir hat auch schon der Unterkiefer halb runtergehangen.‹ Ja, aber das sind für mich vergessene Sachen. Und ich habe auch jedesmal ein Stück gelernt aus so einer Verprügelei. Ich wurde routinierter mit dem Saufen, ich wurde... ich habe mich nicht mehr so verprügeln lassen.

Ich will gar nicht weiter in mich reinforschen, ich kann mir das nicht erlauben. Ich habe nicht die Berufe wie ihr. Ich muß von vorne anfangen. Die andere Seite ist, daß ich mich ziemlich offen gemacht habe, und das bringt's nicht immer... (bitter auf die Freundin Anke, die sich von ihr trennt).

Mir geht es jetzt schlecht, weil ich einfach zur Kenntnis nehmen muß, daß mit der Anke nichts mehr läuft oder nur sehr wenig, und daß ich mich einfach auf eigene Füße stellen muß. Und das ist für mich ein vollkommenes Neuland.«

»Bei der Trennung von A. hast du dich doch auch auf eigene Füße gestellt.«
»Das ist ja was anderes, da habe ich es für die Kinder getan. Das ist das erste Mal in meinem Leben, daß ich das Gefühl habe, ich tu was für mich und ich muß mich auf meine Beine stellen. Ganz für mich alleine. Das kenn ich sonst nicht.

Mir geht jetzt im Kopf 'rum, daß tausend andere Frauen auch alleine wohnen. Und daß sie alleine zurechtkommen und sich wohl fühlen, in den Sub gehen und daß das also geht. Das lerne ich jetzt erst langsam. Erst mal mit dem Kopf, und dann probier' ich es aus. Und es gibt wirklich Tage, da fühle ich mich sauwohl. Komischerweise. Und an den anderen liege ich in meinem Bett und habe einen Depri nach dem anderen.«

»Kann deine Unzufriedenheit auch damit zusammenhängen, daß du nicht weißt, ob du noch mal mit Männern zusammen sein willst oder nicht? Du hattest so was mal gesagt?«
»Das weiß ich nicht. Die Anke spielt für mich schon eine ganz große Rolle in meinem Leben und in meiner Männerwelt. Wenn ich an die

Anke denke, das ist für mich ein Hinderungsgrund, auf einen Mann einzugehen. Weil ich dann automatisch den A. im Kopf habe und die Typen, mit denen ich auch hinterher geschlafen habe im Suff, weil ich die wirklich alle nur über einen Kamm scheren kann. Also, das glaube ich auf alle Fälle, daß das bei Frauen, obwohl die Beziehungen komplizierter sind, anders ist.«

»Glaubst du, durch einen Mann eine größere Sicherheit in dieser Gesellschaft zu bekommen?«
»Mir hat der A. keine Sicherheit gebracht, und ein anderer bringt mir auch keine. Ja, der hat für mich gesorgt. Das sage ich jetzt, wo ich mittellos bin. Aber ich weiß, daß das mal anders wird. Immerhin ist Weihnachten vor der Tür, und ich habe Weihnachten anders in Erinnerung als voriges Jahr. Es kommt dann alles zusammen, dann muß ich mit Entsetzen feststellen, daß ich eigentlich noch gar nichts geleistet habe. Das finde ich schlimmer. Aber von der Existenz her läuft für mich ab, wie ich meine Kindheit verbracht habe, wie ich meine Jugend und meine Ehe verbracht habe. So schlimm ist das dann im Alter gar nicht mit meiner Existenz, nachdem mir der A. die Hälfte Rente abgeben muß. Das finde ich schon mal sehr fair. Nur wegen der Existenz mich den Rest meines Lebens wieder unter den Pantoffel zu stellen, mache ich nicht, und das funktioniert nicht anders, – ich kenne kein Pärchen, das da wirklich im Einklang ist.

* * *

Ich habe festgestellt, daß es mir noch nie so dreckig ging wie gestern, wegen Anke. Ich hatte das Gefühl, bei mir ist alles zu, und mir laufen nur die Tränen. Und dann renne ich kreuz und quer durch Charlottenburg bei Wind und Wetter. Ich kann einfach nicht anders. Dann habe ich blöderweise noch versucht, sie zu erreichen. Ich hatte die ganze Nacht nicht geschlafen und bin morgens mit einem dicken Kopf aufgestanden, nachmittags habe ich mich bei ihr aufgebaut, als sie von der Arbeit kam, und gesagt, daß ich mit ihr reden muß. Das ging auch halbwegs, und es ist schon klar mit der Trennung. Aber ich bin kein Mensch, der da einfach abspringen kann. Vom Verstand her schon, da arbeite ich fast schon eineinhalb Jahre dran. Aber zwischendurch passiert bei mir so viel, daß ich das Gefühl habe, ich klapp' sofort zusammen. Sonntag habe ich noch zu ihr gesagt, es ist besser, wenn ich dich erst mal nicht sehe. Mittwoch geht's mir unheimlich dreckig. Dann haben wir miteinander geredet, und mir geht's halbwegs besser, wenn sie nur 'ne Stunde bei mir sitzt. Dann wird mir wieder ganz viel klar. Die größte Scheiße ist die Angst vor dem Alleinsein.«

Ein Jahr später

»*Jetzt ist eine längere Zeit vergangen, wie denkst du heute darüber, daß du so große Schwierigkeiten hattest, dich von ihm zu trennen?*«
»Ich habe eineinhalb Jahre gebraucht, um mich von dem A. zu trennen. Zuletzt hatte ich nur noch Wut. Klar, ich bin öfter zu ihm gefahren. Ich wollte einfach sehen, wie er vorwärts kommt, wie's aussieht und was er von mir hält (unwillig). Das war wichtig für mich.«

»*Warum?*«
(Lange Pause.) »Ja, warum? Erstens waren wir zwanzig Jahre verheiratet, und wir haben fünf Kinder zusammen. Das kann man nicht vom Tisch fegen, wie er das gemacht hat (unwillig).«

»*Was wolltest du damit erreichen, daß er was von dir hält?*«
»Ich wollte damit erreichen, daß er endlich so eine Scheiße läßt, zu sagen: ›Du taugst sowieso nichts, mit dir ist nichts los, du bringst sowieso nichts zustande.‹ Er hat mich ja jahrelang nur gefrustet!«

»*Das ist wie bei deinem Vater. A. hat dich überwiegend schlecht behandelt wie dein Vater, und trotzdem wolltest du beide beeindrucken und von beiden akzeptiert werden.*«
»Das hat er ja auch gemacht (erregt), das ist ja auch passiert. Der A. hat schon gesagt: ›Du hast dich ja ganz schön verändert‹, und ich sollte wieder einziehen. Das war wichtig für mich! (schreit laut)«

»Wichtig für dein Selbstbewußtsein?«

»Ich wollte den endlich auch verletzen können, indem ich dann nein sage. Das habe ich später anders gemacht, indem ich ihn verprügelte, weil ich die Klamotten nicht gekriegt habe. Er hat die Polizei gerufen. Und da war ich nüchtern. Da ist meine ganze Wut draufgegangen. Und seitdem hat er Respekt. Das war mir wichtig, so schizophren das auch ist. Dann konnte ich mich auch trennen... Finanziell habe ich alles dagelassen. Ich habe gemerkt, daß es das Finanzielle nicht ist. Das Finanzielle ist notwendig, um leben zu können, das sehe ich mittlerweile ein. Ich habe gedacht, es geht noch anders, man braucht kein Geld, aber man braucht's doch. Das kann man sich erarbeiten; aber so einen Terror, den muß man sich auch erst erarbeiten (bitter). Und dann muß man sich erarbeiten, ohne Terror leben zu können.«

»Was empfindest du, wenn du heute an den A. denkst?«

»Ich bin nach wie vor wütend auf ihn. Ich denke, ich habe auch ein Recht dazu. Er läßt weiterhin Jan nicht in Ruhe, zu dem Sebastian habe ich kaum Kontakt, das tut mir weh, obwohl ich nicht weiß, wie Sebastian drüber denkt. Ich bin nach wie vor wütend, weil ich auch weiterhin denke, wir haben das nicht verdient. Weder ich, noch die Marina, noch der Alex. Wir waren nämlich diejenigen, die sich gekümmert haben.«

»Was ist dir beim Lesen der vergangenen Gespräche aufgefallen?«

»Daß ich damals viel gelästert habe über den A. und daß mir das nach und nach ganz vergangen ist. Weil ich gemerkt habe, ich komme nicht vorwärts. Der kommt mit seiner Hirnlosigkeit weiter als ich. Der war hinterher verdammt skrupellos. In der Zeit, als Torsten ein paar Wochen bei ihm gewohnt hatte, ist er ganz schnell gelaufen und wollte Torsten auf seine Steuerkarte haben und das Kindergeld. Ganz schön unverschämt (schreit). Und wenn ich gesagt habe, der will nur das Geld, die Kinder will der gar nicht, dann wurde ich angeguckt wie ein Auto...

* * *

Ich habe mich in der vergangenen Zeit während der Therapie sehr viel mit mir beschäftigt. (Sie lebte während dieser Zeit in einer therapeutischen Wohngemeinschaft für suchtabhängige Frauen.) Ich war auch eine Zeitlang mit meinen Eltern beschäftigt. Ich bin oft abends ins Bett gegangen, schon relativ früh, und um vier Uhr kriege ich Heulkrämpfe. Ich muß hier 'rausgehen, damit das Haus schlafen kann. Ich fang richtig an zu schreien, setz' mich in die Küche und heule nur. Ich sehe immer nur, wie mein Vater meine Mutter verprügelt und meine Mutter sagt: ›Willi, hör auf zu schlagen.‹ Ganz klare Bilder sah ich.«

»Schrecklich, dann hast du alles aus der Kindheit noch mal erlebt. Du hast damals die Meinung vertreten, daß deine schrecklichen Erlebnisse in der Ehe auf deine Kindheit zurückzuführen sind?«
»Es ist leicht, alles auf die Kindheit zu schieben. Wenn ich heute so darüber nachdenke, würde ich sagen, wir haben uns einfach Verhaltensweisen antrainiert, um zu überleben, um vierzig Jahre alt werden zu können. Ja, und ich bin manchmal in der Kindheitsphase. Ich bin in der Therapie, um bestimmte Verhaltensweisen für mich ablegen zu können und neue zu erwerben.«

»Glaubst du, die Verhaltensweisen deiner Kindheit in der Ehe beibehalten oder andere hinzugelernt zu haben?«
»Ich denke, daß ich die dort beibehalten und ausgebaut habe. Ich habe aus meinen eigenen Erfahrungen, wie es *mir* ging als Kind, versucht, meinen Kindern etwas anderes weiterzugeben.
Aber irgendwie wird das einseitig; du wirst verbohrt, hast sowieso nur noch eine Meinung. Deshalb ist auch an mich nie jemand 'rangekommen. Ich habe immer gedacht, wer an mich 'ran will, der verletzt mich, der will was von mir. Und weh getan worden ist mir mein Leben lang, das will ich nicht mehr. Also verschließe ich mich, so daß keiner mehr an mich 'rankommt. Das wird jetzt schon langsam anders, weil ich ein bißchen Vertrauen fasse und riskiere, andere Verhaltensweisen zu übernehmen.«

»Bei dir fand ich es immer spannend, daß du in deiner Kindheit rebelliert hast, du hast dich widersetzt.«

»Ja, das fällt mir heute erst auf. Das war mir nie im Kopf. Aber ich merke heute auch, daß ich immer rebelliert habe, daß ich mich nie habe kaputtmachen lassen, daß das ein Teil meines Saufens und meines Überlebens war.«

»Wie erklärst du dir, daß du in dieser Familie hast rebellieren können? Gab es irgend etwas, wo du dich hast stärken und aufbauen können?«
»Der Punkt war für mich mein Vater. Ich glaube, ich habe von jeher seine Widersprüchlichkeiten gesehen. Daß er, wenn er nüchtern war, nichts gemacht hat. Er saß vor seinem Fernseher, hatte Politik und weißen Käse gesehen oder Kreuzworträtsel gelöst. Und wenn er besoffen war, hat er rumgeschrien. Das hat alles vorne und hinten nicht gestimmt, und irgendwann fing ich an, mich instinktiv dagegen zu wehren.«

»Du hast ihm später nicht mehr geglaubt, wenn er gesagt hat, du taugst nichts?«
»Ich hatte nicht von ungefähr meine guten Leistungen in der Schule, ich hatte nicht von sonstwoher meine Sportleistungen. Irgendwann habe ich mir gesagt – das war mir aber nicht so deutlich –, du bist hier alleine was wert. Deshalb habe ich bei meinen Kindern viel instinktiv und nicht vom Kopf her gemacht; ich wußte, damals als Kind hatte ich viel gelitten und hatte niemanden, an den ich mich anlehnen konnte. Ja, alles geschah instinktiv aus der eigenen Betroffenheit heraus.«

»Das ist nicht instinktiv, du hast es doch erfahren und daraus deine Schlüsse gezogen.«
»Inzwischen ist mir vieles aus meiner Kindheit klarer geworden. Ich habe damals meinen Vater, der mich seit vielen Jahren Tag und Nacht versucht hat, kaputtzumachen, strafen wollen, indem ich alle meine Urkunden verbrannte. Ich wollte den strafen, obwohl ich auch eine kleine Bestätigung dadurch empfunden hatte. Mit demselben Verhalten bin ich in die Ehe gegangen, ich habe auch den A. mit meinem Saufen strafen wollen. Mir ist keinen Moment in den Kopf gekommen, daß ich *mich* damit strafe. Ich habe ihn mit dem Fensterspringen strafen wollen, und wenn ich richtig vollgesoffen war und

ins Krankenhaus mußte. Da habe ich gedacht, er muß sich jetzt mit den Kindern beschäftigen. Nichts hat er getan. Er hat sie weggegeben für die Zeit, bis ich wiederkam. Das war ja das Verrückte, daß ich immer irgendwen strafen wollte...«

»Würdest du sagen, daß deine Erfahrungen in der Kindheit besonders schrecklich waren in Relation zu den anderen Frauen, die du kennst?«
»Das würde ich nicht sagen. Wenn ich das von anderen Frauen höre, das ist alles so gleich. Der eine wird mit Liebe zerdrückt, der andere wird verprügelt, die wird vergewaltigt oder sie kriegen Kinder, Mutter und Tochter vom selben Typen. Und das muß zwischen Mutter und Tochter verschwiegen werden. Nee, das kann ich nicht sagen, ganz und gar nicht.«

»Ja, und warum schaffen es die einen und die anderen nicht?«
»Weil die eine was tut und die andere nicht.«

»Und du würdest sagen, du hast nichts getan?«
»Ich will nicht sagen, daß ich nichts gemacht habe. Ich denke, daß jeder Krankenhausaufenthalt für mich ein Prozeß war. Ich glaube, daß ich was für mich gemacht habe. Aber daß ich nie gewußt habe, worauf es für mich ankommt. Ich bin zum ersten Mal freiwillig zum Entzug gegangen, als die Trennung von Anke war, die ich lange nicht auf die Reihe gekriegt habe. Ich hab' überall was gemacht und bin überall ein Stückchen weitergekommen. Ich fing endlich an, für mich zu denken. Und hier in der Wohngemeinschaft mach' ich noch was ganz anderes. Ich denke, hier ist es das erste Mal, daß ich absolut was tue für mich. Ganz alleine für mich. Daß ich z. B. an meinen Kindern arbeite, weshalb ich diese Verhältnisse habe, weshalb ich damit nicht klarkomme. Das sind einfache Verhaltensweisen, die habe ich in der Kindheit gelernt, die ich hier in Frage stelle, mit denen ich nie zurechtkomme, wenn ich draußen am Saufen bin und sage: ›Ich kann nicht mehr, ich will nicht mehr.‹

Ich weiß nicht, wie die anderen das schaffen und warum sie es schaffen. Ich kann es mir nur vorstellen. Und da geh ich mal von mir aus. Ich hab's erst mal nicht geschafft, weil ich's weggesoffen habe. Ich denke, daß ganz viele Frauen einfach nicht mehr dazu bereit sind, sich wieder kaputtmachen zu lassen, daß die das einfach erkennen und dann rechtzeitiger was tun.«

»Warst du denn bereit dazu, dich kaputtmachen zu lassen?«
»Ich denke, ich war bereit dazu... Ich habe damit gelebt, kaputtgemacht zu werden und mich selbst kaputtzumachen...«

»Ich denke, du warst nicht bereit dazu, du hattest Widerstand, du wolltest deine Kindheit doch nicht fortsetzen...«
»Ja, ich hatte aber keine anderen Möglichkeiten gesehen. Ich hatte eine Wohnung mit vier Wänden, ich hatte Kinder und einen Mann, auf den es mir ankommt, der arbeiten geht und die Familie versorgt. Ich habe überhaupt keine anderen Möglichkeiten gesehen. Daß das vorne und hinten nicht stimmt, das wußte ich immer. Aber ich wußte nicht, wie anders. Wenn ich dir fünfzehn Jahre früher begegnet wäre, dann wär's anders gewesen. Das ist einfach so.«

»Du gaubst, daß durch so einen Anstoß von außen ganz viel passiert?«
»Sicher (erregt), wo soll es denn herkommen?«

»Du hast doch damals durch Fernsehen und Zeitungen gehört, es gibt andere Möglichkeiten, oder nicht?«
»Aber nicht aufgenommen. Vielleicht hab ich's gehört und nicht aufgenommen.«

»Du hättest ja auch die Bereitschaft haben müssen, so etwas aufzunehmen. Wenn du mich fünfzehn Jahre früher kennengelernt hättest, hättest du auch nicht die Bereitschaft gehabt, mich zu hören.«
»Das weiß ich nicht. Ich war immer gegen Schlagen. Ich habe ihm gesagt: ›Also heiraten o.k., aber wehe, du schlägst mich mal.‹ Und irgendwann hat's angefangen, und er hat sich entschuldigt, irgendwann war's Routine, und ich hab das mit mir machen lassen. Wenn du da gestanden hättest, hättest gesagt: ›Also sag mal, Martha, was soll das, was läßt du da mit dir machen‹? Du, dann wär mir nichts anderes üriggeblieben, als zu überlegen. Ich muß das doch heute mit vierzig Jahren auch.

Ich fühle mich jetzt erst, nach drei Jahren, seit ich von dem weg bin, daß ich anfange, mich überhaupt irgendwie auszufüllen, fühle jetzt erst, daß ich für mich selbst da sein kann. Und damit kommt für mich auch alles andere. Und ich hör' nicht mehr auf ›Du mußt was tun...‹, sondern ich mach' wirklich das, was ich will.«

Zusammenfassung

Martha machte von allen Gesprächsteilnehmerinnen die radikalste Veränderung durch. Sie hatte die schlechtesten »Startbedingungen« und objektiv die größten Behinderungen. Erschwerend kam die Verarbeitung einer siebzehnjährigen Mißhandlungsbeziehung hinzu. Martha verabschiedete sich unter schweren Kämpfen von ihrer Wunschvorstellung einer intakten Familie und von der Verpflichtung einer jahrelangen sozialen Mutterschaft.

Marthas Kindheit zeigt, daß die Armut aufgrund ihrer Schichtzugehörigkeit ihre Situation allgemein verschärfte. Niemand kümmerte sich um ihre Ausbildung. Dies nahm sie nicht zum Anlaß zu kapitulieren, sondern sich z. B. gegen diskriminierende Schulverhältnisse erfolgreich zu wehren. Martha, die von Kindheit an erlebte, wie der Vater die Mutter mißhandelte und diese das wehrlos über sich ergehen ließ, hatte die Möglichkeiten:

– zu hoffen, daß sie später mehr Glück haben würde. »Gemessen an meiner Mutter habe ich es ja noch gut gehabt«, war ihre Meinung. Indem sie sich nach den negativen Erfahrungen ihrer Kindheit ausrichtet, hat sie die »Chance«, daß es ihr fast automatisch besser ergehen wird;

– sich mit ihrer Mutter zu solidarisieren, von der sie aufgrund deren Schwäche kaum Unterstützung in ihrer Auflehnung gegen den brutalen Vater zu erwarten hatte. So mußte sich Martha wie viele Mädchen in ähnlichen Situationen auf ihr eigenes Gefühl von Recht und Unrecht und eigener Kraft und Stärke verlassen;

– oder auch die Möglichkeit, sich von der Schwäche der Mutter zu distanzieren und sich wie ihre Brüder mit der Stärke des Vaters zu identifizieren.

Martha solidarisierte sich mit ihrer machtlosen Mutter, obwohl sie sich als Kind eine Zeitlang vergeblich um die Anerkennung des mächtigen Vaters bemühte. Ein häufig zu beobachtender Wunsch: Indem machtlose Frauen die Anerkennung eines aggressiven Vaters oder Ehemannes erlangen möchten, versuchen sie an seiner Macht zu partizipieren. Durch das männliche Imponiergehabe ihres meist arbeitslosen Vaters wuchs seine Autorität für Martha ins Unermeßliche. Martha glaubte später, viele ihrer Wünsche, die ihrem Vater galten, unbewußt auf ihren Mann übertragen zu haben.

Als ungelernte Fabrikarbeiterin in den fünfziger Jahren hatte sie kaum ausreichende finanzielle Möglichkeiten, sich auf Dauer alleine zu ernähren. Die Ehe galt in ihrem Elternhaus für Mädchen als die einzige Chance der ökonomischen wie sozialen Versorgung. Obwohl sie sich wegen ihrer sexuellen Gewalterfahrungen vor Männern ekelte, triumphierte sie gegenüber ihrem Vater, als sie geheiratet wurde. Von diesem Zeitpunkt an konnte sie ihren Haß auf den brutalen Vater herauslassen, weil sie seiner Abhängigkeit entkommen war. Ähnlich ergeht es vielen Frauen bei der Trennung von einem gewalttätigen Mann.

Marthas Bewußtsein entwickelte sich analog der ökonomischen und ideologischen Bedingungen der Nachkriegszeit so traditionell familienorientiert, daß sie sich während ihrer siebzehnjährigen Mißhandlungsbeziehung nie hätte vorstellen können, als geschiedene Frau mit Kindern allein zu leben. Um Konsequenzen ziehen zu können, mußte Martha ihre Haltung sich und anderen Frauen gegenüber verändern. Bisher verurteilte sie geschiedene Frauen und alleinstehende Mütter aufgrund ihrer Wertvorstellungen und aus Mangel an sichtbaren Alternativen. Für die Zukunft mußte sie sich selbst als alleinstehende Frau mit Kindern akzeptieren lernen.

Wenn Martha zu viel getrunken hatte, ließ sie ihre Aggressionen manchmal an den Kindern aus, die auf diese Weise zwei- bis dreifachen Mißhandlungen ausgesetzt waren. Einerseits bekundete Martha am Anfang unserer Gesprächsreihe immer wieder, daß sie die Kinder nie missen möchte, andererseits verübelte sie den Kindern, daß sie sich beim Vater wegen ihres Alkoholkonsums beklagten und zwei Söhne sie deshalb nicht ins Frauenhaus begleiteten. In Marthas Bewußtsein spiegelt sich lange die »kinderfreundliche« und die »frauenfeindliche« Ideologie der Nachkriegszeit. Da Abtreibung der damaligen Moral völlig widersprach, »opferte« Martha ihr Leben den Kindern, denen sie später ihr unbefriedigtes Leben vorwarf. Martha gab unbewußt die Quälereien, denen sie als Kind wegen Bettnässens ausgesetzt war, an ihren ältesten Sohn weiter, was sie heute bedauert. Als überforderte Mutter hatte sie ihre eigene Kindheit nicht verarbeiten, sondern wegen der traumatischen Erlebnisse nur verdrängen können.

Bei Martha ist am deutlichsten zu beobachten: Ihr Widerstand gegen den brutalen Mann, der für sie lange Zeit eine Autorität darstellte, wuchs mit gleichzeitiger Befreiung aus ihrer traditionell weiblichen Rolle. Ihre ständige Bereitschaft zum Verstehen und Verzeihen war allmählich überstrapaziert. Sie gewann an Selbstwertgefühl durch ihre Erwerbstätigkeit und ihre beiden Klinikaufenthalte, die ihr Anregung und Ermutigung brachten. Als sie nicht mehr trank, reduzierten sich ihre Scham- und Schuldgefühle. In dieser Zeit gab Martha die Hoffnung auf Verbesserung allmählich auf und veränderte aktiv ihre Lebenszusammenhänge. Sie konnte sich ab da gegen eine für sie unbefriedigende Sexualität wehren. Aus Angst, daß sie ihn verläßt, gab er ihren Forderungen nach eigenem Geld und Mithilfe im Haushalt nach. Sich zu wehren, bedeutete in Marthas Situation erst einmal eine Position herzustellen, in der sie subjektiv über annähernd gleiche Rechte wie er verfügte.

Als Martha dazu übergeht, sich entschieden körperlich zu wehren, kann sie sich eingestehen, daß ihre Körperkraft seiner gleichwertig ist, daß sie diese nur nie ernsthaft gegen ihn einsetzen wollte. Sie gewinnt zunehmend an Selbstachtung und kann das Verhältnis zu ihren Kindern verbessern. Für die Kinder ist sie in dieser Zeit nicht mehr die betrunkene, machtlose Mutter, vom Vater zusammengeschlagen und verachtet, sondern eine Mutter, die sich und die Kinder gegen ihn erfolgreich verteidigt.

Martha entwickelte Wut, die sie nicht länger unter ihren Schuld- und Schamgefühlen verdrängte, sondern der sie freien Lauf ließ, und vertraute wieder ihrer Körperkraft. Die Berechtigung zu dieser Wut ist für die Gegenwehr das Wesentlichste. Martha war in ihrer Wut so überzeugend, daß sie ihn situativ so beeindrucken konnte, wie alle Gesprächsteilnehmerinnen vorher von den Wutausbrüchen ihrer Männer eingeschüchtert wurden. Ihr Zurückschlagen änderte prinzipiell nichts an der unbefriedigenden Situation für sie und die Kinder. Für Martha war jedoch entscheidend, daß sie sich nicht mehr mißhandeln ließ und dadurch allmählich ihre Selbstachtung wiederfand. Marthas Verhalten zeigt auch: Nicht alle Frauen geben für immer ihren Widerstand auf, wenn sie einmal die Erfahrung gemacht haben, daß er bei einer Gegenwehr noch brutaler zuschlägt.

Inzwischen sah Martha für ihr Leben wieder eine Perspektive außerhalb einer endlos ausgedehnten sozialen Mutterschaft. Kurzfristig gesehen richten sich ihre Veränderungswünsche gegen die Interessen ihres damals zwölfjährigen Sohnes. Langfristig gesehen traf sie jedoch für sich und ihren Sohn mit der Trennung eine sinnvolle Entscheidung: Sie brauchte Jahre, um sich selbst endgültig zu stabilisieren, und erlebte während dieser Zeit immer wieder Rückfälle in die Alkoholabhängigkeit. Ihr Sohn, der sich inzwischen in einem sonderpädagogischen Heim wohl fühlt, wäre durch die Rückfälle der Mutter in seiner Entwicklung weiterhin behindert worden. Für Martha ist entscheidend, daß sie im Laufe einer längerfristigen Therapie auch ihre Schuldgefühle, als Mutter versagt zu haben, weitgehend bearbeiten konnte. Aufgrund ihrer veränderten Realität und ihres veränderten Bewußtseins hat sie sich von den Klischees und Vorurteilen wie »Eine Familie gehört um jeden Preis zusammen« befreien können.

Doch noch lange nach ihrer konsequenten Trennung fehlte Martha in manchen Situationen der hohle Rahmen dieser Familie, die ihr einen symbolischen Halt nach außen verlieh. Sie lernte allmählich, die ihr jetzt zur Verfügung stehende Zeit ohne Schuldgefühle für sich allein zu nutzen. In dieser Zeit waren unsere Gespräche eine große Unterstützung, sozusagen die neue Sicherheit in ihrem Leben. Sehr viele Erwartungen übertrug Martha in dieser Zeit auf mich. Es existierte genügend Zeit, die Ablösung schrittweise vorzunehmen und ihre Verlustängste ausführlich anzusprechen. Für Martha war nicht nur die Unterstützung durch die Mitbewohnerinnen im Frauenhaus wichtig, sondern sie brauchte nach der Trennung den persönlichen Kontakt zu einer Person, an die sie zeitweise Verantwortung zu delegieren versuchte. Erst viel später fühlte sie sich in der Lage, die alleinige Verantwortung für sich selbst zu übernehmen.

Im Frauenhaus machte Martha mit sich selbst ganz neue Erfahrungen. Sie findet schnell ihre frühere Stärke und ihren Lebensmut wieder und hat bald – wie sie sagt – eine »Führungsrolle« unter den Bewohnerinnen. Einerseits fühlt sich Martha dadurch manchmal überfordert, andererseits bestätigt. Körperlich waren Frauen jedoch für sie tabu. Die Offenheit, mit der eine Mitbewohnerin Martha ihr Interesse zeigt, kann sie bei einer Frau nicht ertragen. Sie wird mit einem Verhalten konfrontiert, das sie von Frauen nicht gewohnt ist. Durch die Möglichkeit, Frauen im Frauenhaus anders als bisher zu erfahren und Freundschaft schließen zu können, lehnt Martha Frauenbeziehungen allmählich nicht mehr prinzipiell ab. In unseren Gesprächen beginnt sie, sich ernsthaft damit auseinanderzusetzen.

Sich in eine Frau zu verlieben hätte Martha sich selbst in der Phantasie nie vorstellen können. Dies gilt für die Mehrzahl aller Frauen. Es war nicht nur die fehlende Gelegenheit, sondern sie hatte auch die gesellschaftlich geprägte ablehnende Haltung Homosexuellen gegenüber verinnerlicht. Als Martha im Frauenhaus beginnt, prinzipiell ihre Einstellung zu Frauen zu verändern, wächst gleichzeitig ihr Selbstwertgefühl. Allmählich kann sie die gesellschaftlich aufgebauten Barrieren, Frauen als Konkurrentinnen um den Mann und nicht als gleichwertige Partnerinnen zu erleben, in Frage stellen. Durch ihre neue Lebensrealität im Frauenhaus nimmt sie zum ersten Mal Alternativen zu ihrem bisher traditionell verlaufenen Frauenleben wahr. Sie sieht, daß es unter den Mitarbeiterinnen Frauen gibt, die sich freiwillig zu einem autonomen Leben teilweise ohne Mann und Kinder entschieden haben. Dies war Martha früher nie vorstellbar. Obwohl sich Martha auf dem Hintergrund ihrer traumatischen Kindheitserlebnisse für Männer nie sexuell interessierte, verhielt sie sich der Norm entsprechend, indem sie im Kontakt mit ihrem Mann ihre Ekelgefühle unterdrückte. Sie kam nie auf die Idee, daß es Alternativen geben könnte. Ihre Wünsche und Bedürfnisse veränderten sich entsprechend ihrer neuen Realität. Während ihres Frauenhaus-Aufenthalts nimmt sie zum ersten Mal eine Liebesbeziehung zu einer Frau auf.

Bei Martha bewegen sich ihre Gefühle nach der Trennung lange zwischen zwei Extremen: Haß und Mitleid. Manchmal waren ihre Haßgefühle so stark – sie beschuldigte ihn, ihr Leben zerstört zu haben und nicht zur Rechenschaft gezogen zu werden –, daß sie ihre Wut körperlich an ihm abreagierte, so wie sie sich an ihrem Vater rächte. Andere Möglichkeiten existierten für sie nicht. Gefühle von Wut, Haß und Verachtung waren häufig so übermächtig, daß sie sie kaum zu ertragen glaubte, weil sie mit Ohnmacht verbunden waren. Sie konnte ihm nicht begreiflich machen, wie sehr er sie psychisch und physisch verletzt und erniedrigt hatte und ihn auch nie dafür zur Verantwortung ziehen. Spätere Genugtuung, wovon Martha und Marianne sprachen, erfahren die meisten Frauen so gut wie nie, weder auf finanzieller noch auf rechtlicher oder persönlicher Ebene, es sei denn, sie verschaffen sie sich selbst.

Noch einmal gibt es eine entscheidende Zäsur in Marthas Leben. Nachdem die über einjährige Liebesbeziehung zu ihrer Freundin zerbrochen war, greift sie wieder verstärkt zum Alkohol. Keine anderen Konfliktbewältigungsmöglichkeiten hatte sie sich bisher erarbeitet. Mit dieser Freundin konnte sie ausführlich ihre Vergangenheit besprechen. Da ihr ein so weitgehendes Interesse an ihrer Person bisher fremd war, verunsicherte sie manchmal die Anteilnahme der Freundin, so »als ob mir mein Innerstes nach außen gekehrt worden ist«.

Unangenehmes und Schmerzliches wurden in diesen Gesprächen immer wieder aufgewühlt, zu anstrengend schien ihr häufig die Bewältigung ihrer bedrückenden Vergangenheit. Nach Beendigung dieser Liebesbeziehung fühlt sie sich gezwungen, ihr Leben noch einmal neu zu organisieren. Jetzt will sie entschieden ihre Alkoholabhängigkeit bekämpfen, deren Ausmaß sie bisher unterschätzte. Sie begriff allmählich, daß sich das Problem ihrer psychischen und physischen Abhängigkeit vom Alkohol nicht automatisch mit der Trennung vom Mißhandler löste. Für sie war es schmerzlich zu begreifen, daß sie vor Rückfällen in die Alkoholabhängigkeit nie sicher sein wird. Einen Rest ihrer früheren Wertvorstellungen, nämlich die Unauflösbarkeit von einmal eingegangenen Beziehungen, übertrug sie auch auf diese Frauenbeziehung. Aus diesem Grund fühlte Martha sich nach der Trennung wieder erneut verunsichert und einsam.

Danach lebt Martha Jahre in einer therapeutischen WG für suchtabhängige Frauen. Diese Zeit beschreibt sie als notwendig und gleichzeitig anstrengend: Hier konnte sie u. a. ihr Alkoholproblem und ihre Trennungsängste mit Erfolg bearbeiten.

In Zukunft möchte sie mit anderen Frauen ein Café für Frauen, besonders für Mütter – am liebsten in ihrer früheren Wohngegend am Rande Berlins –, eröffnen. Sie weiß aus Erfahrung, wie isoliert dort Mütter mit ihren Kindern leben. Sie ist weiterhin an der Arbeit und der Entwicklung der beiden Frauenhäuser interessiert und nimmt an Aktivitäten innerhalb der Frauenbewegung teil, soweit es ihre Arbeitszeit zuläßt.

Martha hat inzwischen viele freundschaftliche Kontakte zu ähnlich unabhängigen Frauen, mit denen sie häufig kleinere Reisen unternimmt, wovon sie früher immer träumte. Damit kann sie sich heute Wünsche erfüllen, die vor und während ihrer Ehe ausgeschlossen waren. In einem aktiven Prozeß der Auseinandersetzung mit sich selbst und ihrer Mißhandlungsgeschichte erarbeitete sie sich mit viel Energie eine neue Perspektive. Ihr Leben, so wie sie es heute führt, wäre wahrscheinlich ohne den Frauenhausaufenthalt nicht möglich gewesen. »Ich würde viele Sachen anders machen, wenn ich den Kopf von heute hätte. So wie ich heute lebe, das würde ich für nichts mehr hergeben, ich finde es toll.«

Elke E.

Elke wurde 1961 in Berlin geboren. Sie lebte bis zu ihrem zweiten Lebensjahr in Pflegefamilien, dann mit ihrer Mutter und später mit Mutter, Stiefvater und einer jüngeren und einer älteren Schwester zusammen. Sie beendete gegen den Willen ihrer Mutter ihre Ausbildung zur Medizinisch-Technischen Assistentin. Zur Zeit der Gespräche arbeitet sie in ihrem Beruf, später möchte sie sich weiter qualifizieren. Mit dem Mißhandler war sie nicht verheiratet, sie hat keine Kinder. Wegen ihrer Mißhandlungsfolgen ging sie nach einem fünfmonatigen Frauenhaus-Aufenthalt für ein halbes Jahr in eine therapeutische Klinik nach Westdeutschland. Heute lebt sie allein und hat einen neuen Freund.
Elke lernte ich über eine ehemalige Kollegin aus dem Frauenhaus, zu der sie als einzige nach ihrem Auszug Kontakt behielt, kennen. Da sie panikartige Angst noch Jahre nach der Trennung vor den Morddrohungen des Mißhandlers hatte, lebte sie in größter Isolation: Sie besaß kein Telefon und verließ die Wohnung nicht mehr bei Dunkelheit. Allen fremden Kontakten begegnete sie mit Mißtrauen. Sie überlegte monatelang, ob sie von meinem Gesprächsangebot Gebrauch machen sollte. Als ihre Angstzustände sich steigerten, verabredete sie schließlich ein Treffen mit mir. Unsere erste Begegnung hatte sie sorgfältig vorbereitet: Es gab Torte, Kaffee, sie zündete Kerzen an. Obwohl Elke 28 Jahre zum damaligen Zeitpunkt war, wirkte sie im ersten Augenblick wie ein achtzehnjähriges Mädchen. Sie sprach leise und unsicher, so daß ich sie kaum verstehen konnte. Durch unsere Gespräche hoffte sie, sich allmählich von ihren Ängsten befreien zu können und ein ausgewogeneres Verhältnis zu ihrem Freund aufzubauen.

An Elkes Lebensgeschichte wird deutlich: Die Wiederholungssituation aus der Kindheit, sich über Dienstleistungen und Geschenke Zuneigung und Geborgenheit zu erkaufen. Das »zufällige« Hineingeraten in drei Mißhandlungsbeziehungen. Die Methode, die Zuhälter anwenden, um ihre Opfer zu zerstören und ihnen ihren Willen aufzuzwingen. Die Veränderungen durch den Frauenhaus-Aufenthalt. Elke besitzt schlechte Startbedingungen für ihre neu eingegangene Männerbeziehung, da sie nicht die Angst vor ihrem letzten Mißhandler überwinden konnte.

Aus Angst vor meinem Stiefvater habe ich mich verlobt

»Eigentlich habe ich immer um Liebe gekämpft, als Kind schon. Als meine Schwester geboren wurde, war ich zehn Jahre, da habe ich schon im Haushalt mitgeholfen. Habe saubergemacht, bloß um Anerkennung von meiner Mutter zu kriegen. Darauf kann ich mich sehr gut besinnen. ›Hast du aber schön gemacht‹, damit hatte es sich. Wenn ich mir was nebenbei verdient hatte oder wenn Besuch kam, habe ich das Geld gespart und meiner Mutter Geschenke gemacht, habe ihr Konfekt mitgebracht. Sie mochte allerdings nur ein bestimmtes Konfekt, und das war damals schon teuer. Wenn es ein anderes war, hat sie es in die Ecke gelegt und nicht angerührt. Bei Sprengel hat sie sich ein bißchen gefreut, dann hat sie mich mal kurz angelächelt, das war alles.«

»Dann hast du dir ihre Aufmerksamkeit regelrecht erkaufen müssen?«
»Ja, und als die Kleine geboren wurde, war es so, daß meine Mutter viel mit der Kleinen geschmust hat, sie dauernd in den Arm genommen hat. Wenn ich dann was wollte: ›Ach, geh weg‹ (sie imitiert den abweisenden und bösen Tonfall ihrer Mutter). An das Baby durfte ich, als es ganz klein war, überhaupt nicht ran.
Und später, meine große Schwester war ja weg, da sind mein Stiefvater und meine Mutter mit dem Kinderwagen spazierengegangen, und ich mußte meistens hinterherlaufen. Später lief dann die Kleine in der Mitte, und ich mußte entweder vor- oder hinterherlaufen. Das werde ich wohl nie vergessen. Mein Stiefvater war ziemlich jung,

meine Mutter sah damals jünger aus, als sie war, ich war aber zehn Jahre älter als die Kleine. So hat sie mich und die große Schwester überall verleugnet. Keiner wußte, daß sie noch zwei andere Kinder hatte, damit sie nicht älter geschätzt wurde. Ich habe als Kind viel saubergemacht, geputzt und gebastelt, einfach nur, um Anerkennung zu kriegen.

Genauso habe ich es später dann mit den Männern gemacht. Ich habe sie unheimlich verwöhnt und bekocht und kleine Geschenke gekauft, und wenn sie blonde Haare mochten, habe ich sie mir blond gefärbt. Hauptsache nur, ich habe irgendein Lob gekriegt, irgendeine Anerkennung. So war das bisher immer.«

»*Wie hat sich dein Stiefvater zu dir verhalten?*«
»An und für sich gut. Ich glaube, er mochte mich sehr. Für ihn war ich immer seine Tochter (sie weint jetzt). Deshalb werde ich auch nie vergessen, was meine Mutter gesagt hat. Nachdem die Kleine geboren war, sagte er einmal: ›Die Elke ist mir eigentlich viel mehr eine eigene Tochter als die Katrin‹ (unter starkem Weinen). Die Katrin war die Kleine. Sie hat geantwortet: ›Vergiß nicht, die Katrin ist dein leibliches Kind, Elke ist nur deine Stieftochter.‹«

»*War dein Stiefvater lieb zu dir, hat er dich in den Arm genommen?*«
»Ja, aber nur, wenn meine Mutter nicht dabei war. Die hat das nicht gemocht. Mein Stiefvater ist nur elf Jahre älter als ich. Als ich sieben Jahre alt war, kam er zu uns. Da war er 18 und meine Schwester war 11, meine Mutter war 29. Und es dauerte auch nicht lange, da zog er bei uns ein, und ich habe ihn als Vater akzeptiert. Das war für mich irgendwie mein Vater. Als meine Schwester etwa zwölf Jahre alt war und anfing, Busen zu kriegen – die war ganz schön früh entwickelt –, wurde die ins Internat gesteckt nach Westdeutschland, weil sie wohl Gefahr bedeutet hat. Angeblich sollen mein Stiefvater und sie was gehabt haben. Mein Vater streitet es ab, und meine große Schwester, mit der ich mich mal unterhalten habe, sagte, er hätte sie mal versucht zu küssen. Das fand sie unangenehm. Ich weiß auch von ihrem Mann und ihren Freunden, daß sie keinen Mann küssen konnte.

Er streitet es ab, aber meine Mutter hat damals gesagt, daß sie im Bett Blut gefunden hat. Daß sie zusammen geschlafen haben, das streiten allerdings beide ab, mein Stiefvater und meine Schwester. Auf jeden Fall ist sie zwei Tage später durch eine Fürsorgerin ins Heim gekommen nach Westdeutschland (Elke weint noch immer). Ich war zu diesem Zeitpunkt verschickt.

Also meine Mutter war unberechenbar. Zuerst gab sie meiner Schwester die Schuld, sie mußte weg. Meine Mutter hat sich mit meinem Vater versöhnt, und große Liebe. Dann hat sie sich mit meiner Schwester versöhnt, später war mein Stiefvater der Böse. Dann hat sie sich wieder mit meinem Stiefvater versöhnt, da war die große Schwester die Böse. So ging das laufend, auch zwischen uns Geschwistern, das war genau das gleiche.«

»Was wurde dir denn damals erzählt, warum deine Schwester ins Heim kommt?«
»Sie sei so schlecht in der Schule, deshalb müsse sie ins Internat.«

»So warst du deinem Stiefvater gegenüber überhaupt nicht vorbelastet. Als du später die Wahrheit erfahren hattest, haben sich deine Gefühle dem Stiefvater gegenüber verändert?«
»Als ich Kind war, war er bereits ein Mann. Da hatte ich ihn als Vater akzeptiert. Als ich älter wurde, konnte ich ihn als Vater nicht mehr akzeptieren, aber als Mann habe ich ihn eigentlich auch nicht akzeptiert. Da ist er immer mehr zur Randfigur geworden. Er war einfach zu jung, nur elf Jahre älter, er hätte mein Bruder sein können. Ich habe ihn später mal darauf angesprochen, er hat gesagt, daß da nichts war. Meine Schwester hat auch gesagt, daß da nichts war bzw. daß er versucht hätte, sie zu küssen. Ja, ich weiß nicht, was da war.«

»Hast du das glauben können?«
»Ich glaube, seit ich es von meiner Schwester wußte, war ich ihm gegenüber ablehnender.«

»Du hast es dir also vorstellen können?«
»Ich habe mir vorgestellt, daß er es mit mir auch macht. Da war ich jünger, ich muß achtzehn oder neunzehn gewesen sein, als ich das erfahren habe.«

»Und da hast du dir vorgestellt, daß dir das auch hätte passieren kön-
nen?«

»Ja, und da ist es mir im nachhinein ziemlich komisch geworden und
unangenehm. Aber ich muß es früher erfahren haben, schon damals
durch meine Schwester.«

»Ist es möglich, daß du damals Situationen mit deinem Stiefvater erlebt
hast, die du heute anders interpretieren würdest?«

»Nein, ich habe nur gemerkt, daß ich mit ihm nicht mehr allein in
der Wohnung bleiben wollte und auch nicht mehr mit ihm allein im
Auto gefahren bin. Als meine Mutter wieder nach Westdeutschland
gezogen ist, war ich siebzehn, aus Torschlußpanik heraus habe ich
mich dann verlobt. Ich habe gedacht, daß er sich auch an mich ran-
machen könnte.«

»Hast du manchmal Unsicherheiten gespürt, wo du nicht wußtest, wie du
die deuten solltest?«

»Eigentlich nicht. Ich weiß nur, daß er mich einmal nachts zuge-
deckt hat. Da war ich jünger, etwa dreizehn. Ich bekam einen wahn-
sinnigen Schreck, als er im Dunkeln an meinem Bett stand, was mir
äußerst unangenehm war. Bloß, das habe ich nicht gewollt. Das ist
eigentlich die einzige Erinnerung, die ich habe.

Dann ist meine Mutter nach Westdeutschland gezogen; drei Monate
später kam sie wieder zurück und rief bei mir im Krankenhaus an.
Ich habe ihr das Geld für den Umzug gegeben. Ich hatte gespart, ich
wollte eigentlich in Urlaub fahren. Ich habe gedacht, vielleicht wird
es jetzt besser. Aber es ist nicht besser geworden, alles, was ich gesagt habe, war nicht richtig. Zum Beispiel, wie ich mich gekleidet
habe, war nicht richtig. Ich konnte es meiner Mutter nie recht machen. Bei anderen Leuten ist sie über mich hergezogen.

In der Kindheit ist mir nichts erlaubt worden. In der Schule war ich
immer ein Außenseiter. Ich durfte nie zu anderen Kindern spielen
gehen, die Kinder durften nicht zu mir kommen. Ich durfte auch in
kein Kino, ich durfte zu keinem Geburtstag von Schulkameraden,
ich durfte nicht fernsehen. Ich konnte überhaupt nicht in der Schule

mithalten. Ich bin auf die Realschule gegangen, weil ich sehr gute Zeugnisse hatte. Ich sollte auch einen Beruf lernen. Aber als ich mit der Lehre angefangen hatte, wollte sie gewaltsam, daß ich sie beende.

* * *

Dadurch, daß meine Mutter ständig zwischen Berlin und Westdeutschland umzog, mußte ich einmal meine Ausbildung unterbrechen. Beim nächsten Umzug hat sie es wieder verlangt. Ich sollte mit, da hätte ich zum zweiten Mal meine Ausbildung abbrechen müssen. Sie hat mir gedroht, ich müßte mit, ich wäre minderjährig. Ich habe gesagt, wenn ich noch mal die Ausbildung abbreche, ein drittes Mal fange ich nicht mehr an. Dann nehme ich den ersten Besten und heirate. Sie sagte, das wäre ganz gut, heiraten würde ich sowieso, aus mir würde sowieso nichts. Ich habe mich dann hinter meine Ausbilderin geklemmt, die hat bewirkt, daß ich weitermachen konnte mit der Ausbildung. Als meine Mutter dann weg war und ich mich so alleine fühlte, habe ich mich zum ersten Mal verlobt.
Mein Verlobter wollte damals, daß ich mit der Lehre aufhöre, weil wir doch heiraten würden und mit Kind. Meine Mutter hat ihn sehr unterstützt. Sie wollte, daß ich aufhöre mit der Lehre; ich sollte arbeiten gehen, Geld verdienen und was für die Aussteuer anschaffen. Dagegen habe ich mich gewehrt. Das war 'ne Trotzreaktion. Ich glaube, das war damals eine Krise. Ich hatte keine Lust mehr, weiterzumachen. Es gab so viel zu lernen, dann das Theater mit meinem Verlobten und mit meiner Mutter... Wenn ich bei ihr zu Besuch war, bin ich immer heulend weggegangen. Dann habe ich aus Trotz die Ausbildung weitergemacht, und das war mein Glück. Hätte meine Mutter nicht so dagegen geredet, ich weiß nicht, vielleicht hätte ich sie damals abgebrochen und wirklich geheiratet. Es war die reine Trotzreaktion.«

»Meinst du nicht, daß du damals gespürt haben könntest, daß du dich noch abhängiger machst, wenn du die Ausbildung abbrichst?«
»Ich habe bei meiner Schwester und auch bei meiner Mutter ge-

merkt, daß da irgendwas nicht stimmt. Deshalb wollte ich einen Beruf haben. Diese Überlegung hatte ich damals nicht bewußt, für mich war es eine Trotzreaktion. Damit habe ich mich auch das erste Mal gegen meinen Verlobten gestellt. Es hat nur einen Moment gedauert, dann waren wir auseinander. Er hatte mich tagtäglich bequatscht mit einem Kind. Er wollte unbedingt, daß ich schwanger werde. Er hat mir die Pille weggenommen, ich hatte noch 'ne zweite Schachtel, die ich dann genommen habe. Er hat es unbedingt darauf angelegt, daß ich schwanger werde. Und Abtreibung wäre damals für mich nicht in Frage gekommen.«

»Da hattest du dir genau überlegt, kein Kind zu bekommen.«
»Also rückblickend würde ich sagen, solange ich mich besinnen kann, habe ich für irgendwas gekämpft. Ich glaube, so war's damals auch. Ich wollte unbedingt meine Ausbildung fertig machen und nicht während der Ausbildung ein Kind. Wir hatten nur eine Einzimmerwohnung mit Außentoilette. Dann dieser Dienst von morgens um sechs bis abends um sechs, zwei Stunden Mittagspause in der Ausbildung. Dann ist er jede Nacht über mich drüber weggestiegen und morgens auch. Das hätte ich psychisch mit einem Kind gar nicht geschafft.«

Wenn mir damals jemand klargemacht hätte, daß Schlagen nicht normal ist...

»Bist du in vorhergehenden Beziehungen auch geschlagen worden?«
»Ja, mit meinen beiden Verlobten ist es mir jedesmal passiert. Immer aus Eifersucht, obwohl kein Grund da war. Mir ist das Fremdgehen immer nur angedichtet worden, ich habe mich bestimmt nicht so verhalten. Ich habe damals sämtliche Zeitschriften wie *Brigitte* und *Petra* gelesen und mich zurechtgemacht. Ich habe von jedem gehört, daß ich unheimlich hübsch sei. Mir hat das gefallen, wenn ich auf Männer wirkte. Aber ich habe nie einen herausgefordert, weil ich immer viel zu viel Angst durch die erste Beziehung mit einem Mann hatte. Bei meinem ersten Verlobten war ich gerade siebzehn, als ich ihn kennenlernte. Ich wollte damals ein Zuhause haben, ich bin mit sechzehn von zu Hause weg.«

»Als der erste versuchte, dich zu schlagen, wie ist das passiert?«
»Er hat mich nur einmal geschlagen und dann rausgeschmissen, mich mitten in der Nacht auf die Straße gesetzt. Er dachte, daß ich was mit seinem Freund hätte. Das stimmte aber nicht, das hat sich später geklärt. Da wollte er wieder mit mir zusammen sein, aber ich wollte nicht mehr. Das war das erste Mal, daß mich ein Mann geschlagen hat. Ich fand es furchtbar und habe mir gesagt, so etwas passiert mir nie wieder.«

»Konntest du dich wehren?«
»Er war viel zu stark. Einerseits hing ich an ihm, andererseits fand ich sehr schlimm, daß er ständig mit mir ins Bett wollte und nicht nur einmal. Ich war für ihn die erste Frau und er für mich der erste Mann. Anfangs, als wir noch keine eigene Wohnung hatten, war das nicht so schlimm. Aber als wir dann zusammenzogen, – ob das mitten in der Nacht war, ob am Morgen, ob am Nachmittag... Ich nahm damals die Pille und habe wahnsinnig zugenommen, etwa fünfzehn Kilo. Dann fing ich an abzunehmen und wieder auf mein Äußeres zu achten. Die anderen dachten, daß ich Alkohol trinke, weil ich so aufgedunsen aussah. Da habe ich die Pille gewechselt. Ich habe sieben verschiedene Pillen in zwei Jahren durchprobiert.
In den ersten Verlobten war ich anfangs nicht verliebt. Das kam später, weil er an und für sich ganz lieb war. Ich hatte immer nur einen Wunsch: ein eigenes Zuhause, einen Mann und Kinder zu haben.

Mein zweiter Verlobter war meine große Liebe. Wir haben uns damals gesehen, und es hat bei beiden gezündet. Er war unheimlich eifersüchtig. Die Freunde, die ich zwischendurch hatte, waren längst nicht so eifersüchtig. Ich habe gemerkt, daß sich die Eifersucht total kristallisiert, wenn man zusammenzieht. Ich durfte keine Freundin besuchen. Wenn ich später von der Arbeit nach Hause kam, hat er einen anderen Mann vermutet. Das war bei dem ersten so, das war bei dem zweiten so.
Ich kann mich noch an einen Streit erinnern, wo wir uns nur angebrüllt haben; miteinander vernünftig reden, das gab es gar nicht. Ich hatte ein schlechtes Gewissen, weil ich meinen Ärger in mein Tage-

buch geschrieben und er es gelesen hatte. Ich dachte, eine Frau darf nicht wütend sein, das ist nicht angebracht. Die bösen Titulierungen auf ihn machten ihn mörderisch böse. Es endete damit, daß die Sachen durch die Gegend flogen und er mich schlug.

Ich glaube, da habe ich mich gewehrt und sogar angefangen zu toben. Da habe ich die Schubladen aus dem Schrank gerissen und auf den Boden geschleudert. Er knallte mir ein paar, da habe ich den Kerzenständer genommen und ihm auf den Kopf gehauen. Er hatte eine Beule am Kopf. Ich habe mich ganz schnell im Bad eingeschlossen, bis er sich beruhigte, und hatte unheimlich Angst. Er hat gegen die Tür gepoltert. Ich hatte Angst, daß er mich erwischt und windelweich schlägt... Er hat vorgezogen, einen trinken zu gehen. Irgendwie müssen wir uns wieder versöhnt haben, denn es war damals noch nicht Schluß.«

»War es für dich ein anderes Gefühl, als du dich gewehrt hattest?«
»Das war das einzige Mal, daß ich mich gewehrt habe. Es hat mir Angst gemacht. Ich habe den Kerzenständer ganz automatisch gegriffen und einfach zugeschlagen. Aber das hat mir im nächsten Moment eine unheimliche Angst gemacht.«

»Weil du gewagt hast, dich zu wehren oder weil du Angst hattest, ihn verletzt zu haben?«
»Angst, daß ich mich gewehrt habe.«

»Du hast geglaubt, das steht dir nicht zu?«
»Das war nur ein hysterischer Wutanfall, weiter war das nichts.«

»Du glaubtest nicht, im Recht zu sein? Du hattest dich doch vorher aufgeregt?«
»Damals glaubte ich nicht, daß ich in meiner Wut so weit gehen durfte... das schickte sich nicht für eine Frau. Er hat gesagt, ich wäre hysterisch, das wäre ein hysterischer Wutanfall. Nicht etwa, daß ich mich gegen sein Schlagen gewehrt hätte, sondern ich hatte einen hysterischen Wutanfall. Und hysterisch wollte ich nicht sein. Das finde ich ziemlich das letzte.«

»*Und du benutzt das gleiche Wort jetzt für dein damaliges Verhalten. Mit ›hysterisch‹ versuchen Männer die Wut von Frauen abzuwerten, so wie es ihm bei dir gelungen ist. Hat dir dein Wehren nicht ein Gefühl von Stärke vermittelt?*«

»Nein, ich glaube nicht. Denn hätte es mir ein Gefühl von Stärke gegeben, hätte ich mich doch später auch gewehrt. Aber das habe ich nicht.«

»*Also hast du dich danach, wenn er dich wieder geschlagen hat, nicht gewehrt?*«

»Es war das letzte Mal, daß er mich geschlagen hatte.«

»*Vielleicht hat es dann doch mit deinem Dich-Wehren zu tun gehabt?*«

(Lange Pause) »Ich habe dann einen anderen Mann kennengelernt und mich von ihm getrennt. Lange waren wir nicht auseinander – drei, vier Wochen höchstens. Ich kam ohne ihn nicht aus und er nicht ohne mich. Ich habe in jedem Mann immer nur meinen Verlobten gesehen, habe jeden Mann mit ihm verglichen, und alle sind niederschmetternd mies weggekommen.«

»*Und daß er dich geschlagen hatte, konntest du vergessen?*«

»Ach, ich habe das gut verdrängt. Von meiner Mutter bin ich auch oft ohne Grund geschlagen worden. Irgendwie war ich es gewohnt. Meine Mutter fragte nicht, ich habe die Dresche gekriegt. Ich dachte, daß ist später genauso. Daß es nicht sein *muß*, weiß ich jetzt. Heute würde ich mich auch *wehren*. Und ich weiß nicht, wie es heute ausgehen würde.«

»*Hast du einmal gesehen, daß deine Mutter geschlagen wurde?*«

»Nein, nie.«

»*Dann hast du sie also immer als stark erlebt?*«

»Ja, auch wenn sie nicht im Recht war.«

»*Dann hast du doch eigentlich das Bild einer starken Frau mitbekommen, nicht gerecht, aber stark.*«

»Stark und sehr ungerecht. Männern, also meinem Stiefvater und uns Kindern gegenüber, gerade mir speziell, ich war sowieso der letzte Dreck. Ich sollte Ähnlichkeit mit meinem Vater haben.«

»Warum bist du damals so lange bei deinem Verlobten, der dich schlug, geblieben?«
»Weil wir heiraten wollten. Das war von meiner Erziehung her so drin.«

»Wolltest du auch heiraten?«
»Nein.«

»Hättest du dir damals vorstellen können, alleine zu leben?«
»Nein, obwohl er nächtelang weggewesen ist. Ich wußte, irgendwann kommt er mal. Und das alleine reichte. Ich konnte überhaupt nicht alleine leben.«

»Dadurch warst du extrem abhängig von jedem Mann, der mit dir zusammenwohnte.«
»Ja, aber ich habe mich trotzdem von ihm getrennt. Damals hatte ich eine andere kurze Beziehung zu einem Mann. Danach habe ich sehr viel Alkohol und Tabletten genommen. Es war immer so: Wenn ich mit ihm zusammengelebt habe, war es unerträglich. Wenn ich mich von ihm getrennt hatte, kam es mir vor, als ob ich ihn unheimlich lieb gehabt hätte. Ich habe immer jemanden gesucht, den ich liebhaben kann. Er war auch der erste Mensch, bei dem ich das Gefühl hatte, daß er mich lieb hat. Von meiner Mutter bin ich abgelehnt worden, und die Beziehungen vorher waren auch anders.«

»Hast du dich von diesem Mann akzeptiert gefühlt?«
»Vom Akzeptiertwerden hatte ich damals noch keine Vorstellung. Heute ist mir klar, daß er mich nicht akzeptiert hat. Aber mir ist eingeimpft worden, ein Mann ist nun mal eifersüchtig, und wenn er mal ausrastet und dich schlägt, dann liebt er dich um so mehr.

* * *

Ich war immer ziemlich auf Männer fixiert. Ich hatte mit denen geschlafen, nur um etwas Liebe und Geborgenheit zu kriegen, was auch in deinem Buch drinstand. Damals konnte ich mich mit meinem Verlobten unterhalten und dachte, er hat Interesse. Aber der hat's hinterher *gegen* mich benutzt. Daraufhin habe ich eigentlich mit keinem gesprochen. Ich habe immer alles mit mir abgemacht. Ich glaube, wenn ich damals die Möglichkeit gehabt hätte, mit irgend jemandem zu reden, hätte ich mich vielleicht doch von diesem letzten Typen getrennt. Wenn ich gewußt hätte, wohin und mit wem reden; das hätte mir doch keiner *geglaubt*. Ich hatte auch keine Freundinnen, nur oberflächliche Bekanntschaften.«

»So wie du dich damals beschreibst, haben die Männer über dich verfügt und du hast dich ihnen untergeordnet, um von ihnen geliebt zu werden.«
»Ich habe mich total untergeordnet, gleichwertig fühlte ich mich nie. Mir ist aufgefallen, ich habe mich nur in sehr große Männer verliebt. Mit einem Mann, der nur ein bißchen größer war als ich, konnte ich nichts anfangen.«

»Was hast du mit einem großen Mann verbunden?«
»Stärke, Männlichkeit, wo ich Schutz suchen kann, der mich beschützt. Das kommt mir heute ironisch vor. Ich habe mich *immer* total auf den Mann eingestellt. *Immer.* In der Kleidung, im Aussehen, Schminken und Kochen. Auch in der Sexualität habe ich mich völlig angepaßt. Dieser letzte Typ hat mich laufend auf gemeine Weise vergewaltigt, weil er auf normale Weise gar nicht mit einer Frau schlafen konnte. Ich habe das aber nie darauf bezogen, daß *ich* vergewaltigt worden bin. Vergewaltigt konnte man nur von Fremden werden. Ach, der hat mich so oft vorgenommen, auf gemeine Art und Weise (fängt an zu weinen). Er hat erst Kinderpornofilme gesehen und mich dann vorgenommen; das war so schlimm. Wobei ich sagen muß, daß ich die Filme nie gesehen habe.«

»Damit sagst du, daß er dich schon ziemlich früh mißhandelt hat, also bevor er dich körperlich zusammengeschlagen hat.«
»Ja, ich habe das bloß nie als Vergewaltigung aufgefaßt, genauso diese seelische Mißhandlung. Seelische Mißhandlungen gab's ein-

fach für mich nicht. Daß man körperlich mißhandelt werden kann, klar, aber seelische Mißhandlung? Ja, seit wann weiß ich davon? Im Frauenhaus ist es angedeutet worden. Und genauso mit Demütigen. Ja, er hat mich gedemütigt. Erst im nachhinein, gerade durch die Gespräche im Frauenhaus, ist mir klargeworden, daß das schon ziemlich früh angefangen hat. Aber ich habe das überhaupt nicht als Mißhandlung aufgefaßt. Seitdem mir das klar ist, ist es auch mit Rainer so schlecht geworden, weil er das genauso drauf hat. Er *schlägt* mich nicht, das rat' ich ihm auch nicht. Ich weiß nicht, wozu ich heute fähig bin. Es gab nur einmal eine Andeutung in der Therapie in der Klinik, und ich habe ein Messer in der Hand gehabt. Da hatten wir getöpfert, ich weiß nicht mehr, worum es ging. Jemand hatte nur an meinem Ohr mit den Händen geklatscht. In dem Moment war Panik. Ich weiß nicht, woher ich das Messer hatte. Ich hatte das Messer in der Hand und hätte zugestochen. Ich weiß, daß ich zu allem fähig bin, wenn mich noch mal jemand anrührt.«

»So daß du heute sagen würdest, das könnte dir nicht mehr passieren?«
»Ich bring den um. Als ich meine Wohnung damals ausgeräumt habe, hatte ich das lange Küchenmesser gefunden. Ich habe mich immer wieder gefragt, warum hast du den nicht umgebracht (schreit), *warum nicht?* Wenn ich's könnte, ich würd's tun. Das ist heute schlimmer als damals. Wahrscheinlich hatte ich damals viel zu viel Angst. Er war so ein großer, stämmiger Typ...«

»Würdest du sagen, daß es nur daran gelegen hat?«
»Ich glaube, ich bin aus lauter Angst – ich durfte ja nicht einmal alleine pinkeln gehen an dem Tag, an dem er mich zusammengeschlagen hatte, so hat der aufgepaßt... Vor allen Dingen angesichts einer entsicherten Pistole zum Messer zu greifen, wäre sowieso Selbstmord gewesen.«

»Ja, das stimmt. Für dich wäre es wichtig rauszukriegen, warum du dich nicht vorher gewehrt hast?«
»Ich kann mich erinnern, daß ich mal die Hand gehoben und gesagt habe, er hätte nicht das Recht, mich zu schlagen. In dem Moment hat er mir so eine geknallt. Ich bin gegen den Schrank und in die

Ecke geflogen. Seine Vorliebe war – das ist mir neulich eingefallen –, mich auf offene Schranktüren zu stoßen. Ich habe hinten ein paar Narben im Rücken.«

»Du hättest dir die Wirbelsäule brechen können...«
»Ja. Das waren seine Lieblingsmethoden, es war gleich, ob er mich mit dem Kopf gegen den Schrank oder gegen die Wand schlug, das war auch sexuell so. Wenn ich noch zwei bis drei Jahre später nur an einen Mann gedacht oder durch Zufall einen nackten Mann gesehen habe im *stern*, bekam ich einen Würgereiz und habe gekotzt. Ich hatte wahnsinnige Schwierigkeiten, mit einem Mann überhaupt wieder zusammenzukommen. Dann ging es mit Rainer unheimlich gut. Wäre Rainer nicht einfühlsam gewesen – aber auch nur, weil er keine Erfahrung hatte –, ich hätte bis heute nichts mit einem Mann.«

»Wie ist es zu der Beziehung mit dem letzten Mißhandler gekommen?«
»Ich hatte gerade meine Beziehung zu einem anderen Mann beendet und bin in meine Stammdiscothek gegangen. Da war dann dieser Typ. Ich war geschminkt und hatte Discosachen an, sah also anders aus als heute. Ich wurde von ein paar Typen blöd angemacht. Dieser Typ saß am Tresen, und ich hab bemerkt, daß er mich beobachtete. Der saß total ruhig da, hat immer vor sich hin gestarrt. Ich bin in meinem Leichtsinn hin und habe ihn zum Tanzen aufgefordert. Das war das erste Mal, daß ich einen Mann aufgefordert habe, weil es mich so unheimlich genervt hat, von diesen Männern angemacht zu werden. Der war also sehr ruhig, obwohl er überhaupt nicht mein Typ war; der sah so brutal aus.«

»Welche Assoziationen hattest du denn zu seinem brutalen Aussehen?«
»Das ist komisch. Sein Aussehen hat mich unheimlich abgeschreckt, aber nicht seine unaufdringliche Art. Ich hatte damals einen Lieblingsschauspieler, den Charles Bronson. Der sah auch so brutal aus und spielte in den Filmen teilweise brutale Rollen. Aber im Endeffekt hatte er immer Gefühle für eine Frau und hat sie immer in Schutz genommen, alles kam immer in Ordnung. Er ist im-

mer *für* Frauen eingetreten. Irgendwie habe ich mich dadurch wohl verleiten lassen. Wenn einer brutal aussieht, muß er es ja nicht sein. Ich hatte auch gar nicht vor, mit dem eine feste Beziehung anzufangen.«

»Kann es sein, daß du dir von ihm Schutz erhofft hast?«
»Wahrscheinlich. Ich sagte ja schon, ich kannte immer Männer, die sehr groß und schlank waren, also von der Figur her eher männlich. Dadurch, daß der nicht versucht hat, mit mir zu flirten, kamen wir ins Gespräch und haben zusammen getanzt und uns dann verabredet. Er war immer sehr nett und zurückhaltend. Später habe ich rausgekriegt, daß er genau an dem Tag, an dem wir uns kennenlernten, aus dem Knast gekommen ist. Weihnachtsamnestie. Er hatte vier Jahre gesessen. Ich wußte aber nicht weshalb. Er sagte nur, er habe ein krummes Ding gedreht. Ich habe an Einbruch oder Diebstahl gedacht. Ich hatte ihm erzählt, daß der Mann, mit dem ich vorher zusammen war, mich geschlagen hatte. Er sagte, er würde nie eine Frau schlagen und war sehr nett. Wie sich das dann alles entwikkelt hat später... ich habe viel verdrängt.
Irgendwann sagte er, daß er einen festen Wohnsitz braucht für den Bewährungshelfer. Da waren wir ungefähr zwei oder zweieinhalb Monate zusammen. Er fragte, ob er sich bei mir anmelden bzw. vorübergehend wohnen kann, er habe eine Wohnung in Aussicht. Da dachte ich, ich darf keine Vorurteile gegen Kriminelle haben und habe ihn einziehen lassen. Von da ab ging das Theater los. Später hat er mir erzählt, daß alles nur Theater war, um mich einzufangen. Er hat gemerkt, wie ich auf Männer wirkte und wollte erst mal eine feste Beziehung zu mir und mich ein bißchen einlullen, damit ich gefügiger werde. Das hat er mir erst beim letzten Mal gesagt, als er mich so zusammengeschlagen hatte, im Krankenhaus. Der hat das ganz gezielt gemacht. Als er mich das erste Mal schlug, bin ich mit dem Kopf gegen das Bett geflogen. Er entschuldigte sich gleich und kam mit Blumen. Ich wollte ihn erst rausschmeißen. Ich habe gesagt: ›Wenn das noch mal passiert, dann ist es zu Ende mit uns.« Er sah das ein und entschuldigte sich x-mal. Als ich die Ohrfeige bekommen hatte, war das schlimm für mich. Dann fing er an, ohne mich sinke er ab, und nur ich könne ihm helfen, und es tue ihm leid.

Er hat nachts immer stark geschwitzt und erzählt. Ich habe das Bett überzogen und sah einen großen Fleck drin. Ich sagte: ›Das sieht ja aus, als ob du reingepinkelt hast.‹ Da kam der auf mich zugestürmt und knallte mir ein paar. Oder wenn er Ärger mit seinen Eltern oder mit seinen Freunden hatte, wenn mit dem Spielen was nicht geklappt hatte, dann ist er brutal geworden. Ich hatte damals schon so viel Angst, zumal ich nach und nach mitkriegte, was Sache war. Ich hatte damals immer Angst, daß er mich schlägt. Dann hat er mir gesagt, daß ich ihn nicht rauskriegen würde aus der Wohnung. Ich habe damals sehr an der Wohnung gehangen und nie gedacht, daß sich das so zuspitzt. Ich dachte, irgendwann trennst du dich von ihm, irgendwann muß ihm das doch mal klarwerden.

Es wurde von Mal zu Mal schlimmer. Er hatte auch eine Pistole in der Wohnung, die er dann rausholte. Die war entsichert, und er hat sie auf mich gerichtet. Er hat mich gewürgt, wenn ich nicht mit ihm schlafen wollte.[59] Er hat mich so lange gewürgt, bis ich bewußtlos war, und ist dann über mich weggestiegen. Ich hatte große Angst gehabt. Er sagte auch: ›Ich bringe dich um‹, wenn ich mich von ihm trenne oder ihn rausschmeißen will oder irgend jemandem was erzähle.

Er wollte mich zum Schluß mehrfach zwingen, mit Männern zu schlafen gegen Geld. Als Privatnutte, oder wie man das nennt. Sein Bekannter hat eine Art Sauna, Massagesalon. Ich habe mich immer geweigert und gesagt: ›Ich will das nicht machen.‹ Das waren die letzten Male, daß er mich so geschlagen hat; da ging das über den ganzen Tag und die ganze Nacht. Er würgte mich, bis ich bewußtlos war. Wenn ich zu mir kam, begann er von neuem. Er riß mir büschelweise die Haare aus und schlug mir ins Gesicht. Er hatte mich vergewaltigt; das war noch das Harmloseste. Das ganze Gesicht war eine blutige Masse. Er zerrte mich immer vor den Spiegel und sagte, daß er mich jetzt nur schlägt, das nächste Mal brächte er mich um. Je lauter ich schrie, desto doller schlug er zu. Von seinen Tritten hatte ich Unterleibsblutungen und Nasenbluten.«

»Schrecklich. Hattest du bei den Verletzungen irgendwann Angst, daß du sterben könntest?«

»Ich hab mir gewünscht, daß das *endlich* aufhört. (Weint ganz stark.) Gehofft, daß es endlich vorbei ist. Er hat ja auch auf mich eingeschlagen und dabei gelacht...

Dann sollte ich ins Krankenhaus mit ihm, damit ich nichts Falsches sage, und direkt wieder mit ihm nach Hause fahren. Ich habe das gleich ausgenutzt. Ich mußte ihm auf dem Fußboden kniend versprechen, nichts zu sagen (spricht jetzt sehr stockend) und alles zu tun, was er will. Ich sah darin meine einzige Möglichkeit, rauszukommen. Er hätte sich das fünf Minuten später schon wieder anders überlegen können. Er hat dann eine Taxe genommen. Ich habe unheimlich geblutet, und er meinte, so zermatscht, wie ich aussähe, würde ich sowieso keinen Sinn erfüllen, würde wohl keiner mit mir pennen wollen.

Als ich im Krankenhaus war, waren die Verletzungen so schlimm, daß die mich nicht haben gehen lassen. Er sagte, daß ich nichts sagen soll, sonst würde er mich umbringen, ein Alibi hätte er. Und daß er und seine Freunde mich im Krankenhaus besuchen werden, was er auch gemacht hat.

Im Krankenhaus habe ich erzählt, ich sei die Treppe runtergefallen. ›Diese Verletzungen können nicht vom Treppe-Runterfallen sein‹, sagten sie. Ich antwortete, ich wäre sehr unglücklich gefallen, alle Stufen runter. Da meinte der Arzt: ›Und am Hals, die Würgemale?‹ ›Weiter sage ich nichts, ich bin die Treppe runtergefallen.‹ ›Na ja‹, meinte er, wenn ich das so sagte, käme es eben in den Krankenhausbericht rein. Zuerst war ein Arzt auf der Station. Als ich ihn gesehen habe, habe ich nur gebrüllt. Dann kam eine Frau, und danach kamen keine Männer mehr. Die hat mich beruhigen können. Der habe ich mich anvertraut. Diese Ärztin wußte auch nicht weiter. Anzeige sollte ich erstatten. Ich sagte, daß ich das nicht tue und fragte: ›Können Sie dem nicht verbieten, hierher zu kommen?‹ Sie antwortete: ›Sie haben angegeben, es war ein Sturz, da können wir einem Freund, der es gut mit Ihnen meint, nicht verbieten, Sie zu besuchen.‹

Ich lag mit zwei alten Frauen im Zimmer. Eine war über siebzig, die andere über achtzig. Und er kam nie allein. Ich habe immer ein oder zwei Freunde von ihm gesehen. Die meinten, hier auf das Krankenhausgelände kommt man schnell. Da kam man auch schnell rüber, da war nur eine kleine Mauer. Im Krankenhaus selbst hat er mir gesagt, daß er mich umbringen wird. Sobald ich rauskomme, bringt er mich um. Ich weiß nicht, wie oft er kam. Ich habe mich später immer versteckt, auf der Toilette, im Park oder irgendwo. Bis ich sicher war, daß er wieder weg war. Ich konnte kaum reden, ich habe immer nur geweint und gestottert.

Der Krankenhausbericht sagte, es sei ein Wunder, daß mein Schädel nicht kaputtgegangen war. Aber ich hatte unter der Schädeldecke lauter Blutergüsse. Die haben mich vor dem Bildschirm mit einem Kontrastmittel gespritzt, wo man dann unter Strahlenbeschuß kommt und vor den Monitor, um an den Farben zu sehen, ob da irgendwas ist. An Teilen des Gehirns, wo die schweren Verletzungen waren, zeigten sich Blutergüsse. Ich hatte die erste Zeit danach Erinnerungslücken. Das ging mir auch im Frauenhaus so. Wenn ich Musik gehört oder irgendwas gesehen habe, erkannte ich nichts wieder. Das änderte sich erst im Laufe der Zeit. Es war auch der Schock. Selbst nach vierzehn Tagen im Frauenhaus konnte ich noch nicht richtig reden, ich habe nur gestottert.

Bis zum letzten Tag habe ich mich im Frauenhaus nicht sicher gefühlt. Da ist dauernd jemand 'rumgegeistert. Jedesmal bin ich in Panik geraten, habe fürchterliche Weinkrämpfe gekriegt und stundenlang apathisch dagesessen. Ich habe überhaupt nicht gesprochen.

Er hat nach mir geforscht. Die ganze Zeit ist wie ein Alptraum gewesen. Ich bin die ganze Zeit nicht auf die Straße gegangen und habe mich strikt geweigert, Telefondienst im Frauenhaus zu machen. Ich hatte Angst, er könnte meine Stimme erkennen. Das Klingeln hat ausgereicht, daß ich immer total zusammenzuckte. Die Tür habe ich auch nicht aufgemacht. Wenn ich aufgeregt war, habe ich nur noch gestottert. Ich war ziemlich nutzlos und vierzehn Monate krankgeschrieben.

Viele Wochen sind vergangen, wo ich mich von Männern distanziert habe, wo mir der Umgang mit Frauen, mit den Mitarbeiterinnen sehr gut getan hat. Dann bin ich in die Therapie, zu deutsch in die Klapsmühle nach Westdeutschland gegangen. Normalerweise sind sechs Wochen üblich, die Ärztin hatte jedoch ein Vierteljahr beantragt. Sie meinte, daß ich dann wieder normalisiert wäre. Aber dadurch, daß die Therapie drüben nicht so gut lief, blieb ich ein halbes Jahr. Hinzu kommt, daß die Krankenkasse nicht zahlen wollte. Die kriegten mit, daß das kein Unfall war. Sie wollten Namen und Anschrift von ihm. Das habe ich verweigert. Daraufhin sollte ich alles zahlen.

Und dann die Therapie... Zwischendurch hatte ich oft den Wunsch, mich umzubringen, auch drüben während der Therapie. Worauf der Therapeut meinte, ich hätte einen ausgeprägten Selbstzerstörungstrieb.«

»Hätte dich irgend etwas vor der letzten Mißhandlungsbeziehung bewahren können?«
»Nichts, dafür war die Angst zu groß. Aber wenn mir jemand klargemacht hätte, daß ich mir verschiedene Sachen nicht hätte bieten lassen müssen, daß eine Frau nicht zweitklassig ist, daß schlagen nicht normal ist...«

»Du sagtest mal, daß deine Kollegin, die dich ins Frauenhaus gebracht hat, dich auch nicht überzeugen konnte.«
»Ja, die war so anders. Sie hatte zwei Kinder und war verheiratet. Und so intensiven Kontakt hatten wir damals auch nicht. Wir waren Kolleginnen. Ich weiß nicht, vielleicht, wenn ich in der Anfangssituation mit dir gesprochen hätte, ob du etwas daran hättest ändern können? Ich hatte nicht den Mut gehabt, ihn rauszuschmeißen, ich hatte zu große Angst. Der hatte mich schon vorher geschlagen, ich wollte mich ja auch trennen. Aber die Angst ist ins Unermeßliche gestiegen. Ich weiß nicht, ob mir damals irgendwas geholfen hätte.«

»Du hattest unbeschreibliche Angst, aber bist immer wieder zu ihm in diese Wohnung gegangen?«
»Ja, weil es meine Wohnung war. Ich habe an meiner Wohnung gehangen, das war mein Besitz, das hatte ich mir geschaffen. An diesen Sachen hänge ich heute nicht mehr, ich würde heute wahrscheinlich früher gehen.«

»*Was glaubst du, hat auch an dir gelegen, daß du so tief in diese letzte Mißhandlungsbeziehung hineingeraten bist?*«

»Daß ich so erzogen worden bin, daß ich nichts anderes gehört habe, als: Eine Frau hat sich still und zurückhaltend zu verhalten, eine Frau hat mehr Gefühle, hält alles sauber und wäscht ab. Wenn der Mann will, hat die Frau mit ihm ins Bett zu gehen, und wenn der Mann zuschlägt, dann hat sie ihn provoziert. Dieses ganze Frauenklischee...«

»*Hast du dabei nie ein Gefühl von Ungerechtigkeit empfunden?*«

»Ich war unzufrieden. Ich habe gedacht, das kann doch nicht alles sein, aber meine Umwelt hat mir gezeigt, daß das nun mal das Los der Frau ist. Und da habe ich resigniert.«

»*Andere Informationen hattest du allerdings als ›Emanzentum‹ – wie du sagtest – abgelehnt...*«

»Da steckte ich schon in der Mißhandlungsgeschichte drin.«

Im Frauenhaus habe ich gemerkt, daß es nicht an den Frauen liegt

»Das Frauenhaus war für mich der einzige Ausweg damals. Wenn meine Kollegin damals das Frauenhaus nicht ausfindig gemacht hätte – wo kein Mann reinkam –, dann wäre ich bestimmt nicht mehr. Ich hätte nicht den Mut gehabt, in irgendeiner Stadtwohnung zu wohnen. Das hätte ich einfach nicht durchgehalten. Ich glaube, so geht es vielen anderen Frauen auch.«

»*Was war für dich ganz speziell wichtig am Frauenhaus?*«

»Daß nur Frauen da waren und keine Männer reindurften. Wenn ich keinen Mann sehen konnte, bin ich nicht auf die Straße gegangen. Es hat mir ein Gefühl von Stärke und Geborgenheit gegeben. Ich habe das erste Mal mitgekriegt, daß man ausschließlich mit Frauen Kontakt haben kann. Meine vorherigen Erfahrungen waren nur mies.«

»*Hat sich dein Verhältnis zu Frauen dadurch verändert?*«

»Ansatzweise ja, – daß ich eine Frau nicht mehr als Rivalin angesehen habe, als Konkurrenz, daß ich auch eine Frau richtig gern haben kann. Ich habe damals das unheimliche Glück gehabt, in ein kleines Zimmer zu kommen. In so einem großen Zimmer mit zwanzig Leuten wäre ich durchgedreht wegen meines psychischen Zustandes.«

»*Hast du dich im Haus verändern können?*«

»Dazu war der Schock durch die Mißhandlung zu groß. Ich habe im Haus Erfahrungen gemacht, die ich nicht missen möchte. Ich hatte eine wahnsinnige Angst, habe völlig unter Alpdruck gestanden in den ersten Wochen. Nachts hatte ich überhaupt nicht geschlafen und mit mehreren Frauen im Aufenthaltsraum gesessen. Erst mittags, wenn es hell wurde, konnte ich schlafen, allerdings erst nach Tagen.

Ich habe nur gestottert. Dieses Stottern und die Weinkrämpfe haben erst nach vielen Tagen aufgehört. Das Stottern hatte ich beibehalten, mit Unterbrechung, bis ich in die Klinik kam.

Kurz bevor ich in die Klinik ging, ungefähr nach vier Monaten, habe ich mich manchmal sehr wohl gefühlt. Ich habe dann auch Telefondienst gemacht. Abends konnte man so schön quatschen, über Dinge reden, die ich kaum jemandem erzählt habe. Das Positive war die Gemeinschaft mit Frauen. Seitdem habe ich den Gedanken, mit einer Frau zusammenzuleben und mit Frauen zu verreisen. Mit den Frauen, mit denen ich zusammen war, fiel das ganze Konkurrenzdenken, das Schminken, schöner zu sein als die andere, weg. Das war das erste Mal, daß ich das erlebt habe, und ich fand es toll. Besonders die Erfahrung, daß es anderen Frauen auch so mies gegangen ist, daß ich kein Einzelschicksal war; wenn auch außer mir in dieser Zeit kein so extremer Fall da war. Aber es hat mir gezeigt, daß auch andere Frauen geschlagen werden.«

»*Bist du vor dem Aufenthalt im Frauenhaus davon ausgegangen, daß andere Frauen auch so behandelt werden oder glaubtest du, daß es nur dir passiert?*«

»Ich dachte, nur ich. Und es ist meine Schuld, daß ich geschlagen werde. Daß es an meinem Verhalten liegt. Aber im Frauenhaus habe ich durch Reden mit den anderen Frauen gemerkt, daß es nicht an den Frauen liegt, sondern an den Männern. Früher dachte ich, daß ein Mann schlägt, gehört dazu. Ich habe es nie von anderen gehört. Es hat doch niemand was darüber erzählt.«

»Hättest du bei deinen ersten beiden Verlobten das Frauenhaus in Anspruch genommen, wenn du davon gewußt hättest?«
»Nee, weil ich Todesangst hatte und nicht – wie gesagt – halb totgeschlagen worden bin.«

»Das Schlagen deines Verlobten hast du dann sozusagen als normal empfunden?«
»Ja, ich habe auch gar nicht gewußt, daß das Frauenhaus für alleinstehende Frauen – wie ich es bin – da war.«

»Das hieße ja, wenn du das letzte brutale Erlebnis nicht gehabt hättest, dann wäre es so weitergegangen wie mit deinen ersten Verlobten?«
»Wahrscheinlich. Ich habe damals auf meiner Arbeitsstelle neu angefangen, da gab es eine Kollegin aus der Frauenbewegung. Vielleicht hätte ich durch die...? Nein, glaube ich eigentlich nicht. Ich habe das Emanzengetue abgelehnt!«

* * *

»Was tust du heute, um dich zu schützen?«
»Ich weiß nicht, ob das jetzt wichtig ist. Ich gehe in keine Discotheken mehr, in keine Kneipen; ich lache keinen Mann mehr an, schminke mich nicht, kleide mich nicht mehr figurbetont, um nicht aufzufallen, nicht mal im Sommer. Ein enges T-Shirt ist für mich, als ob ich einen Mann förmlich herausfordere, und das will ich nicht mehr. Das gleiche mit meinen Haaren. Ich habe schöne lange Haare, und die sehen auch sehr reizvoll aus. Ich mache meine Haare heute zusammen, dann sehen sie nicht mehr reizvoll aus. Alles, was in den Zeitungen sexuell aufreizend ist, von Stöckelschuhen zu durchsichtigen Blusen, das mache ich alles nicht mehr. Wenn ich von der U-Bahn nach Hause gehe und einen Mann auf der Straße sehe – bei einem ist es nicht ganz so schlimm, aber wenn ich zwei zusammen

sehe –, gehe ich auf die andere Straßenseite. Wenn ich eine Baustelle sehe, gehe ich auch auf die andere Straßenseite oder mache einen Umweg.«

»Einerseits kann ich dein Verhalten verstehen, andererseits werden aber auch Frauen unabhängig von einem anscheinend ›aufreizenden‹ Äußeren belästigt und vergewaltigt.
Wie fühlst du dich heute – nachdem wir so viel über deine letzten Mißhandlungserfahrungen geredet haben –, wenn du an diesen letzten Mißhandler denkst?«
»Das will ich nicht (flüstert). Es passiert ab und zu. Manchmal glaube ich, daß sich nichts verändert hat, ein andermal, daß ich dem gegenüber nicht mehr so hilflos bin. Ich glaube, daß ich das schon verarbeitet habe. Aber wenn du mich darauf ansprichst, dann ist es nach wie vor so... (beginnt zu weinen). Wenn in den Protokollen was von dem dringestanden hat, versuche ich das ganz schnell zu überlesen. Das eine Protokoll kann ich noch immer nicht lesen. Meine Angst ist geblieben.

* * *

Seit dem Tag, an dem ich Telefon bekommen habe (unter einem anderen Namen aus Angst vor dem Mißhandler), ist es wieder schlimm geworden. Die Nummer hat niemand außer Rainer gewußt. Seitdem werde ich pausenlos belästigt. Wenn ich rangehe, legt am anderen Ende jemand auf. Ich denke natürlich sofort wieder an den Typen. Es passiert übrigens nur, wenn Rainer nicht da ist. Er glaubt es mir auch nicht. Er sagt, ich bilde mir das alles ein, ich würde ihm was verschweigen. Er wüßte gar nicht, was damals los gewesen sei. Er findet meine Angst übertrieben. Als die Telefonanrufe zum ersten Mal kamen, geriet ich wieder in den Zustand von damals: Ich fing an zu zittern, fing an zu heulen und konnte nicht mehr reden.
Ich bin auch schon auf die Idee gekommen, daß es Rainer sein könnte, aber irgendwie traue ich ihm das doch nicht zu. Manchmal glaube ich, bei mir setzt was aus, ich werde verrückt. Dazu sagt Rainer mir ständig, daß ich eine psychische Macke habe.«

»Ich wollte immer lieber ein Mann sein, um nicht so zweitklassig behandelt zu werden. Weil ein Mann immer tun und lassen konnte, was er wollte. Wenn ich mich mal gewehrt habe, bin ich für verrückt erklärt worden oder für hysterisch. Ich habe gemerkt, daß es ein Mann *besser* hat. Deshalb wollte ich immer ein Mann sein.
Es ist heute das erste Mal, daß ich einen Rock trage. Es ging mir zwischendrin so, daß ich mich als Frau nicht akzeptiert habe. Ganz kurzfristig habe ich mich mal als Frau wohl gefühlt, weil mich ein Mann begehrt hat, auf deutsch, mit mir bumsen wollte. Das hat mir Selbstbestätigung gegeben. Da fand ich es ganz gut, eine Frau zu sein. Aber das waren ganz wenige Ausnahmen. Seit diesen Gesprächen hier wollte ich ein Neutrum sein, total neutral. Ich wollte absolut kein Mann mehr sein, aber auch keine Frau. Ich glaube, daß ich nicht in den Spiegel gucken kann, hängt auch damit zusammen. Irgendwie sehe ich da noch eine Frau, andererseits merke ich aber, ich werde innerlich stark.«

»Wenn du ein anderes Selbstbild bekommst, dann ist Frausein für dich ja auch nicht mehr so minderwertig.«
»Ja, ich wehre mich jetzt auch gegen meinen Freund, ich kämpfe so richtig wie eine Löwin. Er verhält sich sehr gemischt. Anfangs sagte er, ich entwickele mich zu einer Männerhasserin.«

* * *

»Wie fühlst du dich heute, nachdem du so viel Männergewalt erlebt hast?«
»Das ist sehr stimmungsabhängig. Ich fühle mich manchmal gut. Dann plötzlich, von einer Sekunde zur anderen, ist das sofort wieder vorbei. Wenn ich mich gut fühle, gehe ich anders, laufe aufrecht und habe nicht so einen mürrischen Zug um den Mund. Dann merke ich, daß ich von Männern angemacht werde, das will ich aber nicht. Und wenn ich mich mies fühle in der U-Bahn, verstecke ich mich hinter meinen langen Haaren, hinter einer Zeitung oder gucke böse. Und in dem Moment interessiere ich keinen Mann. Ich muß dazu sagen,

daß ich meinem jetzigen Freund, ob geschminkt oder ungeschminkt, überhaupt nicht gefalle. Aber das macht nichts.«

»Warum bleibst du dann mit ihm zusammen?«
»Er war gleich nach der Therapie die erste Beziehung für mich. Und irgendwie hatte ich die Idealvorstellung: Mann, Kinder, Zuhause. Das ist in dieser Klinik verfestigt worden. Damals gefiel ich meinem Freund sehr, weil ich ihm geholfen hatte, aus seinem ›Tief‹ rauszukommen. Ich wollte damals immer mit ihm zusammensein, habe ihn laufend angerufen, wollte ihn immer sehen... Wenn es nach mir gegangen wäre, wären wir sofort zusammengezogen. Ich hatte ihn so lieb. Nach einem halben Jahr hatte ich das Gefühl, daß er mich verheimlichen wollte. Wenn die anderen Freunde dabei waren, hat er mich total ignoriert, als ob wir überhaupt nicht zusammengehören. Er hat mich nicht eines Blickes gewürdigt, nicht mal die Hand gestreichelt. In der letzten Zeit macht er sich über mich lustig, wenn andere dabei sind. Ich soll nicht so blödsinnige Fragen stellen, ich soll mich nicht so blöd benehmen und nicht so doof sein...«

»Er kränkt dich ja am laufenden Band!«
»Aber ich habe ihn unheimlich gern gehabt. Es dauert ziemlich lange, ehe man das bei mir kaputtmachen kann. Dann ist er zwischendurch wieder ganz nett, ganz lieb.«

»Was hast du an ihm gerne gemocht?«
»Er hat mich anfangs immer so lieb angesehen und so gerne in den Arm genommen. Ich glaube, das waren nur die Erinnerungen, die ganzen letzten Monate sind es immer noch die Erinnerungen, daß es wieder so werden könnte, wie es war, daß er mich irgendwann liebhaben könnte.

* * *

In der letzten Zeit – dadurch, daß ich mich wehre – ändert sich etwas in unserer Beziehung. Ich kann mich emanzipieren, das will er auch, aber wohl nicht gegen ihn. Dann wollte er mir einreden, daß ich ganz schön dick bin. Er weiß, daß das das einzige ist, womit er mich seelisch treffen kann. Ich habe ihm das nicht gezeigt. Aber es hat mich sehr getroffen.«

»*Es sieht so aus, als ob er dich ganz bewußt kränken wollte.*«
»Ja, aber ich suche einfach jemanden, der für mich da ist. Seit den Gesprächen mit dir (weint sehr stark), ist mir klargeworden, daß ich überhaupt kein Vertrauen mehr zu ihm habe, daß ich mit ihm überhaupt nicht reden kann, daß er für mich überhaupt kein Verständnis hat. Er ist so *gleichgültig*; das ist mir jetzt am Wochenende aufgefallen.

Ich weiß nicht, ob das stimmt, aber ich glaube, wenn ich selbstbewußter geworden bin, in dem Moment wäre ich auch unabhängiger von ihm. Dann würde sich unsere Beziehung vielleicht auch bessern. Denn so wie er mich behandelte, hatte ich mich auch gefühlt. War er nett, fühlte ich mich wohl, hat er mich kritisiert, fühlte ich mich unheimlich klein und schlecht. Seitdem du und ich miteinander reden, macht mir seine Kritik nicht mehr so viel aus. Ich habe mir eingebildet, daß du mich akzeptierst wie ich bin, aber er akzeptiert mich nicht wie ich bin. Allein dieses Gefühl, von jemandem akzeptiert zu werden, habe ich nie kennengelernt (weint). So konnte ich mich anders verhalten, seitdem wir reden, und zwar merklich anders, so daß er mich darauf angesprochen hat. Er will mich einerseits darin bestärken, daß ich selbständig und selbstbewußt werde. Das hat er schon im letzten Jahr gesagt, ich soll kein Anhängsel sein, ich soll mich emanzipieren. Jetzt habe ich mich verändert, aber das ist er auch nicht gewöhnt. Bisher fragte er immer am Wochenende, wenn er kam: ›Was hast du denn eingekauft? Ich habe so einen Hunger!‹ Dann bin ich in die Küche geflitzt und habe gekocht. Jetzt sage ich: ›Wenn du Hunger hast, dann mach dir doch was.‹ Wenn ich keine Lust habe zum Essenmachen, mache ich das nicht mehr. Er reagiert darauf gemischt. Manche Sachen findet er sehr gut. Wir haben uns am Wochenende unterhalten. Ich habe ihm gesagt, daß ich mich am Anfang unserer Beziehung sehr an ihn geklammert habe und total abhängig war. Ich hatte überhaupt kein Selbstbewußtsein. Er hat mir durch unser Zusammensein eine Menge Selbstbestätigung gegeben. Danach hat er mich nur noch kritisiert, war nicht mehr zärtlich und hat mir keine Bestätigung gegeben, das war eine schlimme Zeit. Jetzt habe ich eingesehen, daß es nicht funktioniert, durch einen anderen Selbstbestätigung zu bekommen. Selbstbewußtsein und Unabhängigkeit kann man sich nur selbst aufbauen.«

»*Andere können dich dabei unterstützen.*«
»Aber kein Mann. Ich habe es probiert. Es geht nicht. Bei diesem Gespräch sagte Rainer mir dann, daß er jetzt in der letzten Zeit sehr ins Zweifeln gekommen sei, ob er mich nicht doch lieben könnte. Dann meinte er – nachdem wir so lange gesprochen hatten, und nahm mich plötzlich in den Arm – ›Im Moment habe ich dich, glaube ich, unheimlich lieb‹.«

»*Was hast du dabei empfunden?*«
»Damit hatte ich nicht gerechnet. Ich dachte, daß er weiter darauf besteht, daß er mich nicht lieben kann. Dann hätte ich mich von ihm schneller lösen können, weil ich immer auf der Suche bin, daß mich jemand lieb hat, daß jemand da ist für mich. Und dieses Gefühl hatte ich seit Monaten nicht bei ihm. Damit habe ich versucht, mich abzufinden. Jetzt kommt er plötzlich mit anderen Sachen. Das paßt mir im Moment nicht in meinen Kram, denn dadurch schaffe ich nicht, mich von ihm zu lösen.«

»*Was bewirkt es gefühlsmäßig bei dir, wenn er so was sagt?*«
(Lange Pause) »Besonders nah ist es mir nicht gegangen. Ich weiß, daß das noch ein langer Weg ist, aber ich will von einem Mann nicht mehr abhängig sein. In dem Moment, in dem ich abhängig bin, werde ich es nie schaffen. Das ist, seitdem wir darüber reden, ein unheimlich harter, langer Weg. Ich befinde mich in einer Übergangsphase. Ich heule viel, ich bin viel deprimiert, aber in mir geht etwas vor. Es spielt sich überwiegend im Kopf ab, daß ich irgendwas wert bin.
Durch unsere Gespräche habe ich gemerkt, daß ich mich verändert habe, aber erst neuerdings. Ich lasse mir nichts mehr gefallen, so daß er gesagt hat, ich würde den Spieß jetzt umdrehen.«

»Hast du dir am Anfang so viel gefallen lassen?«
»Ich wollte ihn nicht verlieren. Ich wußte gar nicht, daß ich mich anders verhalten kann. Wenn du darüber nichts hörst...«

»Dann hat dein Frauenhausaufenthalt diesbezüglich nicht ausgereicht?«
»Nee, zumal die Therapie mich wieder dahingebracht hat – weg von Frauen. An und für sich hatte sich vorher was verändert.

* * *

Seit meiner letzten Erfahrung bin ich auf der Hut bezüglich schlagen, das habe ich Rainer auch gesagt. Ich bin einmal zusammengezuckt, als er eine schnelle Bewegung gemacht hat. Da sagt er: ›Was ist mit dir los?‹ Ich antwortete: ›Ich hatte gerade unheimliche Angst, daß du mich schlägst.‹ Er, das würde er nicht tun, er schlägt keine Frau. Den Spruch habe ich schon so oft gehört. – Ja, aber er schlägt keine Frau. Ich habe zu ihm gesagt, daß mich nicht noch einmal ein Mann anfaßt, ich werde mich *wehren.* Und ich weiß nicht, wie es ausgeht.«

»Du sagst, das Schlagen passiert nicht von heute auf morgen, sondern es gibt andere Vorläufer. Könntest du dir vorstellen, daß du ganz begründet bei Rainer auf der Hut sein mußt, weil sich immer wieder solche Dinge einschleichen?«
»Ja, da brauche ich mich gar nicht besonders zu verhalten. Männer haben das drauf. Sie schlagen, egal ob eine Frau ruhig ist und nichts sagt, oder ob sie sich wehrt und was sagt. Wenn ein Mann schlagen will, dann schlägt er. Ich war damals ruhig und habe nichts gesagt, und trotzdem habe ich ein paar geknallt gekriegt. Alkohol, Eifersucht oder weil ihm die Hand ausgerutscht ist. *Er* hat sich das Recht genommen.«

»Heißt das, daß nur du an Männer geraten bist, die schlagen?«
»Von den Männern, die ich kennengelernt habe, waren es drei. Ich habe die Erfahrung gemacht, daß gerade die Männer zuschlagen, die sagen, daß sie *nicht* schlagen. Mein erster Verlobter hatte mir gesagt,

er würde *nie* eine Frau schlagen – und – zack – hatte ich eine sitzen. Das war bei dem zweiten so und bei dem Typen damals auch. Er sagte, er würde nie eine Frau anrühren. Das könnte er gar nicht, das würde ihm selbst weh tun. Ich habe das auch im Frauenhaus erfahren. Die Männer haben alle rundweg gesagt, sie würde nie eine Frau schlagen. Das haben sie im Bekanntenkreis erzählt, wie die Männer, mit denen ich zusammen war. Sie hatten sogar einen Mann, der seine Freundin geschlagen hat, verurteilt und sind dazwischengegangen. Aber die eigene Frau schlagen, ist doch was ganz anderes. Das habe ich erlebt.«

»*Was traust du Rainer zu?*«
»Bisher konnte Rainer mich so verletzen, daß er nicht zu schlagen brauchte. Ich habe auch so geheult. Er hat mich sehr gedemütigt. Das läßt jetzt nach, und ich merke jetzt, daß mir innerlich Kräfte wachsen. Ich sage es auch offen, es soll keiner wagen, mich anzufassen, auch nicht auf der Straße. Ich kann das wohl auch sehr resolut sagen und verdammt böse gucken. Allerdings erst in der letzten Zeit, früher hatte ich einfach nur Angst vor Schlägen.«

»*Was heißt, er konnte dich auch so demütigen?*«
»Er konnte das bis jetzt. Ich hatte früher von anderen Frauen gehört, daß sie alle erst sehr gedemütigt wurden. Irgendwie gewöhnt man sich auch an die Sprüche: Du bist dick und häßlich und fett. Anfangs heult man noch darüber, aber irgendwann ist es egal. Man findet sich auch schon selbst dick und häßlich, und dann kann einen das nicht mehr so doll berühren, wenn er was sagt. Meistens fangen Männer dann an zu schlagen. Die Erfahrung habe nicht nur ich gemacht, sondern auch andere Frauen.«

»*Was wäre passiert, wenn Rainer dich am Anfang der Beziehung geschlagen hätte?*«
»Ich hätte mich sofort getrennt. Ob ich mich damals gewehrt hätte, weiß ich nicht. Ich bin mir nicht hundertprozentig sicher, ob ich mich wehren würde, wenn mich heute noch mal ein Mann schlägt. Aber ich würde mich trennen. Ich weiß, es bleibt nicht bei einem Mal. *Wer einmal schlägt, schlägt immer wieder.* Das weiß ich auch aus

Erfahrung. Es passiert nicht nur einmal, es häuft sich in immer kürzeren Abständen. Da würde es für mich nur eins geben – Trennung. Ich habe jetzt noch eine gefühlsmäßige Bindung an Rainer. Aber in dem Moment, wo der mich schlagen würde, wäre ich innerlich so verletzt, daß ich mich trennen würde.«

Zusammenfassung

Elkes Veränderungen verliefen in zwei Etappen: Durch ihren Frauenhaus-Aufenthalt entwickelte sie zum ersten Mal ein positives Verhältnis zu Frauen. Männer traten damals zeitweise aus dem Mittelpunkt ihres Lebens. Durch ihre monatelange stationäre Therapie zur Behebung ihrer Mißhandlungsfolgen sollte sich unter anderem wieder ihr Verhältnis zu Männern verbessern, was ansatzweise auch geschah. Hier entstand eine Diskrepanz zwischen ihren Frauenhaus- und ihren Therapie-Erfahrungen.

In unseren später folgenden Gesprächen knüpfte Elke an ihre vergangenen Frauenhaus-Erfahrungen an und begann allmählich, ihre Ängste, sich gegen einen Mann zu wehren, zu bearbeiten. Mit der Stärkung ihres Selbstwertgefühls konzentrierte sie ihr Leben nicht mehr ausschließlich auf den neuen Freund. Ihre Ängste vor ihrem Mißhandler konnten allerdings weder durch den Frauenhaus-Aufenthalt noch durch unsere Gespräche abgebaut werden.
Frauen, die wie Elke mit einer Pistole bedroht und so lange gewürgt wurden, bis sie bewußtlos waren, sahen keine Chance, sich in dieser Situation zu wehren. Darüber hinaus sah sie selbst im Weglaufen keine Überlebenschance. Bis es zu dieser Situation kam, gab es allerdings alarmierende Anzeichen, die Elke nicht der Realität entsprechend einschätzte. Mit ihrer Haltung ›keine Vorurteile gegen Kriminelle zu haben‹ stellte sie keine unangenehmen Fragen und spielte die sich zuspitzenden Mißhandlungen herunter. Die Gewaltanwendungen, die Elke eine Nacht über sich ergehen lassen mußte, sind mit einer Art ›Dressur‹ oder ›Zurichtung‹ zu vergleichen, die von vielen Zuhältern bewußt eingesetzt wird. Diese ›Dressur‹ führte im weiteren Mißhandlungsverlauf bis zur Desensibilisierung hin-

sichtlich der erlebten Gewalt. Elke bezeichnete die Vergewaltigung ›noch als das Harmloseste von der Sache‹ in dieser Nacht. Aus dem Zusammenhang gerissen könnte diese Aussage zu Mißverständnissen führen, jedoch auf dem Hintergrund, daß ihr Gesicht eine blutige Masse war und sie aus Nase und Unterleib blutete, ist ihre Aussage verständlich. Elke hat sich in ihrer extremen Mißhandlungssituation trotz allem Ausgeliefertsein ein Stück Selbstachtung erhalten können, indem sie nicht auf seine Forderung, für ihn Geld zu verdienen, einging. Dies betonte sie immer wieder in unseren Gesprächen. Außerdem duldete sie nicht still, sondern versuchte, sich durch lautes Schreien zu wehren. Die Erfahrung, die sie dabei machte, ließ sie ihr Ausgeliefertsein noch deutlicher spüren: Niemand reagierte, er steigerte seine Brutalität, je lauter sie schrie. Diese Erfahrung von Elke läßt sich nicht generalisieren, wie es an der Mißhandlungsgeschichte von Claudia deutlich wird.

Im Frauenhaus erfährt Elke zum ersten Mal, daß Frauen auch »untereinander zusammenhalten« können. Wie Elke können viele Frauen erst während ihres größten Zusammenbruchs die Solidarität von Frauen wahrnehmen bzw. annehmen. Erschreckend ist, wie verfestigt das Bewußtsein über die eigene Minderwertigkeit in Relation zum Mann bei jungen Frauen wie Elke noch immer ist, obwohl sie in der Zeit einer erstarkenden Neuen Frauenbewegung aufwuchs.
Sie ist mit 28 Jahren die Jüngste der Gesprächsteilnehmerinnen, hat jedoch die quantitativ meisten Mißhandlungserfahrungen. Bis zu ihrem Frauenhaus-Aufenthalt betrachtete sie gewalttätige Männer als ›normal‹. Das bedeutete auch, daß sie Männern die Möglichkeit, Frauen zu schlagen, zugestand.

Für Elke in ihrem angegriffenen Zustand garantierte die Vielzahl der Mitbewohnerinnen im Frauenhaus zwar einerseits größere Sicherheit und mögliche Kommunikation, andererseits bedeutete sie eine psychische Überforderung. Außer überfüllten Frauenhäusern existieren keine Möglichkeiten für Frauen mit derartig gravierenden Mißhandlungsfolgen. Indem sie im Frauenhaus zum ersten Mal die Erfahrung machte, eine Frau auch schätzen und mögen zu können, reduzierte sich allmählich ihre geringschätzige Haltung sich selbst gegenüber.

Elke beschreibt den Zustand ihrer eigenen Desensibilisierung bezüglich Männergewalt. Mit ihrem heutigen Bewußtsein und ihren für sie auch greifbaren Möglichkeiten ist es ihr unverständlich, daß sie die Mißhandlungen so lange ertragen hat. In ihrer damaligen Lebensrealität konnte sie die für sie wahrnehmbare Umwelt nur zur Bestätigung ihrer eigenen Passivität und Unterlegenheit interpretieren. Ihre eigenen Schwirigkeiten mit Männern konnte sie nicht mit der generellen Geschlechterproblematik in Zusammenhang bringen. Insofern konnte sie auch kein Interesse an der Frauenbewegung entwickeln, da sie sich durch ein Engagement für Frauen keine Verbesserung ihrer persönlichen Situation versprach. So wie Elke verleugneten viele Frauen bis zu ihrem Frauenhaus-Aufenthalt sowohl ihr persönliches Ausgeliefertsein an den Mann als auch die prinzipielle Diskriminierung von Frauen. Erst durch das erfahrene Ausmaß von Männergewalt kommen Frauen wie Elke allmählich zu einer Bewußtseinsänderung.

Auffallend ist, wie zögernd Elke den sexuellen Mißbrauch ihrer älteren Schwester durch den Stiefvater wiedergibt. Da der Stiefvater früher liebevoller als ihre Mutter zu ihr war, wagte sie kaum, über ihre späteren unangenehmen Gefühle ihm gegenüber zu berichten. Mit dieser Realitätsleugnung möchte sie den sexuellen Mißbrauch an ihrer Schwester und ihre damaligen Angstgefühle dem Stiefvater gegenüber ungeschehen machen und ihre damalige Bezugsperson im nachhinein nicht verurteilen.

In ihrer Beziehung zu ihrem neuen Freund, von dem sie sich nicht akzeptiert fühlt, setzt Elke ihre bedrückenden Kindheitserlebnisse fort: Sie war immer um die Zuwendung ihrer Mutter bemüht, von der sie sich abgelehnt fühlte. Auch in der Beziehung zu ihrem Freund hofft sie, Zuwendungen durch besondere Dienstleistungen zu erhalten.

Im Laufe unserer Gespräche wächst ihre Unzufriedenheit, da sie das Verhalten des Freundes kritischer zu beurteilen wagt. Ihr wird bewußt, daß sie ein Recht darauf hat, akzeptiert zu werden. Gleichzeitig reduzieren sich ihre Verlustängste, und sie gewinnt allmählich an Selbstbewußtsein. Sich aktiv auseinanderzusetzen, Ansprüche zu entwickeln und Forderungen zu stellen, war ihr fremd!

Bemerkenswert ist die Äußerung des Freundes, Elke würde sich ihm gegenüber heute ähnlich unterdrückerisch wie er sich ihr gegenüber verhalten. Elkes Freund zeigt eine Reaktion, von der viele Frauen berichten: Der Mann drängt seine Frau zur ›Emanzipation‹ und ist empört, wenn sie sich im Zuge ihrer Weiterentwicklung auch entschiedener gegen seine Zumutungen durchzusetzen beginnt. Was sich Männer unter der gewünschten ›Emanzipation‹ wirklich vorstellen, bleibt ungeklärt.

Als ihr größtes Problem neben ihrer Angst vor dem Mißhandler gibt Elke die Selbstablehnung ihrer äußeren Erscheinung an. Sie hat bisher kein von männlicher Beurteilung unabhängiges Körpergefühl entwickeln können. Indem Elke sich selbst körperlich ablehnt, signalisiert sie dies nach außen und kann von anderen keine Bestätigung bekommen bzw. annehmen. Sie kann sich nicht adäquat gegen die Kränkungen ihres Freundes, der in bestimmten Situationen ihre Selbstablehnung ausnutzt, wehren, sondern reagiert verletzt und fühlt sich in ihrer eigenen körperlichen Ablehnung bestätigt. Sie wird sich erst vollkommen akzeptieren lernen, wenn sie es ablehnt, sich über Männer zu identifizieren.

Da sie ihre Ängst vor dem Mißhandler bisher noch nicht überwinden konnte, ist sie gegenüber Männergewalt noch immer relativ hilflos. Solange Elke Angst vor ihrem Mißhandler behält, bleibt sie in gewisser Weise in der Opferrolle und blockiert ihre Entwicklung zu einem selbstbestimmten Leben. Ihre bisherige Lebensweise ist überwiegend eine Reaktion auf den Mißhandler (Isolation, kein Telefon, kein Ausgang bei Dunkelheit).

Während ihres stationären Therapie-Aufenthalts wagte sie unmittelbar nach ihrer Mißhandlungsbeziehung, sich aktiv zu wehren. Mir scheint, daß in dieser Therapie Elkes damalige Ablehnung gegenüber Männern nicht ernst genommen, sondern verurteilt und ›therapiert‹ wurde. Elke hatte offensichtlich einem fremden Mann gegenüber keine Skrupel mit ihrer spontanen Gegenwehr. Erschreckend ist, daß Elkes Selbstmordphantasien von ihrem Therapeuten als ›ausgeprägter Selbstzerstörungstrieb‹ diagnostiziert und nicht als verzweifelte und hilflose Reaktion auf die erfahrene Männergewalt mit fast tödlichem Ausgang gesehen wird.

Im Verlauf unserer Gespräche entwickelte Elke Ängste vor dem Ende unseres kontinuierlichen Kontakts. Sie beruhigte sich durch mein Angebot, mich nach Ablauf des Therapieprozesses als Therapeutin weiterhin in Anspruch nehmen zu können.

Der Grad von Elkes psychischem Wohlbefinden war während unserer Gespräche stark verknüpft mit dem Funktionieren der Beziehung zu ihrem Freund. Einerseits fühlte sie sich durch unsere Gespräche gestärkt, andererseits hatte sie mit zunehmendem Selbstbewußtsein Mühe, sein Verhalten überhaupt noch akzeptieren zu können. So versteckte sie die Gesprächsprotokolle unter ihrem Bett, weil sie befürchtete, daß er Kenntnis über den Inhalt erlangen könnte. Er machte ihr Vorwürfe wegen der ›Emanzentherapeutin‹, die sie sich ausgesucht habe.

Da Elke von Kindheit an ein Recht auf Zuwendung und Akzeptiertwerden nicht kannte, glaubte sie auf die zeitweilige Aufmerksamkeit ihres Freundes nur mit ›weiblicher Hingabe‹ reagieren zu können. Andere Verhaltensweisen hatte sie während ihrer Männerkontakte nicht entwickeln können.

Ein Schwerpunkt unserer Gespräche war das Aufbrechen ihrer selbstgewählten Isolation. Elke wollte sich soweit stabilisieren, daß sie unabhängig von ihrem Freund Kontakte aufnehmen konnte. Zum Ende unserer Gespräche entwickelte sie die Perspektive, sich wieder mehr Frauenzusammenhänge zu suchen und sich beruflich zu verändern. Ihr Bedürfnis nach Frauenkontakten ist auf dem Hintergrund ihrer früheren Ablehnung und Mißachtung von Frauen eine entscheidende Veränderung in ihrem Leben. Selbst, wenn ihr Frauenhaus-Aufenthalt und unsere Gespräche beim Abbau ihrer Angst vor dem Mißhandler nicht viel vermocht haben, so hat Elke durch ihr verändertes Frauenbild mehr Selbstbewußtsein und Selbstachtung gewonnen.

Elke schrieb mir kurz nach Beendigung unserer Gespräche und bedankte sich, daß sie mit meiner Hilfe gelernt habe, ihre Angst in Wut umzuwandeln. Seitdem hat sie sich nicht mehr gemeldet. Es könnte sein, daß sie Angst vor ihrem eigenen Anspruch bekommen hat. Einerseits wollte sie durch eine Fortführung der Therapie ihre frühere Mißhandlungsbeziehung aufarbeiten, andererseits hatte sie die Erfahrung gemacht, daß sich durch unsere Gespräche die Konflikte mit ihrem Freund verschärfen. Ich kann mir vorstellen, daß sie sich mit dieser Perspektive überfordert fühlte.

Claudia G.

Claudia G. wurde 1953 in Berlin geboren. Sie wuchs mit zwei jüngeren Geschwistern in einem bürgerlichen Elternhaus in einer privilegierten Gegend in Berlin auf. In ihrem Elternhaus hatte sie keine physische Gewalt kennengelernt. Nachdem sie durch die Abiturprüfung gefallen war, arbeitete sie in verschiedenen Büros. Während ihrer Ehe war sie zeitweise erwerbstätig. Zur Zeit der Gespräche ist sie Sachbearbeiterin in einem Reisebüro. Inzwischen reichte sie die Scheidung ein. Sie hat mit dem Ehemann eine gemeinsame Tochter, Julia, 1977 geboren. Claudia war dreimal in einem Frauenhaus, davon einmal in der BRD.

Claudia kannte ich flüchtig aus der Zeit meiner Tätigkeit im Frauenhaus. Als ich die Gespräche mit ihr aufnahm, hatte sie sich gerade nach einem erneuten Aufenthalt im Zweiten Berliner Frauenhaus getrennt und lebte mit ihrer Tochter Julia in einer eigenen Wohnung. Vor ihrem Mißhandler hatte sie noch immer große Angst. Claudias Mann ist Afrikaner, dementsprechendes Aufsehen erregte sie mit ihm als hellblonde Frau in der Öffentlichkeit. Mir fiel auf, daß sie sich und ihre Tochter im gleichen Stil feminin kleidet. Ihr Interesse an Afrika wird deutlich in der Einrichtung ihrer Wohnung: Palmen, Bambus und Poster aus Afrika, afrikanische Musik und afrikanische Küche. Zur Zeit unserer Gespräche hatte sie wieder einen afrikanischen Freund, auf den ihre Tochter mit Eifersucht reagierte.

An Claudias Lebensgeschichte möchte ich besonders hervorheben: die romantischen Vorstellungen, mit denen sie eine Ehe einging und aufrechterhielt und die bereits vorgekommenen Gewalttätigkeiten herunterspielte. Die Mitbetroffenheit ihrer Tochter durch die Mißhandlungen an der Mutter. Eine lange Trennungsphase, in der sich Claudia aufgrund ihrer eigenen Schwäche weiterhin eingeschüchtert und bedroht fühlte. Dadurch, daß sie ihren Mann als ›krankhafte Ausnahme‹ bezeichnet, hat sie es schwer, sich in weiteren Männerbeziehungen adäquat zu schützen.

Es beeindruckte mich, mit welch schonungsloser Offenheit Claudia zum ersten Mal ihre extremen sexuellen Erniedrigungen aussprach und sich dadurch erleichtern konnte.

Ich wollte jemanden haben, der sehr lieb und zärtlich ist

»Meine Eltern wollten gern, daß ich das Abitur mache. Mein Vater war ziemlich entsetzt, daß ich es nicht geschafft hatte. Ich hab's nicht noch mal gemacht, weil ich die Schule gehaßt habe. Ich fühlte mich da ziemlich eingeengt, auch durch diese Bemerkung: ›Du bist doch so ein hübsches Mädchen, was brauchst du das Abitur.‹
Meine Eltern hatten mich nie gedrängt zu heiraten, das wollte ich höchstens so mit 28. Die Vorstellung, überhaupt zu heiraten, hatte ich schon – vielleicht eine etwas zu romantische Vorstellung. Ich

wollte jemanden haben, der sehr lieb ist, sehr zärtlich. Ich habe mir vorgestellt – ziemlich blöd eigentlich –, man ginge über 'ne Wiese mit Blumen. Ich fand alles so romantisch. Kinder wollte ich auch haben. Weil ich kinderlieb bin. Ich konnte auch gut mit Kindern umgehen. Heute würde ich sagen, ich bin etwas zu inkonsequent. Damals hatte ich mir schon so was vorgestellt, aber eigentlich erst in weiter Ferne.«

»Hattest du damals schon eine Vorliebe für Afrikaner?«
»Ja, als ich noch zur Schule ging, habe ich schon Afrikaner gemocht. Ich habe viele Bücher darüber gelesen und wollte auch diese schwarze Puppe, als ich sieben Jahre alt war. Ich hatte mal gehört, daß Schwarze in Amerika diskriminiert würden, und das fand ich ungerecht. Da habe ich mich dafür interessiert. Ich habe mich irgendwie hingezogen gefühlt, habe alles gelesen, z. B. über Martin Luther-King, habe viele Filme gesehen über Afrika mit den verschiedenen Stämmen und Kulturen.
Natürlich fällt es mehr auf, wenn du als blonde Frau mit einem Schwarzen zusammen bist. Wenn du ins Lokal gehst, gucken die Leute, nicht etwa, daß sie jetzt abschätzend gucken, du fällst eben auf, ob positiv oder negativ. Manchmal ärgerst du dich, weil du vielleicht mal anonym bleiben willst oder die Leute eine dumme Bemerkung machen. Aber ich möchte sagen, daß die schwarzen Menschen mir gar nicht so fremd waren. Ich hab das nie empfunden. Ich fand die nie so fremd wie jetzt einen Deutschen. Ich war auch mal mit einem weißen Mann zusammen, aber nicht lange. Ich kann mich mit Afrikanern besser unterhalten. Die Art gefällt mir. Natürlich gilt das nicht für alle. Vielleicht ist auch mal ein Deutscher ganz besonders nett. Bei Afrikanern mag ich besonders gern die Hautfarbe, dann die Haare oder den Blick und auch oft, wie sie sich geben. Das ist anders, sie sind nicht so steif, sie sind gastfreundlicher.«
Ich kann nicht sagen, warum, aber ich fand sie irgendwie interessant. Vielleicht bin ich so lange bei ihm geblieben, weil ich Angst hatte, ihn zu verlieren? Einen Weißen hätte ich nicht mehr gewollt. Das sage ich auch heute noch. Vielleicht dachte ich auch, es sei schwieriger für eine weiße Frau, an einen Schwarzen zu kommen. Als ich zum ersten Mal mit einem Schwarzen geschlafen hatte, war

ich etwa einundzwanzig, also ziemlich spät. Im Grunde genommen egal, aber manche in meiner Generation hatten schon mit achtzehn oder neunzehn sexuelle Kontakte. Manchmal dachte ich, Mensch, was werden die sagen, wenn du jetzt schon so alt bist und noch keinen Kontakt gehabt hast? Die lachen dich vielleicht aus. Jedenfalls war das ein Schwarzer. Verliebt war ich ein bißchen, nicht himmelhochjauchzend, aber ein wenig schon. Angst hatte ich auch. Aber bei einem Weißen hätte ich mich das nicht getraut, habe auch nie mit einem weißen Mann was gemacht. Nie, ich könnte mich jetzt auch nicht mehr umstellen. Es wäre mir unvorstellbar mit einem weißen Mann, vollkommen unmöglich. Ich weiß nicht, wie ich dazu komme.«

»Was, glaubst du, hat deine Vorliebe für Schwarze mit deinem Wunsch, aufzufallen, zu tun?«
»Durch Anziehen hab ich es damals ein bißchen geschafft aufzufallen. Ob es mir etwas gebracht hat, kann ich nicht sagen. Vielleicht nicht. Also bei den Lehrern bestimmt nicht. Ich fand das ganz gut, habe mich aber darüber geärgert, daß die anderen blöde Bemerkungen machten. Vielleicht ist das später mit den Schwarzen eine Art Fortsetzung gewesen, im Mittelpunkt stehen zu wollen. Denn es ist natürlich etwas, das aus dem Rahmen fällt, also nicht normal ist. Es kann damit zusammenhängen, daß ich vielleicht oft etwas mache, das nun den Leuten mißfällt. Aber einen großen Vorteil für mich hat es nicht gebracht. Dadurch hab ich keine Anerkennung gefunden bei anderen. Die sprechen höchstens negativ darüber. Wenn man jetzt mit einem Afrikaner befreundet ist, dann bringt das keine Vorteile, eher Nachteile für denjenigen selbst und für die Familie. Selten, daß man was Positives erlebt. Nicht, daß die Leute einem das auf den Kopf zu sagen, aber so unterschwellig... Es gehört schon Mut dazu. Ich hatte aber auch immer ein großes Gerechtigkeitsgefühl. Wenn jemand ungerecht behandelt wurde, konnte ich das nicht leiden. Und da hatte ich etwas, womit ich mich beschäftigen konnte. Vielleicht war damit der Traum erfüllt, daß ich früher als Kind im Mittelpunkt stehen wollte. So habe ich mir etwas Besonderes geschaffen. Alles andere darüber hinaus ist davor zurückgetreten. Ich habe mich nur noch mit diesem Problem beschäftigt. Das

war für mich wichtig. Ich habe dann mehr an diejenigen gedacht als an mich.«

»Wie ist das Verhältnis generell schwarzer Mann zu weißer Frau?«
»Es kommt darauf an, aus welchen Motiven sie heiraten. Es gibt natürlich welche, die wegen der Aufenthaltsgenehmigung heiraten. Bei meinem Mann hat das natürlich auch gezogen. Manche heiraten auch aus Liebe, das ist verschieden. Auch wie er es von zu Hause aus gewöhnt ist, und ob er sich anpaßt oder nicht, spielt eine Rolle. Es gibt sehr viele Afrikaner, die mit ihren Frauen weggehen oder die Frau nicht alleine lassen, weil sie wirklich die Frau gern haben. Und manche tun, als ob sie ihre Frau lieben, aber sie wollen nur Vorteile durch sie haben. Und die lassen ihre Frauen alleine. Mein jetziger Freund und seine anderen beiden Freunde sind nicht so, da müßte ich mich sehr täuschen. Die sagen zwar: ›Ich bin der Boß‹, aber nicht irgendwie böse. ›Die Frau ist mein Ratgeber, und wenn sie nun eine andere Meinung hat, gut, die kann sie ruhig sagen.‹ Bloß, im Grunde genommen möchten sie doch derjenige sein, der die Entscheidung trifft.«

»Was hat dir damals besonders an deinem Mann gefallen?«
»Als ich ihn kennenlernte, haben mir sein Äußeres zugesagt und seine Art. Er war lustig und immer sehr nett, hat jeden Tag angerufen und nette Bemerkungen gemacht. Es war für mich sehr angenehm. Ich bin dadurch in gute Stimmung gekommen. Aber wahrscheinlich habe ich nicht darauf geachtet, daß das alles Fassade war. Das kann man vorher nicht wissen. Aber ich glaube doch, daß er mich auch mochte. Er war illegal hier, er hatte keine Aufenthaltserlaubnis, und wir kannten uns erst einen Monat. Dann ist er beim Zeitschriftenwerben geschnappt worden und sagte mir, er müsse weg, er wolle nach Paris gehen. Ich solle unbedingt nachkommen. Bis dahin hatten wir uns schon oft gesehen, mehrmals die Woche. Am letzten Abend hat er mir noch genau die Adresse in Paris aufgeschrieben und dabei – das fiel mir erst später auf – eine ganze Flasche Whisky ausgetrunken. Er blieb aber ganz lustig und fing danach an, ich solle ihn nicht verlassen. Wir hatten uns einen Tag vorher verlobt. Er sagte, er möchte nicht ohne mich sein und möchte, daß ich nachkomme.

Mein Vater war nicht damit einverstanden, weil das alles zu plötzlich kam. Ich bin dann sechs Wochen später dorthin gefahren und hatte vorher meine Arbeit gekündigt. In Paris hatte ich keine Arbeitsperspektive. Er arbeitete tagsüber und ging abends zur Universität. Er wollte Medizin studieren, obwohl er in China ein technisches Studium angefangen hatte. Er konnte nur dies studieren, weil das abends war und er kein Stipendium bekam.

Bei mir war natürlich auch ein bißchen Abenteuerlust dabei, und ich mochte ihn. Am Anfang ging alles ganz gut, obwohl wir Geldschwierigkeiten hatten. Das blieb die ganze Zeit so. Erst hatte ich eine Zeitarbeit, die er mir vermittelte, angenommen, dann wurde ich krank, bekam eine schlimme Angina, und anschließend bin ich schwanger geworden.«

Eigentlich war es eine Vergewaltigung

»Mein Mann wußte, daß ich schon vor ihm einen Schwarzen gekannt hatte. Den hatten wir einmal in einem Tanzlokal getroffen. Da sagte ich: ›Schau mal, das ist ein Freund von mir.‹ Da ist er rausgegangen und sagte: ›Wir gehen jetzt.‹ So was Albernes. Aber das waren schon Anzeichen, ich hätte eigentlich aufhorchen müssen.«

»Wie verhält sich dein Freund denn heute?«
»Na gut, mein Freund ist auch eifersüchtig. Der sagt dann: ›Warum triffst du dich denn mit denen?‹ Das sind nur Bekannte, die Ostern hier waren. Aber das mag er eigentlich auch nicht. Er kann sich nicht vorstellen, daß man als Mann und Frau einfach nur so dasitzt und sich unterhält.

Mein Mann hat mich, wenn ich zurückdenke, von Anfang an als Besitztum angesehen. Mit meinem jetzigen Freund kann man sich viel vernünftiger unterhalten. Er springt nicht auf und wird wütend, wenn man nicht seiner Meinung ist. Der ist viel vernünftiger, wenn er so redet.«

»Wie hat sich dein Mann vor der Ehe dir gegenüber verhalten?«
»Eigentlich nett. Er hat mich überall mit hingenommen und gesagt, für ihn kommt es nicht in Frage, daß seine Frau zu Hause sitzt, weil viele Afrikaner alleine ausgehen. Nicht unbedingt, daß sie alleine tanzen gehen, aber sie treffen sich mit Freunden und quatschen mit denen. Damals hatten wir ein Ehepaar kennengelernt. Er kam aus Ghana, und die Frau war Französin, und er war nett. Er hat eigentlich alles für seine Frau getan und sie überall hin mitgenommen. Mit ihr hatte ich auch ein bißchen Kontakt. Da war noch alles in Ordnung. Aber an einem Abend, zu Silvester, hatte er zuviel getrunken. Wir hatten eine Party, und er fing an zu spinnen. Er hat mir dauernd Befehle gegeben: ›Du kommst jetzt hier her. Du hörst jetzt!‹ Irgendwie komisch, aber ich habe nicht so darauf geachtet. Ich bin darauf eingegangen und versuchte, ihn zu beruhigen und sagte: ›Was willst du denn?‹ Er wollte Eier haben, und ich habe sie ihm hingestellt. Dann sagte er, die ißt er nicht. Da war weiter nichts. Aber ich fand diesen Befehlston furchtbar.

Es gab noch einen anderen Tag, an dem wir zum Geburtstag eingeladen waren, und irgendwie hatte ich mich über was geärgert. Er wollte mit mir tanzen und ich sagte: ›Ich will jetzt nicht.‹ Vielleicht war ich auch ein bißchen doof, aggressiv oder so. Auf einmal wurde er wütend: ›Dann gehe ich eben, wie du mich hier hinstellst!‹ Ich bin noch geblieben. Dann sagte mir aber diese Französin: ›Geh doch lieber hinterher, man weiß ja nicht, warum er so ist.‹ Ich fühlte mich schon ein bißchen unwohl. Ich bin mit ihm runtergegangen, und vor der Haustür hat er mir eine geklebt. Das war zum ersten Mal. Das weiß ich noch, da fiel mein Ohrring ab, und es ging ein bißchen ins Auge. Jedenfalls hat mein Auge getränt. Aber es war nichts zu sehen. Ich war völlig verblüfft. Er ist vorgegangen, es war ein ziemlich weiter Weg nach Hause, und er hat mich bestimmt ein paar hundert Meter hinterhergehen lassen. Ich war so perplex, ich konnte gar nichts sagen. Ich war irgendwie deprimiert, denn mich hatte noch nie jemand geschlagen, auch meine Eltern nicht. Ich konnte das nicht fassen. Ich habe natürlich geweint und bin hinter ihm hergegangen. Wo sollte ich auch hingehen. Ich bin mit ihm in die Wohnung, mir war ein bißchen unwohl. Dann fing er weiter an zu streiten, und ich habe gesagt: ›Ich geh jetzt ins Bett, ich hör mir das nicht länger an.‹ Dann hat er mich auf den Rücken geschlagen, ein paarmal. Ich kann mich noch genau erinnern. Ich habe sehr geweint. Ich konnte mich einfach nicht wehren, denn so was ist mir noch nie passiert. Ich wußte nicht, was ich machen sollte. Ich glaube, ich war damals schon schwanger. Er ist rausgegangen und hat mich noch mal gerufen: ›Du kommst jetzt sofort hierher!‹ Ich bin auch noch schön rausgetrottet, und er hat mich noch gemaßregelt: ›Das tust du aber nicht wieder!‹ Aber er hat nicht weiter geschlagen. Er war irgendwie komisch, denn so spreche ich noch nicht einmal mit Julia.

Ich bin dann mit ihm nach Deutschland gegangen, ich Blödmann. Hier haben wir geheiratet, weil er sonst geschnappt worden und ausgewiesen worden wäre. Ich sagte mir, es ist ja egal, ob wir später heiraten oder jetzt. Von mir aus war dann alles wieder in Ordnung, denn als ich in Paris krank war, war er um mich besorgt und hat Zitronen geholt, was er hinterher nicht mehr getan hat. Von Paris aus bin ich nach Deutschland vorausgefahren. Ich hatte das Geld von meinem Vater und habe hier eine Abtreibung machen lassen. Er wollte die Abtreibung nicht, er sagte, er arbeitet Tag und Nacht für das Kind. Ich war im Zweifel. Aber eigentlich war ich immer zwischen Baum und Borke, also zwischen meinen Eltern und ihm, was auch nicht gut war. Ich habe mich von beiden beeinflussen lassen. Aber vielleicht war die Abtreibung zu diesem Zeitpunkt besser. Als er einen Monat später nach Berlin kam, war er sichtlich enttäuscht, vielleicht auch erleichtert, denn so gab es eine Schwierigkeit weniger.

Er wurde dann in Abschiebehaft gebracht, und ich bin zu einem Anwalt gegangen. Der hat ihn erst einmal 'rausbekommen. Aber nur unter der Bedingung, entweder heirate ich ihn, dann kriegt er die Aufenthaltsgenehmigung, oder nicht. Dann habe ich ja gesagt. Eigentlich war ich doof, möchte ich heute sagen. Ich hab's aus Mitleid getan. Der Anwalt hat mich dann noch einmal gefragt: ›Wollen Sie ihn wirklich heiraten?‹ Wir hätten sonst nicht sofort geheiratet, vielleicht hätte ich ihn später geheiratet. Ich mochte ihn zwar, aber irgendwie war mir das alles zuviel. Nach Frankreich, dann wieder mit der Polizei zu tun zu haben! Das hatte mich alles ein bißchen nervös gemacht.

Am Anfang war das Verhältnis meiner Eltern zu ihm nicht so schlecht. Mein Vater war zwar nicht begeistert, weil ich vorher schon mal einen schwarzen Freund hatte. Das war auch einer, der kein Geld hatte und keine Zukunft. Mein Vater meinte, er hätte schon genug durchgemacht und jetzt schon wieder so ein Typ. Nicht unbedingt, weil er schwarz war. Aber mein Vater behauptete später, er hätte ihm angesehen, daß er nur so ein Blender war. Kann ja sein, er hat mehr Erfahrung. Meine Mutter stand dazwischen. Er hatte eine nette Art. Noch heute kann er sehr charmant und entwaffnend sein. Der ist eigentlich ein Frauentyp, der Frauen anzieht. Er kann wirklich sehr, sehr nett sein.

Damals hat mir schon sein Unterdrucksetzen nicht gefallen. Aber vielleicht wollte ich auch beweisen, daß die Ehe nun doch gut geht, damit ich mir vor meinen Eltern und Bekannten nicht die Blöße gebe. Dem Gerede über diese Ausländer, und das sei ja auch schwierig und so, wollte ich mich aus Protest entgegenstellen. Wenn er ein Deutscher gewesen wäre, hätte ich vielleicht anders reagiert. So habe ich immer noch ein bißchen mehr Rücksicht genommen.«

»Ab wann hast du seine Brutalitäten dann als Mißhandlung empfunden?«

»Ein halbes Jahr nach der Heirat hat er mich richtig zusammengeschlagen. Da waren wir eingeladen bei seinen Bekannten, zwei Afrikanern. Und irgendwie muß ich da meinen Kopf nach hinten gelegt haben (sie macht eine müde Kopfbewegung zur Demonstration). Ich habe das allerdings nicht gemerkt. Ich hatte Whisky und Wein getrunken und hab auch immer viel erzählt. Irgendwie war mein Kopf nicht mehr so kontrolliert. Daraufhin knallte er mir eine, aber mit voller Wucht. Er muß sehr betrunken gewesen sein. Ich bin dadurch ein bißchen wacher geworden.

Er sagte auf einmal, er ginge jetzt. Ich habe gar nichts getan, die anderen auch nicht. Es hatte mich eigentlich gewundert. Ich weiß nicht, warum die nichts gemacht haben. Die Afrikanerin hat irgendwie entsetzt geguckt. Er ist jedenfalls die Treppen runter. Da sagte der Mann noch: ›Ich fahr euch nach Hause.‹ Ich solle schon mal in sein Auto einsteigen, er würde meinen Mann überreden, damit er nicht in seinem besoffenen Zustand Auto fährt. Mein Mann muß ihn wohl gefragt haben: ›Wo ist meine Frau, wo ist meine Frau?‹ Und hinterher sagte er zu mir, er hätte geglaubt, daß sein Freund mit mir wegfahren und ich ihn betrügen wollte, so ein Blödsinn. Dann hat mein Mann die Tür aufgerissen und mich aus dem Auto des Freundes gezerrt. Die Frau war auch schon unten, und dann gab es einen Krach. Jedenfalls hat er mir gleich eins auf die Nase gegeben. Ich bin hingeflogen, das Blut spritzte überall hin. Der Mann und die Frau versuchten ihn zu beruhigen. Aber die waren wahrscheinlich auch perplex, hatten so was nicht erwartet. Also diese heftige Reaktion! Der Mann hätte gegen meinen Mann überhaupt nichts machen können. Wenn er betrunken ist, hat der so eine Kraft und schlägt zu. Ich wußte gar nicht, was ich machen sollte. Sie hätten ihn vielleicht festhalten können. Das haben sie aber nicht gemacht. Vielleicht wollten sie kein Aufsehen erregen. Möglicherweise haben auch schon Leute geguckt, und sie waren selber Ausländer und ins schlechte Licht gerückt. Das kann alles damit zusammenhängen. Oder sie waren in diesem Moment einfach reaktionslos, denn sie hatten ja versucht, ihn zu stoppen. Aber ein bißchen versagt haben sie auch!«

»Du hast eine Menge Erklärungen und Entschuldigungen für das Verhalten deiner Freunde. Mir ist unverständlich, warum sie ihn zu beruhigen versuchten, obwohl du blutend und ängstlich am Boden lagst?«
»Das mag sein. Dann hat er noch mal losgeschlagen, und ich mußte mit ihm zum Auto gehen. Ich wollte eigentlich erst weglaufen. Warum ich das nicht gemacht habe, weiß ich nicht. Vielleicht dachte ich, ich schaffe es nicht; er kommt hinter mir her und greift mich.«

»Die anderen beiden hast du nicht als Unterstützung empfunden und sie auch nicht um Hilfe gebeten?«
»Nein. Ich hatte eine furchtbare Angst und war ziemlich zitterig. Ich hatte ja auch zuviel getrunken und war dadurch wie gelähmt. Wenn ich nüchtern gewesen wäre, hätte ich mehr Initiative gehabt. Dann wäre ich womöglich weggelaufen, denke ich, auch weil ich das Kind noch nicht hatte.

Aber ich bin gar nicht auf die Idee gekommen zu sagen: ›Helft mir doch!‹ Geschrien habe ich auch nicht. Also heutzutage hätte ich wohl doch Hilfe gerufen. Das habe ich später mal gemacht. Dann hat er aufgehört aus Angst, daß jemand kommt. Aber ich war irgendwie wie vor den Kopf geschlagen. Im Auto hat er weitergeschlagen, an jeder Ampel. Ich saß da drin wie eine Puppe. Aber ich habe versucht mich zu schützen (sie hebt die Arme vor das Gesicht). Denn ihn zu schlagen, hatte ich einmal versucht, das war völlig zwecklos. Da hatte ich überall blaue Flecken und habe mir nur die Hand wehgetan.

Ich war irgendwie passiv. Der hat geschlagen und Beschimpfungen losgelassen. Ich sagte nur: ›Ich habe doch nichts getan!‹ Ich habe aus der Nase geblutet, die war gebrochen. Als wir nach Hause kamen, sagte ich: ›So hör doch auf, hör doch auf‹, aus lauter Angst. Wir wohnten auf dem Hinterhof. Da hat er wieder angefangen, auf mich zu klopfen, und weiter in der Wohnung. Er hat mich im Griff gehabt. Wenn ich weggelaufen wäre, hätte er mich gekriegt. Und ich habe nicht gewagt, zu schreien. Vielleicht, weil ich mich geschämt habe vor den anderen Leuten. Eine andere Erklärung könnte ich jetzt nicht finden. Auf einmal hatte ich Hilfe gerufen. Das war mir dann zuviel, der hat ja nicht mehr aufgehört. Er hat mit der Stirn Kopfschläge verteilt. Ich sah aus wie ein Boxer, das war überhaupt das Schlimmste. Alles zu, ich konnte nichts mehr sehen, alles war geschwollen. Auch auf dem Kopf. Mir war nachher richtig schwindelig. Ich mußte mich auf den Boden setzen. Ich war dann auf dem Sofa, als er kam und weiterschlagen wollte. Da rief ich dann Hilfe. Und er hat auf einmal abgelassen. Ich nehme an, er war selber müde und ist ins Bett gegangen.«

»*Er kann doch auch Angst vor den Nachbarn bekommen haben?*«
»Ja, eins von beiden. Ich habe mich dann langsam ausgezogen. Ich hätte weglaufen können. Das habe ich nicht gemacht. Ich glaube, ich schämte mich, vor meinen Eltern zu sagen: ›Der Afrikaner hat mich geschlagen!‹ Hinterher habe ich mich ins Bett gelegt. Am nächsten Morgen bekam ich einen Schrecken, wie ich aussah und sagte nur: ›Guck mal, wie ich aussehe!‹ Er hat das nicht fassen können: ›Wieso, wer hat denn das gemacht?‹ sagte er. Ob das nun die Wahrheit war

oder nicht? Ich war erschüttert, daß er es nicht mehr zu wissen schien. Ich war im Zweifel und sagte: ›Na hör mal, das mußt du doch noch wissen!‹ Er antwortete, das könnte er nie, nie gemacht haben. Er wird sich selbst erschrocken haben, nehme ich an, daß das solche Auswüchse waren! Auf einmal schlug er um und sagte: ›Du bist ja selber schuld.‹ Ich weiß nicht, was ich dann gemacht habe. Jedenfalls hat er mit heißen Kompressen mein Gesicht ein bißchen behandelt. Zum Arzt bin ich zuerst nicht gegangen. Ja, ich habe mich geschämt, da hin zu gehen.

Natürlich hat mich sehr befremdet, als er sagte: ›Wir müssen mal sehen, ob du überhaupt noch kannst.‹ Er wollte Verkehr mit mir haben. Es wäre möglich, daß es durch die Schläge überhaupt nicht mehr geht. Wenn ich heute daran denke, vollkommen absurd. Ich fühlte mich sauelend; ich fand das schrecklich, bei meinem Zustand so eine Bemerkung zu machen. Ich sagte: ›Laß' es doch sein.‹ Ich hatte solche Schmerzen, und alles war noch blutig. Eigentlich könnte man sagen, es war eine Vergewaltigung. Ich konnte mich nicht richtig wehren. Daß ich danach noch bei dem geblieben bin, verstehe ich nicht! Ich muß bekloppt gewesen sein.

Nach zwei Tagen bin ich zu diesem Unfallarzt gegangen und habe gesagt, ich wäre eine Treppe runtergefallen. In der Firma rief ich an, mir sei ein Unfall passiert, ich wäre die Treppe 'runtergefallen, ob das nun einer glaubte oder nicht. Meiner Mutter hatte ich auch das mit der Treppe erzählt, und ihr kam das komisch vor. ›Du bist die Treppe runtergefallen und hast dir die Nase gebrochen...?‹ Beim Unfallarzt haben sie geröntgt, die war gebrochen. Sie konnten aber weiter nichts machen. Sie haben sie nicht gerichtet, das ist heute noch sichtbar. Das hätten sie eigentlich machen müssen. Ich war krankgeschrieben, und er war dann auch wieder ganz nett.«

»Wie hat er sich danach verhalten? Hat er sich bei dir entschuldigt?«
»Ich glaube nicht. Später habe ich mal gesagt, eine Entschuldigung nutzt auch nichts. Einmal tat es ihm leid. Als es wieder passierte, nachdem die Kleine da war, sagte er danach: ›Ein Glück, daß deine Zähne noch drin sind!‹ Er dachte schon, meine Zähne seien 'rausge-

fallen bei dem Schlag. Also war ihm doch bewußt, daß er mich geschlagen hat!‹

»Wie waren deine Gefühle danach ihm gegenüber?«
»In den ersten Tagen nicht so besonders. Dann hat sich das wieder
gebessert. Komischerweise. Das verstehe ich eigentlich auch nicht.
Ich habe überlegt und überlegt und bin nie dahintergekommen,
wieso ich noch bei dem geblieben bin.
Nach diesem ersten Mal hat er mich nicht mehr so schlimm zuge-
richtet. Er hat mir Ohrfeigen gegeben, und ich hatte blaue Flecken,
aber nicht so schlimm wie damals. Ich habe ihm auch gesagt: ›Wie
kommst du überhaupt dazu? Wenn das noch mal passiert...‹ Er hat
gleich geantwortet: ›Nein, das passiert nicht noch mal.‹ Das wäre
nur passiert, weil er so betrunken war. Dieser Afrikaner, bei dem das
passiert war, kam einen Tag später in unsere Wohnung und sah
mich. Der wußte nicht, was er sagen sollte, und dann fragte er ihn:
›Wie kommt denn das?‹ Mein Mann sagte: ›Das mußt du verstehen,
das ist passiert, weil ich so betrunken war.‹ Er hat das ziemlich abge-
bogen in der Art, wie er es immer macht und wie er mich auch immer
wieder 'rumgekriegt hat. Danach war der Afrikaner besänftigt.«

»Hättest du dir gewünscht, dich anders zu wehren?«
»Ich hätte mir gewünscht, daß ich ihm entgegengetreten wäre oder
ihn mit einem Schlag abgewehrt hätte, daß er hinfliegt und nicht
mehr aufstehen kann. Das würde ich wahrscheinlich nie können,
weil er viel mehr Kräfte hat. Oder wegzulaufen hätte ich mir gewünscht. Aber ich war wie gelähmt bei dem Gedanken, wenn ich
laufe und er mich greift, was dann passieren würde... Ich hatte ja
erlebt, daß mir niemand half. Aber ich dachte auch nicht, daß die
mir helfen. Ich hatte nur Angst, daß er mich wieder greifen
könnte.
Lange danach habe ich mit niemandem darüber reden können. Auch
nicht mit meiner Mutter. Sie hat immer wieder gefragt und mir nicht
geglaubt. Ich sagte aber immer wieder ›Nein‹. Mein Vater hatte mich
mal zufällig gesehen, als wir in der Nähe seines Geschäftes tankten.
Der war entsetzt, als er mich sah, und hat sich geschämt.
Wenn jemand einen so schlägt und immer wieder erniedrigt und

unter Druck setzt – es passiert ja nicht nur einmal –, muß man eine Macke haben, wenn man immer wieder zurückgeht. Ich hatte mich damals nicht mehr achtenswert empfunden. Ich hatte mich nur noch geschämt: im Betrieb – die hatten das nicht geglaubt – und vor meinen Eltern. Manchmal konnte ich denen gar nicht richtig in die Augen sehen. Ich habe immer nach· unten geguckt. Alles war mir äußerst peinlich. Vor allen Dingen, daß ich mich immer wieder überreden ließ, war mir peinlich. Ich war in einer Zwickmühle und fühlte mich immer unwohl.«

»Konntest du dich nie gegen ihn wehren?«
»Ich weiß nicht. Ich hatte mich mal gewehrt, da hatte ich ihm eine geknallt. Da hat er gleich zurückgeschlagen. Dann habe ich die Hand nur noch so vorgehalten, und das hat auch entsprechend wehgetan. Ja, danach war er sehr beleidigt.
Ich hatte immer Angst. Vielleicht hätte der zurückgeschlagen, oder ich hätte ihn k. o. schlagen müssen. Aber ich bringe das nicht fertig, jemanden auf den Kopf zu schlagen. Das ist für mich absurd und unvorstellbar. Die einzige Möglichkeit war, daß ich ganz laut schrie. Oder ich hätte immer ein Messer bei mir tragen müssen, weil ich ihn nie zu fassen bekam. Dann hatte ich aber Angst, nicht gleich richtig zuzustechen. Wenn ich nur ein bißchen zugestochen hätte, hätte der mich in seinem Wahn... Und ich dachte, nein, opfern tust du dich nicht. Ich war nicht die Geschickteste, er ist in dieser Beziehung geschickter als ich. Er konnte Judo und hat geboxt. Da konntest du gar nichts machen, der tanzte um dich rum, als ob er einen Gegner vor sich gehabt hätte. Da ich so was gar nicht gewöhnt bin, wußte ich nicht, was ich machen sollte. Noch dazu hatte er diese Polizeiausbildung in China gemacht, wo er das alles lernte. Darin war er toll. Allerdings, daß er das gegen mich anwendete, war nicht sehr toll.«

»Wann bist du auf die Idee gekommen, dich zu trennen?«
»Ich hatte zuerst gemischte Gefühle, als ich ihn heiratete. Vor allem, nachdem er mich das erste Mal geschlagen hatte bei diesem afrikanischen Ehepaar, das war ein Dreivierteljahr nach der Heirat. Damals hatte ich Angst, die anderen könnten recht haben, daß diese Ehe schiefgeht. Das hat mich immer bewogen, dazubleiben. Na, du

kannst doch nicht aufgeben, sagte ich mir. Das hätte mich sehr geärgert. Und ein innerer Druck war's ja auch. Eigentlich mochte ich ihn gerne, und wir haben uns immer sehr gut verstanden. Ich konnte mich ganz gut mit ihm unterhalten. Aber im großen und ganzen war es doch negativ. Ich habe vielleicht eines gelernt: Ich bin selbständiger geworden, weil er mir alles aufgebürdet hat, auch mit Behörden – das hat mir ganz gut geholfen. In bestimmter Hinsicht hat es mich gefördert, in anderer wieder niedergedrückt. Denn auch geldlich gesehen komme ich jetzt zu mehr.«

»Warum bist du trotzdem so lange bei ihm geblieben?«
»Ich hab's mir noch mal überlegt. Vielleicht hatte ich auch Angst, niemanden mehr zu finden, blödsinnigerweise. Mein Gott, ja, wir haben uns sexuell ganz gut verstanden. Ich dachte immer, was Besseres findest du nicht. Er war wieder ganz nett, und wir haben uns nett unterhalten. Es waren eigentlich blöde Motive. Inzwischen habe ich festgestellt, es gibt andere, die auch gut oder nett und liebevoll sind, vielleicht noch besser als er.
Es fing mit ihm schon vor der Ehe an, er hat mich immer ein bißchen gedrängt. Aber das ist mir nicht so aufgefallen. Das möchte ich auch nicht überbewerten. In der Ehe hatte das auf mich eine schlechte Wirkung, wenn er Alkohol getrunken hatte. Da war dann immer ein gewisser Zwang. Wenn er nachts um drei nach Hause kam, hat er mich geweckt. Ich mußte bereit sein und Essen machen, das war eine Ausnutzung.«

»Du hast doch jetzt auch Vergleichsmöglichkeiten in der Sexualität. War das für dich nach dem Zusammenschlagen eine Zwangsgeschichte mit der Sexualität oder gab es Situationen, wo du alles vergessen konntest?«
»Ja. Schon. Gab es. Ja. Vielleicht. Ich meine, nicht immer. Manchmal. Nicht immer. Ich konnte es manchmal vergessen, wenn wir uns gut verstanden oder nett unterhalten hatten, und es war mal ein schöner Tag.«

»Wann hast du ihn dann als nett empfunden?«
»Wenn er besonders lieb war und wir uns nett unterhalten haben.«

»*Dann konntest du das wirklich vergessen?*«

»Das wurde immer schwieriger. Ich habe das schon manchmal unterdrückt. Dann war ich auch froh, daß es mal wieder eine schöne Situation gab. Später wurde es für mich schwieriger, das zu unterdrücken. Da habe ich öfter daran gedacht. Vor allen Dingen nach Bremen habe ich alles bewußt registriert, was er gemacht hat. Das war eine gute Erfahrung, nach Bremen zu gehen und wieder zurückzukommen. Ich habe dort gemerkt, wie frei ich war, ganz von Berlin weg. Wir sind öfter ein Bier trinken gegangen, und ich war keinem Rechenschaft schuldig. Das fand ich ganz positiv. Ich hatte nie Angst, ihm auf der Straße zu begegnen. Als ich zurückkam, habe ich als besonders schlimm empfunden, daß er wieder anfing mit dieser Gängelei. Er hat sich zwar zu Anfang bemüht, aber das ging nicht lange gut. Nach drei Wochen war der alte Zustand wieder da.

Immer wenn er mit mir ins Bett gehen wollte, mußte das auch sein. Das hat er durchgesetzt, es war ihm ganz egal, ob ich Lust hatte oder nicht. Er sagte zu mir: ›Das klappt bei dir nicht‹, weil ich keinen Orgasmus kriegte. ›Normalerweise müßte das jedesmal sein, so wie wir das machen‹, meinte er. Das war ein Leistungsdruck, das hat meistens nicht geklappt. Manchmal ja, aber meistens nicht. Das kann man auch nicht, wenn man so darüber nachdenkt. Wenn er mich vorher beschimpft hat, dann kann man das ja nicht kriegen.«

»*Hattest du das Gefühl, daß es früher anders, besser war?*«

»Es war manchmal besser. Aber wenn ich mich jetzt erinnere, als ich ihm nachgefolgt bin und wir verlobt waren, war das auch schon ein Zwang. Aber das habe ich alles nicht so ernst genommen.«

»*Würdest du nach deinen Erfahrungen noch immer sagen, daß du etwas von dieser sexuellen Beziehung gehabt hast?*«

»Ich meine, wenn wir uns gut verstanden habe, was ja auch vorkam, dann war es schön. Aber im Grunde genommen hat es sich nicht gelohnt. Es war verschwendete Zeit, auch in dieser Beziehung. Denn das Negative hat überwogen. Insgesamt eine sehr negative Erfahrung. Schwierigkeiten habe ich heute noch, also Orgasmusschwierigkeiten. Das klappt nie, das geht irgendwie nicht. Und es mag darauf zurückzuführen sein. Denn ich meine... drei Stunden, da war bei mir schon alles trocken und zu. Das ging nicht mehr rein. Es war nur ein Krampf. Dann hat er mir die Schuld gegeben und hat mich geschlagen, weil ich es nicht kann. Ich würde mich nicht bewegen, und er hat auf mir 'rumgeackert. Ich habe mich wie ein Brett benommen. Das habe ich natürlich auch mit Absicht gemacht. Er wäre schon längst fertig, wenn ich mitmachen würde. Dann hat er es mit Creme versucht. Ich sagte, ich möchte das nicht. Ich konnte mich nicht wehren. Und schreien wollte ich nicht, dann wäre Julia wach geworden. Das war auch eine schlechte Erfahrung für mich, eine sehr schlechte. Das habe ich auch gerade nachgelesen in deinem Buch. Manche Sachen treffen auch auf mich zu. Die Sache mit dem Vaginismus, wo der Krampf am Zeh anfängt, das hatte ich auch oft, nicht einen Scheidenkrampf. Besonders, weil er immer gesagt hat, bei mir klappte das nicht. Da war ich schon angespannt. Und dann geht es überhaupt nicht. Ich hatte immer Angst zu versagen und davor, was er dann wieder sagte. Bei ihm klappte das immer, aber ich stand dauernd unter Leistungsdruck.«

»Bist du nie auf die Idee gekommen, daß es auch an ihm liegen könnte, wenn es bei dir nicht klappt?«
»Nein, das war unmöglich. Wie ich das so lange ausgehalten habe, frage ich mich heute noch. Wahrscheinlich habe ich tatsächlich gedacht – weil er das immer so betont hat –, daß er wirklich was Besonderes ist. Ja, daß es nur an mir liegt und die anderen Frauen sowieso alle viel besser sind, das hat er immer betont. Ich habe gedacht, mein Gott, bist du doof. Wenn du das immer hörst, glaubst du es nachher auch oder du zweifelst. Ich denke heute noch manchmal: ›Bist du denn überhaupt normal?‹ Dann geht das wieder nicht...
Jedenfalls habe ich in der Zwischenzeit die Meinung gewonnen, daß das mehr negativ als positiv war. Da ich früher schon Hemmungen hatte vor Männern, hat mich die letzte Erfahrung noch in diesen Hemmungen bestärkt.«

* * *

»Du hast dich insgesamt dreimal von ihm getrennt. Hast du irgendwelche Bedingungen gestellt, als du zu ihm zurückgegangen warst?«

»Ich habe gefragt, ob er sich jetzt ändert. Es war immer dieselbe Leier. Er hat jedesmal versichert, er ändert sich. Er würde auch nicht mehr trinken. Meistens hat er geweint am Telefon. In diesen Momenten hat es ihm leid getan, das glaube ich ihm schon. Aber das hat nie lange angehalten.«

»Es wird ihm auch leid getan haben, daß er allein sein mußte.«
»Ja, natürlich, daß er niemanden hatte. Vor allem war ich die einzige, die ihm noch Halt gegeben hat. Mit den Freunden konnte er nicht so reden. Er sagte immer, ich muß seine Mutter sein, seine Freundin, seine Schwester und seine Geliebte, eben alles. Das müßte ich sein. Diese Vorstellung haben die oft. Das ist aber manchmal ein bißchen zuviel verlangt.«

»Wie war das für dich, wenn du das alles für ihn sein solltest? Warst du damit einverstanden?«
»Was heißt einverstanden? Ich fühlte mich überfordert. Einverstanden konnte ich nicht sein, bei ihm sowieso nicht. Mißtrauen hatte ich eigentlich immer. Je öfter ich wegging, desto schlimmer wurde das Mißtrauen.«

»Kannst du sagen, warum du trotzdem wieder zurückgegangen warst?«
»Seine Stimme, seine Art, wie er hinter einem her war... Er kann einen weich kriegen. Er hat eine Überzeugungskraft in der Stimme und ist so nett. Und ich war noch nicht ganz gelöst von ihm. Wenn ich heute sein Gerede höre, sage ich mir, mein Gott, das kennst du alles. Aber damals war ich von ihm noch gefangengenommen.«

»Jedesmal, wenn du zurückgegangen bist, wie hast du dich da gefühlt? Hattest du dir irgend etwas vorgenommen?«
»Eigentlich nicht. Normalerweise war ich mit mir nicht ganz zufrieden, weil ich ja weggehen wollte. Ich war im Zweifel, ob das gutgeht. Auf der anderen Seite war ich wieder von ihm eingenommen. Ich war nie so richtig mit mir selbst zufrieden und hatte auch nie die Kraft, mich für irgendeine Sache zu entscheiden. Ich stand immer zwischen den Dingen. Zwischen meinen Eltern, zwischen ihm, zwischen Weggehen und Bleiben. Ich habe immer gezau-

dert. Dadurch war ich nie zufrieden, nie konsequent. Das hat mich im stillen geärgert.«

»Das hat er dann immer ausnutzen können.«
»Ja. Wahrscheinlich. Mich hatte auch geärgert, daß wir keine Bekannten hatten und er immer fragte: ›Wo gehst du denn hin?‹ Diese Eifersucht auch während der Schwangerschaft. Da hat er mich nur ein- oder zweimal mitgenommen. Auch Weihnachten hatte er mich alleine gelassen, damals in Frankreich. Mit einem Freund war er losgezogen. Das war an sich eine Frechheit, aber was sollte ich machen?«

»Hast du geglaubt, indem du keine Forderungen stellst und dich immer anpaßt, könntest du seine Gewalttätigkeiten verhindern?«
»Ja, indem ich versucht habe, ihn nicht zu ›provozieren«. Das sagte er auch immer. ›Du mußt dann still sein und mich beruhigen. Dann passiert sowas auch nicht.‹ Ich hab es mal versucht, und das ging eigentlich auch. Ich habe gar nicht mit ihm gesprochen. Aber manchmal hat es nichts genützt. Da fand er einen anderen Grund und hat das Essen an die Wand geklatscht oder ähnliche Scherze. Wenn er sich über irgendwas ärgerte, hat er die Wut an mir ausgelassen. Irgendwer hatte eine Bemerkung gemacht, daß er schwarz war. Erst hat er mir das erzählt, und wenn er in diesem Zustand war, hat er mir eine geklatscht. Er sagte, ich soll arbeiten gehen und die Kleine in den Kindergarten bringen. Es reicht nicht mit dem Geld. Als ich den zweiten Tag weg war, gab es gleich einen Elternabend. Ich ging dort hin, und er ist mir halb wankend entgegengekommen und hat mir ein paar geklatscht. Später setzte er sich in die Badewanne, fuhr mit dem Finger über den Rand und sagte: ›Hier ist Staub drauf; du gehst arbeiten und läßt die Wohnung verkommen!‹ Er selbst hat nichts zu Hause gemacht. Das sei doch keine Männerarbeit, meinte er.«

»Er wollte dich terrorisieren und erniedrigen... Von Frauen hat er generell nichts gehalten, die waren nur für seine Dienstleistungen da?«
»Erst mal wußte er, daß er eine Wirkung auf Frauen hatte. Dadurch fühlte er sich bestätigt. Die Frauen sind auch schön darauf eingegan-

gen, die fanden ihn nett. Und die Bestätigung hat er immer gebraucht. Nicht nur von Frauen, sondern daß ihn alle ansehen, daß er
der Beste und Schönste ist und alles kann. Sehr spleenige Ansichten.
Kürzlich hat er mir erzählt, er wird bald den Tschad leiten, er wird
Präsident. Das ist alles kindlich naiv, aber davon ist der fest überzeugt.«

Wenn er von der Arbeit kam, hat sie sich unter dem Tisch versteckt

»*Hast du dich auf das Kind gefreut, als du schwanger warst?*«
»Mit gemischten Gefühlen habe ich der Sache entgegengesehen. Auf
der einen Seite wollte ich es gern. Nicht wegen ihm, sondern überhaupt.«

»*Hast du nie daran gedacht, daß du mit einem Kind noch abhängiger
werden könntest?*«
»Daran habe ich nicht gedacht. Und er hatte sich auch gefreut, so wie
ich.«

»*Wie hat sich seine Freude ausgedrückt?*«
»Er war ziemlich stolz. Es würde das schönste Kind werden. Dabei
kümmert er sich gar nicht um sie. Vier Wochen vor der Geburt hat er
mich zu meinen Eltern geschickt. Mein Vater sagte: ›Nee, der Vater
gehört zum Kind, und du bleibst drüben.‹ Da hatten wir wieder kein
Geld, konnten die Miete nicht bezahlen. Er bestand darauf: ›Du
gehst zu deinen Eltern, die müssen dich aufnehmen; das Kind kann
hier nicht geboren werden.‹ Er hat sich nicht weiter darum gekümmert.«

* * *

»*Gab es Probleme in der Erziehung mit Julia, oder hat er alles dir überlassen?*«
»Eigentlich hat er alles mir überlassen, aber wenn sie mal ausflippte,
hieß es: ›Das macht deine Erziehung! Ich habe immer gesagt, du
mußt sie strenger halten!‹ Allerdings bin ich manchmal wirklich zu

weich mit ihr, das stimmt. Das sagt meine Mutter auch. Ich laß ihr ziemlich freien Lauf. Die müßte manchmal etwas konsequenter behandelt werden. Ich finde sie eigentlich sehr ungezogen mir gegenüber. Ich bin sehr lieb mit ihr und gehe sehr auf ihre Wünsche ein. Wenn ich mir andere Mütter ansehe, die sind oft nicht so nett, aber die Töchter gehorchen besser. Wenn ich Julia um etwas bitte, könnte sie mir auch einmal den Wunsch erfüllen. Mich bei ihr durchzusetzen, fällt mir schwer. Warum, weiß ich nicht. Ich habe mich von Anfang an sehr mit ihr beschäftigt. Wenn mein Mann nicht da war, habe ich mich auf sie konzentriert und ihr meine ganze Liebe gegeben. Ich war immer um sie und habe auch mal was durchgehen lassen.«

»Hat dein Mann Julia auch bestraft?«
»Eine Art Bestrafung fand statt, als er einmal nachmittags betrunken nach Hause kam. Er hat gegessen, und Julia sah gerade ›Biene Maja‹ im Fernsehen. Er sagte ›Guten Tag‹, und sie hat nicht reagiert; er daraufhin: ›Du guckst mich an, wenn ich mit dir rede!‹ Ich dachte, jetzt fängt das wieder an! Dann hat er es noch ein paarmal wiederholt und hat den Fernseher ausgedreht. Sie hat natürlich geweint und ihn wohl angeguckt. Das war Zwang, ich habe dann gesagt: ›Jetzt hat sie dich angeguckt, mach den Fernseher wieder an!‹ Er hat sich aufgespult und die Fernsehschnur aus der Wand gerissen. Dann konnten wir nicht mehr fernsehen, das war schon nach Bremen. Das waren alles Punkte, die ich gesammelt habe. Also, das geht nicht mehr so weiter, dachte ich, und habe mich immer mehr entschlossen, doch wegzugehen. Das war für mich der Anlaß zu denken, der kann nichts taugen. Er wollte sie auch mal entführen, wollte mit ihr in die DDR fahren. Aber mit seinem Paß gab es Probleme. Er wollte mit ihr rüberfahren, angeblich seine Tante besuchen. Die soll bei der Botschaft gewesen sein. Ob das alles stimmt, weiß ich nicht. Sie haben ihn aber nicht rübergelassen.

Er ist immer mit Julia in die Kneipe gegangen, das hat mir alles nicht gepaßt.«

»Wenn er sich mit dem Fernseher so verhalten konnte, dann muß Julia doch auch begriffen haben, daß ihr beide ihm unterlegen seid. Sie muß dich dann auch als sehr schwach empfunden haben?«

»Ja, sie hat bemerkt, daß ich nichts machen konnte; aus Angst, daß er mir eine runterhaut, gibt man ja dann nach.«

»Könnte es sein, daß Julia Dinge von damals übernommen hat, um sich heute durchzusetzen?«
»Es könnte sein, daß davon was hängengeblieben ist. Manchmal habe ich schon gesagt: ›Du bist genau wie dein Vater.‹ Ich möchte vermeiden, daß zu sagen, es ist nicht gut, aber manchmal scheint es mir, als ob sie genauso reagiert wie er.«

* * *

»Wie hat er es empfunden, daß es sich um ein Mädchen und nicht um einen Jungen handelte? Zählen Mädchen in seiner Kultur weniger?«
»Nein, das nicht. Es waren überwiegend Mädchen in seiner Familie. Er meinte zwar immer, bei nur einem Jungen und drei Mädchen dominiert der Junge, und er wird als erster genannt. Der hätte dann zu bestimmen. Aber er hat sich auch gefreut, daß es ein Mädchen ist. Er war sehr stolz auf sie.«

»Wie war das Verhältnis von Julia zu ihrem Vater?«
»Manchmal fühlte sie sich mit ihm besser, und wenn er betrunken war, hat sie sich abgestoßen gefühlt. Sie ist später unter den Tisch gerannt, wenn er von der Arbeit kam. Er hat ja immer einige Überstunden gemacht. Wenn er kam, war er meist leicht betrunken. Er hat es zwar immer abgestritten, aber ich hab das an den Augen gesehen. Dann war er aggressiv, weil er wenig gegessen hatte, und das spürte sie. Wenn er von der Arbeit kam, haben wir uns immer ein bißchen gezankt. Vor allen Dingen wollte sie das nicht. Dann hat er mit ihr angegeben oder gesagt: ›Warum kommst du nicht her, deine Mutter hat dich wohl aufgehetzt?‹ Sie muß die Spannung gemerkt haben und auch, daß ich sie nicht aufgehetzt habe, sondern er das nur behauptete. Allerdings habe ich zu ihr gesagt: ›Geh doch hin‹, damit der bloß nichts sagt, damit wir unsere Ruhe haben. ›Geh hin und sag Guten Tag, Papa!‹ Das wollte sie aber manchmal nicht. Darüber hat er sich furchtbar geärgert und war wütend. Diese Konfliktsituation hat sie veranlaßt, unter den Tisch zu kriechen. Ich glaube,

daß sie Angst hatte. Wenn er aber auf einmal lieb zu ihr und nichts zu befürchten war, war sie wieder etwas anders mit ihm. Aber ich glaube, sie war genauso gespalten wie ich in dem Verhältnis zu ihm. Sie hatte auch Angst um mich. Wenn er nett mit uns und alles gut war, dann war sie ausgeglichener und hat sich gefreut.

Manchmal wird sie heute jähzornig. Einmal gefiel ihr ihr Eis plötzlich nicht mehr. Sie hat es auf die Erde geschmissen: ›So, das eß ich jetzt nicht mehr!‹ Da war ich perplex. Als sie wieder so ausflippte, habe ich ihr mal ordentlich eins auf den Po gegeben. Da hat sie gesagt: ›Immer schlägst du mich.‹ Dann haute sie zurück und sagte: ›Wenn du mich haust, kriegst du eine wieder!‹ Das hat mich ein bißchen erschüttert, das hat sie eigentlich nicht nötig.«

»Kann sie etwas von ihm übernommen haben? War sie dabei, wenn er dich schlug?«
»Ja, war sie. Sie hat Angst gehabt, auch um mich, und immer ›Mami, Mami‹ gerufen. Sie hat sich manchmal schützend vor mich gestellt. Dann hat er sie weggenommen und auf den Arm gezerrt, damit sie nicht noch was abkriegt. Sie hat er nicht geschlagen, sie hat er so tyrannisiert. Das letzte Mal, bevor ich wegging, hätte er ihr beinahe mit der Faust eins draufgeschlagen. Er hat wohl gedacht, die Leute, bei denen wir zu Besuch waren, könnten sehen, daß sie ihn nicht anfaßt. ›Ich faß dich nicht an, Papa.‹ Das war schon eine Reaktion darauf, daß er besoffen war. Das hat sie gemerkt. Da hat er sie an der Nase gezogen und sie beschimpft: ›Du bist schwarz, du bist schwarz, und deine Großmutter taugt nichts. Du kannst auf die Straße gehen, und deine Mutter kann nichts schaffen, die geht als Nutte auf die Straße. So wirst du auch werden, du kannst gar nicht anders erzogen werden. Du weißt, dein Vater ist schwarz und du bist auch schwarz! Bist du schwarz, Julia?‹ ›Nein, ich bin braun.‹ ›Du bist nicht braun, du bist schwarz!‹ So hat er sie gequält... Dahinter stecken seine eigenen Schwierigkeiten. Aber daß das andere Väter mit ihren Kindern machen, habe ich noch nicht gehört. Ich fand das sehr komisch. Vielleicht, wenn er weiß gewesen wäre, hätte er es genauso gemacht, hätte ein anderes Argument gehabt, ich weiß es nicht.«

»Was ist bei Julia davon zurückgeblieben?«

»Sie behauptet immer, sie ist braun. Es stimmt ja auch. und er behauptet, ich hätte ihr das eingeredet. Ich weiß nicht, der hat wohl wirklich eine Macke.

Julia hat einmal zu mir gesagt: ›Mami, es wäre schön, wenn du auch braun wärst.‹ ›Deine Hautfarbe möchte ich gern haben‹, antwortete ich, ›dann brauchte ich nicht in die Sonne zu gehen.‹ Sie: ›Kannst du denn nicht was machen, dann sind wir beide gleich?‹«

»Was, glaubst du, hat Julia von damals zurückbehalten?«

»Das mit dem Schlagen hat sie nicht vergessen. Deshalb ist sie auch eifersüchtig auf andere Männer, zum Beispiel auf meinen Freund. Sie denkt vielleicht, er tut mir was, wenn ich alleine mit ihm bin. einmal hat er gesagt: ›Nun schlaf mal schön, es wird Zeit, ich möchte mit deiner Mama was besprechen.‹ Später sagte Julia zu mir: ›Da habe ich gesehen, daß er dich geküßt hat. Wehe, wenn du lügst!‹ Sie denkt vielleicht, wenn ich mit einem Mann im Bett bin, daß der mir was antut. Das hat sie damals mitgekriegt. Mein Mann hat das so forciert und mit Gewalt gemacht. Das hat sie mitbekommen und sich auch schon mal zwischen uns gelegt. Ich sagte immer: ›Laß das doch sein‹, aber das wollte er nicht. Oder ich habe zu Julia gesagt: ›Jetzt bleibst du hier liegen in meinem Bett!‹ Und trotzdem hat er es gemacht. Sie sagte: ›Und dann wackelt ihr immer so.‹ Sie denkt wohl, wenn ich mit einem Mann was mache, daß der mir weh tut. Im Moment hat sie wahrscheinlich keine gute Vorstellung von Sexualität.«

»Deinem Mann hat das offensichtlich nichts ausgemacht, daß das Kind dabei war?«

»In dem Moment fand er das auch nicht gut, aber er hat sich nicht beherrscht; das ist alles nicht normal. Wenn jemand ein besseres Gefühlsleben hat oder besser auf den anderen eingeht, würde er sagen: ›Bring mal erst das Kind ins Bett.‹ Er hat immer das gemacht, was er wollte. Wenn er das morgens machen wollte, dann mußte ich Zeit haben, auch wenn ich beim Kochen war. Er hat auch mal die Schlafzimmertür abgeschlossen, um möglichst schnell fertig zu werden, weil ich keine Lust hatte. Man hat doch auch keine Ruhe, wenn das Kind draußen ist und an die Tür klopft: ›Was macht ihr denn da?‹«

»Stellst du bei Julia konkrete Verhaltensweisen fest, die du auf seine Brutalität zurückführst?«
»Ja, sie empfindet es sehr komisch, wenn andere Leute geschlagen werden, auch im Film, besonders wenn Schwarze geschlagen werden. Und dann, wenn sich auf der Straße Jungen prügeln. So was mag sie nicht haben. Zu ihrer Freundin: ›Der Vater ist sowieso ein Schlägertyp‹, sagt sie, ›der hat auch die Mama schon gehauen.‹
Wenn ich ihr mal eine runterhaue, schlägt sie zurück. Ich schlage nicht richtig zu, ich gebe ihr einen Klaps. Dann gibt sie mir auch einen. Ich frage: ›Warum machst du das, das ist doch nicht richtig!‹ Dann sagt sie: ›Du hast mich auch gehauen.‹ Also ich schlage ja nicht... weil ich es ihr immer mit Vernunft erklären möchte. Sie schreit wie am Spieß, wenn sie ihren Willen nicht durchsetzt, und dann wehrt sie sich. Seit einiger Zeit macht sie wieder jede Nacht ins Bett.

»Das sind ja schreckliche Folgen von damals, mit denen Julia und du jetzt zu tun haben. Hast du eigentlich mit ihr über die Mißhandlungen ihres Vaters gesprochen?«
»Manchmal, ich wollte sie nicht damit überfordern. Und ich habe gesagt: ›Ist ja ganz gut, daß wir von Papa weg sind.‹ Sie: ›Ja, der hat dich gehauen.‹ Das hat sie im Kindergarten gesagt. Mir war das nicht so recht. Sie sagt: ›Mein Papa hat meine Mama immer gehauen.‹ Die Erzieherin meinte wohl, das sei ja schrecklich.
Julia muß damals auch meine Angst gespürt haben. Selbst wenn du es vermeiden willst, redest du doch mit einem Kind. Ich hatte später manchmal Angst, nach Hause zu gehen, das hat sie an meiner Reaktion gemerkt. Sie hat schon aufgenommen, daß ich erst noch was erfinden mußte, wo ich war... und daß er nicht gern gesehen hat, daß wir zu Omi gehen.«

»Fragt sie dich heute nach ihrem Vater?«
»Eigentlich nicht. Seitdem er nicht mehr anruft, schon gar nicht. Sie war auch nicht geneigt, ans Telefon zu gehen. ›Guten Tag‹ hat sie

gesagt. Aber es hat ihr bestimmt nicht gepaßt, wenn er gefragt hat: ›Ist denn der Freund deiner Mutter da? Der ist ja sowieso doof.‹ Er hat versucht, sie ein bißchen negativ zu beeinflussen. Julia sagt, sie möchte ihn aus dem Fenster werfen. Er sieht, wie das Kind reagiert und daß es ihn nicht akzeptieren kann.

Wenn wir uns mit ihm getroffen haben, hat sie das doch irgendwie beeindruckt. Sie hat es ganz nett gefunden, wenn er mit ihr gealbert hat. Aber sie war trotzdem ein bißchen distanziert. Und sie sagt auch: ›Aber Papa schläft doch nicht bei uns?‹ Das fand sie äußerst wichtig. Ich habe ihr gesagt: ›Du brauchst keine Angst zu haben, da passiert schon nichts.‹ Sie wußte genau, was passiert war. Vielleicht hat sie ein etwas gestörtes Verhältnis zu Männern, das kann sein. So genau kann man das nicht ausprobieren, denn mein Freund ist nicht so oft mit ihr zusammen. Sie geht meistens nach draußen spielen, wenn er da ist. Sie ist etwas gehemmter ihm gegenüber. Ich weiß, worauf es zurückzuführen ist... vielleicht befürchtet sie, daß sich so etwas wiederholen könnte. Daß er mal geschimpft hat, ärgerte sie auch. Da hat sie geweint. Das war so ein gespieltes Weinen. Wahrscheinlich hat sie sich geärgert, daß sie sich nicht durchsetzen konnte.«

»Du solltest in deiner Beziehung zu Julia darauf achten, daß sie dich im Zusammensein mit deinem Freund nicht genauso schwach wie mit deinem Mann erlebt. Wenn er sich für dich bei ihr durchsetzt, wird das passieren, und sie wird wieder enttäuscht und wütend auf dich reagieren. Du wirst nur noch größere Schwierigkeiten bekommen, weil du dich allein nicht konsequent ihr gegenüber verhältst.«

»Ja, wahrscheinlich. Aber vielleicht verbindet sie meinen Freund noch immer mit meinem Mann, wenn wir zusammenliegen und uns küssen. Dann denkt sie vielleicht, die tun was Schlechtes. Denn so schnell vergißt man das ja auch nicht. Aber wie soll ich ihr das erklären, einem so kleinen Kind?«

»*Was hat dir die endgültige Trennung von ihm an Positivem gebracht?*«
»Erst mal, daß ich nicht mehr gegängelt werde und er nicht mehr sagen kann: ›Wo warst du?‹ oder ›Wen rufst du schon wieder an?‹. Ich kann jetzt machen, was ich will, auch schon, als ich im Frauenhaus war. Das hat mir am meisten gefallen. Ich weiß nicht, wieso ich das so lange ertragen habe. Ich kann es eigentlich nicht leiden, wenn jemand dauernd über einen bestimmen will. Am besten hat mir diese Freiheit gefallen. Jetzt habe ich auch mehr Geld zur Verfügung, jetzt kann ich mit meinem Geld machen, was ich will. Ich habe mir eine bessere Wohnungseinrichtung besorgt, weil ich nicht so viel Geld ausgebe wie er, fürs Lottospielen oder die Kneipe. Vor allen Dingen werde ich nicht gezwungen, abends zu kochen oder großartig etwas zurechtzumachen. Jetzt kann ich mir den Abend besser einteilen. Wenn er mir geholfen hätte, wäre es anders gewesen. Aber da er mich nicht unterstützt hat – außer mal den Mülleimer runterbringen, was die Männer so gern tun –, habe ich damals alles allein machen müssen und hatte noch die Arbeit mit ihm speziell. Vor allem dieses immer über einen bestimmen, oder: ›Julia darf nicht in den Miniclub gehen‹ oder das und jenes darf nicht sein, und immer diese Angst, wenn er nach Hause kam, ist er betrunken oder nicht? Was hat er für eine Laune? Das fällt alles weg.«

* * *

(Während des folgenden Gesprächs in ihrer Wohnung klingelt dauernd das Telefon. Claudia reagiert hektisch und ängstlich.)
»Jetzt ruft er bestimmt dauernd an, weil er heute Geburtstag hat. Er hat schon in der Firma angerufen, daß ich ihm nicht gratuliert hätte, und er ruft heute abend noch mal an. Wenn ich ihn weiter so behandele, dann würde ich schon sehen, ich kenne ihn doch. Ich wüßte, was er dann macht. Jetzt fühle ich mich bedroht, daß er wieder hier aufkreuzt und Krawall schlägt. Wenn ich mit ihm gesprochen habe, werden mein Blick und meine Stimme anders; ich merke, daß es mir in der Magengegend komisch wird, jetzt auch. So geht es mir immer, wenn er diese Drohung ausstößt. Diese Angst lähmt mich immer. Er

sagt, er ruft nur wegen meiner Tochter an, was überhaupt nicht stimmt, sonst hätte er schon früher anrufen müssen. Er hat einmal am Telefon gesagt, er kommt jetzt vorbei. ›Du brauchst mich doch.‹ Er glaubt, er ist sexuell der Beste. So erzählte er mir auch, wie die Frauen auf ihn fliegen. Er kann jede haben. Dann verbreitet er sich über meine Freunde: ›Was du für einen Umgang hast!‹ Er kennt die überhaupt nicht. Aber die wären nichts für mich, die wären auch im Bett nichts für mich.

Ich sagte, er sollte nicht kommen, ich mache die Tür nicht auf. Und er kam doch, mit dem Taxi. Am Sonnabend war es wieder so. Da hatte ich zwei Bekannte hier und eine Arbeitskollegin, die früher gegangen ist. Er rief dauernd an, schon nachmittags, und fragte, warum ich nicht netter sei. Abends rief er noch mal an, hörte die Stimmen und sagte: ›Ich werde die zusammenschlagen, überhaupt, was du dir einbildest, Besuch zu haben!‹ Er käme jetzt vorbei. Kurz darauf hat er unten geklingelt, und wir haben die Polizei gerufen. Die Polizisten meinten: ›Da können wir nichts machen, der muß erst jemanden geschlagen haben!‹ Und er ist lachend und guter Dinge weggegangen. Angeblich sollen die Polizisten zu ihm gesagt haben – das erzählte er mir im Büro – ›Bevor sie uns rufen, schlagen Sie doch gleich los!‹ Ich weiß nicht, ob das stimmt, denn zu mir waren sie ganz nett hier oben.«

»Solange du in dieser Form auf ihn eingehst, wird er weiterhin versuchen, dich wie seinen Besitz zu behandeln.«

»Ich möchte auch nicht mehr, daß er die Kleine sieht. Ich hatte mich zweimal mit der Kleinen mit ihm getroffen. Das hat überhaupt keinen Sinn, sie ist danach irgendwie komisch, scheinbar im Zwiespalt. Das erste Mal, als ich mich mit ihm traf, hat sie am nächsten Tag gebrochen; schon in der Nacht war sie ganz grün im Gesicht, hatte Magenschmerzen und hohes Fieber. Ich nehme bald an, es kommt davon, daß das eine seelische Belastung war.«

»Du hast ja schon Schwierigkeiten, mit allem fertigzuwerden. Für ein kleines Kind ist es noch schwerer. Du hast die richtige Konsequenz gezogen, sie nicht mehr mit ihrem Vater zusammenzubringen. So wird sie auch nicht immer wieder an seine Brutalität erinnert.«

»Im Grunde genommen weiß ich, daß ich mich nicht wehren kann. Der Fehler war wahrscheinlich, gleich wieder auf seine Anrufe einzugehen! Ich hätte sagen sollen: ›Ich will mit dir nichts zu tun haben‹, und auflegen. Jedesmal. So aber hat er sich bestätigt gefühlt, weil ich wieder mit ihm gesprochen habe. Das ist falsch. Ich hab's versucht am Sonnabend. Aber wenn ich ihm sage, er soll nicht kommen, setzt etwas aus, und er kommt doch.«

»Vielleicht könntest du dich entschiedener wehren, wenn du mit Ausweisung drohen würdest? Wäre dir das möglich?«

»Im Grunde wär's besser für mich, wenn er weg wäre. Das könnte ich jetzt tun, da er noch keinen Paß hat. Er ist hier ohne Arbeit und tut den ganzen Tag nichts. Aber ich hätte in dieser Zeit Angst, daß er sich an mir rächt. Die werden ihn ja nicht gleich verhaften.

Er ärgert sich natürlich, daß ich ihm widerspreche. Jetzt ärgert er sich noch mehr, weil wir nicht zusammenwohnen und er keine Handhabe gegen mich hat. Vorher hätte er mir immer eine runterhauen können, wenn er in Wut war und ich ihm widersprochen habe. Wahrscheinlich merkt er, daß er nicht mehr landen kann, daß er mir nicht mehr seine Wünsche unterbreiten kann. Wenn er jetzt sagt, ich müßte dies und jenes tun, dann galt das früher. Ich brauchte einfach nicht ranzugehen ans Telefon. Das könnte ich nicht machen, wenn wir zusammenwohnten. Das reizt ihn natürlich. Das weiß er ganz genau. Und trotzdem bedroht er mich, wenn er sagt: ›Du weißt doch, wie ich bin, und dann zeige ich mich eben von der anderen Seite.‹ Also ist damit bewiesen, daß damals alles nur Ausrede war, daß er nur schlägt, wenn er betrunken ist und es vergißt. Das weiß ich schon länger. Er hat ja manchmal auch gesagt: ›Ich bring dich um!‹

»Jetzt bestätigt sich dein Verdacht, daß er den Alkohol nur als Entschuldigung bei seinen Gewalttätigkeiten benutzt hat.«

»Ja, ja. Als er in Westdeutschland war, war ich freier. Er rief nur alle drei Wochen an oder alle vierzehn Tage, aber nicht jeden Tag. Jetzt habe ich Angst, wenn ich nicht mit ihm telefoniere, daß er irgendwann hier oben vor der Tür steht, weil unten nicht abgeschlossen ist. Der behandelt mich wie einen Spielball. Er ist einfach immer in der besseren Lage. Der hat eine Frechheit, auch vor den Polizisten. Ich habe bei der Post einen Antrag gestellt, daß meine Telefonnummer geändert wird. Da darf ich mich nicht im Betrieb verplappern. Aber es wäre das beste, wie du sagtest, auch nicht im Geschäft ans Telefon zu gehen.

Mein Freund sagt auch, er versteht nicht – da er mir das alles angetan hat –, daß ich überhaupt mit ihm noch spreche. Und, wenn eine Beziehung kaputt ist, ist sie kaputt. Wenn ich ihm dann immer wieder die Chance gebe, ist es ganz klar, dann kommt er hierher, und ich verliere auch noch meinen Ruf. Er gibt mir ein bißchen die Schuld daran, daß er überhaupt wagt, hierherzukommen. Er hat ja recht. Dann entschuldige ich mich mit den Worten – genau wie jetzt –, ich wollte immer nett zu ihm sein, damit er nicht hierherkommt. Im Grunde genommen ist das ein ewiger Kreislauf. Ich habe eine Zeitlang große Angst gehabt, daß er hier zur Tür reinkommt. Zu ihm bin ich nett, wie gespielt, als ob es sein muß. Es ist wie ein Zwang. Mit anderen bin ich ganz normal. Nur, wenn ich mit ihm bin, bin ich nicht normal. Vielleicht wirkt auch noch immer seine Mitleidstour. Im nächsten Moment, wenn ich daran denke, was er für schlechte Dinge getan hat, tut er mir nicht mehr leid. Aber das ist schnell vorbei, und schon bin ich wieder ein bißchen netter am Telefon. Manchmal, wenn ich ihn nicht ertragen kann, bin ich wütend. Ich habe gesagt, er soll mich in Ruhe lassen. Ich habe kein Interesse mehr. Aber er ruft immer wieder an, und ich wußte nicht mehr, was ich machen sollte. Legste auf, oder sagste ihm was Nettes oder schimpfste. Gegenüber anderen Männern oder meinem Freund kann ich mich durchaus durchsetzen. Ich habe da keine Hoffnung und kein Gefühl mehr für ihn. Na ja, manchmal wenn seine Stimme so klingt, dann habe ich wohl Mitleid. Einmal habe ich mich durchgesetzt, als er letztens anrief und sagte, er will Selbstmord machen. Er fing wieder mit der Tränendrüse an, ich habe nur gesagt: ›Du traust dich nicht!‹ Und dann: ›Das würde ich nicht machen.‹ Er wollte wohl, daß ich ihn anrufe. Er hat dann noch mal angerufen. Ich dachte schon, er ruft überhaupt nicht mehr an. Und im nächsten Moment, vielleicht wäre es besser, er würde es wirklich machen. Aber das glaubte ich nicht. Er ist zu feige. Ich habe aus Neugierde am nächsten Morgen in seiner Pension angerufen und gehört, er sei zur Arbeit gegangen. Ich wußte ziemlich genau, daß er nur blufft, weil er mir selbst mal gesagt hat, dazu wäre er viel zu feige, und ein Afrikaner begeht so schnell keinen Selbstmord. Aber vielleicht war ich an dem Tag einfach in guter Verfassung. Ich dachte, mein Gott, der heult dir jetzt was vor; das ist doch alles nicht echt, das ist doch alles nicht wahr. Aus diesem Grund war ich wahrscheinlich stärker.«

»Hast du ihm erzählt, daß du einen neuen afrikanischen Freund hast?«
»Ja, und eifersüchtig ist er immer noch. Er hätte mir in der Ehe alles beigebracht. Jetzt ginge ich weg, und die profitierten davon. Er hat das heute nicht aggressiv gesagt. Er wollte nur mein Bestes. Wenn er dran denkt, daß ich seine Frau bin und daß es mir schlecht ginge drüben, ›Du weißt doch, alle Frauen, die nach Ghana gefahren sind, kommen wieder reumütig zurück‹, sagt er. ›Du weißt doch, daß sie dich nicht so gut behandeln werden.‹«

»Das ist ja zynisch, wenn ich mir überlege, wie er mit dir umgegangen ist. Wie reagierst du darauf?«
»Ich habe nur gesagt: ›Mir kommt es vor, als trauerst du mir immer noch nach. Vielleicht findest du eine Frau wie mich nicht mehr.‹ Ich war vielleicht auch zu doof, so lange zuzuhören. Na ja, er hätte mich *nur* geschlagen, aber das wäre doch kein Grund. Er hätte mich doch sonst gut behandelt, immer für mich gearbeitet, alles für mich getan. Er ist der Meinung, daß die aus Ghana noch schlechter sind. Da gäbe es welche, die hätten den Frauen schon die Ohren abgeschnitten...«

* * *

»Inzwischen kannst du dich etwas besser gegen ihn durchsetzen. Wodurch ist das gekommen, daß du heute anders auf ihn reagieren kannst?«
»Vielleicht weil ich jetzt von ihm Abstand habe, denn ich bin nicht mehr jeden Tag mit ihm zusammen. Da brauche ich keine Angst zu haben. Früher konnte er hier noch anrufen. Ich muß sagen, daß ich auch dadurch ein bißchen sicherer geworden bin, daß er mich hier nicht mehr belästigt. Nur in der Firma. Er hat noch mal angerufen und gesagt, er will zum Anwalt gehen. Eigentlich müßte ich ihm

noch Unterhalt zahlen. Ich sagte: ›Na, erzähl mal ruhig weiter, das stimmt sowieso nicht.‹ Er meinte dann, das würde er doch nicht machen, das könnte er mir nicht antun. Alles solchen Unsinn. Das fand ich so idiotisch. Dann habe ich ihm das noch mal erklärt mit der Scheidung: ›Wenn du das nicht willst, ich pfeif drauf. Meinetwegen brauchst du das nicht zu machen. Ich wollte dir Schwierigkeiten ersparen. Meine Rechtsanwältin hat mir gesagt, ich solle noch mal sechs Wochen warten und dann alles zur BfA hinschicken. Dann will sie den Versorgungsausgleich abtrennen und die Scheidung so beantragen.‹

Ich bin froh, wenn die Sache erledigt ist. Der kann gar nicht zahlen, er hat keine Aufenthaltsgenehmigung, weil sie ihm den Paß nicht geben, weil wir nicht mehr zusammen sind. Darauf hat er immer spekuliert, daß ich da noch was für ihn tue. Ich denke aber nicht dran, lieber verzichte ich auf das Geld.«

»Es ist eine Menge bei dir passiert inzwischen. Was empfindest du, wenn du heute mit ihm sprichst?«

»Ich denke, mein Gott, der ist dir zu dumm. So was hast du dir ewig lange angehört. Ich konnte das nicht mehr ertragen, so was Unmotiviertes, was er mir da alles erzählt hat. Zweimal habe ich aufgelegt. Einmal hat er hinterher noch mal angerufen und wollte mich beschimpfen. Ich habe geantwortet: ›Deine Beschimpferei interessiert mich überhaupt nicht. Ich laß mich von dir nicht beschimpfen. Ich habe außerdem nicht die Zeit, mit dir hier zu diskutieren und mir solche Idiotien anzuhören. Mein Chef ruft mich!‹ Zack, habe ich aufgelegt.«

»Ich sehe, wie gut es dir bei diesem Gedanken noch immer geht, du lächelst ganz zufrieden. Du hast dich sehr verändert in der letzten Zeit.«

»Ja, das kann sein. Eigentlich wollte ich nie, daß der anruft. Es ist ja inkonsequent, daß man dem verzeiht. So was sollte man nicht verzeihen. Man sollte sagen: ›Jetzt ist es aus. Oder, ich versuche es noch einmal – aber wenn so was noch mal passiert, dann ist es aus.‹ Wenn man es nicht so macht, sagt sich der andere: ›Wenn es geht, geht's.‹ Und so läßt man sich erniedrigen, was man eigentlich nicht nötig hat. Gerade heutzutage nicht; vielleicht war es vor Jahren schwieriger. Aber auch jetzt ist es schwierig, mit mehreren Kindern aus der Situation herauszukommen.«

»Wie hättest du früher aus der Beziehung herauskommen können?«
»Mit Willensstärke. Wenn ich gesagt hätte: ›Hör mal zu, ich laß mich von dir nicht mehr bereden.‹ Dann hätte ich rauskommen können. Allerdings habe ich mich wieder bereden lassen. Er hat mir wieder leid getan. Eine gewisse Anziehungskraft war manchmal noch da. Auf der anderen Seite frage ich mich, wie kann da noch Anziehungskraft sein, wenn der einem die Fresse einschlägt? Also das ärgert mich, weil man da wieder sagt: ›Die dummen Frauen.‹ Wie man es oft im Film sieht. Da werden die geschlagen und kommen wie ein Hund hinterher und kriechen auf den Knien vor dem Mann. So was könnte mich ärgern. Wenn ich heute so was sehe, würde ich sagen: ›Mensch, nimm ein Messer und stich auf den ein.‹ Dabei habe ich es selber mitgemacht. Das ist so paradox. Aber im Grunde genommen habe ich mich selbst verachtet dafür. Ich habe nämlich vorher ganz anders geredet. ›Wenn mir so was passieren würde, also dann Schluß.‹ Ich fand es nicht gut von mir, und bei den anderen genausowenig. Lieber ein Ende mit Schrecken als ein Schrecken ohne Ende.«

Heute bin ich skeptischer meinem Freund gegenüber

»Wie stellst du dir deine Zukunft mit Julia vor?«
»Mein Freund möchte eine Arbeit finden und für mich aufkommen können. Ich würde natürlich gerne nach Afrika fahren, um es mir anzusehen und gern mit ihm dahin gehen. Aber was daraus wird, kann ich jetzt nicht sicher sagen.

»In einem fremden Land und Kulturkreis begibst du dich in größere Abhängigkeit von ihm.«
»Ja, das stimmt. Ich weiß eigentlich nichts darüber. Aber bei ihm hätte ich Vertrauen. Mit meinem Mann wäre ich nicht gegangen. Er ist jetzt nicht so, daß er mich schlecht behandeln würde... Gut, man kann es nie im voraus wissen... Ich kann vielleicht erst nach fünf Jahren sagen, wir verstehen uns nicht mehr. Ich kann mir nicht vor-

stellen... er hätte sich schon mal dementsprechend zeigen müssen. Ich kenne ihn nun schon ein Dreivierteljahr.

Aber ich möchte mich auch verändern. Vielleicht gelingt's mir, wenn auch nicht so plötzlich. Denn etwas habe ich schon geschafft, ich bin ein bißchen konsequenter. Nicht gerade mit Julia, sondern überhaupt. Daß ich z. B. heute in dem Telefonat mit meinem Mann anders reagiere, finde ich schon sehr gut. Vielleicht schaffe ich's noch.«

»Könntest du dir vorstellen, wieder in eine ähnliche Situation zu geraten?«
»Ich möchte es nicht. Im Moment glaube ich das nicht, weil ich von Anfang an immer sage, was mir nicht paßt oder mich bedrückt. Ich bin damit auch ganz gut gefahren. Letztens habe ich etwas zu meinem Freund gesagt, was mir irgendwie nicht paßte, und er hat kein Wort dazu gesagt. Also entweder hat er das im stillen akzeptiert oder aber, ja – weiß ich auch nicht. Jedenfalls glaube ich, daß er das eher akzeptiert. Andererseits sagte er mal zu mir: ›Ach, du mit deinem emanzipierten Gerede.‹ Es kann auch nur ein Dahingerede gewesen sein. Aber dann sagte er: ›Davon mußt du mich erst überzeugen, daß das besser ist.‹ Also, er ist nicht unwillig, Zugeständnisse zu machen. Aber im Grunde genommen – das kommt auch durch seine Erziehung –, da ist es nicht so, daß die Frauen emanzipiert sind, also absolut nicht. Aber vielleicht bin ich im Moment auch anders als die anderen, weil ich manchmal etwas aggressiver bin durch diese Erfahrungen, die ich gemacht habe. Vielleicht ist das, was ich so erzähle, ein bißchen radikaler. Er sagt jedenfalls, er würde sich wünschen, daß ich ein bißchen lieblicher bin. Das ist ein Ausdruck von mir.«

»Ja, das wünschen sich die Männer immer! Wenn die Frauen lieblich sind, stellen sie auch keine Forderungen.«
»Natürlich wünschen sie sich das. Aber ich sage manchmal nicht frech, sondern radikaler meine Meinung, was mir nicht paßt zum Beispiel. Ich habe gesagt: ›Ich bin nicht der Meinung, daß ein Mann nicht auch Dinge im Haushalt tun kann.‹ Mein Mann hat gesagt, Bettenmachen ist keine Männerarbeit, und mein Freund sagt das auch.«

* * *

»Was hat dein Frauenhaus-Aufenthalt bei dir ausgelöst?«

»Daß ich mich etwas mit dem Problem Mißhandlung beschäftigt und was dazu gelesen habe. Dann wird man auch aufgeweckter, wenn man etwas in der Zeitung liest. Heute habe ich eine radikalere Meinung in bezug auf die Emanzipations- bzw. Frauenbewegung. Ich bin jetzt kritischer gegenüber Männern eingestellt.

Irgendwie fühle ich mich gestärkter, noch nicht hundertprozentig, aber schon besser. Manchmal kann ich mich ein bißchen mehr durchsetzen, kann auch mal ›Nein‹ sagen. Nicht nur gegenüber Männern, sondern allgemein auch gegenüber Frauen. Mir fällt es manchmal schwer, jemandem etwas abzuschlagen. Das ist nicht gut, denn dadurch wird man oft nicht ernstgenommen.«

* * *

»Ich habe den Eindruck, daß dein Freund jetzt die neue Wichtigkeit in deinem Leben hat? Hat er auch eine Machtposition?«

»Kann man vielleicht sagen. Bis jetzt hat er die eigentlich noch nicht ausgenutzt. Wir sehen uns nicht oft, deshalb kann ich das nicht beurteilen. Ich weiß nicht, wie es wäre, wenn ich ihn öfter sehen würde, oder wie er reagieren könnte mit ›Wo gehst du jetzt schon wieder hin?‹ oder ähnlichem.«

»Im Augenblick scheinst du dich ganz auf deinen Freund zu konzentrieren.«

»Ja, das stimmt. Auf der anderen Seite hat er noch nie so was gesagt wie ›Du bleibst hier‹. Er kann auch nichts sagen, er hat ja keine Handhabe gegen mich. Wenn ich bisher wegging, hat er noch nie etwas gesagt. Und wenn er etwas sagen würde, würde ich mich mit ihm auseinandersetzen und versuchen, meine Meinung durchzusetzen. Ich würde es auf meine Art versuchen, wenn es dann nicht geht, weiß ich nicht. Also, ich wäre natürlich maßlos enttäuscht.«

»Würdest du trotzdem darauf bestehen?«

»Eigentlich schon. Das tat ich bei meinem Mann anfänglich auch und bin dann gegangen. Aber das hat nicht viel gebracht. Ich gehe an sich selten aus, das heißt, selten alleine.

Wie ich dir schon mal andeutete, mit meinem Freund bin ich vielleicht manchmal aggressiv, obwohl er das nicht verdient hat. Es kann sein, daß man strenger ist oder ein bißchen radikaler. Bei mir ist es jedenfalls so, daß ich radikalere Ansichten habe, die vielleicht früher angebracht gewesen wären, so daß ich gleich anders reagiert hätte. Und bei den Menschen, bei denen es eigentlich nicht nötig wäre, ist man heute kritischer.«

»Du wirst dich vermutlich so kritisch verhalten, weil du verhindern möchtest, wieder in eine ähnliche Situation zu geraten.«
»Ja, wenn ich mir das so überlege, stimmt es. Es ist vielleicht besser, man ist zu Anfang kritischer, ob es nun angebracht ist oder nicht, jedenfalls weiß derjenige gleich Bescheid. Vielleicht hat er dadurch gewisse Schranken. Das ist vielleicht positiver.

Ich erinnere mich in diesem Zusammenhang an eine Situation. Ein Freund hat zu meinem Mann damals gesagt, als er mich so zusammengeschlagen hatte, er sollte lieber aufpassen, seine Frau könnte ihn ausweisen lassen. Da meinte er: ›Das würde meine Frau nie tun, dazu ist die nicht fähig oder viel zu gut.‹ Er hat ein paarmal betont, ich wäre eine viel zu gute Frau, als daß ich zurückschlagen und ihm was antun könnte. Wenn ich mich zu Anfang gewehrt hätte, hätte er es vielleicht nicht getan oder es wäre aus gewesen. Auf der anderen Seite sage ich mir manchmal, vielleicht hat die Beziehung für mich ganz gute Dinge gebracht, obwohl es oft so negativ war. Vielleicht wäre ich sonst nie auf die Idee gekommen, mich mit anderen Dingen zu beschäftigen, wie jetzt mit dieser Frauenfrage oder mit den Frauen, die geschlagen werden oder überhaupt damit, wie viele Frauen unterdrückt werden. Vielleicht hätte ich diese Selbständigkeit – wenn ein Mann mir immer alles abgenommen hätte – gar nicht gebraucht und wäre auch nicht selbständig geworden mit diesen Behördensachen und so weiter. Deshalb möchte ich das nicht ewig so negativ sehen. So beruhige ich mich immer selbst, daß überhaupt eine solche Beziehung stattgefunden hat, daß mir so was passiert ist.«

»Ich kann verstehen, daß du nicht immer daran erinnert werden möchtest.
Wie verkraftest du die Demütigungen, die dir angetan worden sind?«
»Wahrscheinlich noch nicht ganz, aber etwas habe ich sie schon verarbeitet. Wie, weiß ich nicht genau. Vielleicht, indem ich sie auch
verdrängt habe. Ich habe zwar oft darüber nachgedacht, aber ein
Knacks ist geblieben. Das merkt man manchmal, da ich immer noch
nicht sicher bin im Umgang mit Männern, das heißt, mit Männern,
die ich sehr gern habe. Mit anderen bin ich schon sicherer. Manchmal fühle ich mich so unsicher – ich glaube, es kommt von damals.
Beim Unterhalten geht es mir so und wenn es ums Sexuelle geht. Ich
komme mir so doof vor, richtig blöd. Vielleicht ist es in dem Moment
nicht bewußt, aber unbewußt. Ich denke manchmal daran, was alles
passiert ist. Ich versuche es zu verdrängen.

Ich habe auch Situationen erlebt, wo ich in Wut an ihn dachte. Und
oft erzähle ich das dann irgend jemandem und schimpfe auf die
Scheiß-Männer, die Frauen ausnützen, so daß ich mich auf diese Art
abreagiere. Er ist da einbezogen; ich denke dann an ihn und habe
auch oft ausgesprochen, was er getan hat. Aber das versuche ich jetzt
mehr zu verdrängen, weil ich davon abkommen will. Je mehr ich an
ihn denke oder mit Schrecken an ihn denke, desto schlechter kann
ich schlafen. Deswegen will ich das ausschalten. Es gelingt nie ganz,
wahrscheinlich wird es mich das ganze Leben verfolgen. Das kommt
immer wieder hoch. Ich möchte nicht, daß dieses Gefühl so oft in mir
ist. Ich verdränge also mehr; verarbeiten kann man das – glaube ich –
nicht. Jedenfalls kann ich es nicht verarbeiten. Jedesmal, wenn ich
mit einem Bekannten oder meinem Freund spreche, erinnere ich
mich an meinen Mann meist negativ.«

»Erlebst du dich in der Beziehung zu deinem Freund anders als früher in
deiner Ehe?«
»Skeptischer bin ich in der Beziehung zu meinem Freund. Ich überlege mir erst, ob ich alles glauben kann, was mir erzählt wird. Ich
habe ihn auch schon mal gefragt: ›Stimmt das denn, was du mir jetzt
erzählst? Ich habe keine Lust, mir afrikanische Märchen anzuhören,
die kenne ich schon zur Genüge.‹ Er hätte nicht nötig, zu lügen,
meinte er. Aber ich sei skeptisch, und ich würde nicht alles glauben,

sagte ich. Ich schlucke nicht alles hundertprozentig, nein. Wenn wir diskutieren, sage ich auch meine Meinung, selbst wenn die anders ist als seine. Er hat mir in manchem recht gegeben, in manchem auch nicht. Ich hatte zwar bei meinem Mann auch meine eigene Meinung, aber bei ihm kam es darauf an, ob ihn das störte oder nicht. Ich wußte dann immer, wie ich zu reagieren hatte.

Ich habe zwar Vertrauen zu meinem Freund, aber blind muß ich auch nicht sein. Ich will das kurz ansprechen, weil er hier etwas von dir gehört und gefragt hat: ›Wieso triffst du dich mit der?‹ Dann hat er dieses Interview gesehen. Ich sagte: ›Du brauchst das nicht zu lesen, das ist aus dem Zusammenhang gegriffen, das gibt keinen Sinn.‹ Nächstens will ich ihm sagen, daß ich auf so was sehr empfindlich reagiere und er keine blöden Bemerkungen darüber zu machen hat. Das war wohl nicht böse gemeint, doch er hat es ins Lächerliche gezogen und ich weiß nicht was gedacht, was wir hier beide besprechen. Kann aber gar nicht mitkriegen, daß das eine ernsthafte Bedeutung hat.«

»Du bist ärgerlich auf ihn und fühlst dich nicht ernstgenommen.«
»Ja, ich will ihm noch sagen, ob er wohl der Meinung ist, daß er das nicht ernst zu nehmen braucht oder nur mich nicht, und daß er keine Ahnung und sich kein Urteil zu erlauben hat. Ich habe mir heute noch mal überlegt, daß ich es ihm morgen sagen will, weil mich das gestört hat. Gerade bei diesem Thema sehe ich rot und rege mich auf. Ich kann sonst ziemlich ruhig sein, aber bei diesem Thema, wenn da jemand etwas sagt, wovon er keine Ahnung hat... und er hat keine Ahnung davon, abgesehen von dem, was man so hört, was so geredet wird. Etwa, wie mein Mann sagte, alle Frauen, die aus den Frauenhäusern kommen, sind lesbisch! Und was die alles treiben würden in dem Haus! Ja, das wird wahrscheinlich unter Männern so gesehen.«

»Vermutest du auch, daß dein Freund so etwas denkt?«
»Ich weiß nicht, ich habe nur das Gefühl, daß er das nicht ernstnimmt. Kürzlich sagte er: ›Ja, warum suchen sich die Frauen aber auch solche Männer aus?‹ Zum Teil verstehe er die Frauen nicht. Immer wieder gerieten sie an solche Männer und ließen sich dann

schlagen. Es ist wohl – wenn jemand nicht direkt betroffen ist – nicht verständlich, warum man sich aus solch einer Beziehung nicht löst. Im Grunde genommen verliert man die Achtung vor sich selbst. Es ist vollkommen richtig zu sagen, das ist inkonsequent. Man läßt sich bereden, dann sagen die anderen: ›Die läßt sich schlagen. Dann geht sie mit dem ins Bett und ist wieder nett mit dem. Wie kann ich mit jemandem, der mich so traktiert, überhaupt noch ein Wort sprechen und eine Beziehung haben und mit dem ins Bett gehen?‹ Haben sie ja vollkommen recht.«

»Jetzt verurteilst du dich und die anderen Frauen und nicht die Männer, die schlagen. Es liegt nicht an den Frauen, daß sie an brutale Männer geraten, sondern es liegt vielmehr daran, daß es für so viele Männer ›normal‹ ist, die eigene Frau zu bevormunden und zu schlagen.«

* * *

»Hast du inzwischen Kontakt zu anderen Frauen durch das Frauenhaus aufgenommen? Unternimmst du manchmal etwas mit Frauen?«
»Manchmal ja (zögernd), ach nein, ich weiß nicht, wenn man mal essen geht… Aber das vermisse ich nicht sehr, weil ich öfter mit meiner Schwester und meiner Mutter ausgehe. Dann gehen wir spazieren. Mit meiner Mutter habe ich eigentlich immer was zu erzählen. Da ist es für mich nicht so ein Handicap, keine Freundin zu haben. Im Bremer Frauenhaus war ich froh, daß ich die Frauen hatte, auf die ich zurückgreifen konnte. Aber manchmal fühlt man sich doch einsam, wenn man nur mit den Frauen in ein Lokal geht. Das heißt, ich könnte mir keine Beziehung nur mit Frauen vorstellen. Ich müßte schon einen Freund haben. Ich könnte vielleicht ein-, zweimal die Woche mit Frauen ausgehen und etwas unternehmen, aber nur, wenn ich einen Freund habe. Wenn ich keinen habe, ist mir das zu unbefriedigend, dann vermisse ich etwas. Ich wäre vielleicht manchmal traurig, wenn ich so dasitze. Dann fehlt mir was… daß man mal jemanden gern hat, das könnte ich mir bei einer Frau nicht vorstellen. Im Moment jedenfalls nicht, das wäre eine reine Freundschaft. Na klar, man kann auch Quatsch mit Frauen machen, aber ohne Mann könnte ich es mir nicht vorstellen.«

»Ich höre heraus, daß du sehr auf Männer angewiesen bist. Das heißt auch, daß du sehr aufpassen solltest, nicht wieder zu viele Zugeständnisse zu machen, nur um wieder einen Freund zu haben.«

»Natürlich. Man muß aufpassen, das stimmt schon. Auch indem man nicht beim ersten Mal sagt: ›Ich lasse jetzt die Verabredung mit meiner Freundin und bleibe hier.‹

»Hast du dir für die Zukunft bestimmte Grundsätze vorgenommen?«

»Ja, diese Bequemlichkeit, diese Angst vor Auseinandersetzungen will ich verlieren. Ich versuche es jetzt anders zu machen. Ich setze mich jetzt eher auseinander, ich zwinge mich dazu. Denn es hat keinen Sinn, wenn man passiv ist. So etwas soll mir nicht noch einmal passieren. Wenn einer mich heute schlagen würde, würde ich konsequent ›Schluß‹ sagen, von heute auf morgen. Ich würde nicht mehr denken, ach, das war ein Ausrutscher, das kommt nicht mehr vor. Auch dieser sexuellen Ausnutzung würde ich jetzt eher Einhalt gebieten.«

Zusammenfassung

Claudias Veränderungen sind in Relation zu Marthas im ersten Augenblick nicht deutlich sichtbar, sondern nur wahrnehmbar, wenn man ihr früheres Bewußtsein und Verhalten mit ihrem heutigen vergleicht. Zur Zeit unserer Gespräche befindet sie sich in einer neuen Männerbeziehung, in der sie mehr Konzessionen macht, als ihr recht ist. Im Vergleich zur Mißhandlungsbeziehung hat sich allerdings viel verändert: Sie versucht, sich selbst zu behaupten und ihre Angst vor Auseinandersetzungen zu bekämpfen.

Früher mußten Frauen bis zur Ehe auf die Bewahrung ihrer »Jungfräulichkeit« achten, heute haben Frauen wie Claudia Angst, wegen nicht vorhandener sexueller Erfahrungen diskriminiert zu werden. Aus Claudias Darstellung höre ich heraus: Da sie mit 21 Jahren noch nicht mit einem Mann geschlafen hatte, fühlte sie sich nicht der Norm ihrer gleichaltrigen Freundinnen entsprechend. Einem Schwarzen gegenüber, den sie aufgrund seiner Hautfarbe und der kulturellen Unterschiede ebenfalls als nicht der Norm entsprechend erlebt, hält sie sich für gleichwertiger und wagt deshalb mit ihm den ersten sexuellen Kontakt. Im Gegensatz zu Martha ging Claudia mit vielen Illusionen die sexuelle Beziehung zu ihrem späteren Ehemann ein. Ohne konkrete Erwartungen ging sie von der romantischen Vorstellung aus, daß ihr die Beziehung zu einem schwarzen Mann Erfüllung und Abenteuer in das bis dahin behütete und eher langweilig verlaufene Leben bringen würde.

Den Druck, den Claudia bereits vor der Ehe in der Sexualität verspürte, spielte sie damals herunter. Sie manipulierte ihre eigenen Empfindungen und ging auf seine Wünsche aus der Angst heraus ein, den Mann ihrer Träume zu verlieren, wenn sie sich nicht seinen Forderungen entsprechend verhielt. Aus dieser Verlustangst heraus kommen Frauen gar nicht erst dazu, eigene Wünsche zu entwickeln, geschweige denn zu formulieren und einzulösen. Gleichzeitig ließ sich Claudia lange Zeit durch seine Größenphantasien beeindrukken. Indem er ihr erzählte, der beste Liebhaber mit der größten sexuellen Erfahrung zu sein, konnte sie sich der Illusion hingeben, einen Mann zu haben, der von vielen Frauen begehrt wird.

In der Mißhandlungssituation selbst verhält Claudia sich wie ein Kind, das zu Unrecht geschlagen wird, aber nichts dagegen tun kann. Sie bittet, er möge aufhören, sie beteuert, sie habe doch nichts getan. Dadurch vermittelt sie: Hätte sie etwas getan, hätte er das Recht zu schlagen. Sie fühlte sich so handlungsunfähig, daß sie – während sie mir den Mißhandlungsablauf erzählt – im ersten Augenblick noch nicht einmal auf die Idee kommt, daß ihr Schreien ihn vom weiteren Schlagen abgehalten haben könnte. Weil sie ihre Hilferufe nicht als unmittelbaren Erfolg des Sich-Wehrens erlebte, bleibt sie ihm in weiteren Situationen ausgeliefert. Die Möglichkeit, sich durch Schreien zu wehren, kann sie nicht bewußt einsetzen.

Wenn es ihr möglich gewesen wäre, ihm am nächsten Morgen nach der schwersten Mißhandlung seine scheinbare Ahnungslosigkeit zu glauben, hätte sie die Möglichkeit einer weiteren Realitätsflucht gehabt: Da er sich an nichts erinnert, kann sie sein Tun entschuldigen und vor sich selbst rechtfertigen, daß sie ihn nicht verläßt. Er zerstört diese Möglichkeit, indem er wenig später zugibt, sie sei selbst schuld an ihren Verletzungen. Sie fühlt sich so sehr an ihn ausgeliefert, daß sie nicht mit Empörung auf seine zusätzlichen Demütigungen reagieren kann, sondern ist nur »erschüttert« und läßt sich von dem Verursacher ihrer Wunden diese noch behandeln. Da sie ihm auf keiner Ebene in ihrer Situation Widerstand entgegensetzt, geht er noch einen Schritt weiter in seiner Brutalität und Verachtung und vergewaltigt eine völlig zusammengeschlagene Frau, um ihre »Funktionsfähigkeit« zu »überprüfen«. Hier läßt sich auch für Claudia kaum noch die Realität verdrängen. Hinter seiner Bemerkung steht: Wenn sie sexuell noch »kann«, wird sie weiterhin für ihn eine Funktion haben. Ihre Entscheidung und ihre Empfindungen sind dabei unwichtig. Eher zögernd gibt sie heute zu, daß es eigentlich eine Vergewaltigung war. Welche Empfindungen sie sich damals zugestanden hat, ist an dieser Stelle nicht deutlich geworden. Kathleen Barry geht davon aus, daß sich sexuell mißbrauchte Mädchen und Frauen mit der Zeit mit den Augen derer betrachten, die sie mißbraucht haben, so wie Claudia es mit ihrer Selbstverachtung bestätigt.

Der zweite Frauenhaus-Aufenthalt in einem wesentlich kleineren, eher familiären Haus in der BRD erleichterte Claudia nach ihrer Rückkehr zu ihrem Mann die Entscheidung, sich endgültig zu trennen. Ihr Bedürfnis nach einem unkontrollierten, angstfreien Leben wurde im Frauenhaus geweckt. Hier wird noch einmal deutlich, wie unterschiedlich die Lösungsprozesse vom Mißhandler bei den einzelnen Frauen verlaufen. Für Claudia schien es wichtig, daß sie sich im Frauenhaus in ihrem eigenen Leid von ihren Mitbewohnerinnen abgrenzen konnte. Sie beruhigte und ermutigte sich, daß es Frauen mit fünf Kindern noch schwerer haben (Claudia hat vier Abtreibungen hinter sich). Mit dieser Haltung hatte sie auch die Möglichkeit, ihre eigenen Mißhandlungen herunterzuspielen, um sich nicht mit dem Ausmaß ihrer Erniedrigung auseinandersetzen zu müssen.

Früher hatte sie sich nie offen für mißhandelte Frauen eingesetzt, sondern mit ähnlichen Vorurteilen wie ihre Kolleginnen auf Frauen, die sich schlagen lassen, reagiert. Ganz am Anfang ging Claudia noch davon aus, daß es sich bei Frauenmißhandlung um ein schichtspezifisches Problem handelt und sie somit eine Ausnahme sei.

Während ihrer Ehe konnte sie ihren Mann nie – im Gegensatz zu ihm selbst – als Gegner betrachten. Ihre Realitätsleugnung funktionierte in der Beziehung so perfekt, daß sie das Gefühl seiner Gegnerschaft verdrängte. Heute würde Claudia einer mißhandelten Frau raten, »zum Messer zu greifen«. Daraus entnehme ich, daß sie, nachdem sie ihre Schuld- und Schamgefühle abgebaut und keine Hoffnung auf Veränderung mehr hatte, sich entschiedener, zur Not auch mit einer Waffe wehren würde. Sie stuft diese körperlich extremste Art der Gegnerschaft im nachhinein nicht mehr als erfolglos ein.

Ich hatte bei Claudia nach den ersten Sitzungen in ihrer Wohnung ein ungutes Gefühl, sie abends nach unseren Gesprächen allein ihren Erinnerungen und Ängsten zu überlassen[60]. Ihre Ängste vor körperlicher Bedrohung waren durch die Gespräche aktualisiert worden[61]. Nach einigen Sitzungen bemerkte ich, daß Claudia nicht in Panik geriet, wenn bei meinem Weggehen die Haustür unverschlossen war. Sie fühlte sich innerlich gestärkt, angemessen reagieren zu können, falls er wieder vor ihrer Tür stehen sollte. Mit zunehmender Distanz, die sich auch durch die Änderung ihrer Telefonnummer herstellte, konnte sich Claudia entschiedener gegen ihn wehren.

Frauen wie Claudia, die die Beziehung zu ihrem Mann mit den größten Illusionen, dem Wunsch nach einem unkonventionellen Leben eingegangen war, fiel es besonders schwer, sich ohne Aussicht auf ein zukünftiges Glück zu trennen. Sie hatte die größte Angst vor Einsamkeit, zumal sie unter Kontaktschwierigkeiten litt. Ihr wäre die Trennung durch die Aussicht auf einen neuen Freund leichter gefallen und wahrscheinlich auch eher möglich gewesen.

Obwohl sie sich damals der Forderung ihres Mannes nach Isolation anpaßte, war sie vor seinen Gewalttätigkeiten nie sicher. Heute versucht sie von Anfang an, sich entschiedener gegen ihren neuen Freund abzugrenzen. Ich hatte den Eindruck, daß sie sich durch unsere Gespräche ihm gegenüber bestärkt fühlte, sich weiterhin für ihre Interessen einzusetzen, selbst dann, wenn er dies als Aggressivität interpretiert. Sie fordert sich inzwischen selbst und bekämpft ihre Angst vor Auseinandersetzungen. Außerhalb unserer Gespräche fühlt sie sich in ihrem selbstkritischen Verhalten von niemandem unterstützt. Der Freund verunsichert sie mit Bemerkungen, sie würde ihre schlechten Erfahrungen aus der Ehe auf ihn übertragen.

Sie schätzt ihre kleinen Veränderungen realistisch ein und glaubt nicht, daß sie sich im Augenblick radikal verändern könnte. Bis sie ihren Ehemann kennenlernte, lebte sie weitgehend angepaßt in ihrem behüteten Elternhaus, so daß ihr Mißhandler ihre Autoritätsgläubigkeit dem Vater gegenüber für sich nutzen konnte. Er stellte jahrelang die neue Autorität in ihrem Leben dar. Erst ganz allmählich kommt Claudia dazu, sich auf ihre eigenen Lebenserfahrungen zu verlassen, ohne sich von dem Urteil ihrer Eltern oder ihres Freundes abhängig zu machen.

Heute befindet sie sich in einer Konfliktsituation: Manches kritisiert sie an ihrem Freund, gleichzeitig will sie die wenige ihnen verbleibende Zeit des Beisammenseins nicht mit Auseinandersetzungen »verschwenden«. So verdrängt sie kleine, unangenehme Zwischenfälle, die ihr erst später in unseren Gesprächen wieder einfallen. Mit dieser Haltung begibt sie sich allerdings in Gefahr, ihren Anspruch nach angstfreier Auseinandersetzung aufzugeben. Aus Mangel an ihr wichtigen Kontakten konzentriert sie ihre Wünsche, Hoffnungen und ihre Energien auf ihren Freund, so daß wieder ein Mann Priorität in ihrem Leben besitzt.

Als ich Claudia nach ihrer Perspektive frage, wird offensichtlich, daß sie ihre Zukunft ausschließlich mit ihrem Freund verknüpft. Damit versucht sie die Verantwortung für ihr Leben, die früher ihre Eltern, speziell ihr Vater und in der Mißhandlungsbeziehung scheinbar ihr Mann übernommen hatte, wieder an einen Mann zu delegieren. Seine Vorstellung, für sie »aufzukommen«, muß auch ihren Wünschen entsprechen, andernfalls hätte sich Claudia bei seiner Aussage entmündigt gefühlt. Claudias Wunschvorstellung ist, sich für den Haushalt zuständig zu fühlen, während der Mann sie und die Tochter »versorgt«. Gleichzeitig verspricht sie sich von ihm Unterstützung bei der Erziehung ihrer Tochter, gegenüber der sie sich genausowenig durchsetzen kann wie gegenüber ihrem gewalttätigen Mann. In der schwierigen Beziehung zu ihrer Tochter lassen sich die Langzeitfolgen der Mißhandlungsbeziehung für das Kind erahnen.

Claudia hält als einzige von den Gesprächsteilnehmerinnen an dem Bild einer idealen Ehe fest und wünscht sich ein intaktes Familienleben und ein zweites Kind mit ihrem neuen Freund. Sie individualisiert in gewisser Weise die Beziehung zu ihrem Mißhandler und geht davon aus, daß er nicht »normal« gewesen sei. Zugunsten ihres Wunsches nach einem »abenteuerlichen« Leben hat Claudia die früheren Erfahrungen mit ihrem Ehemann bereits verdrängt: Vier Wochen nach ihrem Kennenlernen ist sie damals mit ihm nach Frankreich gezogen. Einen Rest von Unsicherheit, daß der Freund sie schlecht wie ein Kind behandeln könnte, höre ich noch heraus. Trotzdem scheinen ihre Wünsche nach einer »sicheren« Männerbeziehung und nach geographischer Veränderung stärker zu sein als ihr Mißtrauen.

Claudia fiel es schwer, vor mir und vor sich selbst zuzugeben, daß ihr Freund ähnlich frauenfeindliche Äußerungen wie ihr Ehemann über das Frauenhaus vertritt. Was mir hierbei besonders auffällt, sind zum einen Claudias unterdrückte Empörung dem Freund gegenüber und zum anderen ihre gleichzeitigen Entschuldigungsversuche: »Er hat es nicht böse gemeint.« Mit dieser Entschuldigung nimmt sie sich oder erspart sie sich (?) die Möglichkeit, entschieden auf seine Kränkungen zu reagieren. So entschuldigt sie seine Ahnungslosigkeit, anstatt sich dagegen zu wehren, daß er ohne Wissen und Erfahrung über ihr bisheriges Leben urteilt. Jedoch ist Claudia inzwischen in der Gewaltfrage so sensibilisiert, daß es ihr nicht mehr vollkommen gelingt, die Tatsache des Lächerlichgemachtwerdens mit seiner Ahnungslosigkeit zu entschuldigen. Für Claudia waren mein Verständnis und meine Bestätigung ihrer Empfindungen wichtig. Keine ihrer Kolleginnen würde sie in ihrem Recht, sich verletzt zu fühlen und sich dagegen entschieden zu wehren, unterstützen. Gleichzeitig muß das Verhalten ihres Freundes, den sie bisher verständnisvoller als ihren Mißhandler einschätzte, enttäuschend für sie gewesen sein. Allerdings konnte Claudia ihre Empörung und Enttäuschung nicht zu nah an sich herankommen lassen, denn sie hatte weiterhin die Hoffnung, mit dem Freund ihre Wünsche nach Geborgenheit, Abenteuerlust und intaktem Familienleben zu verwirklichen. Ihr größtes Problem ist immer noch, auf eine Männerbeziehung angewiesen zu sein.

Der ausschließliche Kontakt zu Frauen ist ihr zu »unbefriedigend«. In Claudias Haltung summieren sich gesellschaftliche Vorurteile, die bei vielen Frauen und Männern zu finden sind: Der Mann ist zentral im Leben einer Frau, ohne Mann verläuft ein Frauenleben einsam und unbefriedigend. Hinter diesem gesellschaftlich geprägten Vorurteil steht unter anderem die Aufwertung von Männern bei gleichzeitiger Abwertung von Frauen. Indem Claudia andere Frauen nicht sonderlich interessant findet, drückt sie gleichzeitig ihre eigene Geringschätzung aus. Solange sie diese gesellschaftliche Norm verinnerlicht hat, wird sie bei allen erreichten Veränderungen an Durchsetzungsfähigkeit, Mut und Aktivität immer wieder zu entscheidenden Konzessionen gegenüber Männern bereit sein. Die Angst, sich ohne Mann unattraktiv und gesellschaftlich nicht akzeptiert zu fühlen, ist bei ihr im Augenblick stärker als ihr Wunsch nach größerer Autonomie. In ihrer Beziehung zu ihrem Freund ist sie allerdings kritischer geworden, als sie es jemals in der Beziehung zu ihrem Mann war. Insofern waren die Mißhandlungserfahrungen eine Warnung für sie. Sie hält sich jedoch in einer Lebensrealität auf, in der sie – anders als Martha – in ihrem kritischen Verhalten Männern gegenüber nicht unterstützt wird. Ganz bewußt sucht sie keine Unterstützung durch Kontakte mit ehemaligen Bewohnerinnen des Frauenhauses oder innerhalb der Frauenbewegung. Wahrscheinlich befürchtet sie, daß sich unter anderem die Konflikte mit ihrem Freund dadurch verschärfen könnten.

Ihre Freizeit verbringt sie überwiegend mit ihren Eltern, die ihre engsten Vertrauten sind. Es scheint, als ob Claudia sich aus der Eltern-Kind-Beziehung noch nicht lösen konnte. Das Frauenhaus und der Kontakt zu Frauen in ähnlichen Situationen und zu Mitarbeiterinnen, die sich bewußt für eine andere Lebensrealität entschieden haben, bedeuteten eine Herausforderung in ihrem Leben. Im Frauenhaus und in unseren Gesprächen hat sie zum ersten Mal ausgesprochene Solidarität und Parteilichkeit unter Frauen erfahren. Die Frage bleibt offen, inwieweit Claudia diese Erfahrungen in ihr weiteres Leben integrieren kann.

Bei einem letzten Telefonat erzählte mir Claudia, daß sie mit ihrem Freund und ihrer Tochter nach Afrika ziehen wird: »So schlecht wird es in Afrika auch nicht werden.« Seitdem habe ich nichts mehr von ihr gehört. Es ist zu befürchten, daß Claudia in einer noch stärker männerdominierten Kultur mit Schwierigkeiten zu kämpfen haben wird, die ansatzweise erreichten Veränderungen weiterzuführen bzw. aufrechtzuerhalten.

Marianne S.

Marianne S. wurde 1947 in einem Dorf in der Bundesrepublik geboren, sie wuchs mit elf Geschwistern auf. Durch ihr Elternhaus fühlte sie sich früh in ihrer Selbständigkeit und ihrem Selbstbewußtsein unterstützt. Nach der Volksschule machte sie eine Lehre als Verkäuferin, ging nach Berlin und hatte schnell einen großen Bekanntenkreis. Vier Jahre war sie mit dem Mißhandler verheiratet. Kurz nach der Geburt des gemeinsamen Sohnes Eric (1976) begannen die körperlichen Mißhandlungen. Zur Zeit der Gespräche ist sie zweieinhalb Jahre geschieden und lebt mit ihrem Sohn und ihrem Freund in einer Wohnung, für die sie ganz bewußt alleine den Mietvertrag besitzt. Sie arbeitet heute in einem Frauenprojekt, in dem sie sich wohl fühlt; später möchte sie sich beruflich weiterbilden. Marianne war sechs Monate im Berliner Frauenhaus, in der ersten Woche ging sie für einige Tage zu ihrem Mann zurück.

Marianne kannte ich aus der Zeit meiner Mitarbeit im Frauenhaus. Sie regte mit ihrem Mut, ihrer Offenheit und ihrem Tatendrang ihre Mitbewohnerinnen an. Während ihres Aufenthalts im Frauenhaus und auch noch nach ihrem Auszug nahm Marianne mit Überzeugung an öffentlichen Veranstaltungen über Frauenmißhandlung teil. Nach dem Frauenhaus-Aufenthalt zog sie mit zwei Frauen und deren Kindern in die erste Wohngemeinschaft, die vom Frauenhaus als Zweite-Stufe-Wohnung initiiert wurde.[62]

Mir war von Anfang an bewußt, daß die Gespräche mit Marianne eine andere Dynamik als beispielsweise die mit Martha haben würden, da Marianne zu ihrer Mißhandlungsgeschichte eine dreijährige Distanz entwickeln konnte. Von daher fielen Unsicherheitsfaktoren und extreme Bedrückungen, mit denen Frauen in aktuellen Trennungssituationen zu kämpfen haben, weg.

Mariannes Lebensgeschichte geht detailliert auf den Aufbau und den Verlauf der Mißhandlungssituation und die Entwicklung und Überwindung von Schuld- und Schamgefühlen ein. Sie schildert ausführlich ihre zweimaligen Trennungsversuche und ihren Haß auf den Mißhandler, der durch dessen Selbstmord nicht geringer wurde. In ihrer neuaufgenommenen Beziehung lehnt sie konsequent ein geschlechtsspezifisches Rollenverhalten ab. Wer Marianne heute kennenlernt, kann sich kaum vorstellen, daß sie sich zeitweilig während ihrer Ehe aufgegeben hatte.

Die größte Angst hatte ich, meine Würde zu verlieren

»Was mochtest du an deinem Mann, als du ihn kennenlerntest?«
»Er war ziemlich großzügig. Du hattest das Gefühl, du wurdest wahrgenommen. Ja, er hat mich akzeptiert. Vom Kopf her war gar nicht das Gefühl für Unterdrückung da. Du hast alles irgendwie akzeptiert. Bestimmte Sachen macht man nicht, wenn man zusammen

ist. Das geht dir erst hinterher auf, das Licht. Aber das hatte sich ganz schnell, nachdem Eric geboren war, für mich verändert.«

»*Was glaubst du, hat er an dir besonders geschätzt?*«
»So, wie ich das heute sehe, sind es wirklich nur Äußerlichkeiten gewesen. Er fand mich attraktiv. Was ich für ein Mensch war, glaube ich, wußte der zeitweilig gar nicht. Er hat sich auch nie die Mühe gemacht, darüber nachzudenken. Das weiß ich jetzt.«

»*Auch vorher nicht, bevor ihr verheiratet wart?*«
»Wenn ich mit ihm ausging, habe ich gemerkt, daß er stolz auf mich war, wenn ich mit irgendwelchen Leuten geredet habe und auch eine Meinung vertrat. Er hat gemerkt, daß ich nicht so eine Püppi bin, sondern mich auch unterhalten konnte. Also, wenn ihn das Thema nicht betraf, fand er das ganz gut. Aber wenn es um ihn ging, fand er das nicht mehr so gut. Das hat sich später so zugespitzt, daß es praktisch nur noch gegen ihn ging. Die Auseinandersetzungen haben sich alle nach innen gezogen, weil ich auch meinen ganzen Bekanntenkreis aufgegeben hatte.«

»*Warst du denn, bevor du ihn geheiratet hast, so wie heute? Würdest du dich als genauso selbstbewußt beschreiben?*«
»Also selbstbewußt in dem Sinne, daß jeder so seine Macken hat, die er mit sich herumträgt. Aber ich muß sagen, daß ich generell und auch ihm gegenüber oft selbstbewußt aufgetreten bin. Es kann sein, daß er bestimmte Sachen nicht zugegeben hat, um nichts zu verlieren, weil es da noch nicht fest war zwischen uns. Ich überlege eigentlich immer, wie ich früher selbst zu bestimmten Männern gestanden habe. Daß ich früher ein Unterdrückungsgefühl hatte, kann ich verneinen. Ich habe mich auch nicht festlegen lassen. Habe getan, was mir Spaß machte, bin ziemlich spontan auf andere Leute zugegangen. Ich habe mich von niemandem in eine Isolation reindrücken lassen. Ich habe immer einen großen Mund gehabt: ›Mach 'ne Fliege oder laß' mich in Ruhe.‹ Wie man sich zu der Zeit zur Wehr gesetzt hat. Jedenfalls war ich nicht ängstlich.«

»Wann hat er sein Verhalten dir gegenüber verändert?«
»Ich war mit Eric schwanger und wollte eigentlich nicht heiraten. Wir waren vorher vier Jahre zusammen. Ich war bereits 28 Jahre alt und hatte das Gefühl, daß ich viel erlebt habe. Außerdem dachte ich, ich bekomme keine Kinder. Dann ist der Eric dazwischengekommen, und ab da war ich aus dem Verkehr gezogen; ich war nur noch für ihn zuständig.«

»Hast du das damals bereits empfunden oder erst nachher?«
»Erst nachher, vorher war ich sogar noch stolz auf seine Eifersucht, das streite ich nicht ab. Wie blöd man da sein kann! Und eifersüchtig war er! Das war die Zeit, bevor wir geheiratet haben. Ich wußte da schon, daß ich bestimmte Sachen nicht machen konnte, zum Beispiel mit irgendwelchen Männern flirten. Wir waren einmal in einem Lokal, wo ich mit niemandem tanzen durfte. Wenn du mal spontan irgendwohin geguckt hast, hat er gleich vermutet, ich kannte den. Das habe ich anfänglich als ganz starken Ausdruck von Zuwendung empfunden, gleichzeitig aber auch als ziemliche Fessel... Ich habe Situationen erlebt, wo ich heute denke, du bist wirklich bescheuert gewesen.«

»Konntest du damals schon ahnen, daß er mal zuschlägt?«
»Wenn ich ganz ehrlich bin, hätte ich den Mechanismus erkennen können, worauf es hinausläuft. Aber du versuchst das irgendwie immer, verdrängst es vor dir selbst. Wenn ich bestimmte Dinge, die er nicht toleriert hat, getan hätte, wäre immer Theater gewesen. So hast du versucht, das im Rahmen zu halten und es ihm nach der Nase zu machen. Ich war damals nicht mehr ich selbst, schon in diesen vier Jahren vor der Ehe. Wenn ich mir das heute überlege, du warst eingeschränkt, du mußtest dir Gedanken darüber machen, ihn nicht zu verärgern. Was er nicht mochte, habe ich laufend berücksichtigt. Das habe ich gemacht, weil ich ihn mochte. Eine Zeitlang habe ich dahintergestanden, weil er mich ebenso sehr gerne hatte – glaubte ich. Wenn er etwas nicht mochte, wollte ich versuchen, ihm keinen Anlaß zum Ärger zu geben. Umgekehrt war das nicht so.«

*»Hast du damals irgendwelche Forderungen an die Beziehung ge-
stellt?«*
»Ich durfte praktisch nur, was er auch für sich selbst akzeptiert
hatte. Ich durfte nicht alleine in eine Kneipe gehen, auch schon vor
der Ehe nicht, und nur mit ihm zusammen mit Freundinnen nach
Hause gehen.«

»Hattest du denn damals noch Freundinnen?«
»Ja, das hat sich aber ganz schnell gelegt. Ich hatte, als ich bei ihm
wohnte, gesagt: ›Ich geh mal zu einer Freundin.‹ Du hattest da aber
nicht das Gefühl, daß er das akzeptierte und sagte: ›O. k., dann geh!‹
Da ist dann eine Spannung entstanden. Und wenn Leute mal bei mir
waren, hat es hinterher meistens Knatsch gegeben. Du mußtest dich
laufend dafür verantwortlich fühlen, die Bekannten vor ihm gut hin-
zustellen. Er hat meine Bilder zerrissen. Zu meinem früheren Bekanntenkreis sagte er: ›Das sind alles die letzten Leute.‹ Worüber
ich mich sehr geärgert und gedacht habe, wie kann ein Mensch nur
so vom Bild her urteilen, welchen Umgang ich habe?«

»War das alles vor der Ehe?«
»Teilweise. Also nicht ganz so, das ist dann erst später wirklich zur
Mißhandlung geworden. Nach der Heirat hat er sich nicht mehr zu-
sammenreißen brauchen. Ich war nicht besonders scharf darauf zu
heiraten. Ich habe gemerkt, daß er das nicht so toll gefunden hat,
daß ich überhaupt keine Ansprüche, zu heiraten, an ihn stellte. Dadurch kam er sich nicht toll vor. Das hatte ihm nicht gepaßt. Erst im
vierten Monat habe ich mitgekriegt, daß ich schwanger war, weil ich
echt angenommen hatte, ich kriege keine Kinder. Blöd. Da sagst du
dir, warum sollst du eigentlich nicht heiraten? Heute ist das für mich
kein Grund mehr. Ich habe mit kleinen Unterbrechungen auch immer gearbeitet.
Mit dem Geld sah ich zu, daß ich einigermaßen über die Runden
kam. Das war ein Punkt, an dem ich so etwas wie Freiraum für mich
geschaffen habe. Ich habe natürlich – wenn Not am Mann war –
mein Geld ganz mit reingebuttert. Als der Eric geboren wurde, hatten wir uns die größere Wohnung genommen. Da fand ich seine
Scheidungspapiere. Er hatte eine Tochter, das wußte ich schon. In

den Papieren standen schreckliche Sachen, daß er mit der Frau auch schon Bambule gemacht hatte, sie auch geschlagen hatte. Die ist dann zu ihren Eltern zurückgegangen. Daraufhin hatte er denen die Tür eingetreten und den Vater vermöbelt, weil sie nicht mehr zu ihm zurückwollte. Also immer Theater. Obwohl später, als wir verheiratet waren, der Kontakt dann so war, daß ich sogar mit zu den Leuten gegangen bin. Seine Frau kannte ich. Es war aber nie ein Gespräch da, daß man sich nähergekommen wäre. Ich habe nie mit ihr darüber ein Wort gewechselt.«

»Du wußtest von ihm nicht, daß er früher schon geschlagen hatte?«
»Im Grunde genommen konnte ich mir das vorstellen, weil ich mitbekommen habe, wie er in manchen Situationen reagiert hat. Daß du für dich ein Stück Eigenbereich aufbautest, war nicht möglich. Das war ein Punkt für mich, der sehr schlimm war, weil ich es gewohnt war. Mit achtzehn bin ich nach Berlin gekommen, habe hier gelebt, bin dann bei meiner Schwester eingezogen, habe mir ein Zimmer genommen. In sämtlichen Bezirken habe ich hier schon gewohnt, habe Leute gekannt. Ich weiß nicht, mich muß damals ein Pferd getreten haben, total bekloppt...«

»Hast du ihn mal auf die Papiere angesprochen, die du gefunden hattest?«
»Das habe ich verdrängt, habe ich total zur Seite gepackt. Wenn irgendwelche Situationen eintraten – als ich schon verheiratet war –, habe ich gesagt: ›Das habe ich mir schon denken können, das steht ja sowieso in den Papieren; du bist der letzte Hirsch!‹ Aber in anderen Momenten war mir das gar nicht präsent. Dann ist er sauer geworden, daß ich ihm das vor den Latz knallte. Und da war natürlich die größte Schlägerei im Gange.«

»Erinnerst du dich, wie er dich zum ersten Mal geschlagen hat?«
»Also einen ganz großen Bereich hat die Eifersucht eingenommen, es gehörte im Grunde genommen alles dazu. Ich bin sogar einmal aus dem fahrenden Auto raus. Das war das erste Mal, daß ich aus einem fahrenden Auto rausgesprungen bin. Als wir einmal nachts nach Hause fuhren, hat ihn irgendwas mächtig geärgert. Er bekam im

Auto einen Wutanfall und hat mich bis aufs Blut fertiggemacht. Nee, das war gar nicht das erste Mal, da hätte ich nicht so eine Konsequenz ziehen können, stimmt nicht. Ja, davor, das waren nicht Mißhandlungen im eigentlichen Sinne, sondern körperliche Bedrohungen, die sich einschleichen. Und irgendwann mal wirst du geschlagen.«

»Du meinst also, dem Schlagen an sich geht schon vieles voraus?«
»Ja.«

»Kannst du dich erinnern, wo du wirklich genau wußtest, daß er zuschlagen würde, und er das dann auch getan hat?«
»Das waren so viele Situationen, ich bekomme die gar nicht mehr aneinander. Das waren Kettenreaktionen, so daß ich kaum die Übergänge zusammenkriege. Ich habe im Moment keine Mißhandlungssituation im Kopf. Eine ja, da gab's einen Vorlauf, und dann ist irgendwann etwas passiert. Ich habe nur die ganz schweren Mißhandlungen präsent. Ich habe gar nicht mal die genauen Mißhandlungen im Kopf, sondern vielmehr die Situationen, in denen ich selbst überhaupt nicht mehr existiert habe. Das nimmt für mich einen viel größeren Raum ein.«

»So daß du nur noch das tun konntest, was er wollte?«
»Ja. Mißhandlung war auch in der ersten Zeit, und da habe ich das vertuscht und versucht zu vermitteln oder mit ihm zu reden über was, warum, weshalb...«

»Als er dich zum ersten Mal geschlagen hatte, wie hast du da reagiert?«
»Du denkst, irgendwas stimmt nicht. Ich hatte Schuldgefühle. Habe ich ihn jetzt so weit provoziert, daß er Grund dazu hatte? Oder wieso hast du nicht überlegt? Du hättest das und das verhindern können. Aber hinterher hätte ich machen können, was ich wollte, das hat überhaupt keinen Zusammenhang gehabt. Doch vorher habe ich immer überlegt. Wenn er mich angriff, habe ich versucht, alles zu hinterfragen und irgendwie Verständnis zu haben, daß er vielleicht einen schlechten Tag hatte... viel Ärger oder andere Gründe.«

*»Wolltest du auch vor dir selbst nicht zugeben, daß er immer gleich zu-
schlägt?«*
»Nein, wahrscheinlich hast du das dann auch verdrängt.«

»Und du selbst hast dich nie gewehrt?«
»Nein, nie. Ich bin so ein Mensch, der mit Gewalttätigkeit nicht
umgehen kann. Ich habe, seit ich älter bin, Konflikte nie mit Gewalt
ausgetragen. Für mich kamen Gewalttätigkeiten nur von anderen,
die wurden mir übergestülpt. Damit konnte ich nichts anfangen.
Wohl deshalb, weil ich davor zu große Angst hatte. Ich hatte Angst,
so doll einen abzukriegen und nicht mehr aufzustehen.«

*»Du hast also damals, als er mit dem Schlagen anfing, gewußt, wie brutal
er werden würde?«*
»Ja. Wenn er wütend wurde, habe ich schon gedacht: ›Hallo, jetzt
mußt du vorsichtig sein.‹ Der hat dann einen ganz eigenartigen Ausdruck im Gesicht gehabt. Ich wußte, daß dann nicht viel fehlt und
habe immer versucht, einzulenken. Habe gesagt: ›Also was soll denn
das, so habe ich das doch nicht gemeint.‹ Immer ein Stück zurück,
um ihn wieder auf ein bestimmtes Maß zu bringen, so daß er wieder
normal wird oder das, was du als normal empfindest.«

*»Am Anfang hattest du das Gefühl, daß du ihn mit diesem angepaßten
Verhalten beruhigen konntest?«*
»Ja, da war das Gefühl noch stärker, daß er selber auch nachdenkt.
Er hat anfangs auch selbst gesagt: ›Mensch, was habe ich denn für
eine Scheiße gemacht?‹ Er hat das auch nicht immer gut gefunden
und überlegt und gesagt: ›Du, ich hatte einen Filmriß ...‹«

»Hat er sich am Anfang noch entschuldigt?«
»Ja, und das sind genau die Momente, die zählen. Wenn jemand von
Anfang an auch hinterher brutal reagiert, glaube ich, daß für mich
gleich etwas klargeworden wäre. Aber der ist dir hinterher fast in den
Hintern gekrochen und hat gesagt: ›Mensch, um Gottes willen‹, und
sich entschuldigt, wovon du dich hast einwickeln lassen. Das hat
immer kürzere Abstände eingenommen, und die Entschuldigungen
brauchte er später nicht mehr. Das war für ihn ein Grad an Zücht-

gung, der sein mußte. Normalerweise hat der gar nichts mehr erklärt. Er hat sich dann erst mal in sich selbst zurückgezogen und keinen Gedanken daran verschwendet, sondern ist eben ausgerastet. So einfach hat er sich das gemacht, oder er hat mir die Schuld eingeredet. Es war oft so, daß ich schon im vorhinein dachte: ›Um Gottes willen, was ist heute passiert, woraus kann er dir einen Strick drehen?‹ Ich hatte schon vorher überlegt, worüber er sauer werden könnte. Das sind Situationen, wo du denkst und denkst, aber nichts findest. Trotzdem hat es dann geknallt.«

»Und die Abstände wurden immer kürzer?«
»Ja. Er hat sich unheimlich viel rausgenommen. Als Eric da war, fühlte ich mich eingeschränkt. Dann sind Schwierigkeiten hinzugekommen, und er war ziemlich oft weg. Ich sagte: ›Du, hör mal, das gefällt mir nicht, das finde ich nicht so gut!‹ Ich habe immer gesagt, was mir nicht gefällt. Ich denke, ich habe zwei Leben in mir gehabt. Ich habe ihm zeitweise viele Sachen an den Kopf geworfen, von denen ich genau wußte, das kriege ich dicke zurück. Aber in dem Moment hatte er es geschluckt. Ich weiß nicht, irgendwo war das ulkig. Ich hatte das einkalkuliert und gedacht: ›Jetzt sagst du das.‹ Es war eine Befreiung für mich, etwas loszuwerden. Das war in einer Wut, wo du das selbst nicht mehr runterdrücken wolltest. Da habe ich ihm alles ins Gesicht gesagt. Er hat unterschiedlich darauf reagiert. Anfangs hat er noch den Kopf eingezogen und war auch ein bißchen deprimiert. Lange hat das nicht gehalten. Das habe ich immer als Funken empfunden, als ob ich irgendwas in Gang gesetzt hätte. Aber das kannst du vergessen, die haben gar keine Zeit für sich selbst, die wollen anderen Leuten imponieren und die Männlichkeit rauskehren!«

»Gab es in dieser Zeit Situationen, in denen du das Gefühl hattest, du könntest jetzt vergessen, was er vorher mit dir gemacht hatte?«
»Nein, das habe ich immer behalten, auch nach der Scheidung. In der Ehe hatte sich das immer mehr gesteigert. Allerdings kann ich mir das alles jetzt nicht so zurückrufen, weil so viel passiert ist. Das hat sich alles aneinandergereiht. Ich habe das nicht vergessen, nein.«

»Wenn er dich so geschlagen und gedemütigt hat, dann stelle ich es mir sehr schwer vor, wieder sexuell mit ihm zusammenzusein.«

»Das war ulkigerweise so, daß ich da keine Schwierigkeiten mit ihm hatte. Wenn ich gesagt habe: ›Laß mich in Frieden‹… Ich konnte mit ihm ja nicht mehr schlafen; er ist auch von sich aus nicht gekommen. Er hatte das nicht nötig. In dieser Richtung, mit Vergewaltigung, ist nichts gelaufen, wenn ich mich zurückgezogen habe. Wenn er mich angefaßt hat, habe ich regelrecht eine Gänsehaut bekommen.«

»Und das hat er bemerkt?«

»Ja, nun kam es darauf an, daß ich differenzieren mußte, daß ich nichts falsch machte. Irgendwann ist es wieder mal passiert, da war für ihn wieder alles o. k., obwohl es für mich nicht o. k. war. Aber es gab keine direkte Gewalt in der Sexualität. Nein, das ist anders gelaufen. Wenn er immer brummiger wurde, dachte ich: ›Na gut, was soll's?‹ Aber er hätte mich nie angefaßt, wenn er z. B. betrunken war oder nachdem er mich geschlagen hatte. Ich machte meistens total dicht. Denn das ist schon schlimm genug, und wenn dann noch ein Mann kommt und Sex will? Ich kann mir die Mißhandlungssituation vorstellen und dann, wie es der Frau in dem Moment geht, schrecklich.« (Sie ist sehr empört.)

»Hast du damals mit irgend jemandem über die Mißhandlungen reden können?«

»Nein, mit niemandem. Hast doch immer so getan, tolle Ehefrau und so weiter. Die wußten zwar, daß es Schwierigkeiten gab. Ich habe hinterher erst mitbekommen, daß alle wußten, was er für ein Mensch war, weil die eine eingefahrene Clique waren. Die kannten sich von der Schule her.«

»Hat er dich auch in der Öffentlichkeit geschlagen? Wie haben die anderen darauf reagiert?«

»Das kam seltener vor. Nur einmal, da waren wir mit allen in seiner Stammkneipe. Sicher, die haben versucht, ihn zu bremsen und gesagt: ›Hör auf, du bist blöd.‹ Aber die hätten es nicht darauf ankommen lassen, dem irgendwas vor den Kopf zu hauen. Es war eher nur beschwichtigend, und: ›Versuch doch mal‹ und dies und das, aber nicht direkt. Wenn ich heute so etwas sehen würde und die Kräfte hätte, ich würde durchaus versuchen, dem eins vor den Kopf zu hauen. Ich würde versuchen, den da wegzukriegen, auch wenn ich Ärger bekäme. Die hingen alle in einer Clique zusammen, da wollte keiner dem anderen was tun. Dir wird von außen eingeredet, du mußt damit klarkommen, das sind unsere Schwierigkeiten, was sollen sie sich da einklinken. Mir wurde erst im nachhinein bewußt, was die Leute eigentlich machen. Die ziehen sich alle in ihr Kämmerlein zurück.«

»Wenn er dich in der Wohnung geschlagen hat, hast du um Hilfe geschrien?«
»Meistens wolltest du ja die Nachbarn nicht stören. Dann mußtest du am nächsten Tag die Treppe runtergehen, und die wußten wieder, was da passiert war. Ich habe mich geschämt, klar. Ich habe das nach außen hin nie so rauslassen können. Im Grunde genommen habe ich nie geschrien, nicht so, daß ich jetzt das Haus zusammengeschrien hätte. Normalerweise hat sich auch nie jemand beschwert, daß da laufend Bambule war. Das blieb wirklich in den vier Wänden. Wenn es mal laut war, haben die das vielleicht noch nicht mal mitgekriegt; die dachten, es werden Möbel gerückt.«

»Die Polizei hast du auch nie geholt?«
»Nein, ich hätte mich viel zu sehr geschämt. Einmal war ich beim Arzt. Ich habe hier noch eine Narbe im Gesicht. Damals sah ich fürchterlich aus, alles grün und blau, und über die Lippe war die Haut total auseinandergerissen. Hier hatte ich eine Platzwunde. Ich habe ausgesehen wie Dracula. Ich mußte dann zum Krankenhaus. Mein Mann war immer dabei im Krankenhaus. Ich wollte, glaube ich, gar nicht zum Arzt, weil ich mich so geschämt habe. Der hat mich dahin gezerrt und gemeint, es müßte genäht werden. Ich habe immer gesagt, ich lasse das so heilen. Für mich war das eine große Schande. Ich kam mir vor wie der letzte Mensch. Wenn der mich nicht zum Krankenhaus gefahren hätte, hätte ich im Gesicht heute eine Schmarre.«

»Ging er davon aus, daß du im Krankenhaus nicht die Wahrheit erzählen würdest?«

»Ja. Er stand daneben und hat gelogen, es war ganz makaber. Ich mußte irgendwelche Stories erzählen, und der stand daneben.«

»Glaubst du, daß er sich geschämt hat? Wie hat er sich danach dir gegenüber verhalten?«

»Weiß nicht, ob er sich geschämt hat. Das ist es ja, hinterher ist er nicht so brutal gewesen. Er hing da wie ein Schluck Wasser und ist um mich rumgerannt. Ich war so sauer auf den. Wenn er das dann gemerkt hat... zum Schluß war mir das scheißegal. Wenn ich ein bißchen Aufwind hatte und ihm Widerworte gab und sagte: ›Du Schwein‹, wurde er wieder sauer. Nach einer bestimmten Zeit glaubte der, er könnte mit mir so tun, als ob alles vergessen wäre. Das wurde immer länger. Er hat sich dann wieder in was reingesteigert. Wenn ich nicht funktioniert habe, ging alles wieder von vorne los. Ich mußte eigentlich immer aus meiner ganzen Zerstörtheit heraus wieder zu ihm sagen: ›Also es ist o. k.‹, andernfalls rastete der wieder aus. Ich kann mich erinnern, daß ich überhaupt nicht das Gefühl hatte, ich müßte mit ihm reden. Ich habe manchmal vier oder fünf Tage nichts mit dem gesprochen, weil ich nicht wollte. Dann hat er mich irgendwas gefragt, und ich habe langsam geantwortet. Ich wußte ja, irgendwann mußt du mit ihm reden, sonst knallt es wieder. So zwei oder drei Tage hat er sich mal die Mühe gegeben, das zu schlucken, weil er es als angemessen empfand. Ich konnte mir sozusagen das Recht herausnehmen, nach der Sache sauer auf ihn zu sein. Wenn für ihn aber der Punkt erreicht war, an dem er sagte: ›Nun müßte sie mal wieder, es reicht jetzt‹, habe ich gemerkt, wie das umkippte. Dann dachte ich, wenn ich jetzt nicht einlenke, ist wieder die Kacke am Dampfen. Eine ganz fatale Situation.

Zum Schluß habe ich nur noch in der Wohnung rumgehangen. Ich kann es nicht einmal beschreiben. Ich konnte mich auf nichts mehr konzentrieren, bin wie eine Tigerin herumgeschlichen, habe Fernsehen angeschaltet, saß zwei Minuten, bin wieder irgendwo anders hingelaufen. Dann habe ich ein Stück Zeitung genommen, habe reingeguckt. Ich konnte mich mit nichts mehr beschäftigen. Das war nur für eine kurze Zeit, in der ich für mich etwas machen konnte. Der Rest war so, daß es wieder überschwappte. Ich habe keine Ruhe gefunden. Ich bin nur noch in der Wohnung hin und her, habe etwas angefangen, wieder hingeschmissen; ich war total ausgelaugt.

Nach drei Jahren hatte ich den Endpunkt erreicht. Ich war nur noch ein Nervenbündel und nur noch am Reagieren auf bestimmte Situationen. Das kann man niemandem weitervermitteln. Dann habe ich mich zum Eric ins Bett gelegt und gedacht: ›Mensch, der ist jetzt um zehn noch nicht da.‹ Dann mußte ich schon wieder überlegen, vielleicht war er unheimlich wütend, wenn ich nicht im Ehebett lag. Der konnte das auslegen wie er wollte. Wenn er schön highlife hatte, legte er sich hin und schlief; da war ihm das sowieso völlig egal. Aber wenn nicht, ist der in der Wohnung rumgerast, hat mich gesucht und ist ins Kinderzimmer rein. Dann habe ich mich immer schlafend gestellt, obwohl ich nie gepennt habe. Ich hatte dann dieses Nichteinschlafenkönnen. Es war furchtbar. Wir wohnten im vierten Stock, und es gab einen Hof mit einem Vorgarten. Ich habe mein Ohr buchstäblich unten vorm Tor liegen gehabt. Auf jedes Geräusch habe ich reagiert und aufgehorcht.«

»War er eigentlich immer betrunken, wenn er schlug?«

»Nein, überhaupt nicht immer. Das war aber kein Grund, keinen Streit anzufangen. Der Alkohol spielte keine Rolle. Einmal wollte er mich wieder aus dem Ehebett rausschmeißen und hat mich aus dem Bett rausgetreten. Ich dachte, es ist genausogut mein Bett, verdammt noch mal. Oder es lief nicht so, wie er sich das vorgestellt hatte mit lieb und nett, sondern ich habe manchmal eine aufmüpfige Art gehabt, von der ich genau wußte, wie er darauf reagiert. Zeitweise habe ich das einkalkuliert. Das ist ja der Widerspruch in mir. Ich dachte, ich kann doch nicht tagtäglich so was in mich reinfressen, dann komm ich mir selbst bald nur noch wie ein Stück Staub vor. Ich mußte mir beweisen, daß ich mir das nicht gefallen lasse. Daraus sind wieder Situationen entstanden... Aber hinterher bin ich so weit gewesen, daß ich nicht sagte: ›Ich bin schuld.‹ Da habe ich mir das Recht auf eine bestimmte Menschenwürde zugestanden.«

* * *

»Hast du eigentlich die ganze Hausarbeit alleine gemacht?«
»Er hat sich überhaupt nicht darum geschert. Er war unheimlich stolz darauf, was ich für eine tolle Hausfrau bin. Er hat immer damit angegeben, wie gut ich kochen kann. Das war zuerst noch eine kleine Steigerung meines Selbstwertgefühls vor den anderen. Denn im Grunde genommen hatte ich gar nichts mehr. Die haben dir deine Kohlrouladen um den Bart geschmiert, wo du stückweise wieder von gelebt hast. Ansonsten bleibt ja kaum etwas übrig.

In den ersten Ehejahren haben sie sich auf seiner Arbeitsstelle erzählt, daß die anderen Frauen immer mit aufstehen und den Männern schön Kaffee machen. Er mußte sich seinen Kaffee allein aufbrühen. Das habe ich nie gemacht, daß ich ihm Frühstück gemacht hätte. Ich sagte: ›Du kannst dir deine Tasse Kaffee alleine kochen. Ich bin doch nicht bescheuert und stehe auf und koche dir dein Täßchen Kaffee.‹ Das war für ihn immer ein Punkt, den er mir vorgeworfen hat. Die anderen Frauen machen ihren Männern immer schön Kaffee, und ich liege im Bett! Er hat sich dann Nescafé aufgebrüht.«

»Da hast du es an diesem Punkt doch geschafft, dich durchzusetzen?«
»Ja, das ist alles ein Widerspruch. Vielleicht verhält sich das auch alles ganz anders. Wenn man das selbst anders hinterfragt, so daß dir ein Knoten aufgeht. Genauso mit dem Geld, mit dem Geld ist er mir nie zu nahe getreten.

Es gab Situationen, da habe ich mich auf mich zurückgezogen. Dann hat der gemerkt, ich existiere für ihn nicht mehr. Irgendwie habe ich mich ein Stück weit entzogen durch bestimmte Verhaltensweisen. Manchmal wollte er den guten Ehemann spielen: ›Gib mir doch mal 'ne Birne, ich schraub das ein.‹ Darauf habe ich nicht mehr reagiert. Vorher hätte ich vielleicht gedacht: ›Mensch, dufte, jetzt fangen wir endlich eine Gemeinsamkeit an.‹ Wenn er mir später helfen wollte, hat mich das nicht mehr interessiert. Das war für ihn ein Alarmzeichen, wenn ich gesagt habe: ›Hol dir deine Birne selbst, mach dir deinen Scheiß allein, von mir aus brauchst du keine Birne reinzuschrauben.«

Ich kann mich an eine Situation erinnern, da wollte der mich daraufhin aus dem Fenster schmeißen, weil er da gerade auf Helfen aus war. Da hatte ich es aber wirklich satt! Ich wußte, das gilt jetzt für eine halbe Stunde, da will er ein bißchen was machen und eine heile Welt hinzaubern. Dem habe ich mich entzogen, so daß er übergeschäumt ist und mich aus dem Schlafzimmerfenster schmeißen wollte.

Hinterher habe ich nur noch auf eine Gelegenheit gewartet. Du hast dich zwar untergeordnet, weil du nichts machen konntest in dem häuslichen Bereich. Ich habe immer hin und her überlegt, was ich machen könnte. Mein ganzes Sinnen und Trachten ging etwa zweieinhalb Jahre nur noch dahin, wie ich aus der Situation herauskommen könnte. Zum Schluß habe ich gesagt: ›Ich will mich scheiden lassen.‹ Ich wußte, der wird nie darauf eingehen. Der killt dich vorher, bevor der dich gehen läßt. Ich habe immer noch versucht, im Guten auf ihn einzugehen. Da sagt der: ›Das kommt für mich nicht in Frage. Wenn du gehst, dann ist das Kind hier und bleibt hier. Du kannst marschieren, wohin du willst.‹«

»*Hat er sich auch um Eric gekümmert?*«
»Ach, er war ja kaum zu Hause. Und wenn, mußte ich immer Angst haben, daß er ihn mit in die Kneipe nimmt oder auf den Fußballplatz. Er hat ihn mit zwei Jahren in der Kneipe auf den Automaten raufgestellt. Da mußte er ihm in den Arm springen. Das Kind hat heute noch 'ne Macke davon weg. Um Eric gekümmert hat er sich überhaupt nicht.«

»*Du sagtest, am Anfang hättest du noch Schuldgefühle gehabt, wenn er dich geschlagen hat. Heißt das, daß du das Schlagen am Anfang noch nicht als ungerecht empfunden hast, sondern erst später?*«
»Ja. Irgendwann bist du für dich selbst keine eigenständige Person mehr. Ich hatte schließlich das Gefühl, ich existiere für mich gar nicht mehr. Das passiert schleichend, und es wird dir gar nicht bewußt, was du für ihn alles aufgibst. So ergibst du dich in dein sogenanntes Schicksal.

Ich hatte früher immer gehört – als ich noch nicht so angepaßt war –, daß ich als Außenseiterin dagestanden hatte, besonders vor meinen Verwandten, weil ich mit achtundzwanzig noch nicht verheiratet war.«

»Hattest du denn, als du ihn geheiratet hast, andere Vorstellungen von der Ehe?«

»Ja, schon. Ich dachte, du kannst jetzt heiraten. So lebt man eben schön miteinander, du bist nicht mehr allein. Daß er bei der Hausarbeit mithilft, war damals noch nicht in meinem Kopf. Er ist von der Arbeit gekommen und hat immer rumgestöhnt...«

»Aber du hast doch damals auch gearbeitet?«

»Aber du nimmst Männerarbeit immer ernster. Du machst deine Arbeit, rennst dir die Hacken ab und nimmst trotzdem immer das ernster, was die machen.

Da ist auch ein Teil Eigenschuld drin, das sehe ich heute und sage: ›Was leisten die eigentlich?‹ Wir unterschätzen uns wirklich. Wir machen die niederen Arbeiten, aber die machen scheinbar ganz was Tolles und sind nun mal kaputt. Die halten scheinbar alles in Schwung und in Betrieb (lacht). Da bin ich erst hinterher drauf gekommen.

Der hat das sehr genossen. Anfangs war ich noch so bescheuert und habe dem Häppchen oder Tomatensalat gemacht. Dafür hat er mich gelobt. Zum Schluß habe ich das gemacht, damit ich ihn ruhigstelle. Nein, nicht ganz bis zum Schluß, sondern in der Zeit, als ich Frieden halten wollte. Auch wenn ich Angst hatte, habe ich ihm das hingestellt, damit es ihn von seinen Aggressionen abbringt. Manchmal hat das gewirkt. Es konnte aber auch sein, daß er nach Hause kam, ohne auf Krawall aus gewesen zu sein. Auf der anderen Seite konnte ich mir vorstellen, wenn er die richtigen Hosen angehabt hätte, hätte er den Teller gegen die Wand geklatscht. Das waren Überlebensmechanismen, die du einkalkuliert hast. Ich habe mir gesagt, versuch es einfach mal, damit es keinen Knatsch gibt. Du machst einen Salat, um den ruhigzustellen, um dem zu zeigen, du magst ihn. Und der nimmt das auch so auf, der nimmt die Schüssel Salat als Liebeserklärung und nicht als Betrug.«

»Und du selbst verrätst dich.«

»Ja. Für mich selbst hatte ich das Gefühl, also du bist der letzte Mensch, der rumläuft. Du machst ’ne Schüssel Salat und bist ein ganz anderer Mensch, als du in dem Moment sein möchtest. Wenn du dem das hingestellt hast, hat der über alle vier Backen gestrahlt mit Paschaallüren. Ich habe das alles mit forciert. Die zeigen dir, wie gern sie das haben und wie toll sie das finden. Wenn es plötzlich nicht mehr so ist – vorher war es auf freiwilliger Basis, wo du ihnen einen Gefallen tun oder es behaglich machen wolltest –, dann wird das so ein Rattenschwanz. Wenn es nicht mehr so ist, hast du dafür Repressalien zu erwarten.«

»Hat er am Anfang umgekehrt auch etwas für dich gemacht?«
»Am Anfang ja. Also das waren kümmerliche Versuche, daß er mit einem Blumenstrauß angekommen ist. Also viel war da sowieso nicht, wenn ich mir das recht überlege (lacht). Mal Ansätze, wo er gesagt hat: ›Du kannst den Führerschein machen, ich bezahl dir das.‹ Oder er hat mir tolle Geschenke gemacht, z. B. Brillantringe.«

»Wenn du nicht von Anfang an auf dem Nicht-Frühstückmachen bestanden hättest, glaubst du, daß du das später nicht mehr hättest durchsetzen können?«
»Wahrscheinlich, wenn ich das eine Weile gemacht und auf einmal nicht mehr gemacht hätte, wäre der Streit dagewesen. Dann hat er scheinbar ein Recht darauf und einen Grund zum Ausrasten. Aber wenn du von vornherein darin keine Notwendigkeit siehst, empfindet er das für sich nicht als einen abrupten Entzug. So kommt es für ihn gar nicht zu einer Eskalation. Zwar gibt es immer wieder Streit darüber, weil er das gern hätte, aber es ist kein Entzug.«

»Könnte das übertragen auch für andere Bereiche gelten?«
»Wahrscheinlich ja. Entweder würdest du sagen: ›Also das mache ich nicht‹, oder du machst es. Und dann nimmt alles seinen Lauf. Ansonsten mußt du dich dafür rechtfertigen, warum du das nicht machst.
Wenn du dich von Anfang an darauf einläßt, kannst du machen, was du willst, der bezieht immer die stärkere Position. Mit Argumenten kommst du nicht durch und weißt, was das für Konsequenzen hat. Aber eine Auflehnung innerlich war doch da, im nachhinein. Also, so darf sich kein Mensch verhalten. Es sind die Anfangsphasen, in

denen du denkst, du hast dich falsch verhalten oder den vielleicht gereizt? Wenn ich mir im nachhinein manche Situation überlege... da werden dir Sachen eingeredet, wo ich gar nicht mehr weiß, ob sie stimmen.«

»*Gab es niemanden von außen, der dir sagte, daß du recht hast?*«
»Es ging nur darum, was *er* mir sagte. Du hast einen total bekloppten Kopf. Das nimmt Ausmaße an, wo er sich stark reinsteigert und das auch behauptet. Er drückt dir Sachen auf, an die du dann selbst glaubst. Du hast nicht mehr die Möglichkeit, rauszukommen. Oft hast du versucht, den Anfang zu rekonstruieren, und es gab ein totales Knäuel, wie das überhaupt dieses Ausmaß hat annehmen können. Oder ein Wort gab das andere... und dann kamen hirnverbrannte Anschuldigungen, die du nicht mehr auf die Reihe kriegst. Irgendwann denkst du automatisch, jetzt hast du wieder Scheiße gebaut. Du stehst so unter Druck, daß er sagen kann, du hast dich hier, wie ich es will, zu verhalten. Du bist also ausgeliefert, er kann alles auslegen, wie er will.«

»*Was würdest du heute sagen, hätte passieren müssen, damit du dich eher hättest befreien können? Wenn die Möglichkeit bestanden hätte, irgendwo hinzugehen?*«
»Ausschlaggebend war für mich das Frauenhaus. Schon allein die dicke Tür, das war für mich symbolisch. Da habe ich mich sicher gefühlt. Auch, um meine Rechte durchsetzen zu können, was mir doch vorher nie möglich war. Der hätte mich auf dem Gericht geschnappt, der hätte mich irgendwo geschnappt, wo ich gewohnt hätte, der hätte mich in meiner eigenen Wohnung geschnappt. Dazu gehört ein bestimmter Prozeß, damit die sehen, da entwickelt sich was. So daß die nicht mehr die Angst sehen, die du noch hast. Die müssen mitkriegen, daß da nichts mehr läuft. Das müssen sie auch vermittelt kriegen.«

»*Du würdest also sagen, wirklich ausschließlich die äußeren Umstände, also das Frauenhaus, war entscheidend bei deiner Trennung?*«
»Ich weiß nicht, wie weit da eine Abnabelung schon stattgefunden hat. Da muß ich ehrlich sein. Ich kann heute nicht so klar beantwor-

ten, wie weit ich doch wieder rückfällig geworden wäre nach einer bestimmten Zeit. Oder wann der Prozeß bei mir einsetzte, daß ich das wirklich wollte. Bei den Frauen, die drei-, viermal zurückgehen, gibt es unheimlich viele Widersprüche. Das Aufgeben der Sicherheit ist schwierig. Die stehen doch draußen und haben gar nichts mehr. Da hast du doch nicht mal mehr deinen Küchenherd. Das spielt auch eine große Rolle. Du wirst richtig von neuem rausgekotzt und mußt dich rundum neu orientieren, mußt neue Schritte machen. Da denke ich schon, daß es für die einen schwieriger und für die anderen leichter ist, je nachdem, in welcher Konstellation du gerade bist.«

Ich wollte ihm auch mal die Zähne zeigen und ein gutes Gefühl dabei haben

»*Wie war das für dich, als du das erste Mal den Gedanken hattest, dich zu trennen?*«
»Den Gedanken hatte ich schon lange, nur haute das nicht richtig hin. Ich bin zwischenzeitlich mal von zu Hause abgehauen. Da war Eric noch klein, ich glaube, ein halbes Jahr alt. Er hatte da schon zugeschlagen. Das waren die Anfänge. Was heißt Anfänge, das war zu der Zeit, als ich sagte: ›Das laß ich mir nicht gefallen.‹ Da hatte ich noch einen ganz massiven Widerstand, hatte das probiert. Gott, das war furchtbar schwierig. Ich bin zu einem Arbeitskollegen von meinem Mann gezogen; die hatten sich dann deswegen gestritten. Ich hatte die in der Nacht angerufen, mir noch auf der Straße von Passanten zwanzig Pfennig geliehen, weil ich nichts in der Tasche hatte. Es war morgens um vier im Sommer. Mit der Gabi habe ich heute noch Kontakt, aber mit dem Mann nicht mehr. Der hat mich dann von der Straße abgeholt, und wir sind mit der Polizei in die Wohnung und haben das Kind rausgeholt. Ja, sein Arbeitskollege ist mitgegangen. Sie haben sich dadurch verkracht.«

»*Dann hat sein Arbeitskollege ja Stellung für dich bezogen?*«
»Ja, in etwa, und mit meinem Mann hat er deshalb Ärger gehabt. Wie der dazu käme, mich in der Wohnung aufzunehmen, er hätte mich zurückschicken müssen. Ich habe dann bei denen gewohnt.

Die Gabi hat versucht, mir Arbeit zu vermitteln; sie arbeitete bei Siemens in der Buchhaltung, und die hatten gleichzeitig einen Kindergartenplatz dabei. Ich mußte zur Vorstellung, dort stellte sich heraus, daß du erst mal untersucht wirst, da kommst du nicht so leicht rein. Es wäre mir egal gewesen, was ich da hätte machen müssen, aber es dauerte zu lange. Ich habe bei denen mit Eric in einem Campingbett gelebt, immer wie auf Besuch, und in der Wohnung viel gemacht, weil ich ein schlechtes Gewissen hatte. Ich wollte denen nicht auf die Nerven gehen. Sie hatten kein zusätzliches Zimmer. Ich habe mir die Hacken abgerannt und immer mit schlechtem Gewissen. Dann hat mir das zu lange gedauert. Ich war wegen einer Wohnung unterwegs, und die sagten nur: ›Wenn Sie keine Arbeit haben, bekommen Sie keine Wohnung.‹ Mit dem Kindergartenplatz war es ähnlich. Ich habe zwischenzeitlich alles versucht, aber da war absolut nichts zu machen. Von Siemens habe ich auch nichts mehr gehört. Nach vier Wochen konnte ich die ganze Situation nicht mehr ertragen und bin wieder zurückgegangen. Vier Wochen später, als ich schon wieder zu Hause im Schlamassel drin hing, kriegte ich von Siemens einen Brief, daß alles klappen könnte. Aber da war das wieder verpufft, ich hing wieder zu Hause rum. Ich hatte zwar die Arbeit, aber keine Wohnung. Ich hätte mich von zu Hause nicht lösen können. Wegen der Scheidung war ich bei einem Rechtsanwalt, von den Bekannten aus; der hat mich total abfahren lassen. Immerhin hatte ich vier Wochen bei denen ohne Geld gelebt. Vom Sozialamt wußte ich überhaupt nichts. Ich wäre nie auf die Idee gekommen, zum Sozialamt zu gehen, ich hatte damit absolut keine Erfahrung. Die Gabi war ganz toll, die hatte mir Fahrgeld gegeben, und wenn ich für den Eric was brauchte, sagte sie: ›Ich geb dir noch 'nen Zehner.‹ Ich hatte keine müde Mark in der Tasche. Auch dadurch ist das ziemlich in die Hosen gegangen. Ich ging deprimiert nach Hause und habe auch keine Bedingungen daran geknüpft oder darüber gesprochen. Für mich war das so gelaufen, daß sich nichts verändert. Ich steckte auch keine große Energie rein.

Wir waren mal in der Kneipe unten bei Kalle, und die hatten das ganze Theater mitgekriegt. Dann hat der zu mir gesagt: ›Du hast den schließlich geheiratet, also mußt du dich damit abfinden.‹ Als ich zu der Zeit nach Hause bin, war mir das alles völlig egal, weil ich dachte, es gibt keinen Ausweg. Ich bin wirklich in den Tagen, als ich bei den Bekannten wohnte, rumgesaust wie eine Blöde und habe alles in Angriff genommen.«

»Du sahst also keine Möglichkeit mehr, dich von ihm zu trennen?«
»Für mich war klar, daß ich entweder bis an mein Lebensende in dieser Scheiße drinhänge oder so lange, bis Eric wenigstens ein bißchen größer ist...
Der hat mich auch mit Eric unheimlich unter Druck gesetzt. Er sagte, den würde ich sowieso nicht kriegen, er hätte genug Freunde, die bei Gericht gegen mich aussagen würden. Das habe ich alles geglaubt, weil ich den einschätzen konnte. Der hätte das gemacht. Bei der Scheidung das Sorgerecht würde ich sowieso nicht kriegen! Ja, sicher hat der in dem Moment auch gemerkt, wie aufgeschmissen ich bin. Also für ihn war das so: Jetzt hat sie probiert, es gibt keine Möglichkeit, und jetzt kannst du erst recht! Das war für ihn eine Bestätigung. Daraufhin ist er noch brutaler geworden und hat seinen Machtbereich total ausgeschöpft. Ich habe mich nur noch auf Eric konzentriert und versucht, mit ihm bestimmte Sachen auszuglcichen. Er sollte nicht so viel merken in seinem kleinen Leben. Zeitweise ging das aber nicht. Ich habe dem oft durch die ganze Nervosität den Arsch versohlt, was ich selbst nicht gut fand. Wenn der mich auch noch verrückt gemacht hat... Ich habe mir dann wieder Arbeit gesucht. Als der Eric klein war, habe ich nicht gearbeitet. Als ich einen Kindergartenplatz hatte, bin ich einen halben Tag arbeiten gegangen.«

»Hat die Arbeit dir gutgetan oder hat sie dich zusätzlich belastet?«
»Durch die Arbeit habe ich mich durchaus besser gefühlt. Erst einmal durch das Geld, das ich verdient habe. Dann kam ich raus und hing nicht mehr so viel zu Hause rum. Ich hatte mit Leuten zu tun: das war ganz gut für mich. Mit dem Geld war er hinterher einverstanden. Er war ja auch nicht zu Hause und hat mich in dem Moment gar nicht vermißt. Ihm ging von der Zeit nichts ab, und das Kind wußte er im Kindergarten. Und mein Geld ging in den Haushalt.«

»Wann bist du zum zweiten Mal auf die Idee gekommen, dich zu trennen?«

»Die Idee hatte ich immer. Ich habe nur gegrübelt, was ich machen könnte. Mir fiel nichts Passables ein, wo ich hätte sagen können, den bin ich dann los. Das Frauenhaus habe ich irgendwann im Fernsehen gesehen; da bin ich abgezischt. Das war ein tolles Gefühl, als ich den Fernseher anstellte und hörte... Das war bei mir, als ob eine Vakuumblase aufging. Da dachte ich: ›Mensch, das ist 'ne Möglichkeit, das ist toll!‹ Ich wußte, wenn jetzt was kommt, gehe ich weg. Irgendwann bin ich mit Eric ins Frauenhaus gefahren. Da war ich zuerst erschrokken. In der großen Halle, ich kam mir so verloren vor. Das war ein total unsicheres Gefühl. Ich bin ungefähr eine Woche geblieben. Ich war sofort am nächsten Tag auf dem Familiengericht und habe das Sorgerecht beantragt. Da hat der mich vor der Tür abgewimmelt, ich habe geheult. Ich stellte mir das sehr schlimm vor, als die sagten: ›Er kann das Kind holen‹, wenn ich das Sorgerecht nicht hätte. Das war an einem Freitag, und der Beamte wollte wohl Feierabend machen. Er hat mich zwischen Tür und Angel abgefertigt. Er sagte, das müßte er erst mit meinem Mann prüfen. Er könnte nicht einfach irgendwelche Beschlüsse ausstellen, wie ich eigentlich dazu käme...
Ich hatte noch ein blaues Auge, das hat der gesehen. Jedenfalls war ich dadurch total fertig. Das Familiengericht muß wohl mit meinem Mann Kontakt aufgenommen haben. Jedenfalls habe ich mich mit ihm getroffen. Wir haben darüber gesprochen, was ihm eigentlich einfällt, ob ich das ein Leben lang mitmachen soll, und daß ich das nicht mehr einsehe. Da hat der mir viel um den Bart geschmiert – er würde zur Therapie gehen, wir sollten zum Rechtsanwalt gehen...
Jetzt weiß ich, was die damit meinen, wenn sie den Frauen solche Sachen erzählen.«

»Hast du geglaubt, was er dir damals erzählt hat?«

»Ich glaube, irgendwo nicht. Ich war so ambivalent wegen dem Kind und hatte den Beschluß noch nicht. Ich wollte für mich noch mal genau rauskriegen, wie ich mich jetzt wieder verhalte, wenn ich mit ihm zusammen zu Hause bin. Wie weit er mir fehlt und wie weit doch noch eine Emotion da ist. Das wollte ich auch zu Eric hin rauskriegen.«

»*Also hat er dich doch noch mal umstimmen können durch sein Verhalten?*«

»Ja, ich war abwartend, obwohl, wenn ich den Schluß erzähle, wird klar, daß alles eine ganz andere Wende für mich genommen hat. Ich bin auch aus Neugier zurückgegangen, um zu sehen, was da eigentlich für mich abläuft, mit der Sicherheit, daß ich jederzeit ins Frauenhaus zurückkann. Wäre die Situation anders gewesen, weiß ich nicht, ob ich das so leichtfertig gemacht hätte. Ja, und er erzählte, er würde zur Therapie gehen.

Ich habe im Frauenhaus geheult, als ich zurückgegangen bin. Also, mir war das irgendwie ein Schritt raus und ein Schritt rein – ein ganz ulkiges Gefühl. Auf der einen Seite mußt du das durchziehen und sehen, was daraus wird. Aber das ist besser, als darüberwegzugehen und es nicht wahrzunehmen.«

»*Hat er dir in diesem Moment auch leid getan?*«

»Ja, sicher habe ich auch gedacht, ihm liegt ganz viel an mir. Aber vordergründig waren in diesem Moment meine Sachen. Ich hatte sehr viel Mitleid mit seiner Jugend, das habe ich mir immer einreden lassen. Heute sage ich mir, in dem Alter müßte man für sich selbst überlegen können. Ich habe auch den Arsch voll gekriegt als Kind zu Hause, wir waren zwölf Geschwister. Aber ich bin dadurch kein aggressiver Mensch geworden. Eine Zeitlang habe ich mich aber ein bißchen als Opferlamm gesehen..., daß ich dafür büßen muß, was sein Vater mit ihm angestellt hat, was der an ihm verbrochen hat. Das hat mich doch ein Stück weit beeinflußt.

Ich bin mit ihm nach Hause gegangen und habe gesagt: ›Ich nehme alle Termine wahr, die ich auf dem Jugendamt habe.‹ Er versuchte mich zu überreden, ich sollte da nicht hingehen, ich würde ihn nur schlechtmachen. ›Wenn dir was daran liegt, daß bei uns etwas geklärt wird, dann kommst du mit‹, habe ich gesagt. Ich ging dann zum Amt, er kam nicht mit. Der Frau dort erzählte ich, warum ich zurückgegangen bin, daß ich ihm noch mal eine Chance gebe. Ich wollte nicht sagen: ›Du hast gleich die Flinte ins Korn geworfen, du hast nichts versucht.‹ Ich habe ihr auch von der Therapie und was alles gelaufen ist, erzählt. ›Wenn es nicht klappt, bin ich ganz schnell wieder weg‹, sagte ich. Ich war ziemlich entschlossen. Als ich wieder zu Hause war, hat er versucht, mich wieder total unterzubuttern. Noch nicht einmal mit Drohungen, sondern er ist taktisch vorgegangen: ›Du willst da nur hingehen und mich schlecht machen, andere Leute haben in unseren Problemen doch nichts zu suchen!‹

Also, ich war schon mal im Frauenhaus und beim Jugendamt; da war eine Sperre weg für mich. Ich dachte: ›Das läßt du dir jetzt nicht aus der Hand nehmen!‹ Ich wußte, wenn ich alles sausen lasse, würde ich unglaubwürdig. Ich bin da ziemlich realistisch rangegangen und hatte keine Rosinen mit ihm im Kopf. Ich wollte einfach nur wissen, wie er sich verhält. Oder was da läuft, aber nicht, daß ich mir jetzt eingebildet hätte, es kommt nun alles wieder ins Lot. Es war schon zu achtzig Prozent so, daß ich das nur machte, damit ich den Entschluß noch fester fassen konnte. Ich wollte die Auseinandersetzung mit ihm zu Hause noch mal haben. Ich habe auf renitent geschaltet und war nicht liebenswürdig und angepaßt, sondern habe auf der Lauer gelegen: Wie ist sein Verhalten? Ich wollte ihn eher festnageln oder sagen: Du, paß mal auf, dein Gequatsche interessiert mich sowieso nicht.«

»Dann mußt du dich ja in dieser Woche subjektiv besser gefühlt haben?«
»Ja, ich muß sagen, ich habe mich nicht schlecht gefühlt. Mit dem Hintergrund, daß das Frauenhaus da ist, war es eigentlich nicht schlimm. Ich habe ihn eher beschimpfen können. Er hätte wieder geschlagen, das kündigte sich bereits an. Aber in dieser Woche hat er nicht geschlagen, sondern es war ein Kampf. Er hat gemerkt, wie ich ihm so langsam weggleite, und das hat ihn fertiggemacht. Ich habe gemerkt, wenn ich jetzt nicht abhaue, dann ist es wieder so weit. Das war ein ständiges Aneinanderreiben.«

»Ich könnte mir vorstellen, daß du in so einer Situation auch etwas von deiner Würde wiederfinden konntest.«
»Bei mir spielt meine eigene Würde eine wichtige Rolle. Ich wollte ihm etwas entgegensetzen, ihm die Zähne zeigen und für mich selbst ein gutes Gefühl dabei haben. Mal zu sagen: ›Du Idiot, ich bin doch

nicht auf dich angewiesen! Sieh dich mal im Spiegel an!‹ Das wollte ich ihm unbedingt unterjubeln.«

»Hing deine Stärke damals zum größten Teil mit der Sicherheit des Frauenhauses zusammen?«
»Ja, zum größten Teil. Was mir an dem Frauenhaus so imponiert hat, ist die massive Eichentür. Das hat einen starken Eindruck hinterlassen, dieses absolute Geschütztsein, so ein starkes Ding mit dieser Eisenklingel. Das hat mir sehr viel Sicherheit gegeben. In dieser Woche wußte er auch durch mein Verhalten, daß da nichts mehr läuft und ist immer um mich rumgesaust. Eine Weile geht das gut. Wenn ich mich nicht darauf einlasse, wird er sauer. Da hatte ich schon das Geschirr eingepackt und zu meinem Schwager am Ku-Damm gebracht. Das war so schwer; sechs Teile habe ich stehenlassen, sechs habe ich genommen, damit der nicht sieht, daß was weg ist.
Ich bin damals einen halben Tag arbeiten gegangen und um halb zwei nach oben gekommen. Auf einmal war ein anderes Schloß drin. Ganz unvermittelt. Obwohl ich noch da wohnte. Er hatte herausgekriegt, daß irgendwelche Veränderungen stattfanden, nicht mal greifbar. Ich hatte so eine große Schnauze und wußte, ich komme raus.«

»Hast du keine Angst gehabt, daß er wieder zuschlägt?«
»Das wäre mir egal gewesen. Das Eingesperrtsein war maßgebend, für mich war dies das Wesentliche. Es ging immer nur darum, daß ich zu dem zurück mußte, sonst hätte ich nicht so klein beigegeben.
Und damals bin ich nach Hause gekommen, und die Tür war abgeschlossen. Ich habe vor Wut geheult. Dann habe ich mir Hammer und Meißel geliehen und habe die Fassung eingeschlagen, die Tür aufgebrochen. Ich habe die ganzen Klamotten genommen, alles geschnappt aus den Schränken, von den Wänden, Geschirr, Badematten, Badegarnitur und alles rübergetragen. Das sah aus wie ein Schlachtfeld. Meine Nachbarin hat mitgeholfen. Wir sind kaum fünf Minuten in der Wohnung, da geht es tapp, tapp, tapp die Treppen hoch, und wir durch das Schlüsselloch geguckt und gezittert. Meine Nachbarin sagte: ›Ich gehe gleich ans Telefon, ich ruf die Polizei an, wenn der hier Krach schlägt!‹ Dann kam er nach oben und ist in die Wohnung rein; nach etwa zwei Sekunden raste der wieder raus in

einer Wut, hat noch nicht mal die Tür zugemacht und ist abgehauen.

Später kamen die Telefonanrufe, er hatte durch den Rechtsanwalt rausgekriegt, daß ich im Frauenhaus bin; von mir wußte er es nicht. Dann hat er öfter vor dem Frauenhaus gestanden oder kam zum Muttertag mit einem Strauß Rosen, alles solche Sperenzchen. Ich wollte mich im Frauenhaus nicht laufend vor Angst verkriechen. Ich habe gesagt: ›Ich gehe jetzt raus‹, die Konfrontation wollte ich. Ich wollte nicht weglaufen. Ich habe gesagt: ›Laß mich in Ruhe, der Zug ist abgefahren.‹ Dann ist er mit knirschenden Zähnen weg. Der hatte dreihundert Mark im Monat zahlen müssen und hatte das Besuchsrecht für Eric alle vierzehn Tage. Da habe ich natürlich das Kind nach draußen gebracht. Wenn er angesoffen war, habe ich Eric wieder mit reingenommen und gesagt: ›Hier läuft nichts.‹ Dann ist er mit knirschenden Zähnen ab. Angst hatte ich irgendwie schon, aber auch ein tolles Gefühl, wo du sagen kannst: ›Knall ruhig zu, du wirst sehen, was du davon hast!‹«

Ich hatte versucht, ihn im Schlaf zu ersticken

»Als ich die erste Zeit in der Wohngemeinschaft wohnte, habe ich mich gezwungen, immer wieder Situationen von damals gedanklich durchzuspielen. Ich bin ins Bett gegangen und habe mich gezwungen, bestimmte Situationen hochkommen zu lassen und wurde dann jedesmal wütend. Ich habe auch die anderen angeregt: Wir müssen untereinander noch viel mehr darüber reden. Das taten wir dann auch eine ganze Weile. Deswegen erlebe ich mich jetzt vielleicht anders.«

»*Also du hast das alles nicht verdrängen wollen, sondern hast es gedanklich immer wieder durchgespielt. Schwierig stelle ich mir vor, sich selbst wieder – wenn auch nur in Gedanken – in diese entwürdigenden Situationen zu versetzen.*«
»Das habe ich oft gedanklich durchgespielt und kam mir dabei ganz beschissen vor. Sehr aggressiv. Das hat mich wahrscheinlich jedes-

mal wieder – wenn ich ihn gesehen habe – aggressiv gegen den gemacht. Ich habe immer Angst gehabt, daß diese Sachen so weit zurückliegen, daß ich den irgendwann wieder als Mensch wahrnehmen könnte.«

Daß er dir vielleicht – wie vielen anderen Frauen – auch wieder leidtun könnte?«

»Ja, oder daß ich denke: ›Naja, er hat auch seine Schwierigkeiten.‹ Besonders, nachdem ich entschieden hatte, ich will den nicht sehen. Die Sachen, die passiert sind, waren für mich so entwürdigend, daß ich dachte, der verdient das nicht, das will ich nicht. Und diese Situationen habe ich heute noch alle im Kopf. Wenn ich daran denke, bekomme ich wieder eine wahnsinnige Wut. Auch wenn er tot ist – ich könnte ihm ein paar auf die Schnauze hauen! Ich sehe Situationen, wo ich auf dem Boden liege, und der tritt mir mit dem Fuß ins Gesicht. Dann denke ich, das kann jemand nicht machen! Da kann der noch so viel Entschuldigungen oder Argumente haben, wie etwa ›Schwierigkeiten‹. Heute versuchen wir wieder alles auf Arbeitslosigkeit zu schieben, die die häusliche Situation verändert, und die Frauen sollen da viel Verständnis haben. So kann man ihnen wieder alles aufdrücken.

Wenn ich den gesehen habe, waren bestimmte Bilder vor mir, Situationen im Zusammenleben, im Verhalten, wo ich den nur noch als Horrorgestalt gesehen habe. Daran konnte ich mich ergötzen. Ich habe nicht zugelassen, daß der mir als Mensch entgegenkommt, und ich vielleicht sage: ›Ach, der Arme, der hat's ja auch so schwer‹, sondern, wo ich mich ernstgenommen und gesagt habe: ›Ich will nicht so viel für ihn reinbuttern und wieder in der Ecke stehen und denken, der tut mir ja so leid. Dann gehe ich nach Hause und fange selbst an zu weinen, weil ich wieder jemanden gefunden habe, an dem ich mich abarbeiten kann.‹ Ich denke, daß die Frauen sich nie ernst genug nehmen, um sich selbst zu erfahren.«

»Du hast dich ja ganz gut schützen können, indem du immer, wenn du ihn sahst, an seine Brutalitäten gedacht hast. Was wäre passiert, wenn du dich nicht dazu gezwungen hättest?«

»Ich mußte mich nicht nur zusammennehmen, wenn ich ihn sah, sondern es hat mir auch eine diebische Freude bereitet. Das sind nicht nur gezwungene Sachen gewesen. Es kam dann noch so einiges raus, das ich loswerden mußte. Ich hätte es auch sein lassen können und freundschaftlich mit dem umgehen. Er hätte mal in die Wohnung kommen können, wir hätten miteinander gequatscht, und dann wäre er wieder gegangen. Ich wollte aber mit dem Typen nichts mehr zu tun haben. Der war gestrichen für mich. Das war ein Abschluß. Die ganzen Freundschaften, die mit ihm gelaufen sind, mit denen wollte ich auch nichts mehr zu tun haben. Die hingen alle mit ihm zusammen.«

»Wie bist du eigentlich zuletzt in der Beziehung mit deiner Wut und Verachtung ihm gegenüber klargekommen?«
»Ich habe mal versucht, den im Schlaf mit einem Kissen zu ersticken. Der hatte was getrunken, und dann fand ich den so widerlich. Damals habe ich dem das Kissen raufgelegt, im Schlaf war der nie wachzukriegen, so hatte er das nicht gemerkt. Ich habe dem das Kissen raufgedrückt und den darunter liegenlassen; das war ganz schön lange bis zum Schluß. Dann ist der hochgekommen, und das Kissen flog weg. Er hat ganz schnell geatmet, aber nicht mitgekriegt, daß ich ihm ans Leben wollte. Irgendwo war es eine Ambivalenz; einmal ist das Scheiße, jemanden umzubringen, und auf der anderen Seite wärst du in den Knast gegangen. Diese Gedankengänge hatte ich später, aber in dem Moment ist dir das egal. In diesem Moment hatte ich keine Angst vor ihm. Der war ja unfähig. Allerdings, wenn der wach geworden wäre? Aber ich habe die Situation versucht auszunutzen, in der ich wußte, da kann mir nichts passieren. Ich hätte bei normalem Bewußtsein gar keine Möglichkeit gehabt, ihm ein Kissen auf das Gesicht zu pressen.«

»Wie hattest du dich danach gefühlt?«
»Ich war erstaunt. Das war nicht mal durchdacht gewesen, sondern draufhalten, und mal sehen, was jetzt passiert, ob es klappt oder nicht. Wenn der mitgekriegt hätte, daß ich versucht hatte – also im Grunde genommen war das ein Gedanke von umbringen... Ich hätte sonst nie wagen können, ihn körperlich so tief zu treten. Ich

denke kaum, daß die sich überlegen, daß die Frau so gedemütigt sein könnte, daß sie Todesgedanken drauf hat. Dann würden die nur noch mit der Pistole neben sich einschlafen. Wenn ich mir überlegte, zu welchen Mitteln ich gezwungen wurde... Ich fühlte mich so ohnmächtig, ich sah kein Herauskommen. Und dann muß ich so einem Menschen an den Kragen, um eine Situation für mich erträglicher zu machen. Das ist irgendwie pervers. Ich wäre nie in der Lage, jemandem was zu tun. Und in diesem Moment erscheint dir das als einziger Ausweg; du bist verzweifelt und willst einen Menschen umbringen. Das Schlimmste ist für mich, jemanden körperlich anzugreifen. Allerdings hätte ich ihm auch mal schlimme Schmerzen gegönnt. Aber so vom normalen Empfinden her bin ich nicht der Mensch, der jemandem weh tun will. Dann versuche ich da wirklich, jemanden zu ersticken? Und hinterher hätte es noch geheißen, wie heimtückisch ich gehandelt hätte. Das war alles vor dem Frauenhaus. Ich glaube, das habe ich verdrängt.

Nachdem ich mich getrennt hatte, konnte ich auch anders mit meiner Wut auf ihn umgehen, da habe ich den sogar geschlagen. Damals hatte er wieder mal keinen Unterhalt gezahlt. Ich sagte: ›Wenn du den Unterhalt nicht bezahlst, dann kommt der Kuckuck bei dir auf die Sachen.‹ Der hatte wohl rausgekriegt, wo ich arbeitete, und wohnte gleich um die Ecke. Ich komme mit meinem Pelzjäckchen aus der U-Bahn, hochgekrempelte Jeans und Stiefel dazu und wieder ganz chic (lacht zufrieden), und der stand vor mir. Ich sag: ›Was möchtest du, hab hier nicht so einen großen Mund. Was bildest du dir eigentlich ein?‹ Der ist vor Wut bald geplatzt. Ich sage: ›Du Blödmann, hast du den Unterhalt dabei?‹ Er: ›Nee, habe ich nicht.‹ Ich sage: ›Gut, dann bekommst du von mir was von der Rechtsanwältin.‹ Dann steht der vor mir, reißt mir die Handtasche weg, wirft die auf den Damm und sagt: ›Noch einen Ton, und ich baller dich ab!‹ Ich sag: ›Dann mach doch. Meine Probleme sind dann vorbei, deine fangen an!‹ Dann habe ich ihm noch eins mit dem Schirm übergebraten und ihm ordentlich in die Beine getreten. Ich sagte, man sollte die Polizei rufen. Der ist in sein Auto rein, und weg war er. Bei der Polizei habe ich eine Anzeige gemacht. Ich hatte natürlich Kratzer, und die Haare waren ausgerissen. Da war ein Auflauf auf dem Ku-Damm, meine Handtasche auf der Straße, und die Haare standen mir zu Berge. Den Polizisten habe ich alles erzählt. Ich mußte noch mal hin zur Aussage. Ich habe gesagt, daß der eine Pistole zu Hause hat. Die haben sofort eine Durchsuchung gemacht. Aber wenn der die im Auto hat, finden die nichts... Im nachhinein hat der mich beschuldigt, ich hätte ihm die Kniescheibe zertreten, und er hätte ganz massiv was abgekriegt. Ich sag: ›Ich lasse mir doch von dir nicht den Schädel einschlagen!‹ Ganz zum Schluß sagte er, er hätte die Pistole abgegeben. Das soll wohl eine Platzpatronenpistole gewesen sein; der kann das Ding ja eintauschen... Da stand dann drauf, er hätte eine Verwarnung bekommen. Im Wiederholungsfall könne er mit so einer Vergünstigung nicht mehr rechnen. Das war alles, was dabei herausgekommen ist.«

»Was hast du empfunden, als er dir die Pistole vorhielt?«
»Da kannst du so schnell gar nicht überlegen. Ich habe nur zu ihm gesagt: ›Mensch, schieß doch, dann sind meine Probleme vorbei, deine fangen an.‹«

»Hast du ihm zugetraut, daß er schießen könnte?«
»Ja, wie der ausgesehen hat! Dem sind die Augen rausgekommen, der hat sich total wichtig genommen. Also, du mußt dir vorstellen, daß der mich aufgeputzt und nicht runtergekommen sieht... Der hatte immer die Macht über mich, hat mit mir angegeben bei seinen Freunden. Zu der Zeit habe ich mich unheimlich rausgeputzt. Der sieht mich nun, und ich war für andere frei, oder was der sich sonst ausgedacht hat! Und frech wurde ich ihm gegenüber! Überhaupt, daß ich mal auf meinem Recht bestanden habe; für den war die Welt zu Ende! Damals war ich natürlich fertig. Aber das war für mich kein Gefühl von Schwäche. Ich habe mich zur Wehr gesetzt, der alte Idiot, der soll mir noch mal kommen! Nächstes Mal nehme ich einen Knüppel und haue ihm eins über. Ja, ich habe ihm den Schirm so um den Hals rumgeschlagen. Ich habe schon öfter Männer geschlagen. Danach habe ich einen in Griechenland verkloppt. Das war eine Geschichte... Das war ein kleiner Ort, auf einer Terrasse gleich am Meer. Ein unangenehmer Typ saß da und hat rumerzählt. Der setzte sich mit zu uns an den Tisch und läßt auf einmal so frauenfeindliche Sprüche ab, daß ich gesagt habe, er möchte jetzt bitte seinen Hintern

hochheben und sich ganz schnell verkriechen. Ich sagte, ich hätte keine Lust, mir hier den Abend verderben zu lassen durch solche primitiven Sprüche. Da ist der aufgestanden und hat auf Emanzen geschimpft. Der saß hinter mir und ist immer noch dazwischengeplatzt mit Gerede, mit dem er mich ärgern wollte, weil ich ihn vom Tisch geschmissen hatte. Als wir uns mit den anderen Leuten weiter unterhielten, haut der mir so eine kleine Karaffe Rotwein hinten ins Kreuz. Der Stuhl flog weg von mir, es war eine blitzschnelle Reaktion, die haben das alle gar nicht so schnell begriffen, seine Brille flog im hohen Bogen...

Der Wirt hat uns danach einen Liter Rotwein spendiert, und alle waren auf meiner Seite. Ich laß mir doch heute nichts mehr gefallen!«

»*Was hast du eigentlich empfunden, als du von seinem Selbstmord erfahren hast?*«

»Also, das spielte sich so ab. Im August, genau zu seinem Geburtstag, hat er mich angerufen. Er hat wahrscheinlich damit gerechnet, daß ich besonders gut gelaunt bin. Er sagte, daß er sich umbringen will und einen Zettel schreibt, daß er mir alles vererbt. Ich sag: ›Das interessiert mich nicht.‹ Ich will von ihm nichts erben. Er soll den Unterhalt bezahlen. Aber ich wollte immer den Fernseher haben. Zum Schein habe ich gesagt: ›Hast du denn so viele Sorgen? Dann laß das mal mit dem Unterhalt, ich bin ja großzügig...‹ So wollte ich das dann drehen. ›Gib mir dafür den Fernseher, dann vergessen wir die ganze Sache.‹ Den wollte er aber nicht rausgeben, weil er an dem Farbfernseher so hängt. Ich habe geredet wie ein Buch. Den Fernseher hatte er mir mal zu Weihnachten geschenkt, damit hatte er angegeben, es war also mein Weihnachtsgeschenk. Ich dachte, dann müßtest du den doch auch wieder kriegen. ›Ja, und sei doch mal vernünftig, denk doch mal nach, wenn du mir das Geld nicht geben kannst, gibst du mir den Fernseher dafür...‹ Also, das hat nicht funktioniert. Dann hat er mich vollgelabert, er wäre in der Klinik gewesen. Das habe ich natürlich alles nicht geglaubt, weil ich wußte, der spinnt und hat mich immer belogen. Danach habe ich eine Weile nichts von ihm gehört. Er hatte Eric nicht abgeholt. Ich hatte noch immer Unterhaltsforderungen an ihn. Dann rief mich abends mal jemand an und sagte, daß er sich umgebracht habe. Die haben alle angenommen, daß er wahrscheinlich damit seine Freundin unter Druck setzen wollte. Er hat so einen gemeinen Brief liegenlassen. Er könnte ohne die Andrea nicht leben und hat ihr die Schuld in die Schuhe schieben wollen vor den anderen. Die hatte die Nase auch von ihm voll gehabt. Das war der äußerliche Grund. Zusätzlich war er total runtergekommen. Dem hatten sie den Strom abgesperrt, der hat keine Briefe mehr aufgemacht, die Rechnungen lagen stapelweise... Der hat alles nur noch ignoriert; arbeiten ging er zwar noch, Geld hatte er auch, aber der hat gelebt wie ein Fürst, hat immer überzogen, schön flott. Vorher hatte ich immer versucht, alles ein bißchen im Gleichgewicht zu halten.«

»Wie hast du dich am Telefon gefühlt, als du von seinem Selbstmord hörtest?«
»Im ersten Moment war ich erschrocken. Das würde mir auch so gehen, wenn ich jemanden nur flüchtig kennen würde. Allein sterben schon, und dann noch umbringen! Das war nicht so ein gutes Gefühl. Ich habe mich dann wieder ganz schnell gefangen. Also gut, das ist sein Leben. Auch wenn er jetzt tot ist und sich umgebracht hat, ich finde trotzdem nichts an ihm, worum es mir leid tut. Wenn sich Männer ein bißchen mit sich selbst befassen würden und nicht so oberflächlich wären, dann könnten sie mit ihrem Leben auch anders umgehen. Das sind schwierige Situationen, die wir alle haben. Also, ich bin nur mit dem Koffer aus dieser Situation rausgegangen, der hätte alle Möglichkeiten gehabt, für sich wieder etwas aufzubauen.

Mit Eric habe ich geheult, er war klein. Ich habe ihm erzählt, sein Vater hat Krebs gehabt. Ich dachte, weil er so klein ist, noch nicht an die Wahrheit. Der hat geschluchzt und war traurig. Er hat aus zwei Holzstückchen ein Kreuz gebaut mit einer Strippe und einem Lämpchen dran, damit es nicht so dunkel bei ihm ist. Er hat ›Lieber Papa‹ draufgeschrieben, und ›dein Eric‹. Das sind Sachen, die gehen dir doch ganz schön nahe. Ich habe ihm erklärt, daß sein Vater irgendwo noch da ist. Aber ich muß sagen, seitdem er nicht mehr zu ihm geht, ist mit ihm auch besser umzugehen. Ich denke schon, wenn Eric etwa zwölf, dreizehn Jahre alt ist, werde ich ihm die Wahrheit sagen. Ich will nichts verheimlichen und auch kein schlechtes Gewissen bei mir selbst erzeugen, weil ich ihm Geschichten erzähle.«

»Welche Schwierigkeiten hattest du mit Eric, wenn er seinen Vater gesehen hatte?«
»Ich hatte immer Schwierigkeiten nach den Besuchen gehabt, mit Papa hinten und Papa vorne. Er hat ihn mit Geschenken vollgestopft. Zur Beerdigung war ich nicht. Eric auch nicht. Ich muß dir ganz ehrlich sagen, ich habe zu großen Haß auf den. Und dann zur Beerdigung gehen und da die Trauernde machen, nee, das sehe ich gar nicht ein. Mir kommt da höchstens Wut hoch. Ich sehe das Gesicht vor mir und die Situationen, so daß ich einen richtigen Haß bekomme. Ja, ich kann das nicht vergessen, was er gemacht hat. Das wird mich ein Leben lang begleiten. Es hat zwar auch positive Sachen bei mir ausgelöst, aber es ist zu vieles gelaufen, wovon für mich zuviel abhing.«

»Was führst du heute bei dir noch direkt auf ihn zurück?«
»Manchmal will ich darüber nachdenken. Ich gehe ins Bett, schlafe aber nicht, sondern Filme ziehen an mir vorbei. Dann will ich auch daran denken, das also richtig vorkramen, und überlege, was da war und wie er sich verhalten hat. Da habe ich ständig meine Konfrontation. Das ist immer präsent bei mir. Bei diesem Gedankenvorbeiziehen kriege ich eine furchtbare Wut. Ich kann da nicht mit Mitleid reagieren, ich habe ganz starke Aggressionen. Ich habe Narben, da sind Sachen, die ich nicht vergesse, die immer für mich da sind. Ich sehe mein Gesicht heute noch vor dem Spiegel. Sehe, wie der sich verhalten hat. Ich sehe alle Situationen ganz klar und habe einen Film ablaufen, in dem nur Scheiße passiert ist. Das war so einschneidend, das kann ich doch nicht vergessen. Auch wenn der sich jetzt umgebracht hat, deshalb hat er mir das trotzdem angetan. Deshalb ist der für mich nicht besser geworden. Die Konsequenz, die er gezogen hat, das war doch wieder Feigheit, link bis zum letzten, alle anderen für seine Schwäche verantwortlich zu machen. Der Frau vor den anderen unterzujubeln, daß sie mit schuld ist an seinem Tod. Er

kann nur mit ihr leben, aber er gesteht ihr nicht zu, daß sie ohne ihn leben kann. Das sind alles Sachen, da habe ich kein Mitleid.«

»Ja, das kann ich gut verstehen. Wie fühlst du dich eigentlich, wenn du das alles noch einmal in den Gesprächsprotokollen liest?«
»Ich möchte sagen, das hat einen heilenden Charakter für mich. Gerade jetzt in der letzten Zeit, wo ich viel mit dir rede und das noch mal durchgelesen habe, gewinne ich von Mal zu Mal mehr Abstand. Ich habe gar keine Lust, wie früher darüber nachzudenken. Bestimmte Sachen habe ich wieder hervorgekramt, ansonsten habe ich keine Lust mehr dazu. Dann denke ich: ›Ich will doch gar nicht mehr, was soll das?‹ Es kommen zwar noch Sachen hoch, aber es ist eigentlich abgeklärt. Beim Geschriebenen habe ich mich wieder sehr aufgeregt, da kriege ich eine richtige Wut und sage: ›Das alte Mistvieh‹, und stelle mir dann bestimmte Situationen vor. Auch für mich selbst beschämende Sachen, so daß ich dann denke; ›Gott, was bist du nur für eine Idiotin gewesen!‹ Was ich gelesen habe, konnte ich zeitweise gar nicht stoppen. Ich war wieder in dem ganzen Scheiß drin. Beim Lesen ist das stärker als beim Reden; den Sinn kriege ich erst richtig beim Lesen mit und genauso die Wut. Beim Lesen habe ich noch einmal richtigen Zorn gekriegt, habe gezittert vor Wut, ich war wieder in der Situation drin.«

»Nimmst du dir irgend etwas übel aus der Zeit, als du mit ihm zusammen warst?«
»Ja, daß ich so lange dageblieben bin, daß ich mir so lange so viel gefallen ließ... Das sind meine Schwierigkeiten, und ich denke: ›Also so ein fieser Möb hat das geschafft, dich so lange zu drangsalieren.‹ Und daß ich vielleicht noch mehr hätte versuchen müssen, um da rauszukommen. Vielleicht hätten sich irgendwelche Wege aufgetan. Dann werde ich über mich selber wütend. Aber gleichzeitig muß ich sagen, ich habe mich nicht so verhalten, daß ich jetzt sagen könnte: ›Das hättest du anders machen können.‹ Ich fand das eigentlich alles richtig. Nicht auf Sachen eingehen, wenn ich wußte, damit kann ich ihn gut stimmen. Das habe ich vielleicht mal in bestimmten Situationen gemacht, in denen ich keine Lust hatte, mich mit dem zu streiten. Wenn der nach Hause kam, dann habe ich ihm mal ein

Steak gebraten, weil ich meine Ruhe haben wollte, weil ich mich erholen wollte, aber nicht, um ihm jetzt einen Gefallen zu tun, um ihm jetzt zu zeigen, was ich für ihn übrig habe, und daß er doch so toll ist, sondern aus einer anderen Situation heraus. Ich hätte für mich nie über den Schatten springen können, so viel für ihn zu machen und ihm zu zeigen, wie toll ich ihn finde ...«

»*Aber er hätte es so auslegen können.*«
»Er hat es ja so ausgelegt. Aber ich hatte immer versucht, nicht mein bißchen Selbstwertgefühl, das ich für mich gerettet hatte, ganz zu verlieren. Später, als ich im Frauenhaus war, habe ich versucht, ihn zu verarschen. Der hat sich mal mit mir getroffen und hat wieder auf lieb und nett gemacht. Dann habe ich mit ihm in einer Kneipe gesessen, und er hat die Hand auf mein Knie gelegt und mir erzählt, daß er so viel falsch gemacht hätte. Ich sagte, er solle sich jetzt mal endlich sachlich mit mir über die Scheidung auseinandersetzen. Jedenfalls sagte ich: ›Ich brauche den Staubsauger.‹ Dann ist der mit mir nach Hause gefahren und hat gefragt, ob ich mit nach oben komme. Nein, ich habe unten gewartet. Der ist nach oben geprescht und hat den Staubsauger geholt. Während der Zeit habe ich dem noch die ganzen Cassetten aus dem Auto geklaut, habe die schnell in meinen Beutel reingesteckt. Nachher hat er mich nach Hause gefahren. Er ist mit mir ausgestiegen, hat den Staubsauger geschnappt und wollte mit nach oben kommen. Da habe ich ihm den Staubsauger weggenommen und ihm auf die Schulter geklopft und gesagt: ›So, und nun zisch mal schön nach Hause, ich schaffe das allein!‹ Er hat ganz blöd dagestanden. Ich habe gemerkt, daß für ihn jetzt eine Situation aufgetreten ist, wo er ganz schnell hätte überschwappen können, weil es nicht nach seinem Willen gegangen ist.«

»*Da konnte er sich aber beherrschen, er hatte begriffen, daß er keine Macht mehr über dich hatte.*«
»Ja, ich habe mich unheimlich gefreut, ihn mal in so einer Situation zu erleben, wo er der Leidtragende ist und ich weggehen kann. Das hat mir gut gefallen. Als er jetzt durchgehangen hat, da wäre ich nie auf die Idee gekommen, wieder darauf einzusteigen und zu sagen: ›Mensch, du tust mir so leid.‹«

»Viele Frauen haben sich immer wieder von diesen Mitleidsgeschichten einnehmen und umstimmen lassen, wieso konnte dir das nie passieren?«
»Ich denke, sie haben viel Angst, für sich alleine zu leben, oder haben nicht gespürt, was das eigentlich bedeutet. Oder sie wissen für sich nicht, was es bedeutet, frei zu leben oder zu denken. Die haben sich voll auf den Mann konzentriert. Bei mir waren nur noch die miesen Zeiten in Erinnerung. Das war so dominierend bei mir. Der hatte mir sonstwas angeboten. Ich könnte wieder zurück in die Wohnung kommen. Jeder könnte seinen Weg gehen, wie er wolle. Ich könnte dann im Wohnzimmer wohnen und er im Schlafzimmer. ›Und wenn ich zufällig im Flur stehe und du hast schlechte Laune, dann kriege ich eine geknallt?‹ Ich sagte: ›Für wie blöd hältst du mich eigentlich?‹ Er wollte mich auch mit nach Westdeutschland in seine neue Wohnung nehmen. Ich denke, daß viele Frauen sich sofort: ›Aha, Mensch, ein Strohhalm,‹ daranhängen. Vielleicht hoffen sie, jetzt hat's bei ihm geklappt. Ich habe das alles als Lug und Trug empfunden. Also, ich hätte mir nie eingebildet, daß der Mensch sich ändert. Das ist wahrscheinlich auch so eine Realität, eine Einschätzung, die ich gewonnen habe.«

»Was glaubst du, warum er dir diese vielen Angebote gemacht hat?«
»Der hat es doch gut mit mir gehabt, der hat alles gehabt, was er wollte. Ich habe mitverdient, der hat keine Sorgen gehabt. Der konnte sich immer auf mich verlassen. Ich habe immer gesehen, daß Rechnungen gezahlt wurden. Der wäre blöd, wenn er das freiwillig eingetauscht hätte, diese ganzen Annehmlichkeiten. Ich wäre diejenige gewesen, die laufend reingebuttert hätte, nicht er. Außerdem wollte er die Schlappe nicht erleben. Das ist für ihn das Schlimmste gewesen, daß eine Frau zu ihm sagt, sie geht. Das war für ihn der größte Horror. Nur er konnte sagen: ›Du, paß mal auf, du kannst marschieren...‹

Wenn ich nur daran denke, was er mir über das Schlagen hinaus alles angetan hat. Er hatte, wenn wir im Bett gelegen haben, immer die Hand rübergepackt und wollte die Hand gestreichelt bekommen, es sollte ihn beruhigen. Wenn ich dann keine Lust hatte, wurde er wütend. Davor ekele ich mich heute noch. Ich habe immer seine Hände gesehen und einen richtigen Widerwillen gegen sie bekommen. Das war so eklig für mich, daß ich steif geworden bin, wenn er mir seine Kralle darübergelegt hat... Ich dachte, mit welchem Recht legt der mir jetzt die Pfote hin, wenn ich sage, ich habe keine Lust. Man muß doch auch ein Bedürfnis haben, jemanden zu streicheln und zu beruhigen. Das fand ich immer ganz furchtbar.

Die setzen sich darüber hinweg und die denken, die tun dir einen Gefallen damit. Der dachte bestimmt auch, daß ich besonders angetan sein müßte, wenn er mir anbietet, ihn zu streicheln. All so was hat sich bei mir im Gedächtnis festgesetzt.«

Für mich ist das jeden Tag ein ganz neues Gefühl, frei zu leben

»Ich lasse mich auch auf sexuellem Gebiet nicht mehr ausbeuten, ich will kein schlechtes Gefühl haben, wenn ich jemanden mit nach Hause nehme. Dann will ich das, und ich habe ein ganz gutes Gefühl dabei und nicht umgekehrt. Das ist so eine Sache, wie weit *ich* jemanden will, und nicht, daß ich froh sein muß, daß der sich mit mir abgibt.«

* * *

»*Hast du inzwischen alte Freundschaften von früher wieder aufgenommen?*«
»Mit den alten Freundschaften wollte ich nichts mehr zu tun haben, damit habe ich nicht mehr viel am Hut. Da hängen die ganzen Erinnerungen dran, so daß die immer wieder aufgewärmt werden. Irgendwie behagt mir das nicht. Ich denke auch, wer sich zur damaligen Zeit nicht eindeutig mir gegenüber verhalten hat, auf die lege ich heute keinen Wert mehr. Mit den Leuten, die sich mir gegenüber eindeutig verhalten haben, habe ich heute noch Kontakt.«

»*Du arbeitest inzwischen in einem Frauenprojekt, da ist es selbstverständlich, daß du heute auch Aktivitäten ausschließlich mit Frauen unternimmst.*«

»Das ist für mich ganz klar, die brauche ich auch. Am Anfang war es ein bißchen schwierig für meinen Freund, aber langsam hat er das akzeptiert. Er sagt, jeder muß seinen Bekanntenkreis haben, und jeder muß machen können, was er will. Ich habe auch Freundinnen, die ich jetzt mit ihm kennengelernt habe. Die haben sich inzwischen von den Männern getrennt. Zu den Frauen habe ich noch einen ganz guten Draht, und auch mein Freund hat trotzdem eher zu ihnen als zu den Männern Kontakt. Das sind Frauen, die ich zu meinen Freundinnen zähle, die mal vorbeikommen oder mit denen ich was unternehme und zu denen ich auch alleine hingehe. Woran mir was liegt, da halte ich den Kontakt aufrecht.«

»*Wie sind heute deine Empfindungen generell Männern gegenüber? Hat sich da was verändert?*«
»Ich bin heute voller Mißtrauen, und ich denke, irgendwann nimmt das immer größere Ausmaße an, was auch sehr anstrengend ist. Ich gehe nicht mehr so leichtfüßig und blauäugig an irgendwelche Sachen ran. Ob es Nachbarn sind, mit denen ich Kontakt habe, oder andere, die habe ich nicht als Männer im Kopf, sondern beobachte, wie verhalten die sich, was machen die für Gesten, für Äußerungen ihren Frauen gegenüber.«

»*Du bist also Männern gegenüber sehr kritisch geworden, und wie verhältst du dich in deiner Privatbeziehung?*«
»Ganz privat bin ich damit auch laufend konfrontiert. Ich muß ständig wachsam sein, das ist anstrengend. Ich will aber nicht in eine Gewohnheit reinkommen, wo sich automatisch bestimmte Sachen wieder einstellen. Z. B. wenn wir jetzt in Urlaub fahren, dann wollen wir uns selbst verköstigen. Da habe ich schon von vornehrein klargemacht, daß ich nichts koche. Ich habe gesagt, ich fasse keinen Kochtopf an. Ich sage: ›Wenn du kochen willst, kannst du es gerne machen.‹«

»*Kochst du heute noch immer?*«
»Ich koche ganz selten. Größtenteils kocht er, weil er besser kocht. Ich mache es wirklich nur mal, wenn Not an der Frau ist.«

»Bestehst du ansonsten auf deinen Bedingungen, die Hausarbeit zu gleichen Teilen zu machen?«

»Ja, ich bin doch nicht zu Hause, um allen die größte Gemütlichkeit zu bieten. Ich bin manchmal abends kaputt, wenn ich von der Arbeit komme, dann lege ich mich auf die Couch und schlafe oder lese ein Buch. Heute habe ich vieles verändern können. Früher hatte ich immer ein schlechtes Gewissen, wenn meine Schwester zu Besuch kam. Und jetzt – das habe ich immer angestrebt – kann sie kommen, wann sie will.«

»Würdest du sagen, du lebst heute so, wie du es dir immer gewünscht hast?«

»Ja. Ich kann Leute einladen, und sie können kommen, wann sie wollen, und ich habe kein schlechtes Gefühl, daß die da sind. Wenn das nicht wäre, wäre das ein schlechtes Zeichen. Dann hätte sich nicht viel verändert.«

»Hast du heute irgendwelche Ängste, die anders sind als früher, in deiner neuen Beziehung?«

»Ich weiß nicht, ob ich das richtig analysiere. Stark habe ich das in der Beziehung nicht, das macht sich an anderen Sachen fest. Ich achte darauf, daß es genau aufgeteilt wird mit Haushalt und dies und jenes. Ich bin immer wachsam und denke, ich werde als Frau gesehen oder als diejenige, die jetzt verantwortlich sein müßte. Ich laß das immer stark zu einer Konfrontation kommen. Da gibt es höchstens Streit, außer, daß ich mich darauf einlassen will. Meine Ängste sind, wieder in so eine alte Rolle einzusteigen.«

»Hast du manchmal Angst vor irgendwelchen Folgen, wenn es häufig zu diesen Konfrontationen kommt?«

»Nee, es gab auch schon Situationen, wo ich gesagt habe: ›Dann können wir uns trennen.‹ Was mir vielleicht gar nicht leichtfallen würde. Aber in diesem Moment würde ich das als Konsequenz akzeptieren. Manchmal ist das total verrückt. Ich habe auch meine Mucken, so ist das nicht. Wenn ich merken würde, ich würde in der Beziehung zu kurz kommen, wäre für mich die Konsequenz Trennung. Obwohl mir dann auch wieder Ängste hochkommen wegen

Eric, weil alles bereits einen bestimmten Rahmen angenommen hat. Aber gleichzeitig muß ich mich so oft an damals erinnern, daß ich mir sage, Mensch, Frauen und Kinder, was soll das eigentlich. Ich meine, es ist Bequemlichkeit für mich, keine Angst, sondern Bequemlichkeit. Ich bin dann sehr wach, und manchmal denke ich, daß ich das vielleicht überziehe und deswegen Streit bekomme. Aber ich weiß nicht, das kann auch durch andere kommen, daß die mich inzwischen so ganz radikal einstufen wie z. B. meine Verwandtschaft. Die wollen mich anders, ich soll mich wieder zurücknehmen. Dann bekomme ich Zweifel und denke, vielleicht solltest du das nicht ganz so kraß machen. Aber ich meine, auf der anderen Seite denke ich, ich fahre ein Stück weit besser mit meiner neuen Einstellung, sonst würde ich heute nicht so sein wie ich bin.«

»*Ja, ich sehe, daß du sehr viel erreicht hast und daß das allerdings auch eine Menge Kraft und Energie gekostet hat und noch immer kostet, um weiter zu kommen.*«
»Ja, ich wehre mich jetzt ganz stark, daß da so eine klassische Frau-Mann-Beziehung daraus wird. Ich will für mich sagen können, ich bin in keiner Weise benachteiligt, weil ich eine Frau bin!«

»*Gibt es etwas, was du noch erreichen bzw. anstreben möchtest?*«
»Ich habe manchmal das Gefühl, ich müßte noch mehr rausgehen. Ich fühle mich manchmal so eingeschlossen in meinem Arbeitsbereich. Teilweise mache ich mal hier, mal da was, ich möchte jedoch noch ganz andere Sachen machen. Manchmal ärgere ich mich darüber, daß ich von anderen Frauen und Völkern so wenig weiß. Ich habe ein starkes Bedürfnis, mehr zu lernen. Ich will mich nicht mehr abspeisen lassen, wenn sie sagen, Frauen sind so und so gelagert, sondern ich möchte widerlegen können. Ich denke, jetzt müßte ich mich langsam wieder anderen Sachen zuwenden. Und verändern? Ja, für mich ist es sehr schwierig, daß ich Eric so dranhängen habe.«

»*Fühlst du dich sehr durch ihn behindert?*«
»Ja, wenn ich ganz ehrlich bin, schon. Ich mag das Kind und bin auch fürsorglich. Aber eine Ambivalenz habe ich, wenn ich dann

sehe, wie andere Frauen abzischen und freier entscheiden können. Ich habe immer den Druck im Nacken, daß ich nicht so frei reagieren kann. Ich kann nicht sagen, ich fahre jetzt mal ein halbes Jahr weg, da hängt die Schule dran und alles, was man mit einem Kind zu tun hat. Das ist jetzt nicht so, daß es übermächtig ist, es sind aber Gedanken, die ich mir selbst zugestehe, wo ich auch ehrlich zu mir selbst bin. Ich denke, eine Veränderung ist bei mir durch das Kind erst mal total geblockt.«

»Das heißt auch, du würdest dir heute kein Kind mehr anschaffen?«
»Nein, wenn ich jetzt frei entscheiden könnte und wenn kein Kind da wäre, dann würde ich für mich kein Kind haben wollen. Mit meiner Sterilisation war es damals so, daß es nicht mal die Angst vor einem Kind war, sondern daß ich losgelöst wurde von einer Mütterlichkeit. Das war ein ganz starkes Bedürfnis von mir, daß ich mich gar nicht so fühlen wollte. Ich denke auch manchmal, ich bin nicht richtig gelagert. Nicht richtig gelagert im positiven Sinne, weil oft Frauen sich auf diese Mütterlichkeit stürzen. Ich sehe ja auch den Hintergrund: Das ist das einzige, wo sie reagieren und wo sie funktionieren können. Das ist mir zu wenig. Dann wirst du aber sofort wieder als Rabenmutter angesehen. Auch wenn du kein Gefühl zu dem Kind hast. Das muß alles dasein bei Frauen. Dagegen wehre ich mich ganz stark. Das sind so Punkte, die mich beschäftigen. Ja, verändern hängt bei mir mit dem Eric zusammen.«

»Ich habe das Gefühl, daß du einiges aus deiner Mißhandlungsbeziehung aufarbeiten konntest.«
»Ja, das habe ich ganz stark. Ich sage mir immer wieder, daß ich aus dieser Beziehung gegangen bin und meine Energien unheimlich darauf verwendet habe, wieder das zu sein, was ich vorher war. Ich muß schon sagen, das hat sich verstärkt. Ich bin dadurch nicht noch eine Stufe runtergesackt, sondern ich habe mich ein paar Stufen selbst hochgearbeitet. Das sind bestimmte Sachen, wo ich Stellung beziehe. Ich weiß jetzt, was ich für mich will und was ich nicht will. Ich bin heute eine Person, bei der zwar Abweichungen möglich sind, aber im Grunde genommen habe ich für mich eine Standhaftigkeit gefunden. Das kann sich noch steigern.«

»Was bekommst du heute, nach so langer Zeit, noch für Gefühle, wenn du an deine Ehe denkst?«

»Wut. Das ist so eine Situation, in der ich mir unheimlich beschissen vorkomme und wo ich das wieder aufpuzzeln will, um dieses beschissene Gefühl der Ohnmacht nicht mehr zu haben. Ich erinnere mich, daß ich mir das alles gefallen ließ und mich total aufgelöst habe. Meine eigene Person hat überhaupt nicht mehr existiert. Damit hatte ich unheimliche Schwierigkeiten. Damals war ich nur noch ein Stück Fleisch. Ich muß für mich selbst Stellung beziehen und mich rechtfertigen, mich fragen, warum bin ich in dieser Situation so klein und mies, und was bin ich für mich selbst gewesen? Ich hatte überhaupt kein Selbstwertgefühl mehr. Das hat mir sehr zu schaffen gemacht. Indem ich da raus bin, hat sich das ins Gegenteil verkehrt. Ich wollte wieder jemand für mich sein. Ich habe das damals als unheimliche Schmach empfunden.«

»Würdest du heute früher gehen oder gar nicht mehr in so eine Mißhandlungsbeziehung hineingeraten?«

»Ich würde es überhaupt nicht so weit kommen lassen. Für mich ist es eine ganz klare Linie, mit solchen Menschen will ich nichts mehr zu tun haben. Mit so jemand würde ich auch nicht im Traum mehr 'ne Beziehung anstreben wollen. Das wäre für mich der absolute Niedergang, so wie ich mich heute aufgebaut habe – dann würde ich Jahre verschenken. Das würde ich sofort bemerken. Denn erst mal mußt du mit jemandem Kontakt aufnehmen, wenn du das dann merken würdest, daß da eine Kontrolle oder eine Macht ausgeübt wird, dann wäre für mich der Punkt erreicht. Ich könnte das nicht mehr mit mir selbst vereinbaren. Ich habe jetzt auch einen Blick, so daß ich auf bestimmte Sachen sofort reagiere. Mit Johannes war es auch nicht so, daß ich sofort mit dem zusammengegluckt hätte. Das hat natürlich zugenommen, wir sind oft ausgegangen. Dann merkst du auch, wie weit sich ein Mensch auf bestimmte Sachen einläßt. Ich habe trotzdem meinen Zorn abgezogen, und wenn da jetzt eine Reaktion gekommen wäre mit Einschränkung und Kontrolle, das wäre für mich überhaupt keine Frage gewesen. Ich habe verstärkt auf meiner Freiheit bestanden. Ich bin wirklich losgezogen und habe mich amüsiert. Auch um zu erfahren, was sich daraus ergibt.«

»Du wolltest ganz sicher sein, daß sich deine Erfahrungen nicht mehr wiederholen. Du hast jetzt ausschließlich von positiven Erfahrungen gesprochen, gibt es nach der Trennung auch negative Erfahrungen?«

»Ja, das sind die Situationen gewesen, als wir in die Zweite-Stufe-Wohnung gezogen sind. Dann hieß es, daß ist eine Frau aus dem Frauenhaus. Das hat mich unheimlich geärgert, daß du gleich so einen Stempel aufgedrückt bekommst in unserer Straße. Das merktest du, wie du beguckt wurdest. Wenn du im Imbiß standest, haben sie gesagt: ›Aha, das sind Frauen vom Frauenhaus‹, oder bei der Polizei, wo du dich anmelden mußtest. Da hast du immer so einen schalen Geschmack gehabt, wo du eine Unfreiheit für dich gespürt hast. Das bin ich ganz offensiv angegangen. Ich habe mich nicht in mein Kämmerlein zurückgezogen, sondern ich bin den Leuten offensiv entgegengetreten. Wenn sie mit mir Kontakt aufgenommen haben und waren hinterher noch der gleichen Meinung, dann waren sie eben nicht die Leute, mit denen ich mich beschäftigen mochte.

Damit habe ich später mehrere Erfahrungen gemacht. Das war auf der anderen Seite sehr positiv. Dadurch habe ich so einen großen Schritt vorwärts gemacht. Heute denke ich, Gott sei Dank, jetzt hast du vier oder fünf Jahre ganz schön unter diesem Typen gelitten, aber irgendwo hat sich das heute ein Stück weit ausgezahlt. Es wäre schrecklich für mich, wenn ich jetzt in so einer ›lieblichen‹ Ehe drinhängen würde und dem Mann über den Bart streichen müßte und er mir erzählen würde, wie schwer er gearbeitet hat, und ich müßte noch die Kinder bekochen... also das wäre nichts mehr für mich. Das ist ein überwältigendes Gefühl, wenn ich irgendwas unternehme oder für mich entscheide, daß ich den Druck los bin. Früher war das so schlimm für mich, so daß ich heute manchmal davon noch immer nicht losgelöst bin. Ich vergleiche das immer mit damaligen Situationen und sehe, wie ich heute leben kann. Das hört sich vielleicht ein bißchen blöd an, aber es kommt mir vor, als ob ich aus einer tiefen Grube gerettet wurde. Für mich ist das jeden Tag ein ganz neues Gefühl, aufstehen zu können, die Augen aufzumachen und frei zu sein, frei zu leben. Ich glaube, das habe ich immer noch, dieses Gefühl... ich weiß, wie das ist, jeden Tag so ganz anders zu erleben. Ich kriege dann eine richtige Gänsehaut, wenn ich daran denke, was das für ein Gefühl war, den ganzen Tag vor irgend jemandem Angst zu haben, Angst zu haben, irgendwas zu machen, nicht mehr frei entscheiden zu können.«

Zusammenfassung

Marianne fand durch den Frauenhaus-Aufenthalt nicht nur zu ihrer früheren Autonomie zurück, sondern entwickelte ein kritisches Bewußtsein für männliche Unterdrückungsversuche und entdeckte darüber hinaus ihr Engagement für die Frauenbewegung. Im Vergleich zu ihrer Ehe hat sich Marianne extrem verändert. In Relation zu ihrem Leben, bevor sie ihren Ehemann kennenlernte, knüpfte sie da wieder an, bevor sie begann, Konzessionen zu machen und mit der Zeit ihre Unabhängigkeit einzubüßen. Ihr ist heute bewußt, daß sie damals für männliche Unterdrückungsversuche nicht sensibel genug war. Indem sie sich freiwillig reduzierte, konnte sie sich die Illusion seiner Großzügigkeit und den Glauben, daß er sie akzeptierte, erhalten. Diese damalige Anspruchslosigkeit steht im krassen Gegensatz zu ihren heutigen Ansprüchen.

Mariannes Ehemann war vor der Ehe durchaus in der Lage, Ärger und Wut über ihre abweichende Meinung oder über ihr anfänglich selbständiges Handeln zu unterdrücken, aus Angst, sie zu verlieren. Ich finde diesen Aspekt ganz wichtig, weil Mißhandler immer wieder behaupten, sich nicht beherrschen zu können. Ich gehe vielmehr davon aus, daß Männer sich bewußt eine Position in ihrer Beziehung schaffen, in der sie es aufgrund der Abhängigkeit und Ergebenheit der Frau nicht mehr für nötig halten, sich zu beherrschen.

Mariannes Mangel an Realitätssinn und ihre Wertvorstellungen über Mann-Frau-Beziehungen (»Männerarbeit ist mehr wert«) führten dazu, daß sie seine Eifersucht als liebevolle »Fessel« ertrug in dem Bewußtsein, einen Mann gefunden zu haben, der sich wirklich für sie interessierte und sie akzeptierte. Wenn Frauen vom gegenseitigen Akzeptieren ausgehen, heißt das in der Realität, sie gehen auf *seine* Wünsche und Bedingungen ein und äußern nur eigene Wünsche, von denen sie wissen, daß sie ihm angenehm sind. Durch freiwillig auferlegte Beschränkungen glaubte auch Marianne, sich seine Zuneigung zu verdienen. Unzählige Frauen befinden sich übrigens in vergleichbaren Beziehungen, in denen sie wie Marianne »nicht mehr sie selbst« sein können, ohne daß es jemals zu physischen Mißhandlungen kommen muß. Der Preis für eine Beziehung zu einem dominanten Mann ist in dem Fall »nur« die Aufgabe der eigenen Identität und Selbstachtung.

Als sie die Entdeckung machte, daß er bereits ihre Vorgängerin geschlagen hatte, traute sie ihm das durchaus zu. Indem sie ihr Wissen und ihre Angst verdrängte, wollte sie sie ungeschehen machen und sich trotz aller Bevormundungen die Hoffnungen erhalten, daß sie nicht geschlagen werden würde. Der Mißhandler mußte sich seiner Macht über beide Frauen sehr sicher sein, als er Marianne mit seiner ersten Frau bekannt machte. Ansonsten hätte er befürchten müssen, daß die Solidarität der beiden Frauen größer sein könnte als die Loyalität mit ihm. Jedoch entwickelte sich zwischen den Frauen kein autonomer Kontakt, über die Gründe der Sprachlosigkeit läßt sich nur spekulieren: Die erste Ehefrau könnte ihm verziehen haben und sich ihm gegenüber schuldig fühlen, da sie ihn gegen seinen Willen verlassen hatte. Beide könnten allerdings auch Angst vor seinen Reaktionen gehabt haben, was wahrscheinlicher ist. Beide Frauen haben mit ihrem Schweigen unbewußt den Mißhandler geschützt und sich dabei verleugnet. Marianne war zu der Zeit bereits eingeschüchtert und später über die Tatsache der Mißhandlung so voller Schamgefühle, daß sie Solidarität unter Frauen – selbst wenn es sich um die eigene Schwester handelte – gar nicht wahrnehmen *konnte*. Um ein System von Unterdrückung und Gewalt aufrechtzuerhalten, funktionieren Scham- und Schuldgefühle sicherer, als es jemals äußere Fesseln könnten.

Marianne ist die einzige Frau von meinen Gesprächsteilnehmerinnen, die sich nicht konkret daran erinnert, wann er zum ersten Mal zuschlug. Sie hat den Übergang von seinen verbalen Bedrohungen bis zum körperlichen Schlagen als so fließend empfunden, daß die erste physische Mißhandlung in ihrer Beziehung keinen gesonderten

Stellenwert einnimmt. Ihre Angst vor ihm muß ganz extrem gewesen sein, sonst springt keine Frau aus einem fahrenden Auto. Trotz ihres Wissens um seine Gewalttätigkeit drohte sie ihm vor dem physischen Mißhandlungsbeginn keine Konsequenzen an. Auffallend ist, daß Marianne während der Gespräche häufig in der zweiten Person redet; vermutlich, um vor sich selbst eine größere Distanz zu den damaligen Demütigungen herzustellen.

Nach den ersten Gewaltanwendungen reagierte Marianne aus ihrer Situation heraus »vernünftig«, allerdings von einer Scheinrealität aus. Er entschuldigte sich nach der ersten Mißhandlung überschwenglich, versicherte, sich an nichts erinnern zu können und gab Marianne das Gefühl, daß sie in solchen Situationen auf ihn Einfluß nehmen *müsse*. Er war im Grunde derjenige, der zerknirscht und reumütig an ihr Mitleid appellierte. Marianne, die sich ganz auf ihn eingelassen hatte, sich durch Ehe und Kind an ihn gebunden fühlte und ihre Freundschaften aufgegeben hatte, war am Anfang bereit, seine Brutalitäten als einmalige »Ausrutscher« zu interpretieren. Solange sie an ihr eigenes Mitverschulden glaubte, so lange glaubte sie auch, Einfluß auf ihn ausüben zu können. So hatte sich die Realität in gewisser Weise auf den Kopf gestellt und wurde für Marianne zu einem Teufelskreis, den sie nur durchbrechen konnte, indem sie ihm nicht mehr glaubte.

Beim Thema Sexualität empfinde ich wieder die Barrieren, die bisher jede Frau am Anfang hatte, sich noch einmal an die speziellen Demütigungen zu erinnern. Ich entnehme Mariannes Erzählungen, daß sie sich, wie viele Frauen, in ihrer Ehe in dieser Form »arrangiert« hatte, daß sie ein feines Gespür dafür entwickelte, ab welchem Zeitpunkt sie sich ihm nicht länger sexuell entziehen konnte. In Situationen, wo sie wieder sehr bewußt mit ihm sexuellen Kontakt haben mußte, versuchte sie sich selbst zu desensibilisieren. Sie mußte den Ekel und die »Gänsehaut«, die sie bei seinen Berührungen spürte, verdrängen. Immerhin hatte sie für sich noch eine Möglichkeit gefunden, minimalen Einfluß auf den Ablauf der ehelichen Sexualität zu behalten. Obwohl ihr Einfluß, gemessen an Claudias, ein großer war, wagte sie es nicht – und hatte auch nicht die Macht –, sich prinzipiell seinen sexuellen Wünschen zu entziehen aus der Angst heraus, daß er noch gewalttätiger werden könnte. So sind mir die Dimensionen des Widerstands bei allen Frauen erst auf dem Hintergrund der genauen Kenntnis der Skrupellosigkeit des Mißhandlers klargeworden. Da sich der sexuelle Kontakt in einer scheinbar gewaltfreien Atmosphäre abspielte, hatte Marianne zumindest die Möglichkeit, sich von ihm situativ anerkannt zu fühlen. Hier war sie auch vor eigenen Schuldgefühlen sicher, da sie mit viel taktischem Geschick ihm nie das Gefühl gab, sich zu verweigern.

Marianne ist als Mädchen und spätere Frau trotz Identifikation mit einem starken Mann, ihrem Vater, nicht in der Lage, auch die damit einhergehende Machtposition zu erlangen. Während der Mißhandlungsbeziehung befand sie sich auf der entgegengesetzten Seite, von der sie sich als junges Mädchen distanzierte. Immerhin erhoffte sie sich von der Stärke ihres Vaters – falls er noch gelebt hätte – Unterstützung gegen den Mißhandler. Sie war wie Claudia in der Lage, die Autorität ihres Vaters für sich positiv zu nutzen, obwohl ihr heute auch Zweifel kommen, wegen seiner uneingeschränkten Machtposition der Mutter gegenüber.

Am Anfang der Beziehung und nach der Eheschließung setzt sie keine Forderungen außer einer durch, auf der sie von Anfang an mit Erfolg besteht: Sie weigert sich, morgens für ihn aufzustehen und Frühstück zu machen. Dies ist ein wesentlicher Punkt für alle Frauen, den Marianne ausführlich erläutert. Er hatte noch nicht das Gefühl, daß ihm etwas weggenommen wurde, da er es nie bekommen hatte. Bei ihren späteren Forderungen nach Mitverantwortung für den gemeinsamen Sohn hatte sie ihm nichts mehr entgegenzusetzen wie am Anfang der Beziehung, als sie ihm noch nicht ganz sicher war. Ihre einstigen Gesten der Zuneigung nehmen mit seiner zunehmenden Brutalität immer mehr Unterwerfungs- und Erniedrigungscharakter an, z. B., wenn sie ihrem Mißhandler sein Lieblingsessen vorsetzte, um Aggressionen von sich abzuwenden. Vor ihrem gewalttätigen Mann mußte sie verbergen, daß ihre scheinbaren Zuwendungen nicht der früheren Motivation entsprangen. Gleichzeitig kam sie sich wie eine Verräterin der eigenen Gefühle vor. Sie mußte

Wut und Verachtung unterdrücken und statt dessen Zuneigung heucheln und fühlte sich dabei in ihren und seinen Augen erniedrigt. Besondere Serviceleistungen waren für ihn die Antwort auf seine Brutalitäten!

Für Mariannes angegriffenes Selbstbewußtsein war es überlebensnotwendig, sich nicht sofort nach seinen Mißhandlungen wieder auf ihn einzulassen, sondern ihm ihre Wut, Verzweiflung und Verachtung durch eine abweisende Haltung zu zeigen. Hierbei mußte sie wiederum taktisch vorgehen und nichts »übertreiben«. Selbst der Ausdruck ihrer Zerstörtheit mußte ihm mit Maß dargestellt werden. Trotz seiner Unberechenbarkeit hatte sie zeitweilig den Mut, ihm »unangenehme« Dinge zu sagen. Das Ausmaß ihres Mutes läßt sich nur im Kontext des gewalttätigen Lebenszusammenhanges erkennen. Ich nehme an, daß sie ihn in solchen Situationen scheinbar zum »Nachdenken« bringen und wieder Hoffnung schöpfen konnte, in denen sie noch eine bestimmte Stärke und Konsequenz ausstrahlte.

Marianne ist die einzige Frau in meiner Untersuchung, die spontan in einer günstigen Situation versuchte, sich von ihrem Mißhandler gewaltsam zu befreien. Sie steht damit im krassen Gegensatz zu der Mehrzahl der Frauen, die ihre jahrelang unterdrückten aggressiven Gefühle gegen sich selbst richten in Form von Alkohol, Tabletten oder Suizidversuchen. Frauen, die wie Marianne nur noch die Möglichkeit einer gewaltsamen Befreiung vom Mißhandler sehen, sind gezwungen, eine Situation aufzugreifen, in der sie bestimmte Vorteile dem körperlich und gesellschaftlich überlegenen Mann gegenüber haben. Dadurch erst kommt eine fast gleichwertige Ausgangsbasis zustande. In der Rechtsprechung wird dieses Verhalten von Frauen als »besonders heimtückischer Mord« und dementsprechend strafverschärfend ausgelegt. Aufgrund der ungleichen Voraussetzungen ist bei Frauen so gut wie nie von »Totschlag im Affekt« oder von »Notwehr mit Todesfolge« die Rede, sondern vielmehr von einem besonders heimtückisch geplanten Mord. Unsere sexistische Rechtsprechung verfestigt die gesellschaftliche Ungleichheit der Geschlechter und sichert letztlich damit mißhandelnde Männer vor etwaigen Folgen. Fast alle Gesprächsteilnehmerinnen wurden von ihrem Mißhandler bedroht, sie im Affekt umzubringen und dann selbstverständlich auf mildernde Umstände oder gar auf Freispruch zu hoffen.

Für Mariannes Selbstwertgefühl war es bei ihrem ersten Frauenhaus-Aufenthalt wichtig, daß sich ihr Mann nach ihrem Weggehen intensiv um ihre Rückkehr bemühte und auf ihre Forderungen einzugehen schien. Der Mann, der sie jahrelang beschimpft, geschlagen und gedemütigt hatte, erzählte ihr, ohne sie nicht leben zu können, und zeigte Gefühlsregungen, die sie an früher erinnerten. Als sie zurückging, wollte sie sich aus ihrer neuen Position der Stärke heraus mit ihm auseinandersetzen. Marianne, die bereits einmal, aber aus einem Gefühl der Schwäche, zurückgegangen war, gewann durch seine Bemühungen etwas von ihrer Würde zurück. Sie wollte ihn überführen, daß sein scheinbar verständiges Verhalten nur so lange gespielt war, bis sie sich wieder untergeordnet hatte. Damit konnte sie sich auch von dem letzten Rest ihrer eingeredeten Schuldgefühle befreien. Sie hatte zum erstenmal die Möglichkeit, ihre unter den Schuldgefühlen gut versteckte Wut und ihren Haß herauszulassen. Dies bedeutete für sie eine Art Genugtuung. Aus einem Gefühl der Fairneß heraus – das viele Frauen für den Mann, aber nie für sich selbst hatten – gab sie ihm noch einmal eine Chance. Gleichzeitig wollte sie ihr Gewissen beruhigen: Sie hatte alles versucht, um dem Sohn den Vater, sich ihr Selbstbild als gute Ehefrau und ihre soziale Sicherheit zu erhalten.

Nachdem sie seinem Einflußbereich entkommen war und sie ihre Scham- und Schuldgefühle durch ihren Aufenthalt im Frauenhaus abbauen konnte, hatte sie keine Skrupel, sich körperlich gegen ihn zu wehren und ihn wegen Körperverletzung anzuzeigen. An Mariannes Entwicklung wird noch einmal deutlich: Die physische Überlegenheit des Mannes ist nicht der entscheidende Hinderungsgrund, sich zu wehren. Für sie war die Tatsache entscheidender, ihm nie mehr allein in der Wohnung ausgeliefert zu sein und sich durch Schuldgefühle nicht mehr an ihn gebunden zu fühlen. Die Konsequenzen, die Marianne wie auch die anderen Gesprächsteilnehmerinnen nach ihrem ersten erfolglosen Versuch des körperlichen Widerstands zogen, ersparten ihnen keine weiteren Mißhandlungen. Die Frage, wie sich Marianne gefühlt hätte, falls sie sich von Anfang an entschiedener gewehrt und was sie auf Dauer damit erreicht hätte, beantwortet sie selbst: Sie wäre ihrer zunehmenden Selbstverachtung entgangen und hätte keine Angst um den Verlust ihrer Würde zu haben brauchen.

Der Selbstmord ihres Mißhandlers änderte nichts an Mariannes Haßgefühlen, von denen sie seit Beginn unserer Gespräche redete. Damit setzt sie sich von den gesellschaftlichen Erwartungen ab, die besagen, gleichgültig, was ein Mann einer Frau angetan hat, mit seinem Tod hat er automatisch Anspruch auf Mitleid und Vergebung. Marianne ist heute im Gegensatz zu damals in der Lage, ihre Gefühle wichtiger als die eines Mannes und als die gesellschaftlichen Erwartungen zu nehmen.

Marianne weiß heute, daß zu einer Männerbeziehung nach ihren Vorstellungen viel Kraft für notwendige Auseinandersetzungen gehört. Sie muß sowohl die eigenen wie die Verhaltensweisen ihres Freundes ständig überprüfen, um nicht wieder automatisch in eine Rollenaufteilung wie in ihrer Ehe hineinzugeraten. Sie ist die einzige Frau meiner Untersuchung, die sich bei der Aufteilung der Hausarbeit nicht mehr mit Mithilfe, sondern erst mit einer konsequenten Teilung zufriedengibt und sich als »gleichberechtigte Diskussionspartnerin« ihrem Freund gegenüber fühlt. Ihre Stärke in der Beziehung resultiert u. a. daraus, daß sie keine Konzessionen mehr macht, wenn sie von einer Sache überzeugt ist. Für Marianne ist es wichtiger, ihre Identität zu bewahren, als eventuell den Freund zu verlieren.

Obwohl sich die Beziehung zu ihrem Sohn, besonders nach dem Selbstmord des Vaters, gut entwickelt hat, fühlt sie sich dadurch, »daß da noch jemand ist, der auf mich angewiesen ist«, an bestimmten Plänen gehindert. Ich finde es wichtig, daß Frauen heute ohne Schuldgefühle und ohne Angst, von anderen verurteilt zu werden, ihre ambivalenten Gefühle ihren Kindern gegenüber auszusprechen wagen. Dies ist nicht gleichbedeutend mit einer verantwortungslosen Haltung Kindern gegenüber.

Marianne zählt zu den wenigen Frauen, die nicht unter langwierigen Folgekrankheiten aufgrund der erlittenen Mißhandlungen leiden. So scheint es wenigstens. Ihr ist heute der Zusammenhang zwischen ihren individuell erfahrenen Mißhandlungen und der gesellschaftlichen Diskriminierung von Frauen völlig bewußt. Mit ihrer Bewußtwerdung wächst ihr Selbstbewußtsein, sich aus einer gesellschaftlich gebilligten Mißhandlungsbeziehung befreit zu haben. Gleichzeitig löste sie sich aus ihrer Opferrolle und vertritt mit überzeugender Stärke die Interessen von Frauen. Sie fühlt sich durch die richtige Einordnung ihrer Mißhandlungserfahrung gestärkt und gegen weitere Übergriffe von Männern besser gewappnet als früher. Heute kann sie es sich erlauben, ihren neuen Bekanntenkreis kritisch danach auszuwählen, wie Gewalt gegen Frauen beurteilt wird.

Marianne, die sich mit ihrem selbstgewählten Leben zufrieden und glücklich fühlt, ärgert sich manchmal in der Erinnerung an die Zeit ihrer Ehe über sich selbst. Gleichzeitig bestätigt sie, daß sie sich unter den damaligen Umständen nicht anders verhalten konnte. So ist es für Frauen aus Mißhandlungsbeziehungen wichtig, sich im nachhinein nicht durch Selbstvorwürfe zu zermürben und sich dadurch an der Gestaltung ihres »neuen« Lebens zu hindern. Beeindruckend finde ich, wie Marianne ihre lebensbejahende Haltung von heute ihrer Angst von damals gegenüberstellt und dadurch ihren Mut und ihren Überlebenswillen für alle nachvollziehbar macht. Ich kann mir vorstellen, daß Mariannes »euphorische« Beschreibung ihres heutigen Lebens (noch) mutlose und unentschlossene Frauen beeinflussen könnte, sich schneller für ein menschenwürdigeres Leben zu entscheiden.

Unter den Schuldgefühlen steckt die Wut

In den vorangegangenen Lebensgeschichten war zu beobachten: Männer richten ungehemmt ihre Aggressionen, oft gekoppelt mit Zerstörungswut und Verachtung nach außen, insbesondere gegen Frauen. Dagegen war es für jede Gesprächsteilnehmerin ein langer, schwieriger Prozeß, sich zuerst zaghaft ihr Unbehagen, später ihren Ärger und ihre Wut einem gewalttätigen Mann gegenüber erst einmal zuzugestehen und später den Mut zu finden, diese aggressiven Gefühle nicht mehr gegen sich selbst, sondern gegen den Mißhandler zu richten. Ich gehe aufgrund meiner therapeutischen Erfahrung davon aus: Frauen sind in Relation zu Männern nicht per se aggressionsloser und friedliebender, sondern aggressionsloses Verhalten wird gesellschaftlich von Frauen erwartet. Wir sind also nicht von Geburt an die gefühlvolleren, aufopferungswilligeren und verständnisvolleren Wesen, sondern wir haben vergleichbare Aggressionen wie Männer. Darüber hinaus haben Frauen aufgrund der vielfältigen Behinderungen und Diskriminierungen Grund genug, Aggressionen zu entwickeln. Daß diese nachvollziehbaren Aggressionen in der Regel nicht wie bei Männern sichtbar werden, liegt an dem ausschließlich für Frauen existierenden gesellschaftlichen Aggressions-Tabu, das viele von uns verinnerlicht haben. Mädchen werden von klein auf darauf gedrillt, aggressive Gefühle an sich selbst nicht zu akzeptieren, sondern zu unterdrücken bzw. umzuwandeln. Dies kann nur funktionieren, weil Frauen für aggressive Gefühlsäußerungen in der Regel Sanktionen zu erwarten haben und dadurch früh vielfältige Ängste vor eigenen und fremden Aggressionen entwickeln:

- Die Angst, dem Selbstbild einer liebevollen, geduldigen Frau nicht zu entsprechen;
- die Angst, deswegen von anderen nicht mehr geliebt zu werden;
- die Angst, kein Recht auf aggressive Gefühle zu haben;
- die Angst, daß das Herauslassen aggressiver Gefühle nutzlos sein könnte;

- die Angst, daß die lang unterdrückte Wut so zerstörerisch sein
  könnte, daß sie von vornherein verdrängt werden muß;
- die Angst, eine andere Person damit zu verletzen.

Die größte Angst, die eigene Wut und Empörung wahrzunehmen
und zu äußern, liegt nach meiner Erfahrung in der daraus folgenden
Konsequenz: Wenn Frauen ihre Wut spüren, herauslassen und
ernst nehmen, wird diese Wut zu Veränderungen führen. Als Martha ihrer Wut freien Lauf ließ, begann sie ernsthaft, ihre Ehe in
Frage zu stellen. Ihre Realitätsleugnung funktionierte nicht mehr,
sie mußte die Illusion aufgeben, mit diesem Mann alt werden zu
wollen; sie mußte sich selbst eingestehen, daß er sie mutwillig und
aus grenzenloser Verachtung mißhandelte. Aus dieser schmerz-
lichen Erkenntnis, die sie lange nicht wahrhaben wollte, schöpfte sie
die Berechtigung und die Energie zu ihrer Wut. So ist das Akzeptieren der eigenen Aggressionen bei Frauen vielfach mit dem Überwinden großer innerer Widerstände verbunden. Aggressive Gefühle
werden häufig unter Angst, Mitleid und Schuldgefühlen versteckt.
Dies sind für Frauen akzeptierte und gesellschaftlich erwünschte
Gefühlsäußerungen, die nach außen ein soziales Verhalten demon-
strieren, Frauen in Wirklichkeit jedoch zu hilflosen, larmoyanten
und wehrlosen Wesen machen. Je angepaßter an die gesellschaftlich
geprägte und geforderte »Weiblichkeit« sich eine Frau verhält, desto
geringere Chancen besitzt sie, sich gegenüber einem Mann zu wehren. »Weiblichkeit« bedeutet in dem Falle ständige unkritische Bereitschaft zum Verstehen, Verzeihen, bedingungslosen Anpassen
und Ertragen von Demütigungen.

Da Frauen sich häufig einen direkten Kontakt zu ihren aggressiven
Gefühlen verbieten – Aggressionen jedoch trotzdem ansatzweise entstehen –, müssen sie diese Gefühle umfunktionieren. Sie zahlen für
das Verleugnen der Realität und das Verleugnen aggressiver Gefühle
mit großen Verunsicherungen im Empfinden und Verhalten und
sind dadurch verstärkt den »erlaubten« Gefühlen ausgeliefert: ihren
Ängsten, ihrem Mitleid, ihren Schuldgefühlen. Diese tragen dazu
bei, daß Frauen so lange in Mißhandlungsbeziehungen ausharren.
Schuldgefühle statt Wut sind am Anfang häufig die Reaktion auf

männliche Gewalttätigkeiten. Gleichzeitig konnten sich alle Frauen mit diesen Schuldgefühlen die Illusion erhalten, Einfluß auf seine Brutalitäten zu haben. Wenn sie sich nur angepaßter verhielten, würde er nicht mehr schlagen! Mitleid verspürte z. B. Martha, als sie im Frauenhaus daran dachte, daß ihr Mann allein zu Hause saß und kein Mittagessen kochen konnte. Hinter diesem vorgeschobenen Mitleid konnte sie ihre Wut auf ihn verstecken, ganz besonders zu einem Zeitpunkt, als ihr die Veränderung in ihrem Leben zu schwierig erschien und massive Selbstzweifel einsetzten. Audre Lorde bestätigt dies: »Schuldgefühle werden zum Kunstgriff, um die eigene Ignoranz zu schützen, um die Dinge so zu lassen, wie sie sind. Sie werden zum äußersten Schutzschild gegen jegliche Veränderung.«[63]

Claudia hatte sich lange Zeit aggressive Gefühle ihrem brutalen Mann gegenüber selbst in der Phantasie nicht erlaubt, ganz besonders deswegen, weil sie dadurch mit ihrem Selbstbild als sanfte, verständnisvolle Frau in Konflikt geraten wäre. Mit dem Gefühl von Mitleid konnte sie sich der Illusion hingeben, ihm gegenüber bereits so weit überlegen zu sein, daß sie ihn bedauerte. Dieser Selbsttäuschung unterliegen nicht nur Frauen in Mißhandlungsbeziehungen. Alle betroffenen Frauen vergessen dabei einen notwendigen Schritt: das Mitgefühl für sich selbst und das Recht zu haben, wütend über die ihnen angetanen Erniedrigungen und Quälereien zu sein. Vermutlich hoffte Claudia auch, ihn mit ihren Mitleidsgefühlen zu beschämen oder zu beeindrucken. Später betonte sie, der Mißhandler sei ihr gleichgültig geworden. Da sie sich noch immer keine aggressiven Gefühle erlaubte, zog sie »neutralere« Gefühle vor, die ihr nach außen eine scheinbare Souveränität verliehen. Damit konnte sie sich der Illusion hingeben, die Mißhandlungen bereits verarbeitet zu haben. Dagegen sprach allerdings, daß sie sich einer direkten Konfrontation mit ihm nicht gewachsen fühlte und nachts von Angstträumen gequält wurde. Erst als Claudia in der Lage war, Wut und Verachtung, die sie lange unterdrückt hatte, gegen ihn herauszulassen, war sie sich selbst sicher, sich in Zukunft entschiedener gegen ihn zu wehren. Damit hatte sie auch die Möglichkeit, ihrer lang praktizierten Opferrolle zu entkommen. Sie beendete ihre Klagen, und sie verabschiedete sich von ihrer Hoffnung, ihn durch ein angepaßtes Verhalten nach der Trennung zur »Einsicht« zu bringen, und begann zu handeln. Sowohl bei Claudia als auch bei Martha waren Schuldgefühle und Mitleid ein Zeichen von Schwäche, die ihnen konsequentes Handeln und klare Entscheidungen ersparen sollten. Christina Thürmer-Rohr sieht dies ganz ähnlich: »Die Kraft, die aus Illusionen stammt, ist eine elende Krücke, deren Gebrauch nur in der Verzweiflung und Selbstverachtung endet.«[64]

Wie die Therapieprozesse gezeigt haben, wenden Frauen viel Energie auf, Ärger, Wut und Verzweiflung nicht sichtbar werden zu lassen, sondern bereits im Vorfeld abzuspalten. Gefühle von großer Intensität, die ständig unterdrückt werden, rächen sich allerdings häufig psychosomatisch. So zahlen Frauen für die Abspaltung ihrer aggressiven Gefühle mit teilweiser Selbstzerstörung. Claudia reagierte z. B. auf die vielfältigen Quälereien statt mit Wut mit Schlafstörungen, Zittern und zunehmender Nervosität bis zu einem Nervenzusammenbruch. Damit lieferte sie sich noch stärker an ihn aus. Martha richtete ihre Aggressionen, die eine normale Reaktion auf einen gewalttätigen Mann sind, in Form von übermäßigem Alkoholkonsum gegen sich selbst. Auf ihre Selbstzerstörung reagierte sie mit vermehrten Schuldgefühlen und verstärkter Selbstverachtung. Dies führte dazu, daß sie eine Zeitlang wie gelähmt die Mißhandlungen über sich ergehen ließ, obwohl sie in der Lage gewesen wäre – wie sie später feststellte –, sich erfolgreich gegen ihn zu wehren. Indem sie sich als Alkoholikerin ihm und ihren Kindern gegenüber schuldig fühlte, gestand sie ihm das »Recht« zu, sie zu schlagen. Bei meinen Klientinnen habe ich häufig beobachtet, daß eine Vielzahl psychosomatischer Symptome, wie z. B. Magenschmerzen, Herzstiche, Atembeschwerden und Migräne, sich oft ganz plötzlich reduzieren bzw. auflösen, wenn sie ihre Realität wahrzunehmen wagen. Dies ist befreiend und schmerzlich zugleich und der erste Schritt zur Veränderung.

Frauen haben nicht nur Angst vor eigenen Aggressionen, sondern fast die gleichen Ängste hindern sie, sich adäquat gegenüber fremden Aggressionen zu verhalten. In der Regel reagieren Frauen auf fremde Aggressionen verstört und eingeschüchtert und versuchen, mit viel Selbstverleugnung sich entweder der Situation zu entziehen oder durch verstärkte Anpassung eine Scheinharmonie herzustellen. Wie die Therapieprozesse gezeigt haben, führt dieses Verhalten in eine Sackgasse: Alle konnten sich durch Vermeiden oder Anpassen keine weiteren Aggressionen ersparen, sondern im Gegenteil wurden die Angriffe der Männer brutaler. Da alle Gesprächsteilnehmerinnen dem Mann gegenüber keine Grenzen setzten, konnte er seine verbalen und psychischen Zumutungen bis zu körperlichen Angriffen steigern. Unabhängig von Mißhandlungsbeziehungen nehmen sich Frauen, die sich Aggressionen um jeden Preis ersparen wollen, damit auch die Chance, produktive Konfrontationen und klärende Auseinandersetzungen zu führen. Ob wir uns fremde Aggressionen »ersparen« oder andere mit unseren eigenen Aggressionen »verschonen« wollen, in beiden Fällen »ersparen« wir uns klare Stellungnahmen, Abgrenzungen, Entscheidungen und Veränderungen.

So ist es für alle Frauen – unabhängig davon, ob sie sich als mißhandelt bezeichnen – lebensnotwendig, eine präzise Wahrnehmungsfähigkeit zu entwickeln und sich selbst zu prüfen: Wie gehe ich normalerweise mit eigenen oder fremden Aggressionen um, wandele ich sie um in Tränen, in Gekränktsein, in Schweigen, in Vorwürfe oder Selbstzweifel oder fühle ich mich in der Lage, mich selbst bzw. mein Gegenüber damit zu konfrontieren? Welche Körperreaktionen spüre ich, wenn ich mit Schweigen auf verbale oder körperliche Angriffe reagiere? Wie fühle ich mich danach in meinem Selbstwertgefühl und in meiner Selbstachtung? Was versuche ich durch dieses Verhalten zu vermeiden? Wage ich es, meine Wut auf ihren Ursprung zurückzuführen und produktiv zu nutzen?

Aus den Therapieprozessen ist für alle nachvollziehbar geworden: Jede Gesprächsteilnehmerin hatte erst die Kraft und den Mut zur Veränderung, als sie ihre Realität zu ertragen wagte. Diese Realität war eine menschenunwürdige Beziehung mit einem Mann, der sie schlug und quälte. Martha glaubte erst sehr spät, ein Recht zu ihrer Wut und ihrer Empörung zu haben. Zu diesem Zeitpunkt machten ihr die eigenen aggressiven Gefühle keine Angst mehr, sondern sie stellte mit Genugtuung fest, daß ihr Mann verunsichert und ängstlich auf ihre Aggressionen reagierte. Als sie sich also nicht mehr unterwarf, sondern ihre aggressiven Gefühle als berechtigte Reaktion gegen ihn richtete, begann er, sie in ihrer Wut ernst zu nehmen. Dieses Ernstnehmen empfand Martha als eine Form von Respekt und Genugtuung. Frauen, die also Mut entwickeln, ihre Aggressionen nicht nur zu ertragen, sondern produktiv zur Veränderung zu nutzen, können dadurch ihr Selbstvertrauen stärken, das ihnen als Respekt von anderen widergespiegelt wird.

Mut zur Wut zu entwickeln bedeutet nicht, daß Frauen immer und zu jeder Gelegenheit ihrer Wut freien Lauf lassen sollen. Es kann jedoch am Anfang zu überzogenen Reaktionen kommen: Frauen versichern sich immer wieder, daß sie jederzeit in Wut geraten können und in der Lage sind, diese Wut im Gegensatz zu früher auch zeigen zu können. In diesen Fällen sollten Frauen Vertrauen und Verständnis für sich selbst entwickeln und bedenken, daß sie ihre aggressiven Gefühle in der Regel lange unterdrückt und aufgestaut haben und sich Zeit zum Erlernen neuer Ausdrucksformen und Verhaltensweisen zugestehen.

Ich plädiere dafür, daß Frauen bewußt ihre aggressiven Gefühle wahrnehmen, sie bewußt z. B. mit Kränkungen, Vermeidungen und Verletzungen in Verbindung bringen und dann entscheiden, wie sie mit ihren Aggressionen umgehen wollen. Wutausbrüche sind da sinnlos und bleiben an der Oberfläche, wo damit unbewußt Beziehungsmuster aufrechterhalten werden, die gerade immer wieder diese sinnlosen Wutausbrüche provozieren. Z. B. führte das Herauslassen von Mariannes Wut und Verzweiflung zu keiner grundsätzlichen Veränderung in der Mißhandlungsbeziehung. Indem sie sich subjektiv erleichterte und er einen Anflug von Reue zeigte, wurde die Beziehung für eine kurze Zeit erträglicher. So waren ihre Wutausbrüche keine Quelle für grundsätzliche Veränderungen, sondern nährten ihre Illusion von seiner Veränderung und stabilisierten indirekt die Mißhandlungsbeziehung.

Ich habe Haß nicht zu meinem Thema gemacht, da das Akzeptieren und Herauslassen von Haß für Frauen noch tabuisierter ist als Wut. Ich bin jedoch der Meinung, daß Haß auf konzentrierte Männergewalt eine adäquate Reaktion sein kann. Haß geht nämlich noch einen Schritt weiter als Wut und hat mit dauerhafter, konsequenter Ablehnung z. B. von Personen, Verhaltensweisen und Wertvorstellungen zu tun. Das Zugeben und Äußern von Haß macht Frauen in der Regel noch mehr Angst, als ärgerlich oder wütend zu werden. Ganz anders verhält es sich bei den mißhandelnden Männern. Nach Darstellung der Frauen waren ihre Männer in der Lage, z. B. Martha mit einem Stiefel immer wieder ins Gesicht zu treten, während sie verletzt auf dem Boden lag, oder Elke wiederholt zu würgen und dabei das Lachen nicht zu verbergen. Ich gehe davon aus, daß dieser offen ausgelebte Haß der von Männern praktizierten Frauenverachtung zugrunde liegt.

Frauen, die sich nicht nur erlauben, Wut zu entwickeln, sondern Haß und Verachtung zulassen, wie Marianne es für sich in Anspruch nimmt, entfernen sich mit diesem intensiven Gefühl radikal vom weiblichen Rollenstereotyp und stellen eine gesellschaftliche Herausforderung dar. Marianne sprach als einzige Frau von ihrem Haß auf den Mißhandler, den sie auch nach seinem Selbstmord unvermindert spürte und der sie in den Augen anderer als unweiblich, gefühllos und hartherzig verurteilte. Margarete Mitscherlich-Nielsen differenziert die Funktion von Haß in einem Interview und bestärkt meiner Meinung nach Frauen wie Marianne darin, auf die erfahrenen Unmenschlichkeiten mit Haß zu reagieren. »Es gibt einen Haß, der klarsichtig erkannt hat, daß Unmenschlichkeit auf den fürchterlichsten Vorurteilen, Wertvorstellungen und Idealen beruht, und diesen Haß, den sollte man unterstützen. Aber Haß aufgrund von eigenen Affekten, Projektionen, Grausamkeiten, die man nur verschiebt und deswegen andere haßt, den muß man ganz entschieden unterscheiden.« Haß hat hier die Bedeutung von Erkenntnis, die zu kompromißloser Verurteilung z. B. von Vorurteilen und Unmenschlichkeiten berechtigt und ein differenziertes Wahrnehmungsvermögen von Recht und Unrecht voraussetzt.[65]

Meine Aufforderung heißt bewußt »Mut zur Wut« und nicht »Mut zum Haß«. Ich möchte erreichen, daß Frauen bereits im Vorfeld einer sich anbahnenden Mißhandlungsbeziehung ihr Unbehagen und ihre Wut spüren, herauslassen und so Mißhandlungen rechtzeitig von sich abwenden. Insofern ist die Ermutigung zur Wut auf die allgemeine Lebensrealität von Frauen bezogen und wendet sich nicht nur an Frauen in Mißhandlungsbeziehungen. Frauen, die rechtzeitig ihre aggressiven Gefühle äußern und zur Veränderung nutzen, kommen also in der Regel nicht in die Situation, einen Mann für jahrelang ausgeübte Gewalttätigkeiten zu hassen.

Ich wünsche mir und allen Frauen, daß die Zeiten der Larmoyanz, der Geduld und der Aufopferung zu Ende sind und daß Frauen Selbstvertrauen, Eigenverantwortung und Mut zur Wut entwickeln. Auf diesem Hintergrund kann Wut produktiv genutzt werden.

Was Frauen von sich selbst fordern sollten

Die anschließenden Forderungen wurden von den Gesprächsteilnehmerinnen selbst formuliert und teilweise eingelöst. Alle beteiligten Frauen fühlten sich im Laufe der Therapieprozesse nicht mehr ausschließlich als Opfer des individuellen Mannes oder der gesellschaftlichen Verhältnisse, sondern sie sahen allmählich ihre Möglichkeiten und ihre Verpflichtung – wenn auch unter erschwerten Bedingungen –, ihre Lebensrealität aktiv mitzugestalten. Trotz konkreter gesellschaftlicher Zwänge konnten sie bestimmte Handlungsspielräume wahrnehmen, die sie nutzen bzw. nicht nutzen wollten. Bedingung ist, daß Frauen vor allem Ansprüche und Forderungen an sich selbst stellen und versuchen, diese einzulösen. Dies beginnt mit Selbstverständlichkeiten wie dem Recht auf körperliche Unversehrtheit, was sich Frauen paradoxerweise erkämpfen müssen; ebenso wie das Recht, ihre aggressiven Gefühle nach außen und nicht gegen sich selbst zu richten und damit akzeptiert zu werden. Die anschließenden Forderungen gelten für alle Frauen, gleichgültig, ob sie sich als mißhandelt bezeichnen oder nicht:

– Jede Frau hat die Verantwortung für ihr eigenes Leben einschließlich ihres Körpers. Diese Eigenverantwortung sich streitig machen zu lassen oder an einen Mann zu delegieren, bedeutet, sich entmündigen zu lassen.

– Frauen müssen davon überzeugt sein, daß sie die gleichen Rechte wie Männer beanspruchen können. Wenn sie selbst nicht ihre Rechte fordern, wird es kein anderer für sie tun.

– Frauen sollten sich von Vorurteilen durch gezielte Information befreien und sich über die eigenen Rechte informieren. Indem sie ihre eigene Meinung wichtig nehmen, können sie ihr Selbstwertgefühl entwickeln.

- Frauen sollten in einer Beziehung von Anfang an Forderungen bezüglich eigener Erwerbstätigkeit, Aufteilung der Hausarbeit und Kindererziehung stellen und sich nicht mit dem zufriedengeben, was Männer ihnen freiwillig zugestehen.

- Frauen sollten sich weit vom weiblichen Rollenstereotyp entfernen, das vom Verstehen über Verzeihen bis zur Unterwerfung und Ertragen von Demütigungen reicht, und sollten Mut entwickeln, aus der »weiblichen Rolle zu fallen«.

- Frauen sollten lernen, ihr Unbehagen, ihre Verzweiflung und ihre Wut auf den Ursprung zurückzuführen, und nicht verdrängen oder sie als Aggressionen gegen sich selbst richten. Indem sie ihre aggressiven Gefühle sinnvoll nutzen, geben sie sich die Möglichkeit, entweder sich selbst oder eine unerträgliche Situation zu verändern.

- Frauen müssen sich bereits da gegen Zumutungen von Männern wehren, wo sie scheinbar gedankenlos oder scherzhaft gemeint sind. Die Grenzen von frauenfeindlichen Äußerungen bis zu körperlicher Gewaltanwendung sind fließend.

- Frauen müssen auch die allerersten Anzeichen von Bevormundung, Kontrolle oder Eifersucht ernst nehmen und diese nicht als übergroße Zuneigung oder als vorübergehend interpretieren. Wirkliche Zuneigung äußert sich nicht in der Bevormundung einer anderen Person.

- Frauen haben das Recht, über ihren eigenen Körper zu bestimmen, und sollten nur dann Sexualität zustimmen, wenn es ihrem Bedürfnis entspricht. Sie haben nicht nur ein Recht auf ein mißhandlungsfreies Leben, sondern auch ein Recht, in ihren Wünschen und Entscheidungen akzeptiert zu werden.

– Durch verstärkte Anpassung kann sich keine Frau prinzipiell vor Verhaltenszumutungen oder Gewalttätigkeiten von Männern schützen. Frauen dürfen sich nicht der Illusion hingeben, durch Anpassung Einfluß auf das Verhalten von Männern zu haben.

– Frauen sollten ihre Kraft und ihre Energie für sich selbst verwenden und nicht darauf verschwenden, den Mann zu verändern oder um jeden Preis eine Beziehung zu retten. Anhaltende Bewußtseins- und Verhaltensänderungen kann jede Person nur für sich selbst erreichen.

– Kommt es zu Gewaltanwendungen, sollte sich keine Frau für einen Einzelfall halten. Wie sich gezeigt hat, schützt selbst die überzeugend vorgetragene Reue eines Mannes nicht vor weiteren Gewalttätigkeiten. Wesentlich ist, ob sich die Frau durch eine einmalige Gewaltanwendung eingeschüchtert fühlt oder ob der Mann ihre angedrohten Konsequenzen bei einer Wiederholung ernst nimmt. Der sicherste Schutz vor einem gewalttätigen Mann ist eine konsequente Trennung.

– Frauen sollten sich ein Leben ohne Mann (mit ihren Kindern) zutrauen und sich einen Bekanntenkreis suchen, der Unterstützung und Anerkennung bietet und nicht erwartet, daß eine Mißhandlungsbeziehung wegen der Kinder um jeden Preis fortzuführen ist.

– Kommt es zur Gewaltanwendung, sollte keine Frau aus Scham schweigen. Indem sie sich mit allen Mitteln wehrt, wachsen ihr Selbstwertgefühl und ihre Selbstachtung. Gleichzeitig macht sie anderen Frauen Mut, sich ähnlich offensiv zu verhalten.

Anmerkungen

1 Mies, Maria: Methodische Postulate zur Frauenforschung, in: Beiträge zur feministischen Theorie und Praxis, Köln 1/1978
2 Holzkamp, Klaus: Grundlegung der Psychologie, Frankfurt 1983
3 Woesler de Panafieu, Christine in: Vortragsreihe zur Frauenforschung SS 82 – WS 82/83, Berlin 1983, S. 92
4 Straus, Murray: Sexuelle Ungleichheit, kulturelle Normen und Frauenmißhandlung, in: Haffner, Sarah, Gewalt in der Ehe, 1976, S. 170 ff.
5 Dobash, E. R. und Dobash, R.: Violence against Wives, 1979
6 In Württemberg bestand bis 1928 rechtlich eine »Geschlechtsvormundschaft« über die »Weiber«. Die Frau mußte untertänig sein, wurde gesellschaftlich isoliert und war in vielen Bereichen rechtlich unmündig (nicht geschäftsfähig), Hedemann, H. W.: Die Rechtsstellung der Frau, 1952, S. 4.
7 Zu Marianne sagte ein Polizeibeamter: »Ja, wenn die Frau nicht richtig die Wohnung saubermacht, da muß sie ab und zu auch mal eins hinter die Ohren kriegen.«
8 Dies entspricht auch der Definition der wissenschaftlichen Begleitung im Frauenhaus Berlin: Hilfen für mißhandelte Frauen, 1981, S. 23.
9 Dies ermittelte der Pressedienst »Fachtagung Soziales« in einer Umfrage bei 40 der rund 120 Frauenhäuser zwischen Flensburg und München sowie bei Polizei und Sozialverbänden (Spiegel 52/1983, »Fest der Hiebe«).
10 Knappe, Margaret; Gewalt in der Ehe: Der Mythos vom Masochismus der Frau, in: Sexualität und Gewalt, 1979, S. 42
11 Dobash, E. R. und Dobash, R.: Violence against Wives, 1979
12 Holzkamp, Klaus: Grundlegung der Psychologie, 1983
13 Norwood, Robin: Wenn Frauen zu sehr lieben, 1986.
14 Berlin: Hilfen für mißhandelte Frauen, 1981, Köln: Nachrichten aus dem Ghetto Liebe, 1980, Hamburg: Wendepunkte, 1982. Darüber hinaus existieren Erfahrungsberichte, die gemeinsam von Mitarbeiterinnen und Bewohnerinnen der Frauenhäuser geschrieben wurden.
15 Hagemann-White, Carol: Gewalt und Geschlecht, in: Wege zum Menschen, 30. Heft 2/3 (Febr./März) 1978, S. 49 ff.
16 Bei vielen ruft nicht die Brutalität, die in dem Begriff Mißhandler zum Ausdruck gebracht wird, Empörung hervor, sondern sie reagieren mit Empörung auf die Feministinnen, die diesen Begriff eingeführt haben und die Verschleierung von Männergewalt damit nicht länger aufrechterhalten.
17 Während meiner Tätigkeit im Frauenhaus habe ich einige Frauen kennengelernt, die das Frauenhaus zum zweiten Mal in Anspruch nehmen mußten, weil der neue Freund ebenfalls ein Mißhandler war.
18 Hilfen für mißhandelte Frauen, 1981
19 Walker, Lenore: The battered Women, 1979

20 Bei Martha war es so, daß er sich später nicht mehr entschuldigte, wenn er sie zusammengeschlagen hatte. Marthas »Provokation« würde laut Walker darin gelegen haben, daß sie trank. Sie trank aber nicht, um ihn zum Schlagen zu »provozieren«, sondern sie versuchte, durch die Wirkung des Alkohols ihrer hoffnungslosen Situation wenigstens zeitweilig zu entkommen.

21 Mir ist eine Frau aus dem Frauenhaus bekannt, deren Mißhandler ihr mit einem Karateschlag beide Beine brach. Erst nach 2 Tagen erlaubte er ihr, einen Arzt aufzusuchen.

22 Hilfen für mißhandelte Frauen, 1981

23 Hilfen für...

24 Siehe dazu: Broverman, J., u. a.: Sexrole Stereotypes and Clinical Judgements of Mental Health, in: Journal of Consulting and Clinical Psychology, 1970, Bd. 34, S. 1–7; Chesler, Phyllis: Frauen – das verrückte Geschlecht?, 1977, Burgard, Roswitha: Wie Frauen ›verrückt‹ gemacht werden, 1978.

25 Walker, Lenore: The battered Women, 1979

26 Walker u. a. bestätigen dies durch ihre Untersuchungen.

27 40 % der Morde waren Ehepaarmorde. In 85 % der Fälle ist die Polizei vorher mindestens einmal gerufen worden und in 50 % der Fälle vorher mindestens fünf- oder mehrmals in einer zweijährigen Periode, bevor der Mord passierte (Martin, Del: Overview Scope of the Problem, in: Battered Women: Issues of Public Policy, Jan. 1978, S. 206).

28 Jones, Ann: Women who kill, 1980

29 Diese männlich orientierten Normen und Klischees macht Weiss dafür verantwortlich, daß Frauen das Verhalten von Vergewaltigungsopfern strenger beurteilen und eher bereit sind, das Verhalten von vergewaltigenden Männern zu entschuldigen oder wenigstens zu verstehen (Weiss, K.: Die Vergewaltigung und ihre Opfer, 1982).

30 Hilfen für mißhandelte Frauen, 1981

31 Barry, Kathleen: Sexuelle Versklavung von Frauen, Berlin 1983, S. 160

32 Ich lernte im Frauenhaus eine Frau kennen, die aus Angst vor ihrem Mißhandler, der sie mit einem Messer bedrohte, aus dem Fenster sprang. Seitdem muß sie ein Stahlkorsett tragen, das sie selbst nachts nicht abnehmen darf. Sie ist zeitlebens arbeitsunfähig.

33 Bei der Befragung durch die wissenschaftliche Begleitung im Berliner Frauenhaus gaben 20 % der Frauen an, seit der Schwangerschaft und seit der Geburt der Kinder mißhandelt worden zu sein. Dies wird auch durch die Untersuchung von Walker bestätigt.

34 Gelles entdeckte einen auffallenden Zusammenhang zwischen ehelicher Gewalt und Schwangerschaft. Dies führte in vielen Fällen zu Fehlgeburten. Häufig haben die Mißhandlungen während der Schwangerschaft zur Folge, daß Kinder behindert geboren werden. Hier wird von pränataler Kindesmißhandlung gesprochen.

35 Hilbermann, E. in: Battered Women: Issues of Public Policy, Jan. 1978, S. 158

36 Der englische Psychiater Gayford, der 1975 100 mißhandelte Frauen aus dem

Chiswick Women's Aid Center untersuchte, stellte fest: 78 Frauen hatten ihren Hausarzt mit Symptomen aufgesucht, die entweder zur getrennten oder gleichzeitigen Verschreibung von Anti-Depressiva oder Tranquilizern führte. 42 Frauen hatten entweder ernsthafte oder symbolische Suizidversuche hinter sich, in der Regel durch eine Überdosis von Psychopharmaka. Nur 16 Frauen gaben an, daß sie bei diesen Versuchen wirklich sterben wollten, die anderen wollten Aufmerksamkeit auf ihre Misere lenken (Gayford, J.: Battered Wives, in: Haffner, Sarah: Gewalt in der Ehe, 1976, S. 167).

37 Dies wird u. a. bestätigt durch die wissenschaftliche Begleitung im Berliner Frauenhaus.

38 Mehr dazu in Chesler, Phyllis: Frauen – das verrückte Geschlecht?, 1977.

39 Eine Untersuchung ergab: Alle Mädchen und Jungen gingen davon aus, daß die Väter intelligenter seien als die Mütter. Allerdings sahen sie zwischen Mädchen und Jungen keine Intelligenzunterschiede, aus: de Wilde, Michelle: Les Stereotypes Feminins, in: L'Ecole des Parents, Nr. 7 Juli/August 1972.

40 Ich habe mehrmals erfahren, daß sich Klientinnen erst im Therapieprozeß an diesen sexuellen Mißbrauch zu erinnern wagten.

41 Pross, Helge: Die Wirklichkeit der Hausfrau, 1975

42 Nach der Geburt ihres zweiten Kindes setzten bei Martha die körperlichen Mißhandlungen ein.

43 Michel, Andrée: Activité Professionelle de la femme et vie conjugale, 1974

44 Andrée Michel fand heraus, daß zwar die Erwerbstätigkeit der Frau notwendig ist für eine relative Unabhängigkeit vom Mann, daß diese jedoch da nicht eintritt, wo Frauen als »mithelfende Familienangehörige« im Betrieb des eigenen Mannes beschäftigt sind (Michel, Andrée: Activité Professionelle de la femme et vie conjugale, 1974).

45 Plogstedt, Sibylle und Bode, Kathleen: Übergriffe – Sexuelle Belästigung in Büros und Betrieben, 1984

46 Obwohl die Triebtheorie wissenschaftlich widerlegt ist, wird sie weiterhin zur Legitimierung von männlichen Aggressionen, besonders im sexuellen Bereich, benutzt.

47 Die Omnipotenz eines Mannes mißt sich nicht an der Zahl seiner Nachkommen.

48 Russell, Diana: Politics of Rape, 1975

49 Frauen riskieren heute, durch den Gebrauch der Pille oder der Spirale ebenfalls ihre Gesundheit zu gefährden, da Thrombosen, Gebärmutterentzündungen und -entfernungen, Kreislaufstörungen, Gehirnschläge oder sogar Tod die Folge sein können (hierzu: Ewert, Karsten, Schultz: Hexengeflüster, Frauen greifen zur Selbsthilfe, 2. überarbeitete Auflage Berlin 1982).

50 Brückner, Margrit: Die Liebe der Frauen, Frankfurt 1983, S. 71

51 Mitscherlich-Nielsen, Margarete: Über die Ursprünge weiblicher Lust, in: Emma Sonderband 3 »Sexualität«, 1983, S. 24 ff.

52 Jones, Ann: Women who kill, 1981, S. 320.
Ein Rohrleger, der während seiner Arbeitszeit mit einer Frau wegen Sanie-

rungsarbeiten in ihrer Wohnung in Streit geriet, stach ihr mit einem Messer in den Hals. Wegen Totschlags wurde er zu 7 Jahren Freiheitsentzug verurteilt. Als strafmildernd galt seine Neigung zum Jähzorn, »für die er nichts könne« (TAZ v. 16. 8. 1984).

Frauen, die für den Mord an ihrem Mißhandler ins Gefängnis kamen, zogen das Leben im Gefängnis dem Leben mit dem Mißhandler vor (Jones, Ann: Women who kill, 1981, S. 322).

Marianne nahm die Hilfe seines Arbeitskollegen in Anspruch, weil sie keinen eigenen Freundeskreis mehr besaß. Nach ihrer Rückkehr verbot er ihr den Kontakt zu diesen Freunden.

53 Susan S. M. Edvards machte in London eine Untersuchung über straffällige Frauen und Männer und kam zu folgendem Ergebnis: Das Ausmaß der Strafe hängt bei straffällig gewordenen Frauen oft stark davon ab, ob sie dem traditionellen weiblichen Rollenklischee entsprechen. Lediglich die typische Hausfrau kann vor Gericht auf Milde und Nachsicht hoffen. Sie hat festgestellt, daß Richter auf die jeweilige Realität von Mörderinnen weniger eingehen als auf die der Mörder. Nur in der Hälfte der Fälle, in denen mißhandelte Frauen ihre Peiniger umbrachten, wurde dies als Notwehr anerkannt. Die andere Hälfte der verurteilten Frauen wuurde aufgrund seelischer Krankheit für unzurechnungsfähig erklärt. Männern wurde dagegen aufgrund ihrer körperlichen Konstitution und Sozialisation zugestanden, im Affekt zu handeln, wenn sie provoziert werden (Psychologie Heute, Heft 11/87 »Frauen vor dem Richter«).

54 Thürmer-Rohr, Christina: Vagabundinnen – feministische Essays, Berlin 1986

55 Siehe dazu: Nachrichten aus dem Ghetto Liebe – Gewalt gegen Frauen, Frauenhaus Köln, 1980.

56 Burgard, R.: Mißhandelte Frauen – Verstrickung und Befreiung, Weinheim 1985

57 Thürmer-Rohr, Christina: Vagabundinnen...

58 Frauen, die ins Frauenhaus kommen, verschweigen in der Regel ihre Suchtproblematik aus Angst vor Diskriminierung.

59 Barry, Kathleen: Sexuelle Versklavung von Frauen, Berlin 1983.
Siehe S. 28: Frauen, die zu Anfang gewürgt wurden, reagierten bei einer Vergewaltigung mit größerer Passivität als jene, die geschlagen wurden.

60 In diesen Situationen dehnte ich oft die Sitzungen aus und versuchte, mit Hilfe anderer Themen ihre Angst abzubauen.

61 Claudia rief mich einmal nachts in größter Panik an und fragte um Rat. Ihr ehemaliger Mann hatte ihr gerade telefonisch angedroht, ihre Tür einzutreten, und es gab keinen Grund, ihm das nicht zu glauben.

62 Der Trägerverein des Frauenhauses mietete größere Wohnungen an, in denen Frauen nach ihrem Frauenhaus-Aufenthalt für eine begrenzte Zeit mit anderen Frauen und Kindern leben konnten.

63 Lorde, Audre, Schultz, Dagmar (Hrsg.): Macht und Sinnlichkeit, Berlin 1983, S. 104

64 Thürmer-Rohr, Christina: Vagabundinnen ... S. 55
65 Mitscherlich-Nielsen, Margarete, Interview in Frankfurter Frauenblatt, Ffm 1987, S. 24: »Auch die Frau ist verantwortlich für das, was die Gesellschaft aus ihr gemacht hat.«

Adressen

Aachen (0241)
Notruf, Mariabrunnstr. 35, ∅ 34411
Frauen helfen Frauen, Harscampstr. 5b
Frauenhaus, ∅ 34411
Ahaus (02561)
Beratung/Selbsthilfe, Windmühlenstr. 6, ∅ 67861
Allensbach (07533)
Frauen helfen Frauen, Strandweg 9
Altenburg (03447)
Frauenhaus, c/o Gleichstellungsbeauftr., Clara-Zetkin-Str. 9, ∅ 3140
Frauen helfen Frauen, c/o Gabi Wenzel, Fr.-Mehring-Str. 22
Altfeld-Limmer (05818)
Müze-Initiative, Gertrud Block, Nordstr. 1
Alzey (06731)
Beratung, c/o FZ, ∅ 7227
Ansbach (0981)
Notruf, ∅ 17377
Apolda (03644)
Frauen für Frauen, Bachstr. 41
Arnsberg (02931)
Beratung, Sauerstr. 3–5
Frauenhaus, Pf 5220 + 5213, ∅ 6791
Aschaffenburg (06021)
SEFRA – Selbsthilfe und Beratungsstelle für Frauen e. V., Bodelschwinghstr. 16, ∅ 24728
Aue (03771)
Frauenhaus, c/o Sozialamt, Auerhammer Straße, ∅ 22302
App. 65
Auerbach (03744)
Frauen gegen Gewalt, ∅ 3151
Frauen helfen Frauen, Ilona Koch, Gutenbergstr. 2

Augsburg (08 21)
   Notruf, ∅ 15 46 48
   Frauenhaus, Pf 41 01 69, ∅ 79 34 50
   Lesben-Telefon, ∅ 59 39
   Wildwasser, Reitmayergäßchen 4
Aurich (0 49 41)
   Frauenhaus, ∅ 62 8 47
   Beratung bei Mißbrauch, Essener Str. 2, ∅ 6 51 12
Backnang (0 71 91)
   Lilli, Zentrum / Beratung / Lesbengruppe, Aspacher Str. 74,
   ∅ 8 26 19
Bad Hersfeld (0 66 21)
   Frauenhaus, Pf 14 07, ∅ 6 53 33
Bad Langensalza (0 36 03)
   Frauen für Frauen, Edeltraud Kotzamek, Hinter d. Brauerei 18,
   ∅ 30 86
Bad Nauheim (0 60 32)
   Frauenhaus, Frankfurter Str. 1 c, ∅ 47 74 + 47 84
Bad Oldesloe (0 45 31)
   Notruf, Pf 15 04, ∅ 85 5 95
Bad Segeberg (0 45 51)
   Frauenzimmer, Treff / Notruf / Beratung, Kurhausstr. 30,
   ∅ 38 18
   Lesbengruppe, c/o Frauenzimmer
   Mädchentreff, c/o Frauenzimmer
Bad Wildungen (0 56 21)
   Frauenhaus, Pf 11 19, ∅ 30 95
Balingen (0 74 33)
   Frauenhaus, Pf 30 32, ∅ 84 06
Bamberg (09 51)
   Notruf, Pf 40 06, ∅ 5 28 88
   Frauenhaus, Pf 40 06, ∅ 5 82 80
Bayreuth (09 21)
   Frauenhaus, Pf 100 4 22, ∅ 2 11 16
Beckum (0 25 21)
   Beratung, Mühlenstr. 5, ∅ 1 68 87
   Verein gegen Mißbrauch, Mühlenstr. 5, ∅ 62 68

Bensheim (06251)

Frauenhaus, Pf 133, ✆ 78388

Beratung, c/o Frauenhaus, ✆ 67495

Bergen/Rügen (03838)

Franziska T., Treff/Beratung, Edith Subklew, Am Kirchplatz 2

Bergisch Gladbach (02204)

Frauen helfen Frauen, c/o FZ, ✆ 57330

Berlin (030)

Notruf, c/o FZ Stresemannstr., Pf 110471, ✆ 2512828

Krisentelefon, ✆ 6154243

Telefon bei faschist./rassist./sexistischen Überfällen, ✆ 652074

Frauenhäuser: Pf 330634, ✆ 8263018; Pf 200757, ✆ 3733008;
✆ 9–54703702

Frauenhaus/Beratung, Alt Moabit 55, ✆ 3914947

BIFF, Beratung, c/o FZ, ✆ 2510912

Wildwasser, Friesenstr. 6, ✆ 7865019

Frauenzimmer, Zufluchtswohnungen, Dresdner Str. 15,
✆ 6153608

FrauenOrt, Zufluchtswohnungen, Stettiner Str. 39, ✆ 4948016

THEFFRA, Therapie/Beratung, Gitschiner Str. 91 HH,
✆ 6141908

Beratung/Therapie/Selbsthilfe, Horstweg 27,
✆ 3219870 + 873351

Frauentraum, Beratung, Wartburgstr. 9, ✆ 7828265

TUBFF, Therapie/Beratung, Mommsenstr. 52, ✆ 3235039

Therapiezentrum, Kufsteiner Str. 16, ✆ 8542434

Dick + Dünn, Eßprobleme, Innsbrucker Str. 42, ✆ 7822577

Selbsthilfe, SEKIS, Albrecht-Achilles-Str. 65, ✆ 8926602

Hilfe f. Suchtmittelabhängige, Grunewaldstr. 19a, ✆ 7928767

Violetta Clean, therap. WG für abhängige Frauen, Bettinastr. 12,
✆ 8257101; Grunewaldstr. 19a, ✆ 7920668

Die Zwiebel, therapeut. WG für abhängige Frauen. Potsdamer
Chaussee 70, ✆ 81000350

Olga, Treff/Sucht-Projekt, Derfflinger Str. 19, ✆ 2628959

TAG, Therapeut. AG für Suchtgefährdete, Gleditschstr. 80,
✆ 7828989

Vertrauens-Telefon, ✆ 4377002

Frauenhaus, c/o Bezirksamt, Helene-Weigel-Platz 8, ∅ 5410423
Frauenhäuser: Pf 267, ∅ 5470 37 02; Pf 1 17, ∅ 5 593 53 31; ∅ 5410423
Zufluchtswohnungen, ∅ 5 88 95 64
Frauenraum, Beratung, Granseerstr. 8
Notlagenberatung, Brünberger Str. 24, ∅ 7074053
Neue Alternative, Beratung, Selbsthilfe, Pf 70,
Gruppe Gewalt gegen Frauen, c/o Christa Poeck, E.-Brand-
ström-Str. 6, ∅ 4724921
Gruppe Eßstörungen, Haus der Gesundheit, Karl-Marx-Allee 3

Bernau (0 33 38)
Frauenhaus, ∅ 62230

Biberach (0 73 51)
Notruf/Frauenhausinitiative, Pf 1705, ∅ 8151
Lesbengruppe/Beratung, ∅ 13567

Bielefeld (05 21)
Notruf, Hagenbruchstr. 2 b, ∅ 124248
Beratung/Therapie/Weiterbildung, Ernst-Rein-Str. 33,
∅ 121597
Frauenhaus, Pf 3105, ∅ 177376
Frauenhausladen Blaustrumpf, Buddestr. 15, ∅ 178847
Pychologisches Beratungszentrum für Frauen und Mädchen,
Johanneswerkstr. 27 a, ∅ 874118
Mädchenhaus, Beratung, Bahnhofstr. 4, ∅ 173016
Wildwasser, Nordstr. 37, ∅ 175476

Bindlach (0 92 08)
Frauen helfen Frauen, Pf 1603

Bochum (02 34)
Notruf, ∅ 300110
Wildwasser, Buscheyplatz 3, ∅ 7002332

Bonn (02 28)
Notruf, Berliner Platz 31, ∅ 635524
Frauenhaus, Pf 170267, ∅ 635369
Therapie/Beratung, Dorotheenstr. 1–3, ∅ 653222
Beratung, Endenicher Str. 14, ∅ 659500

Boppard (0 67 41)
Solwodi, Beratung ausländische Prostituierte, Propsteistr. 2,
∅ 2232

Brandenburg (0 33 81)
  Frauenhaus, ∅ 30 13 27
Braunschweig (05 31)
  Zentrum Spinsters, Gliesmaroderstr. 1, ∅ 33 29 86
  Notruf/Beratung, Magnikirchstr. 4, ∅ 4 33 02
  Beratung, Hamburger Str. 239, ∅ 30 22 00
  Frauenhaus, Pf 14 29, ∅ 34 34 74
  Frauen + AIDS, Blütenweg 42, ∅ 33 66 55
Bremen (04 21)
  Notruf/Beratung, Dobbenweg 10, ∅ 70 17 17
  Frauenhaus, Pf 10 67 51, ∅ 34 95 73
  Beratungsladen, Dobbenweg 9, ∅ 7 29 29
  Therapiezentrum, Humboldtstr. 88, ∅ 7 64 05
  FFGZ, Hohenlohestr. 40, ∅ 34 00 90
  Sucht-Nachsorge-WG, Große Johannisstr. 52/54, ∅ 59 10 92
Bremerhaven (04 71)
  Frauen/Kinderhaus, Pf 10 02 46, ∅ 2 40 94
Brunsbüttel (0 48 52)
  Notruf/Beratung, Süderstr. 2, ∅ 70 27
Buchholz (0 41 81)
  Müttertreff, Waltraud Löser, Am Steinbecker Feld 19, ∅ 3 23 46
Burghausen (0 86 77)
  Frauenhaus/Beratung, Pf 15 03, Marktler Str. 29, ∅ 75 00
Burglengenfeld (0 94 71)
  Frauenhaus, Pf 12 23, ∅ 71 31
Calau (0 35 41)
  Frauen helfen Frauen, Karl-Marx-Str. 104, ∅ 81 11, App. 2 20
Celle (0 51 41)
  Frauenhaus, Pf 25, ∅ 2 57 88
  Treff/Beratung, Schuhstr. 6, ∅ 21 47 27
  Brennessel, gegen Gewalt, Grupenstr. 16, ∅ 1 23 16
Chemnitz (0371)
  Notdienst, Karin Barthold, ∅ 33 28 31
  Frauenhilfe, Hainstr. 34 (90 72), ∅ 4 40 75
Coburg (0 95 61)
  Zentrum/Notruf, Mohrenstr. 3, 1. Stock, ∅ 90 1 55
  Frauenhaus, Pf 32 01, ∅ 90 1 55

Coesfeld (0 25 41)

Zartbitter, Bernhard-von-Galen-Str. 10, ∅ 8 32 52

Cottbus (03 55)

Zentrum / Frauenhaus, Str. d. Jugend 154, ∅ 2 22 83

Lebens-Art, Lesbenberatung, Pf 48

Darmstadt (0 61 51)

Frauenhaus, ∅ 42 52 33

Lesbentelefon, ∅ 4 48 87

Wildwasser, Ernst-Ludwig-Str. 9, ∅ 2 88 71

Delmenhorst (0 42 21)

Beratung, Nordwollestr. 10, ∅ 1 89 34

Detmold (0 52 31)

Alraune, Treff / Beratung, Freiligrathstr. 24, ∅ 2 01 77

Dieburg (0 60 71)

Frauenhaus, Pf 12 06, ∅ 3 30 33

Diepholz (0 54 41)

Frauenladen / Notruf / Beratung, Steinstr. 11, ∅ 51 13

Dinslaken (0 21 34)

Frauenhaus, Pf 10 06 26, ∅ 1 36 46

Dorsten (0 23 69)

Frauenhaus / Notruf, Pf 2 34, ∅ 4 10 55

Dortmund (02 31)

Zentrum, Adlerstr. 43–45, ∅ 14 12 53

Zentrum, Arthur-Behringer-Str. 42, ∅ 39 11 22

Frauenhaus, Pf 16 01 19, ∅ 80 00 – 81 / – 82

Beratung, Schliepstr. 6, ∅ 52 10 08

Wildwasser Mädchenhaus, Adlerstr. 81, ∅ 14 88 77

Duisburg (02 03)

Notruf / Beratung, Liliencronstr. 1, ∅ 35 82 56

Frauenhaus, Pf 10 07 02, ∅ 6 22 13

Lila Treff + Wildwasser, ∅ 2 71 70

Gruppe TROTZdem, c / o Fabrik, Grabenstr. 20

Düren (0 24 21)

Frauenhaus / Beratung, Joseph-Schregl-Str. 52, ∅ 1 73 55

Düsseldorf (02 11)

Notruf / Beratung / Treff, Ackerstr. 144 (im Hof), ∅ 68 68 54

Frauenhaus, Pf 18 01 38, ∅ 7 10 34 88

Int. AWO-Frauenhaus, Pf 13 09, ∅ 65 88 4 84
Selbsthilfe Eß-Sucht, Auxilium GmbH, Kölner Str. 170,
∅ 77 15 15
Selbsthilfe nach Krebs, Kirchfeldstr. 149, ∅ 34 17 09

Ausländische Frauen
Beratung, Volmerswerther Str. 53, ∅ 39 67 02
Zentrum gegen Ausländerfeindlichkeit, Tersteegenstr. 77,
∅ 4 35 03 04

Ebersberg (0 80 92)
Notruf, Pernerstr. 9, ∅ 2 20 70

Eberswalde (0 33 34)
Initiative Zentrum / Frauenhaus, Kupferhammerweg 1, Info-
∅ 3 34 08
Geschütztes Wohnen, c/o Gleichstellungsstelle, A. d. Friedens-
brücke

Eckernförde (0 43 51)
Treff / Notruf / Beratung, Am Jungfernstieg 69, ∅ 35 70

Eisenach (0 36 91)
Frauenhaus, Pf 3 47, ∅ 62 51 78

Elmshorn (0 41 21)
Treff / Beratung, Königstr. 37, ∅ 12 29
Frauenhausinitiative, Pf 3 44

Elsterwerda (0 35 33)
Fraueninitiative, P. Gebauer, Feldmarkeck 3 d

Emden (0 49 21)
Frauenhaus, Pf 15 36, ∅ 4 39 00

Erbach (0 60 62)
Frauenhaus, Pf 12 01, ∅ 56 46

Erftstadt-Liblar (0 22 37)
Frauenhaus, Pf 22 50, ∅ 76 89

Erfurt (03 61)
Zentrum / Café / Bibliothek / Beratung, Espachstr. 3 (50 82),
∅ 2 60 68
Frauenhaus, c/o Amt f. Gleichstellung, Michaelisstr. 4 (50 20),
∅ 59 10 41
Mädchenprojekt, Beratung, Nordstr., ∅ 2 29 77
+ HautNah, Beratung bei Mißbrauch, c/o FZ, ∅ 2 60 63

Erlangen (0 91 31)

Notruf/Beratung, Hauptstr. 118, ∅ 20 97 20

Zentrale Frauenhäuser, Pf 3663, ∅ 20 59 84

Frauenhaus, Pf 35 05, ∅ 2 58 72

Beratung, Gerberei 4, ∅ 2 58 78

Eschwege (0 56 51)

Beratung, Enge Gasse 12, ∅ 78 43

Frauenhaus, Pf 204, ∅ 3 26 65

Essen (02 01)

Frauenhaus, Pf 25 01 31, ∅ 66 86 86 + 66 35 20

Notruf/Beratung, Waldhausenstr. 13, ∅ 23 54 69

Distel, Beratung, Brassertstr. 44, ∅ 77 67 77

Prävention v. Mißbrauch, Heinr.-Strunk-Str. 18, ∅ 62 15 76

Esslingen (07 11)

Beratung, Urbanstr. 19 a, ∅ 35 72 12

Frauenhaus, Pf 2 33, ∅ 37 10 41

Euskirchen (0 22 51)

Frauenhaus/Beratung/Treff, Wilhelmstr. 48/50, ∅ 7 51 40

Eutin (0 45 21)

Notrufinitiative, c/o Anke Montag, Carl-Maria-von-
Weber-Str. 18

Finsterwalde (0 35 31)

Frauenverein, G. Lehmann, Eichholzer Str. 16

Flensburg (04 61)

Notruf, Pf 15 45, ∅ 2 90 01

Beratung bei Mißbrauch, ∅ 2 18 07

Frauenhaus, Apenraderstr. 31, ∅ 4 63 63

Frankenthal (0 62 33)

Frauenhaus, Pf 14 55, ∅ 96 95

Frankfurt/Main (069)

Notruf, Hamburger Allee 45, ∅ 70 94 94

Frauenhäuser: Pf 60 02 68, ∅ 43 95 41 + 49 00 54; Pf 70 03 06,
∅ 63 12 61 4 + 63 11 8 45

Beratung, Obermainstr. 30, ∅ 43 95 21

FFGZ, Kasseler Str. 1 a, ∅ 70 12 18; Neuhofstr. 32 H, ∅ 59 17 00

Zentrum Eßstörungen, Hansaallee 18, ∅ 55 01 76

Cinderella, Eß-/Magersucht, Uhlandstr. 50, ∅ 44 50 67

Frankfurt/Oder (03 35)
Zentrum/Café, Bergstr. 155, ∅ 62137
Frauenhausinitiative/Beratung, c/o FZ
Frechen (02 23 4)
Beratung, Franz-Hennes-Str. 3, ∅ 54252
Freiburg (07 61)
Anlaufstelle für vergewaltigte Frauen, Uni-Frauenklinik, Hugstetter Str. 55, ∅ 2858585
Frauenhaus, Pf 5672, ∅ 31072
BIFF – Beratung und Information von Frauen für Frauen, Notruf- und Beratungsstelle für vergewaltigte Frauen, Schwarzwaldstr. 107, ∅ 33339
Freising (08161)
Treff/Beratung, Obere Hauptstr. 3, ∅ 3158
Frauenhaus, Pf 1338, ∅ 91212
Freudenstadt (07441)
Frauenhaus, Pf 323, ∅ 2479
Friedrichshafen (07541)
Notruf, Pf 1472, ∅ 21800
Fulda (0661)
Frauenhaus, ∅ 56722
Fürstenfeldbruck (08141)
Frauwärts, Treff/Notruf, Maisacher Str. 18, ∅ 42277
Fürth (0911)
Frauenhaus, Pf 1518, ∅ 773377
Gelsenkirchen (0209)
Notruf/Beratung, Kirchstr. 14, ∅ 207713
Frauenhaus, Pf 100808, ∅ 201100
Frauenberatungs- und Kontaktstelle, Wiehagen 83, ∅ 136166
Gera (0365)
Notruf, Pf 149, ∅ 51390
Geretsried (08171)
Frauenhausinitiative, Pf 1522
Gießen (0641)
Notruf/Frauenhaus, Reichenberger Str. 7a, ∅ 31438
Beratung, Weserstr. 5, ∅ 34430
Frauentherapiezentrum e. V., Alicenstr. 34, ∅ 77157

Lesbentelefon, ∅ 38388

Wildwasser, Reichenberger Str. 7a, ∅ 36514

Gifhorn (05371)

Frauen(t)räume, Zentrum, Braunschweiger Str. 15, ∅ 14360

Gladbeck (02043)

Notruf/Beratung, Hochstr. 9, ∅ 66699

Mädchenzentrum, Steinstr. 124, ∅ 71773

Glückstadt (04124)

Frauen helfen Frauen, c/o Monika Jorr, Am Fleth 61

Göppingen (07161)

Zentrum + Notruf, Lange Str. 8, ∅ 76969

Göttingen (0551)

Zentrum, Düstere Str. 21, ∅ 46910

Notruf, Pf 1825, ∅ 44684

Frauenhaus, Pf 1837, ∅ 48320

Beratungsstellen: Kurze Str. 6a, ∅ 48392; Weender Str. 20, ∅ 45615

Lesbentelefon, ∅ 45510

Kore, Mädchentreff, Turmstr. 5, ∅ 57453

Goslar (05321)

Zentrum, Zehntstr. 24, ∅ 42255

Gotha (03621)

Frauen + Kinder in Not, Susanne Fengler, An d. Goth 17

Gransee (03306)

Hilfe f. Frauen, Karl-Marx-Platz 1, ∅ 720/221

Greifswald (03834)

Frauenhaus, ∅ 899273

Café/Beratung, Lange Str. 49, ∅ 3463

Baltic, Bildung/Beratung, Brandteichstr. 19, ∅ 899545

Groß-Gerau (06152)

Notruf/Frauenhaus, Pf. 1248, ∅ 39977

Beratung, Schöneckenstr. 2, ∅ 39999

Güstrow (03843)

Frauenhaus, ∅ 63186

Gütersloh (05241)

Notruf, Pf 1637, ∅ 17355

Frauenhaus, Pf 1637, ∅ 15858

Hagen (0 23 31)
Frauenhaus, Pf 52 10 (5), ∅ 48 45
Wildwasser, Bahnhofstr. 41, ∅ 1 58 88
Hamburg (0 40)
Notruf, Pf 50 11 47, ∅ 38 97 38
Zentr. Frauenhäuser, Pf 06319, ∅ 4 39 37 62
Frauenhäuser Pf 20 17 01, ∅ 1 97 02; Pf 73 04 32, ∅ 1 97 10; Pf 92 05 07,
∅ 1 97 14; Pf 30 61 31, ∅ 1 97 04; Amandastr. 58, ∅ 4 30 21 39
Beratungsstellen: Klaus-Groth-Str. 25, ∅ 2 50 71 30; Kattun-
bleiche 31, ∅ 6 52 77 11
BIFF, Beratung, Rothestr. 68, ∅ 39 67 62; Elmsbütteler Str. 53,
∅ 4 36 3 99; Flotowstr. 23, ∅ 2 29 50 45
Opferhilfe, Beratung, Paul-Nevermann-Platz 2–4, ∅ 38 19 93
Therapiezentrum, Warnholtzstr. 2, ∅ 38 38 48
Therapeut. Sucht-WG, Normannenweg 2, ∅ 25 13 9 39
Suchtberatung, Holstenstr. 115, ∅ 4 30 33 53
Drogenberatung, Max-Brauer-Allee 116, ∅ 3 80 95 47
Anonyme Alkoholikerinnen, Tarpenbekstr. 110, ∅ Christel
3 80 04 46
Zündfunke, Beratung, Beselerstr. 48, ∅ 8 90 12 15
Beratung/Treff für HIV-Positive, ∅ 1 94 11
Waage, Beratung Eßstörungen, Schopstr. 1, ∅ 4 91 49 41
Allerleirauh, Beratung bei Mißbrauch, Tarpenbekstr. 63,
∅ 48 76 33/61
KISS, Selbsthilfe, Gaußstr. 21, ∅ 39 57 67; Fuhlsbüttler Str. 401,
∅ 6 31 11 10; August-Krogmann-Str. 100, ∅ 6 45 27 09
Hameln (0 51 51)
Notruf/Beratung, Bürenstr. 9, ∅ 2 55 77
Frauenhaus/Beratung, Alte Marktstr. 48, ∅ 2 52 99
Müze, Zentralstr. 1, ∅ 95 81 06
Hamm (0 23 81)
Notruf, ∅ 40 43 60
Beratung, Ostenwall 11, ∅ 1 31 04
Hanau (0 61 81)
Frauenhaus/Beratung, Pf 14 20, ∅ 2 68 67
Hannover (05 11)
Frauenhaus Pf 20 05, ∅ 66 44 77

Notruf / Treff, Bödecker Str. 68, ∅ 33 21 12
Beratung bei Mißbrauch, Gretchenstr. 30, ∅ 69 86 46
Amanda, Therapiezentrum, Edenstr. 38, ∅ 39 21 44

Harburg (0 40)
Kulturhaus / Café, Küchgarten 10 (90), ∅ 77 08 32
Lesbentreff im Kulturhaus (Mo 18–20 h)

Heide (04 81)
Zentrum / Notruf, Bahnhofstr. 29, ∅ 8 86 12
Frauenhaus Dithmarschen, Pf 12 26, ∅ 6 10 21

Heidelberg (0 62 21)
Notruf, Bunsenstr. 19, ∅ 1 36 43
Frauenhaus, Pf 10 23 43, ∅ 83 30 88 + 83 12 82
IFF, Info / Beratung, Blumenstr. 43, ∅ 2 13 17
Beratungsladen – Frauen helfen Frauen e. V., Mannheimer
Str. 287, ∅ 84 07 40

Heidenheim (0 73 21)
Notruf / Beratung, ∅ 2 22 52
Frauen / Kinderschutzhaus, Pf 13 32, ∅ 2 40 99

Heilbronn (0 71 31)
Notruf, ∅ 57 15 35 + 7 65 51
Frauenhaus, Pf 17 01, ∅ 8 40 28

Heiligenstadt (0 36 06)
Ko-ra-le, Treff / Bildung, Alte Stube 1, ∅ 28 91

Herford (0 52 21)
Notruf / Frauenhaus, Pf 16 06, ∅ 2 38 83
Beratung / Selbsthilfe, Brüderstr. 14, ∅ 5 10 66
femina vita, Beratung bei Mißbrauch, Höckerstr. 13, ∅ 5 06 22

Herne (0 23 23)
Notruf, ∅ 4 98 75
Frauenhaus, Pf 20 05 28, ∅ 4 98 75
Beratung asiatischer Frauen, Dritte-Welt-Zentrum, Oeverweg-
Str. 31, ∅ 49 69 70

Herrsching (0 81 52)
Frauenhaus, Pf, ∅ 57 20

Herzberg (0 35 35)
Fraueninitiative, Monika Löhnhardt, Torgauer Str. 75, ∅ 51 83

Hildesheim (0 51 21)

Notruf/Beratung, c/o FZ, ✆ 3 85 29 (Di 17–20 h)

Frauenhaus, Pf 100414, ✆ 515546

Beratung, Kaiserstr. 9, ✆ 515546

Wildwasser, Gelber Stern 20, ✆ 3 77 87

Selbsthilfe Eßstörungen, ✆ 3 22 94

Treff Eßstörungen, c/o im FZ

Türkische Frauengruppe, Teichstr. 7, ✆ 13 13 52

Hof (0 92 81)

Notruf, Martin-Pöhlmann-Str. 5, ✆ 771 11

Hofheim (0 61 92)

Frauenhaus, Pf 13 52, ✆ 26255

Beratung, Zeilsheimer Str. 27a, ✆ 2 42 12

Holzminden (0 55 31)

Treff, Weberstr. 7, ✆ 33 46

Homberg (0 56 81)

Wildwasser, Barfüßerstr. 30, ✆ 14466

Frauenhaus, Am Kattenbach 5, ✆ 61 70

Beratung, ✆ 61 60

Husum (0 48 41)

Frauen in Not, Norderstr. 22, ✆ 62234

Idar-Oberstein (0 67 81)

Frauenhaus, Pf 01 1264, ✆ 3 11 44

Iserlohn (0 23 71)

Frauenhaus, Pf 11 55, ✆ 1 25 85

Itzehoe (0 48 21)

Notruf/Frauenhaus, Pf 13 29, ✆ 6 17 12

Jena (0 36 41)

Zentrum, Engelplatz 10, ✆ 2 23 36

Frauenhaus, Stystr. 2, ✆ 24388

frau anders, Lesbenberatung, c/o FZ

Jülich (0 24 61)

Beratung, Am Wallgraben 25, ✆ 5 82 82

Kahla (0 36 4 24)

Frauen für Frauen, Bachstr. 40, ✆ 26 57

Kaiserslautern (06 31)

Frauenzuflucht, Pf 16 74, ✆ 1 70 00

Karlsruhe (07 21)

Notruf, Pf 4628, ∅ 85 55 66

Frauenhaus, Pf 65 32, ∅ 59 26 24

Beratung, Viktoriastr. 9, ∅ 2 54 46

BIFF, Beratung, Karlstr. 74

Wildwasser, Kaiserstr. 209, ∅ 2 53 75

Kassel (05 61)

Zentrum, Goethestr. 44 (Eing. Reginastr.), ∅ 77 22 44

Notruf, Pf 10 27 62 + c/o FZ, ∅ 77 22 44

Frauenhaus, Pf 10 11, ∅ 89 88 89

Frauen-Info, Westring 67, ∅ 89 31 36

Kempten (08 31)

Notruf, c/o FZ, ∅ 1 47 44

Frauenhaus, Pf 15 70, ∅ 1 80 18

Madonna, Mädchentreff/Beratung/Wen Do, Hoföschle 7 a,
∅ 1 47 77

Kerpen (0 22 37)

Beratung, Bachstr. 179, ∅ 5 23 58

Frauenhaus, ∅ 76 89

Kiel (04 31)

Notruf/Beratung, c/o FFGZ, ∅ 9 11 44 + 9 11 24

Frauenhäuser: Pf 26 47, ∅ 68 18 25; Lerchenstr. 4, ∅ 6 15 49

Donna Klara, (Sucht)Beratung/Selbsthilfe, Schaßstr. 4, ∅ 6 15 49

Kirchberg (0 67 63)

Fraueninitiative, Poststr. 24, ∅ 87 58

Kirchentellinsfurt (0 71 21)

KOBRA Beratung für Frauen, Bahnhofstr. 27

Kirchheimbolanden (0 63 52)

Frauenhaus, postlagernd, ∅ 41 87

Kleve (0 28 21)

Frauenhaus, Pf 13 30, ∅ 1 22 01

Klinkrade (0 41 51)

Frauen in Not, c/o Kristine Höpcke, Am Schäferkaten 2,
∅ 8 13 06

Beratung, ∅ 0 45 36/84 48

Koblenz (02 61)

Frauenhaus, Pf 2462, ∅ 20 00

Köln (0221)

Notruf, Glasstr. 74, ∅ 562035

Frauenhaus, postlagernd, ∅ 02203/81091

Beratung, Sülzburgstr. 203, ∅ 421282; Herwarthstr. 22, ∅ 526464

Verein 2. Frauenhaus, Beethovenstr. 1, ∅ 214433

Frauen lernen leben, Beratung/Therapie, Hansemannstr. 43, ∅ 521579

Anonyme Alkoholikerinnen, ∅ (Beate) 125759

Frauen-AIDS-Telefon, ∅ 2020322 (Mi 19h)

Treff HIV + AIDS, Beethovenstr. 1, ∅ 202030

Mädchenhaus, Ubierring 47, ∅ 329227

Medusa, gegen Gewalt, Venloer Str. 405–407, ∅ 542139

SKF, Beratung bei Gewalt, Hansaring 20, ∅ 132505

Zartbitter, Stadtwaldgürtel 89, ∅ 405780

Wildwasser, c/o KISS, Herwarthstr. 12, ∅ 527081

Beratung ausländische Prostituierte, c/o Philippinischer Sozial-
dienst, Georgstr. 7, ∅ 2010250

Königswinter (02223)

Zentrum/Notruf, Bismarckstr. 6 HH, ∅ 3403

Königs Wusterhausen (03375)

Zentrum/Frauenhaus, c/o Gleichstellungsstelle, Karl-Marx-
Str. 23, ∅ 3201 + 3202

Konstanz (07531)

Beratung, Werner-Sombart-Str. 29, ∅ 67999

Krefeld (02151)

Notruf/Beratung, Nordstr. 97, ∅ 800571

Frauenhaus, Pf 941, ∅ 800572

Kreuztal (02732)

Notruf/Beratung, Marburger Str. 13, ∅ 4133

Kröpelin (038292)

Frauenhaus, Pf 7, ∅ 656

Laatzen (0511)

Treff, Eichstr. 22, ∅ 868670

Landsberg (08191)

Frauenhaus/Notruf, Pf 1204, ∅ 50000

Landshut (0871)

Frauenhausinitiative, Am Oberquai 4, ∅ 24879

Langebrück (03 52 01)
Frauenhaus, c/o C. Klink, Kirchstr. 46, ∅ 8 76
Langenhagen (05 11)
Notruf, Pf 19 44, ∅ 7 24 05 05
Lauterbach (0 66 41)
Frauenhaus, Pf 1 56
Beratung, ∅ 6 22 13
Leer (04 91)
Frauenhausgruppe, Bremer Str. 64 a (links)
Zufluchtswohnung, Pf 16 40, ∅ 6 58 98
AK Mißbrauch, Friesenstr. 65 b, ∅ 60 98 30
Lehrte (0 51 32)
FrauenZimmer, Zentrum, An der Masch 4, Info-∅ 5 61 40
Leinefelde (0 36 05)
Notwohnung, c/o Gleichstellungsstelle, Joh.-Carl-Fühlvolt-
Str. 2–4, ∅ 87 98
Leipzig (03 41)
Frauenhaus, Pf 3 15 (70 35), ∅ 5 99 75
Notruf, Hardenbergstr. 24 (70 30), ∅ 31 27 85
Initiative Frauenhaus, c/o Haus der Demokratie, Bernhard-
Göring-Str. 152 (70 30), ∅ 39 11 62 + 31 21 02
Avalon, Beratung bei Mißbrauch, Löbauer Str. 49 (70 24),
∅ 6 54 66 (Mo 14–20 h)
AK Psychosoziale Versorgung, Bettenhaus Station 6/1,
Liebigstr. 22, ∅ 39 76 72/3
Leverkusen (02 14)
Notruf/Beratung, Kölner Str. 85 (Opladen), ∅ 0 21 71/2 77 73
Frauenhaus, Pf 10 04 33, ∅ 4 94 08
Limburg (0 64 31)
Notruf/Beratung, Schaumburger Str. 3, ∅ 2 40 50
Frauenhaus, Pf 14 39, ∅ 2 32 00
Lippstadt (0 29 41)
Frauenhaus/Notruf/Beratung, Pf 15 26, ∅ 5 75 30
Löbau (0 35 85)
Frauenhausinitiative, Pf 4 26
Lörrach (0 76 21)
Frauenhaus, Röntgenstr. 3, ∅ 4 93 25; Beratung ∅ 8 71 05

Lübbenau (0 35 42)

Frauenverein, F. Seliger, August-Bebel-Str. 25

Lübeck (04 51)

Notruf, Pf 2025, Dankwartsgrube 52, ∅ 70 46 40

Frauen helfen Frauen, Hundestr. 88, ∅ 7 31 00

Lüchow (0 58 41)

Notruf/Frauenhaus, Pf 1407, ∅ 54 50

Luckenwalde (0 33 71)

Unabhängige Frauen, B. Mensel, Str. d. DSF 20

Lüdenscheid (0 23 51)

Frauenhaus, Pf 15 84, ∅ 86 00 43

Ludwigsburg (0 71 41)

Notruf, c/o Nora, ∅ 3 84 96

Frauenhaus, Pf 3 72, ∅ 90 11 70

Ludwigshafen (06 21)

Notruf, ∅ 56 19 69

Frauenhaus, Pf 25 01 22, ∅ 52 19 69

Lugau (03 72 95)

Beratung/Notruf, Luise Weimann, Gartenstr. 10, ∅ 25 77

Lüneburg (0 41 31)

Frauenhaus, ∅ 6 17 33

Frauen helfen Frauen, Beußweg 2, ∅ 6 17 33

Mainz (0 61 31)

Zentrum/Café/Notruf, Goethestr. 38, ∅ 61 36 76

Frauenhaus, Pf 4043, ∅ 22 10 10 + 61 20 10

Mannheim (06 21)

Notruf/Beratung, C 1, 4, ∅ 1 00 33

Frauenhaus, Pf 31 03 25 (31), ∅ 74 42 42

Frauenberatung und Therapie, c/o Cornelia Korber, ∅ 2 12 32

Marburg (0 64 21)

Zentrum/Café/Notruf, Renthof 18, ∅ 6 35 70

Frauenhaus, Pf 1433, ∅ 1 48 30

Beratungsladen, Altenkirchhainerweg 5, ∅ 16 15 16

Wildwasser, Barfüßerstr. 30, ∅ 1 44 66

Marienheide (0 22 64)

Frauenhaus, Pf 12 29, ∅ 13 55

Marl (0 23 65)
Frauenhaus, Pf 14 07, ∅ 6 77 44
Marne (0 48 51)
Notruf, Alter Kirchhof, ∅ 83 16
Meiningen (0 36 93)
Frauen helfen Frauen, Ludwig-Chronegk-Str. 21, Pf 90, ∅ 8 22 27
Memmingen (0 83 31)
Notruf/Beratung, ∅ 53 23
Mettmann (0 21 04)
Frauenhausinitiative, c/o Anke Breuer-Busch, Diepensiepen 73
Minden (05 71)
Notruf/Beratung/Treff, Umradstr. 25, ∅ 2 07 02
Frauenhaus, ∅ 2 07 02
Wildwasser, Alte Kirchstr. 11–15, ∅ 8 76 77
Moers (0 28 41)
Frauenhaus/Notruf/Café (1. So, 14–18 h), Uerdingerstr. 23,
∅ 2 86 00
Mädchenberatung, Altes Rathaus, Unterwallstr. 9, ∅ 20 18 09
Mönchengladbach (0 21 61)
Beratung, Steinmetzstr. 47, ∅ 2 32 37
Frauenhaus Rheydt, Pf 35 01 25, ∅ 0 21 66/1 60 41
Zornröschen, gegen Mißbrauch, Regentenstr. 108, ∅ 20 88 86
Mülheim (02 08)
Zentrum/Notruf/Café, Teinerstr. 16, ∅ 38 42 73
Beratung, Hans-Böckler-Platz 9, ∅ 39 01 39
Lesbentelefon, ∅ 38 42 73
München (0 89
Frauenhäuser: Pf 90 03 68, ∅ 6 45 1 69; ∅ 35 19 0 31 + 3 54 21 11
Notruf/Beratung, c/o FZ, ∅ 76 37 37
Cinderella, Eß-/Magersucht-Gruppe, Westendstr. 35, ∅ 5 02 12 12
AIDS-Beratung, Landwehrstr. 32 b, ∅ 55 36 60
DAYTOP, Suchtberatung, Im Tal 19, ∅ 29 70 70
Frauen-Therapiezentrum, Güllstr. 3, ∅ 7 25 25 50 + 7 25 88 29
Zufluchtsstätte für Mädchen, I.M.M.A. e. V., Westermühlstr.
22, ∅ 2 01 47 70
Zentrum für Frauen aus Afrika/Asien/Südamerika, Schel-
lingstr. 33/IV, ∅ 28 17 01

agisra, Beratung für ausländische Prostituierte, Dreiserstr. 9, ✆ 77 26 96

Bund Türkische Frauen in Bayern, Rosenheimer Str. 123, ✆ 48 45 42

Mimikry, Beratung, Streetwork, ✆ 7 25 90 83

Münster (02 51)

Frauenhäuser: ✆ 51 55 + 67 55

Notruf, ✆ 79 10 79

Beratung, Hansaring 32 b ✆ 6 76 66

Frauenberatung Friedensstr. e. V., Friedensstr. 33, ✆ 37 57 99

Bibliothek Frau im Islam / Judentum / Christentum, Pferdegasse 3, ✆ 83 26 67

AG Feminismus + Kirchen, c/o Monika Klein, Bohlweg 40

Lesbensreferat, Uni, Schloßlatz 1, ✆ 83 30 57

Schlangenbrut, feministisch-theologische Zeitung, Pf 74 67

Sport / Selbstverteidigung, c/o Schwarze Witwe

Lesben, Treff im KCM, Am Hawerkamp 34, ✆ 66 86 56

Beratung, c/o Lesbenreferat, Telefon, ✆ 6 04 40

Zartbitter, Grevener Str. 89, ✆ 29 42 51

Münster b. Dieburg (0 60 71)

Frauenhaus, Pf 12 06, ✆ 3 30 33

Neubrandenburg (03 95)

Frauenhaus, ✆ 20 19

Neuhaus (0 36 79)

Traueninitiative, Bahnhofstr. 12, ✆ 31 44

Neumünster (0 43 21)

Notruf / Beratung, Bahnhofstr. 44, ✆ 4 23 03

Frauenhaus, Pf 15 52, ✆ 4 67 33

Neunkirchen (0 68 21)

Frauenhaus, ✆ 1 33 03

Neuss (0 21 01)

Notruf / Beratung, Hymgasse 5, ✆ 27 13 78

Frauenhaus, Pf 9 22, ✆ 27 13 78 + 3 76 12

Neu-Ulm (07 31)

Notruf / Beratung / Frauenhaus, Pf 11 60, ✆ 7 37 37

Neuwied (0 26 31)

AK gegen Mißbrauch, c/o Familienbildungsstätte, ∅ 263 06 oder 02634/2986

Nidda (06043)

Notruf, Weiherstr. 12, ∅ 4471

Nienburg (0 50 21)

Zentrum/Notruf, Grefengrund, Eschenstr. 2, ∅ 6 11 63

Norderstedt (040)

Frauenhaus, Pf 3204, ∅ 5 27 88 77

Frauenräume, Zentrum, Ochsenzoller Str. 178

Nordhausen (0 36 31)

Frauenhaus, August-Bebel-Platz 6, ∅ 403 69

Nordhorn (0 59 21)

Beratung, Bernhard-Niehues-Str. 39, ∅ 777 79

Hautnah, gegen Mißbrauch, Bernhard-Niehues-Str. 39, ∅ 777 79

Nürnberg (09 11)

Notruf, Dillherrstr. 5 RG, ∅ 28 44 00

Frauenhaus, Pf 91 02 08, ∅ 33 39 15

Wildwasser, Roritzerstr. 22, ∅ 33 13 30

Oberhausen (02 08)

Notruf, Stockmannstr. 30, ∅ 80 58 47

Frauenhaus, Pf 100441, ∅ 80 45 12

Beratungsladen, Stöckmannstr. 30, ∅ 297 07

Oberursel (0 61 71)

Frauenhaus, Pf 1667, ∅ 5 16 00

Offenbach (069)

Notruf, ∅ 87 16 33

Offenburg (07 81)

Frauenhaus, Pf 1433, ∅ 343 11

Notruf/Verein gegen Gewalt, Hildastr. 53, ∅ 3 10 00

Oldenburg (04 41)

Frauenhäuser: Pf 1825, ∅ 479 81; AWO, ∅ 7 10 17

Therapie/Beratungszentrum, Georgstr. 26

Wildwasser, Kaiserstr. 19, ∅ 1 66 56

Notrufgruppe, ∅ 04408/8180

Olpe (0 27 61)

Notruf/Beratung, Wilhelmstr. 2, ∅ 17 22

Osnabrück (05 41)

Zentrum/Notruf/Beratung, Kommenderiestr. 41, ∅ 29 300

Trägerverein Frauenhaus, c/o FZ, ∅ 65 400

Lesbentelefon, ∅ 24788

Mädchenzentrum/haus, Süster Str. 21, ∅ 33143–11

Osterholz-Scharmbeck (0 47 91)

Beratungsladen, Bahnhofstr. 83, ∅ 51 13

Otterndorf (0 47 51)

Notruf/Frauenhaus-Initiative, Pf 12 12, ∅ 39 20

Paderborn (0 52 51)

Lilith, Notruf/Beratung, Königstr. 64, ∅ 2 13 11

Frauenhaus, Pf 15 05, ∅ 2 19 67

Passau (08 51)

Notruf, c/o FZ, ∅ 72999

Peine (0 51 71)

Frauenhaus, Pf 13 71, ∅ 5 55 57

Beratung, Schillerstr. 10, ∅ 1 55 86

Peissenberg (0 88 03)

Frauenhaus, Pf 68, ∅ 41 23

Notruf/Beratung, ∅ 55 22

Pforzheim (0 72 31)

Notruf, ∅ 64747

Pirmasens (0 63 31)

Frauenhaus-Initiative, Sieghild Müller, Strobelallee 54 a,
∅ 7 04 70

Potsdam (03 31)

Zentrum/Bibliothek/Café/Beratung, Leninallee 189 (15 60),
∅ 2 14 75

Preetz (0 43 42)

Notruf, Pf 3 39, ∅ 8 26 16

Prenzlau (0 39 84)

Frauen für Frauen, Diesterwegstr. 443, ∅ 22 40

Radolfzell (0 77 32)

Zentrum/Beratung, Friedrich-Weber-Str. 20, ∅ 66 35

Frauenhaus, Pf 16 44, ∅ 5 55 60

Rastatt (072 22)
  Notruf/Frauenhausinitiative, Pf 15 16, ∅ 691 66
Raunheim (061 42)
  Frauenhaus, ∅ 463 89
  Treff, Frankfurter Str. 13, ∅ 463 11
Ravensburg (07 51)
  Notruf/Beratung, Frauenstr. 1 a, ∅ 233 23
Recklinghausen (023 61)
  Zentrum/Notruf, Halterner Str. 4 a, ∅ 154 57
  Lesbentelefon, ∅ 455 10
Regensburg (09 41)
  Zentrum/Café/Notruf/Beratung, Prüfeninger Str. 32, ∅ 241 71
  Frauenhaus, Pf 11 02 04, ∅ 240 00
  IRMA, Mädchentreff/Beratung, c/o FZ, ∅ 242 59
Reichenbach (037 65 3)
  Gruppe + Notunterkunft, Markt 6, ∅ 521 32
Remchingen (072 31)
  Frauenhaus, Pf 54, ∅ 522 11
Remscheid (021 91)
  Notruf/Beratung, Neugasse 2 (11), ∅ 662 466
  Frauenhaus, Pf 17 01 09, ∅ 649 89
Rendsburg (043 31)
  Frauenhaus, Pf 5 35, ∅ 227 26
Reutlingen (071 21)
  Notruf, ∅ 1 11 01
  Frauenhaus, Pf 15 07, ∅ 300 7 78
Rosenheim (080 31)
  Notruf, Pf 209, ∅ 126 77
  Frauenhaus, ∅ 428 88
Rossleben (034 67 2)
  Heureka, Beratung, Karl-Marx-Str. 4, ∅ 56 08
Rostock (03 81)
  Frauenhaus, Pf 11 53, ∅ 454 406/07
  Frauen helfen Frauen, Heide Koop, Louis-Pasteur-Str. 17
Rüsselsheim (061 42)
  Zentrum/Wildwasser/Lesbentreff, Haßlocher Str. 150, ∅ 571 71

Saarbrücken (06 81)

Notruf/Beratung, Dellengartenstr. 14, ∅ 3 67 67

AWO-Frauenhaus, ∅ 7 10 44

Selbsthilfe Eßprobleme, c/o KISS, Theodor-Heuß-Str. 128, ∅ 85 11 10

Saarlouis (0 68 31)

Frauenhaus, ∅ 22 00

Salzgitter (0 53 41)

Notruf, Pf 10 02 67, ∅ 1 30 33

Beratung bei Mißbrauch, Am Schölkergraben 34, ∅ 1 56 00

Schleswig (0 46 21)

Zentrum/Notruf, Lange Str. 36, ∅ 25 44

Schneeberg (0 37 72)

Frauen für Frauen, Rita Mehlhorn, K.-Liebknecht-Str. 135

Schorndorf (0 71 81)

Frauenhaus, Pf 15 53, ∅ 6 16 14

Schwäbisch-Gmünd (0 71 71)

Notruf/Beratung, Klarenbergstr. 56, ∅ 3 99 77

Schwäbisch Hall (07 91)

Notruf, c/o FZ, ∅ 8 54 44

Schwanewede (0 42 09)

Frauen helfen Frauen, Pf 11 19, ∅ 12 75

Schwedt (0 33 32)

Notruf, ∅ 3 24 73

Notquartier, ∅ 2 62 24

Schweinfurt (0 97 21)

Beratungsangebot für von sexuellem Mißbrauch betroffene Frauen und Mädchen, ∅ 18 52 33

Frauenhaus/Beratung, Pf 11 62, ∅ 1 65 98

Schwerin (0385)

Fraueninitiative, Richard-Wagner-Str. 29 (27 54), ∅ 81 22 89

Zentrum/Café/Beratung (Projekt), Goethestr. 45

Frauenhaus, Pf 1 56, ∅ 32 10 33

Mädchentelefon, ∅ 86 85 53

Senftenberg (0 35 73)

Frauen helfen Frauen, Calauer Str. 21, ∅ 26 56

Frauenhaus, c/o Gleichstellungsstelle, Dubinaweg 1

Siegen (02 71)

Frauenhaus, Pf 22 32 31, ∅ 2 04 63 (Büro: ∅ 5 77 00)

Beratung, In der Hüttenwiese 30, ∅ 4 38 33

IFPAKE, Selbsthilfe Mißbrauch, Bussardweg 1, ∅ 8 15 87

Sindelfingen (0 70 32)

Tollkirsche, Café / Notruf / Beratung, Untere Burggasse 1, ∅ 8 87 98

Frauenhaus Pf 1 11, ∅ 80 41 99

Singen (07 7 31)

Frauenhaus, Pf 4 23, ∅ 3 12 44

Soest (0 29 21)

Frauenhaus, Pf 13 40, ∅ 1 75 85

Beratung, Auf der Borg 39, ∅ 1 40 10

Solingen (0 21 22)

Treff / Beratung, Albrechtstr. 12, ∅ 5 54 70

Frauenhaus, Pf 10 09 60, ∅ 5 45 00

Speyer (0 62 32)

Zentrum / Café / Notruf / Beratung, Herdstr. 7, ∅ 2 88 33

Frauenhaus, Pf, 15 24, ∅ 2 88 35

Stade (0 41 41)

Frauenhaus, Pf 16 80, ∅ 1 23 29

Stadthagen (0 57 21)

Zentrum / Notruf / Beratung, Windmühlenstr. 31, ∅ 9 10 48

Frauenhaus, Pf 1 24, ∅ 32 12

Starnberg (0 81 52)

Notruf, ∅ 57 20

Stralsund (0 38 31)

Notunterkunft, c/o Amt für Frauen / Fam., Heilgeiststr. 63

Frauen für Frauen, Mönchstr. 46, ∅ 29 12 85

Strausberg (0 33 41)

Fraueninitiative, Gertrud Pocher, Philipp-Müller-Str. 49

Stuhr (0 42 06)

Frauenhausinitiative, c/o Edith Spiller, Sierkerstr. 119

Stuttgart (07 11)

Frauen helfen Frauen e. V., ∅ 54 20 21

Frauenhaus, ∅ 6 49 10 85

Fraueninformationszentrum (FIZ) für Frauen aus Asien,

Afrika und Lateinamerika, Landhausstr. 62, ∅ 261891
+ 282674
Frauenzentrum Stuttgart e. V., Kernerstr. 31, ∅ 296432
Tecklenburg-Brochterbeck (05455)
  Zentrum, Zu den Klippen 2, ∅ 1309
Telgte (02504)
  Frauenhaus, Pf 133, ∅ 5155
Teterow (03996)
  Beratung, Rostocker Str. 49, ∅ 83292
  Trude, Treff/Beratung, Neukalener Str. 22
Todtmoos (07674)
  Frauen helfen Frauen, Grüntalstr. 19, ∅ 8740
Trier (0651)
  Frauenhausinitiative, Pf 1721
Troisdorf (02241)
  Notruf, Kölner Str. 115, ∅ 72250
Tübingen (07071)
  Notruf, Pf 2131, ∅ 51888
  Frauenhaus, Pf 1528, ∅ 66604
  AG Psychosoziale Versorgung, c/o Ges. f. Verhaltenstherapie,
  Neckarhalde 55, ∅ 41211
Uelzen (0581)
  Frauen/Kinderhaus, Pf 1425, ∅ 77999
Uetersen (04122)
  Frauenhaus, ∅ 51350
Ulm (0731)
  Notruf, c/o FZ, ∅ 67775
  Frauenhaus, Pf 1768
  Beratung, Zinglerstr. 1, ∅ 619906
Unna (02303)
  Notruf, ∅ 81991
  Beratung, Bachstr. 9, ∅ 82202
Velbert (02051)
  Notruf, Birkenstr. 34, ∅ 85577
Verden (04231)
  Frauenhaus, Pf 1843, ∅ 84217

Viersen (0 21 62)
  Zentrum, Am Klosterweiher 50, ∅ 1 87 16
Villingen-Schwenningen (0 77 21)
  Zentrum/Café/Notruf/Frauenhaus, Brigachstr. 15, ∅ 44 76
Wachendorf (0 22 56)
  Beratung, Iversheimer Str. 17, ∅ 53 53
Waldkraiburg (0 86 38)
  Frauenhausinitiative, Pf 17 08
Walsrode (0 51 61)
  Frauen helfen Frauen, Pf 15 11, ∅ 73 3 00
Waren (0 39 91)
  Treff/Beratung, Neuer Markt 19, ∅ 23 60
Warendorf (0 25 81)
  Zentrum/Beratung, Klosterstr. 1, ∅ 6 09 75
  Frauenhaus/Notruf, Pf 11 03 26, ∅ 7 80 18
Warnemünde (03 81)
  Beratung, J.-S.-Bach-Str. 3
Wedel (0 41 03)
  Frauenhaus, Pf 264, ∅ 14 5 53
Weiden (0 67 85)
  Notruf/Beratung, c/o Ina Neubert, Am Dreschplatz 2,
  ∅ 4 40
Weimar (0 36 43)
  Zentrum/Café/Beratung/Bibliothek, Heinr.-Heine-Str. 9,
  ∅ 6 29 55
Weinheim (0 62 01)
  Notruf/Beratung, ∅ 13 7 60
Wesel (02 81)
  Café/Treff/Beratung, Kurfürstenring 31, ∅ 27 9 90
  Türkischer Mädchentreff, Hortmannstege 1, ∅ 15 7 33
Wetzlar (0 64 41)
  Frauenhaus/Notruf/Beratung, Arnsburger Gasse 6,
  ∅ 4 63 64
  Mädchen-Beratung, Kornmarkt 6, ∅ 4 51 07
Wiesbaden (06 11)
  Beratung, Adlerstr. 7, ∅ 5 12 12
  Frauenhaus, Pf 57 72, ∅ 5 12 12

AWO-Frauenhaus/Notruf, Wellritzstr. 49, ∅ 5990339
Mädchen in Not, Retza, Winkeler Str. 7, ∅ 442934
Wildwasser, Walluferstr. 1, ∅ 808619

Wilhelmshaven (04421)
Notrufinitiative c/o FZ
Frauenhaus, Pf 465, ∅ 22234

Winsen (04171)
Zentrum, Deichstr. 13, ∅ 61478

Wismar (03841)
Zentrum/Notruf/Beratung, Lübschestr. 67, ∅ 2992

Witten (02302)
Frauenhaus, Pf 1405, ∅ 81411

Wittenberg (03491)
Beratung/Weiterbildung, Neustr. 17, ∅ 2026

Wittenberge (03877)
Frauen für Frauen, Elsternweg 9, ∅ 51302

Wolfen (03494)
Frauen helfen Frauen, c/o, Sieglinde Walkow, Ring der
Bauarbeiter 32

Wolfratshausen (08171)
Frauenhaus, Bahnhofstr. 13, ∅ 18680

Wolfsburg (05361)
Frauenhaus, Pf 100353, ∅ 23860 (Büro ∅ 23850)

Worms (06241)
Notruf/Beratung/Café, Friedrich-Ebert-Str. 20,
∅ 52459
Frauen helfen Frauen/Café, Karmeliterstr. 6, ∅ 27453
Frauenhaus, Pf 1421, ∅ 43591

Wuppertal (0202)
Notruf/Beratung, Hornbüchel 61, ∅ 311918 (Di 19h)
Beratung/Selbsthilfe, Kieselstr. 41, ∅ 423946
Frauenhaus, Pf 130421, ∅ 711426

Würzburg (0931)
Notruf/Beratung, c/o FZ, ∅ 463299
Wildwasser, Hofstr. 13, ∅ 13287

Zittau (03583)
Frauen helfen Frauen, A. d. Reißigmühle 1, ∅ 68043

Zwickau (0375)

Selbsthilfe Mißbrauch, c/o Friedenszentrum, Innere Plauensche Str. 16

Die Frau in der Gesellschaft

Elisabeth
Beck-Gernsheim
**Das halbierte
Leben**
Männerwelt Beruf -
Frauenwelt Familie
Band 3713
**Mutterwerden –
der Sprung in ein
anderes Leben**
Band 4731

Jessica Benjamin
**Die Fesseln
der Liebe**
Psychoanalyse,
Feminismus und das
Problem der Macht
Band 11087

Gisela Breitling
**Die Spuren
des Schiffs in
den Wellen**
Eine autobiogra-
phische Suche nach
den Frauen in der
Kunstgeschichte
Band 3780

Susan Brownmiller
**Gegen
unseren Willen**
Vergewaltigung und
Männerherrschaft
Band 3712
Weiblichkeit
Band 4703

Roswitha Burgard
Mut zur Wut
Befreiung aus
Gewaltbeziehungen
Band 12222

(Hg.)R.Burgard/
B.Rommelspacher
**Leiden macht
keine Lust**
Der Mythos
vom weiblichen
Masochismus
Band 11020

Andrea Dworkin
Pornographie
Männer beherr-
schen Frauen
Band 4730

Sylvia Fraser
**Meines
Vaters Haus**
Geschichte
eines Inzests
Band 4751

Nancy Friday
**Wie meine Mutter
My Mother my self**
Band 3726

Fischer Taschenbuch Verlag

Die Frau in der Gesellschaft

Fischer Taschenbuch Verlag

Die Frau in der Gesellschaft

Fischer Taschenbuch Verlag

▌ZEUGINNEN
▌DER ANKLAGE

Friesa Fastie
ZEUGINNEN DER ANKLAGE
Die Situation sexuell mißbrauchter Mädchen
und junger Frauen vor Gericht

Orlanda Frauenverlag

Friesa Fastie
Zeuginnen der Anklage
Die Situation sexuell mißbrauchter
Mädchen und junger Frauen vor
Gericht

Sexueller Mißbrauch von Mädchen zu Hause und im Umfeld der Familie ist an der Tagesordnung. Diese Tatsache ist endlich ein öffentliches Thema geworden.

Doch was geschieht, wenn der Mißbrauch bekannt wird? Immer noch führen die wenigsten Fälle zur Anzeige, noch weniger zur Gerichtsverhandlung und Verurteilung der Täter. Denn vor Gericht findet eine erneute Traumatisierung der Mädchen und jungen Frauen statt. Die persönliche Situation und die kindlichen Erfahrungen der Opfer finden hier nur selten Berücksichtigung.

Die Mädchen und Frauen hingegen sind den Tätern gegenüber rechtlich im Nachteil und wissen meist nicht, was sie in der Verhandlung erwartet. Diese erste Untersuchung der Situation sexuell mißbrauchter Mädchen und Frauen in Gerichtsverhandlungen bietet Betroffenen und professionellen Helferinnen und Helfern grundlegende Informationen.

Orlanda Frauenverlag
Großgörschenstraße 40 · 10827 Berlin